ABC der Alternativen 2.0

Von Alltagskultur bis Zivilgesellschaft

Herausgegeben von
Ulrich Brand, Bettina Lösch,
Benjamin Opratko und Stefan Thimmel

In Kooperation mit
Rosa-Luxemburg-Stiftung,
taz.die tageszeitung und
Wissenschaftlicher Beirat von Attac

VSA: Verlag Hamburg

Gefördert innerhalb des Projektes »Lasst uns über Alternativen reden…« der Rosa-Luxemburg-Stiftung: **http://alternativen.blog.rosalux.de/**

www.vsa-verlag.de

www.rosalux.de

www.taz.de

www.attac.de

Fotos auf den Innenklappen: Stefan Thimmel (vorn: Weltsozialforum Dakar, Februar 2011; hinten: Transparent im Fußballstadion in Mar del Plata, Argentinien, beim Alternativgipfel zum parallel tagenden Gipfel der Amerikanischen Staats- und Regierungschefs, Anfang November 2005)
Titelgrafik: Logo des Projektes: »Lasst uns über Alternativen reden…« der Rosa-Luxemburg-Stiftung [image-shift | visual communication & other misunderstandings, Berlin]
Druck- und Buchbindearbeiten: freiburger grafische betriebe
ISBN 978-3-89965-500-1

Inhalt

Verweise auf andere Stichworte sind mit → gekennzeichnet.

ABC der Alternativen 2.0

Vorwort

»... daß die Anfänge einer neuen Welt, die immer rauh und steinig sind, dem Niedergang einer sterbenden Welt und den Schwanengesängen, die sie hervorbringt, überlegen sind.« (Antonio Gramsci)

Als 2007 die erste Auflage des ABC der Alternativen erschien, war der Anspruch klar formuliert: Es ging uns darum, die Vielfalt möglicher Alternativen zum neoliberal globalisierten, imperialen Kapitalismus pointiert sichtbar zu machen. Denn nur, wenn sie als Möglichkeiten benannt werden, können Alternativen denk- und diskutierbar werden, in den Auseinandersetzungen um den gesellschaftlichen Alltagsverstand wirken – und vielleicht sogar alternatives Handeln fördern. Der dominanten Killerphrase von der Alternativlosigkeit, dem berüchtigten TINA-Prinzip (»There is No Alternative«), wurde Susan Georges Ausruf »TATA!« entgegengesetzt: »There are Thousands of Alternatives!«

Indem das ABC gegen die *pensée unique*, das neoliberale Einheitsdenken, das Ignacio Ramonet bereits 1995 beklagt hatte, Stellung bezog, versuchte es nicht nur in politische und zivilgesellschaftliche Debatten zu intervenieren; das Projekt verstand sich auch selbst als Teil sozialer Bewegungen, die das TINA-Prinzip in ihren Kämpfen praktisch herausfordern. Es war insbesondere geprägt vom Aufbruch der »Bewegung der Bewegungen«: die Kämpfe der Zapatistas, die Kritik an der neoliberalen Globalisierung auf den Straßen in Seattle, Prag, Göteborg und Genua, die globale Bewegung gegen den Irak-Krieg. Sie alle hatten einen Resonanzraum eröffnet, in dem Fragen nach gesellschaftlichen Alternativen gehaltvoll gestellt werden konnten. Zugleich hatten die Bewegungen selbst neue Formen der solidarischen Auseinandersetzung um Alternativen geschaffen, insbesondere in den Sozialforen auf globaler, regionaler und lokaler Ebene.

Der große Erfolg der ersten Auflage hat gezeigt, dass wir mit dem Anspruch, über das große »Nein« zu den gegenwärtigen Verhältnissen hinaus gesellschaftliche Alternativen positiv auf den Begriff zu bringen, ein Bedürfnis vieler politisch interessierter Menschen getroffen haben. Das ABC der Alternativen wurde in hoher Auflage verkauft, auf zahlreichen öffentlichen Veranstaltungen diskutiert, und nicht zuletzt hat es Eingang in die kritische politische Bildungsarbeit unterschiedlicher Zusammenhänge gefunden.

Die Einbettung des Projekts in soziale Bewegungen und kritische Öffentlichkeit bedingt, dass eine Neuauflage des Buchs nicht einfach die Debatten von vor fünf Jahren reproduzieren darf. Anliegen des ABC der Alternativen 2.0 ist deshalb auch, sichtbar zu machen, wie sich soziale Bewegungen – globalisierungskritische, sozial-ökologische, feministische, antirassistische – in den letzten Jahren verändert haben, welche Erfahrungen gesammelt werden konnten und mit welchen neuen Herausforderungen sie sich aktuell konfrontiert sehen.

In diesem Zusammenhang sind zwei weltgeschichtliche, miteinander verbundene Umbruchprozesse von besonderer Bedeutung, die das globale Feld der Kräfteverhältnisse und Diskurse seit 2007 nachhaltig verändert haben. Erstens macht die seit 2008 anhaltende multiple Krise des herrschenden Gesellschaftsmodells die Herausforderung, Gegenentwürfe zum neoliberalen Kapitalismus zu formulieren, dringlicher denn je. Nicht nur hat die Weltwirtschaftskrise direkt und indirekt verheerende Auswirkungen für große Teile der Weltbevölkerung. In der gegenwärtigen Krisenbearbeitung verbindet sich eine Verschärfung des neoliberalen Klassenkampfs von oben – neue Privatisierungswellen, weiterer Abbau sozialstaatlicher Errungenschaften, verstärkte Inwertsetzung von Natur und Leben, Verlängerung von Lohnarbeitszeiten – mit der Aushöhlung bürgerlich-demokratischer Mindeststandards: vom Versuch, neoliberale Sparpolitik als »Schuldenbremse« in Verfassungsrang zu heben bis zur Einsetzung von »Expertenregierungen« in Italien und Griechenland. Das muss berücksichtigt werden in der Auseinandersetzung um solidarische und demokratische Alternativen zum zunehmend autoritären neoliberalen Kapitalismus.

Zweitens jedoch eröffnen die globalen Proteste gegen die herrschende Krisenbearbeitung, gegen Naturzerstörung und für echte Demokratisierung auch neue Räume für die Debatte um Alternativen und deren praktische Durchsetzung. Indignad@s in Spanien, die Occupy-Bewegungen, die Kämpfe gegen die Troika-Politik in Griechenland, aber auch die Rebellionen in Nordafrika und im Nahen Osten zeigen eine neue Phase globaler sozialer Bewegungen an. Hier werden neue Strategien, Protestformen und Partizipationsmodelle erprobt. Die Reflexion dieser Erfahrungen, auch der Widersprüche und Niederlagen, ist ebenso Teil der Suche nach Alternativen. Das Jahr 2011 war diesbezüglich ein im wahrsten Sinne des Wortes vorab unvorstellbares Jahr.

In diesem ABC werden also Stichworte versammelt, die Alternativen benennen sollen. Der Begriff Alternative bezeichnet herkömmlich eine Entscheidung zwischen zwei Möglichkeiten (französisch *alterne*, lateinisch *alternus*, abwechselnd, wechselweise). Im Gegensatz dazu wird der Begriff umgangssprachlich verwendet, um die Wahl zwischen mehreren Möglichkeiten auszudrücken, und weist dementsprechend über eine Entweder-Oder-Entscheidung hinaus. Um diese zweite Bedeutung geht es in diesem Buch. Nicht nur um zwei, sich ausschließende Perspektiven: dort die herrschaftliche, imperiale-neoliberale und kapitalistische, patriarchale, rassistische, andere Menschen und gesellschaftliche Gruppen ausschließende, hier die emanzipatorische. Es geht zwar um die Kritik und Veränderung bestehender Macht- und Herrschaftsverhältnisse, die Alternativen dazu sind jedoch vielfältig, müssen praktisch entstehen, stehen teilweise in Spannungen zueinander. Die Ausrichtung von Alternativen kann am Staat orientiert, staatskritisch oder anti-staatlich sein, vom Anspruch her oder in der Praxis systemimmanent oder System transformierend. Ökologische Alternativen stehen häufig in Spannung mit jenen, die auf eine bessere Verteilungspolitik setzen und die Art und Weise wirtschaftlicher Produktion weniger in den Blick nehmen. Sie können eher kleinräumig oder in ganzen Gesellschaften gedacht und praktisch angegangen werden.

Manche Einträge stellen Alternativen im Sinne von praktischen Gegenmodellen zum Bestehenden vor; andere behandeln strategische Vorschläge, Protest- und Bewegungsformen sozialer Kräfte; wieder andere verweisen auf Traditionslinien und historische Erfahrungen von Kämpfen um Alternativen, die heute noch von Bedeutung sein können; und alle zusammen sind *Begriffe* im emphatischen Sinne, die alternative Perspektiven auf gesellschaftliche Verhältnisse, andere »Weltsichten« eröffnen.

Der Ansatz, Alternativen in Form eines ABC sichtbar zu machen, mit kurzen, einführenden Texten, die zur näheren Beschäftigung einladen, bringt auch Probleme mit sich. So etwa die Gefahr zu suggerieren, dass hier ein erschöpfendes Kompendium zur Alternativendiskussion vorgelegt wird. Diesen Anspruch erhebt das ABC ausdrücklich nicht. Sicherlich fallen uns allen – HerausgeberInnen, AutorInnen, LeserInnen des ABC – zahlreiche weitere Begriffe ein, die man hätte aufnehmen können. Wenn das der Fall ist, hat der Band jedoch schon einen wichtigen Zweck erfüllt, nämlich das Denken über mögliche Alternativen weiterzutreiben.

Wir hoffen aber neben inhaltlichen Klärungsprozessen und Anstößen zu Diskussionen darauf, dass sich die LeserInnen und letztendlich wir alle in ihren inhaltlichen Auseinandersetzungen durch die Lektüre von Stichwörtern anregen lassen: Zu kritischem Nachdenken, vielleicht sogar zu Engagement, sodass wir uns als Teil umfassender historischer und aktueller emanzipatorischer Entwicklungen verstehen und darin bestärkt werden. Denn ein Erfolg des autoritären Neoliberalismus besteht gerade darin, alternatives Denken und Handeln abzuwerten, zu denunzieren, lächerlich zu machen.

Vor diesem Hintergrund haben wir die AutorInnen der ersten Auflage gebeten, ihre Beiträge zu sichten und gegebenenfalls zu überarbeiten. Manche Einträge sind weitgehend beibehalten worden, viele wurden aktualisiert, um den angedeuteten Entwicklungen der letzten Jahre Rechnung zu tragen, andere wurden im Lichte der jüngsten Erfahrungen komplett um- bzw. neugeschrieben. Dazu konnten wir zahlreiche neue AutorInnen gewinnen, um 46 neue Stichwörter in das ABC aufzunehmen. Damit wollten wir einerseits Lücken schließen, auf die wir in den Diskussionen um die erste Auflage des ABC hingewiesen wurden.

Vor allem aber wird damit die Entwicklung der Debatten um Alternativen in den letzten fünf Jahren reflektiert. Die besondere Qualität des ABC, ein breites Spektrum von Begriffen und AutorInnen aus unterschiedlichen linken, politischen und beruflichen Zusammenhängen zusammenzubringen, wird dadurch noch verstärkt. Dass die Pluralität dazu führt, dass die einzelnen Beiträge durchaus in einem Spannungsverhältnis zueinander stehen, ja sich teilweise als miteinander inkompatibel erweisen könnten, sehen wir nicht als Mangel, sondern als Stärke des Projekts. Das führt auch dazu, dass in dieser Neuauflage zu manchen Stichwörtern zwei Einträge aufgenommen wurden. Dort, wo wir der Meinung waren, dass kontroverse Einschätzungen und Zugänge zu den jeweiligen Begriffen (und den damit verbundenen Perspektiven für gesellschaftliche Alternativen) weit auseinandergehen und nicht in einem Eintrag verhandelt werden können, können so Unterschiede noch deutlicher sichtbar und damit auch für die LeserInnen diskutierbar gemacht werden.

Wir haben darauf geachtet, dass in allen Beiträgen nicht-sexistische Formulierungen verwendet werden; in welcher Form dies geschieht – z.B. als Binnen-I oder gender_gap –, haben wir den AutorInnen überlassen. Das Sichtbarmachen der pluralen Zugänge, die hinter dieser scheinbar technischen Entscheidung stehen, war uns in diesem Fall wichtiger als das Herstellen formaler Einheitlichkeit. Wenn rein männliche Formen verwendet werden, dann um auf männliche Dominanz besonders aufmerksam zu machen.

Drei ABC-Autoren sind seit 2007 verstorben. Wir haben uns dafür entschieden, ihre Beiträge – zu »Internationalismus«, »Keynesianismus« und »Soziale Infrastruktur« – in der ursprünglichen Form wieder abzudrucken. Dies ist nicht zuletzt ein bescheidenes Zeichen unserer Wertschätzung für Josef Moe Hierlmeier, Jörg Huffschmid und Heinz Steinert und ihr Jahrzehnte währendes Engagement für grundlegende Alternativen zu den herrschenden Verhältnissen.

Wir sind sehr froh, dass das ABC der Alternativen 2.0 wieder in Kooperation mit der taz.die tageszeitung, dem wissenschaftlichen Beirat von Attac Deutschland und der Rosa-Luxemburg-Stiftung entstehen konnte. Letztere hat das Projekt dankenswerterweise auch im Rahmen des Dachprojekts »Lasst uns über Alternativen reden ...« finanziell und ideell unterstützt.

Wir danken ganz besonders den mehr als 170 Autorinnen und Autoren aus 14 Ländern und vier Kontinenten dafür, dass sie sich der Herausforderung gestellt haben, komplexe Begriffe in wenigen Absätzen vorzustellen, ohne sie unzulässig zu vereinfachen. Die drei HerausgeberInnen der ersten Auflage sind zudem Benjamin Opratko zu Dank verpflichtet, da er nicht nur für die inhaltliche Ausrichtung der Neuauflage viele Anregungen gab, sondern das Projekt organisatorisch getragen hat. Dem VSA: Verlag und hier insbesondere Gerd Siebecke danken wir für die gewohnt wohlwollende, engagierte und verlässliche Kooperation. Die in diesem Buch versammelten Ergebnisse zeigen, dass es die Mühe wert war. Wir wünschen uns, dass der Band zu intensiven Diskussionen, Klärungsprozessen und praktischen Alternativen beitragen möge.

Berlin, Köln und Wien, im März 2012
Ulrich Brand, Bettina Lösch, Benjamin Opratko und Stefan Thimmel

Alltagskultur

Ausgehend von der These, dass sich der patriarchale Kapitalismus neben ökonomischer Ausbeutung auch über repressive Normen reproduziert, stellt die neue Linke die Forderung nach einer → Politisierung des Alltags: Wohn-, Familien- und Körperverhältnisse sowie Sexualität werden hinterfragt und experimentell neu gelebt. Schon in der historischen Arbeiter_innenkultur des vergangenen Jahrhunderts gibt es Versuche, das tägliche Leben zu problematisieren und die »bürgerliche Familie« in Frage zu stellen. Die Kinderfreund_innenbewegung, Experimente mit sozialistischer Pädagogik oder die erste (sozialistische) Frauenbewegung sind nur einige Beispiele.

Die klassische Arbeiter_innenbewegung ist vom Denken eines Hauptwiderspruchs, dem zwischen Kapital und Arbeit, und der Existenz von Nebenwidersprüchen (Kolonialismus, Sexismus, Stadt-Land) geprägt. Die Lösung des Hauptwiderspruchs soll erst die Lösung der anderen befördern und ermöglichen. Dies bedeutet, dass die Nebenwidersprüche eben erst nach der → Revolution (Hauptwiderspruch) gelöst werden können. Dieser verkürzenden Sichtweise hängt die Mehrheit der organisierten historischen Arbeiter_innenbewegung und -kultur an. Daneben und dagegen gibt es immer künstlerische oder sexuelle Avantgarden. Die Sozialrevolte von 1967/68 geht weiter. Sie stellt dem Kampf der »alten Linken« gegen Ausbeutung den Kampf der »neuen Linken« gegen Entfremdung zur Seite. Sie kritisiert die uniformen Lebenspraktiken der 1950er und 1960er Jahre und die damit verwobenen Hierarchien und bringt vor allem das eigene seelische und soziale Erleben in die Politik ein. Uniforme Lebenspraktiken waren *auch* Ergebnis des Klassenkompromisses und des Kampfes der Sozialdemokratie für soziale Sicherheit – die neue Linke stellt sich damit direkt gegen die alte, was bis heute schwerwiegende Folgen und gegenseitiges Unverständnis zur Folge hat.

Das Selbstverständliche im Privaten, inklusive der Geschlechterzuschreibungen, wird zunehmend entkleidet. »Das Private ist politisch« wird zum Slogan der neuen Bewegungen, vor allem des → Feminismus. Der Weiberrat formuliert: »Es gilt, Privatleben qualitativ zu verändern und diese Veränderung als revolutionären Akt zu verstehen.« In Erweiterung des traditionell männlichen Politikbegriffs der klassischen Arbeiter_innenbewegung sollte damit die politische Dimension und die Veränderbarkeit scheinbar privater Beziehungsstrukturen und des Alltags hervorgehoben werden. Jetzt entstehen kollektive Formen des Wohnens, Versuche politisch bewusster zu konsumieren oder Erziehung anders zu bestimmen, → Genossenschaften als solidarische Form materieller Reproduktion. Die meisten dieser Versuche sind mittlerweile kommerzialisiert, aktuell gibt es aber ein Revival von neuen kollektiven Formen, etwa in Finanzcoops oder Stadtkommunen.

Selbstverständlich ist heute nicht zu übersehen, dass der »neue Geist des Kapitalismus« (Boltanski/Chiapello) einige linke Forderungen aufgenommen und für sich umgewandelt hat. Alternativen haben neue Konsummuster mit befördert. Die Forderung nach einer Politik der ersten Person hat paradoxerweise zu einer Privatisierung und Intimisierung des öffentlichen Lebens geführt. Problematisch ist auf der Ebene der → sozialen Bewegungen die Moralisierung politischer Probleme und individuellen (Fehl-)Verhaltens, der Ruf nach Begrenzung oder nach Verzicht. Die Moralisierung des Alltags ist eine Folge seiner Politisierung – mitsamt der Überforderung und Doppelmoral. Die Vorstellung von → Freiräumen wird zusehends kritisch reflektiert – in der autonomen Linken und in der Bewegung der alternativen Ökonomie. Freiräume sind zwar als Orte und Räume mit geringerem Zwang eine wichtige Bedingung für emanzipatorisches Handeln (Emanzipation). Sie werden aber schnell zu Orten, die von der Gesellschaft abgeschieden sind.

Dass sich gegen die »Krise« so wenig → Protest regt, hat auch damit zu tun, dass ein radikales veralltäglichtes Hinterland fehlt. Die Notwendigkeit von »Alternativen« wächst unübersehbar, gleichzeitig führen Hartz IV und »die Krise« zu Utopieverlust und noch mehr Unterwürfigkeit.

Der »Alltag« und wie er verbracht wird, ist deswegen wichtig, weil ihm niemand entfliehen kann. Einen Alltag hat jede_r und er ist all-gegenwärtig. Eine subversiv-emanzipatorische Alltagskultur, in der → Revolution und Genuss keine Gegensätze sind, erhöht die Lebensfreude und motiviert zu neuem widerständigen Handeln. Sie wäre das einfache, das – erst recht heute – so schwer zu machen ist. Wie können politische Einsichten im Alltag umgesetzt werden? Wie revolutionieren, oder auch nur: verändern wir unseren Alltag? Da gibt es keine Blaupause, es kann nur selbst-tätig und selbst-ständig, kollektiv und individuell herausgefunden werden.

Bernd Hüttner

Zum Weiterlesen

A.G. Gender-Killer (Hrsg.) (2007): Das gute Leben. Linke Perspektiven auf einen besseren Alltag, Münster.

Arranca! (2006): Schwerpunkt: Andere Umstände – zwischen Rebellion und Rente. Heft 33.

Heath, Joseph/Potter, Andrew (2005): Konsumrebellen. Der Mythos der Gegenkultur, Berlin.

Meißner, Joachim/Meyer-Kahrweg, Dorothee/Sarkowicz, Hans (Hrsg.) (2001): Gelebte Utopien. Alternative Lebensentwürfe, Frankfurt a. M.

Alltagsverstand

Konzeptionell wird der Begriff von Antonio Gramsci in die kritische Theorie eingetragen. Er versteht darunter ein fragmentarisches, widersprüchliches und Handeln orientierendes Bewusstsein, das sich aus unterschiedlichen Teilen zusammensetzt, aus verschiedenen Quellen speist. Ihm gehören »Elemente des Höhlenmenschen und Prinzipien der modernsten und fortgeschrittensten Wissenschaft« an. Charakteristisch für den Alltagsverstand ist das Denken in »Abteilungen«, seine Inkohärenz. Der Alltagsverstand ist nicht einfach zufällig, sondern durchaus funktional, um sich in einer widersprüchlichen Welt zu bewegen und die unterschiedlichen Herausforderungen zu bewältigen. Mit diesem Konzept überwindet Gramsci die verhängnisvollen Vorstellungen eines »falschen Bewusstseins«, das es (im besten Fall) aufzuklären galt, bzw. die Person umzuerziehen oder gar zu eliminieren war. Statt nach »falschen« oder »richtigen« bzw. »wahren« Inhalten zu suchen, liegt der Fokus nun auf ihrer Leistung: Sie werden als Momente der Vergesellschaftung verstanden.

Hier vermag eine befreiende Bildung und Politik anzusetzen: Es kommt nicht darauf an, die Menschen »von oben« herab zu belehren, sondern sie bei der »Inventur« ihres Alltagsverstandes zu unterstützen. In ihm finden sich eben auch Elemente, die – reflektiert man sie im Zusammenhang – kritisch werden können. Es ist zu betonen, dass es sich nicht nur um bloße Gedanken handelt. Vielmehr ist der Alltagsverstand als ein vorrangig praktisches Verhältnis zu sich, zu anderen und der Welt zu begreifen. Wenn sich → emanzipatorische Bildung auf ihn beziehen will, darf sie die Praxen des Alltags nicht ausblenden. Vielmehr nimmt sie ihren Ausgangspunkt beim Verhalten und fragt nach seiner Interpretation, den Widersprüchen und Perspektiven.

Dieser Ansatz ist nicht mit den belanglosen »Subjektorientierungen« der Mainstream-Pädagogik zu verwechseln, da er theoretische Stringenz wie politisch-praktische Relevanz aus der Analyse der gesellschaftlichen Widersprüche bezieht. Was den Alltagsverstand eines Menschen ausmacht, ist im Kontext hegemonialer Herrschaft zu verstehen. Er ist der Hegemonie nicht einfach unterworfen, sondern trägt sie mit. Eine am Alltagsverstand ansetzende Bildung und Politik sorgt für eine (zunächst punktuelle, schrittweise) Auflösung der unreflektierten Verstrickung in Herrschaftszusammenhänge. Alternativen werden so denkbar und praktikabel. Die biografischen Besonderheiten sind dabei zu würdigen. Alternativen und Widerstand sind nicht in einer Uniformisierung des Lebens zu entwickeln, sondern als Ausdrucksformen individueller Gestaltung des Sozialen und Kulturellen. Es ist die totalisierte Gewalt des Kapitalverhältnisses, das Individualität auf die Erscheinungen der Warenwelt reduziert; befreiende Bildung und Politik ermöglichen erst eine wirkliche Vielfalt. Und zwar im Prozess der Befreiung, nicht verschoben ins säkulare Jenseits der → Revolution. Für Gramsci zielt die kritische Reflexion des Alltagsverstandes auf einen Gewinn an Kohärenz und damit die Anschlussfähigkeit an eine Philosophie der Praxis – so wie diese erst mit der Umarbeitung des Alltagsverstandes zur wirklichen Kultur werden kann.

Dennoch ist nicht zu unterschlagen, dass die Reflexion des Alltagsverstandes und der Gewinn einer kritischen Kohärenz nur in einem begrenzten Umfang über die intellektuelle Dimension hinausreichen: Es bleibt zunächst ein, wenn auch bewusste(re)s, Leben in den Widersprüchen der bürgerlichen Gesellschaft – die aber nun in die Perspektive ihrer Überwindung gerückt wurde. Auch wenn die Reform des individuellen Bewusstseins die hegemoniale Konstruktion tangiert, kommt diese erst ins Wanken, wenn die Einbindung massenhaft in Frage gestellt wird. Eine befreiende Bildungsarbeit, die keine Resonanz in einer sozialen/kulturellen Bewegung findet, ist ebenso verloren, wie eine linke Politik, die meint, die Sorgen, Ideen, Träume und Vorurteile des Alltags übergehen zu können. Es ist die Aufgabe politischer Organisationen, dem Alltagsverstand Räume der kollektiven Bearbeitung zu bieten. Dies verlangt aber zugleich die Selbstüberwindung ihrer Begrenztheit: Nur politisch zu sein, ist zu wenig.

In diesem Sinne sind alle Projekte des Alternativen, des Reflektierens und Experimentierens als Momente der Umarbeitung zu unterstützen. Sicherlich werden nicht alle Projekte tatsächlich zu »revolutionärer Praxis« (Marx), wohl aber bieten sie Erfahrungen, die kritische Politik auf Verallgemeinerbarkeit hin zu befragen hat und gegebenenfalls mit Organisationsangeboten verstärken sollte.

Uwe Hirschfeld

Zum Weiterlesen

Bernhard, Armin (2005): Gramscis Politische Pädagogik – Grundrisse eines praxisphilosophischen Erziehungs- und Bildungsmodells, Hamburg.

Gramsci, Antonio (1994): Gefängnishefte, Bd. 6, Philosophie der Praxis, Hamburg.

Hirschfeld, Uwe (2005): Politische Bildung in der Sozialen Arbeit. Die Intellektuellen-Theorie Gramscis als Begründung und Orientierung, in: Störch, Klaus (Hrsg.): Soziale Arbeit in der Krise, Hamburg, S. 142-157.

Anarchismus

Als Gegner jeder Form von Schulmeisterei hat der Anarchismus nie ein doktrinäres Lehrgebäude errichtet. Das Ansinnen, Menschen auch nur annäherungsweise »auf Linie« zu bringen, widerspricht seiner politischen Moral so fundamental, dass Dissidenz und Eigensinn als Lebenselixier des Anarchismus angesprochen werden müssen. In seinem philosophischen Horizont kann Max Stirners radikalegoistische Eigentumsapotheose deshalb mit Kropotkins Glaube an Gegenseitige Hilfe in der Tier- und Menschenwelt ebenso koexistieren wie in seiner Praxis der hochqualifizierte Handwerkeranarchismus Schweizer Uhrmacher in der zweiten Hälfte des 19. Jahrhunderts mit der Brandschatzung von Kirchen durch die arme andalusische Landbevölkerung.

Dem auch in solchen Kontrasten artikulierten Protest gegen innere Disziplinierung entspricht die Rigorosität, mit der Anarchisten den Staat ebenso wie jede andere Obrigkeit anfeindeten. Gegen das bereits in der Antike virulente Vorurteil, anarchische Abwesenheit von politischer Führung würde menschliche Gesellschaften unweigerlich in blutiges Chaos stürzen, haben sie persönlich geltend gemacht, auf Beherrschung gut verzichten zu können. Von daher teilten sie auch das Bekenntnis zu einer → freien Assoziation, in der nach dem libertären Wort von Marx und Engels »die freie Entwicklung eines jeden die Bedingung für die freie Entwicklung aller« ist. Uneins waren sie mit den Verfassern des Kommunistischen Manifests über den Weg zu dieser Gesellschaft. »Ich bin deshalb nicht Kommunist«, meinte etwa Bakunin, »weil der Kommunismus alle Macht der Gesellschaft im Staat konzentriert und aufgehen lässt, weil er notwendig zur Zentralisation des Eigentums in den Händen des Staates führen muss, während ich die Abschaffung des Staates wünsche, die radikale Ausrottung des Autoritätsprinzips und der Vormundschaft des Staates, die, unter dem Vorwand, die Menschen sittlich zu erziehen und zu zivilisieren, sie bis heute versklavt, unterdrückt, ausgebeutet und verdorben hat. Ich wünsche die Organisation der Gesellschaft und des kollektiven und sozialen Eigentums von unten nach oben auf dem Weg über die freie Assoziation und nicht von oben nach unten mit Hilfe irgendeiner Autorität, wer immer sie sei. Genau in diesem Sinne bin ich Kollektivist und kein Kommunist.«

An Versuchen, den Anarchismus angesichts derartiger Äußerungen zu einem romantischen Wunschdenken zu erklären, das allenfalls für die Phase des Übergangs von der Agrar- zur Industriegesellschaft typisch sei, hat es in der Historiografie nicht gemangelt. Gegen die These, das anarchistische

Motiv verblasse in dem Maße, in dem sich die Gewöhnung an fabrikgesellschaftliche Normierung verallgemeinert, spricht aber alleine schon die fortdauernde Spürbarkeit von Verfeinerung und Widersinn kapitalistischer Kontrolle. Ihre Enttarnung wird durch ein Interesse an ungehinderter Bewegung vorangetrieben, dessen anti-autoritärer Impuls nach einer Reihe ermutigender Emanzipationsprozesse nicht schwächer sein dürfte als in ihrem Vorfeld.

Indessen musste sich der Anarchismus seit dem Aufstieg der Arbeiter_innenbewegung von der → marxistischen Konkurrenz vorhalten lassen, seinen subjektiv revolutionären Anspruch nicht einlösen zu können, sondern durch eigene Disziplinlosigkeit letztlich nur der Ordnungsmacht in die Hände zu spielen. Der bloße Wille zur revolutionären Tat sei eben ein schlechter Ersatz für die Notwendigkeit ernsthafter Einsicht in die Bedingungen politischen Handelns. Zwar haben einige Marxisten eingeräumt, dass sich Anklagen gegen den Anarchismus bestens zur Beschönigung bürokratisch-autoritärer Tendenzen in → sozialistischen Organisationen und Staaten eigneten. Die Alternative, deshalb das Prinzip der Delegation ebenso radikal zu verwerfen wie die Politik überhaupt, stieß bei ihnen aber nur auf wenig Anklang. Allzu simpel erschien dafür die alte anarchistische Vorstellung von der Möglichkeit eines sofortigen Sprungs ins Reich der Freiheit.

Auch wenn sich die Idee eines plötzlichen Umsturzes zusammen mit dem Glauben an die befreiende Wirkung anarchistischer Attentate verflüchtigt hat – sicherer scheinen sich die Inhaber von Reichtum und Macht ihrer Sache heute nicht zu wähnen. Im Gegenteil: Nicht einmal dramatisch expandierte Repressionsapparate und Überwachungstechnologien können verhindern, dass sich immer wieder und an unerwarteter Stelle temporäre autonome Zonen ausbreiten, in denen Alternativen zur staatskapitalistischen Plünderung des Planeten fast noch mehr praktiziert als diskutiert werden. Insofern horizontale Kooperationsformen wie Vollversammlungen, Netzwerke und → Sozialforen die staatsfixierte Logik politischer Repräsentation unterlaufen, kann davon gesprochen werden, dass anarchistische Motive auch in den Protestbewegungen zwischen Chiapas und Tahrir-Platz virulent sind.

Malte Meyer

Zum Weiterlesen

Guérin, Daniel (1967): Anarchismus. Begriff und Praxis, Frankfurt a.M.
Rousselle, Duane/Evren, Süreyyya (Hrsg.) (2011): Post-Anarchism. A Reader, London/New York.
Serge, Victor (1991): Erinnerungen eines Revolutionärs, Hamburg.

Aneignung

Jede Form menschlichen Daseins basiert auf Aneignungsprozessen. Dazu gehören die Schaffung von Gebrauchswerten durch Arbeit, die Nutzung von Natur und das kontinuierliche Lernen und sich Entwickeln. In kapitalistischen Gesellschaften sind diese Aneignungsprozesse jedoch herrschaftsförmig organisiert und nehmen eine spezifische Form an, die vor allem auf der Aneignung der Ware Arbeitskraft zur Mehrwertproduktion beruht. Dafür bedurfte es der Einhegung der → Commons, der gewaltförmigen Enteignung der Produzent_innen vom Besitz der Produktionsmittel und der hergestellten Produkte in der Entstehungsphase des Kapitalismus. Dieser Prozess der Enteignung findet auch heute noch statt, z.B. durch die Privatisierung öffentlicher Güter, die Patentierung von Saatgut oder in Landvertreibungen.

In der Debatte um politische Alternativen wird der Begriff der Aneignung in staatskritischer Perspektive verwendet, um den Raum zu schaffen über selbstbestimmte Befriedigung von Bedürfnissen im Zusammenhang mit alternativen Formen der Produktion zu diskutieren. Dadurch ergibt sich zum einen die Frage nach der Ausgestaltung kollektiver und solidarischer Gesellschaften und zum anderen nach der Überwindung von Herrschaftsverhältnissen. Entsprechend kann die Geschichte → sozialer Bewegungen als eine Geschichte von Aneignungskämpfen gelesen werden, die auf verschiedenste Herrschaftsverhältnisse fokussieren: Klassenherrschaft, Rassismus, Sexismus, Heteronormativität, imperiale Nord-Süd-Verhältnisse.

In Deutschland wurden in den letzten Jahrzehnten unter dem Begriff der Aneignung politische Aktionen und Praxen entwickelt, die den Zugang zu Gütern und Dienstleistungen thematisieren. Dazu sind Hausbesetzungen, Reclaim the Street, → Recht auf Stadt und Umsonst-Kampagnen zu zählen. Vor allem letztere sind zentraler Gegenstand aktueller politischer Debatten um Aneignung. Ausgehend von vielfältigen individuellen Praktiken der alltäglichen Aneignung thematisieren sie die Möglichkeiten der Verallgemeinerung von → Umsonst-Ökonomie und stellen damit die Frage nach der Überführung in eine kollektive, politische Praxis.

Unter dem Motto »Alles für alle und zwar umsonst« fanden zahlreiche Umsonst-Aktionen (Schwarzfahren, Kino- und Museumsbesuche, Einklauen, etc.) in verschiedenen Städten statt, die die Verteilung und Nutzung gesellschaftlichen Reichtums und dessen staatliche Absicherung kritisierten. Eine zentrale Kritik an den Umsonst-Kampagnen lautet, dass diese maßgeblich der Waren- und Konsumebene verhaftet bleiben und damit zwar eine kritisch systemimmanente Politik betreiben, jedoch nicht die kapitalistische Vergesellschaftung grundsätzlich in Frage stellen.

Aneignung als Perspektive geht jedoch über sozio-ökonomische Aneignungspraxen im engeren Sinne hinaus. Der Verweis auf ein »Anderes« in der Zukunft, ohne darauf zu warten, verbindet Forderungen nach der Verbesserung der eigenen Lebensverhältnisse mit der radikalen praktischen Infragestellung der herrschenden gesellschaftlichen Verhältnisse, der Suche nach einer kollektiven und solidarischen Gesellschaft und danach, was ein Leben in Autonomie und → Freiheit für alle bedeuten kann. Es kann damit in einem → gegenhegemonialen Projekt gesellschaftlicher Transformation münden. Der Gedanke der Selbstbestimmung und → Selbstermächtigung stellt den Staat als bevorzugtes Terrain gesellschaftlicher Auseinandersetzungen und als Adressat für die Einforderung sozialer und politischer Rechte in Frage. Dabei geht es weniger um ein allumfassendes Konzept zur Überwindung kapitalistischer Vergesellschaftung, sondern eher um einen suchenden, experimentierenden Ansatz, um Widerstandspraktiken zu entwickeln und damit hegemoniale Denkweisen im → Alltagsverstand zu verunsichern.

Die Stärke der Aneignungsperspektive liegt zum einen darin, verschiedenste Kämpfe in den Blick zu bekommen, ohne diese zu hierarchisieren. Kämpfe z.B. um sexuelle Selbstbestimmung oder die Verweigerungen einer identitären Zuordnung zu einem Geschlecht lassen sich ebenso wie Kämpfe um Land und öffentliche Güter oder Fragen von Verteilung unter der Perspektive von Aneignung diskutieren und in eine Praxis überführen. Dennoch stellt sich hier die Frage, ob mit der Brille der Aneignung eine Verknüpfung gelingt, die Widersprüche zwischen verschiedenen emanzipativen Dimensionen und Bewegungen nicht einebnet, sondern zulässt. Dabei geht es nicht um die Erreichung eines ideellen Endzustandes, in dem gesellschaftliche Auseinandersetzungen der Vergangenheit angehören. Zum anderen beinhaltet ihre Strategie ein offensives Moment – im Gegensatz zu Abwehrkämpfen, die auf Verteidigung und Verhinderung zielen –, das Räume für das Denken von Alternativen öffnet. Als emanzipatorische Perspektive zielt Aneignung auf den Versuch, das Prinzip der Selbstbestimmung in kollektiven Prozessen und Erfahrungen zu lernen und (er-)lebbar zu machen.

Caren Kunze/Simone Buckel

Zum Weiterlesen

Arranca! (2004): Schwerpunkt Aneignung I und II, Heft 28 und 29. Berlin.

Bausteine für eine Interventionistische Linke (2004): Prekarisierung. Aneignung. Globale Soziale Rechte, Hamburg.

Anerkennung

Anerkennung ist eine wesentliche Konstitutionsbedingung eines autonomen bürgerlichen Subjekts. Der/die eine spiegelt sich im Bewusstsein der/des anderen, dabei findet eine gegenseitige Übernahme von Eigen- und Fremdperspektiven statt, sodass das »Selbstbewusstsein … nur als ein Anerkanntes« (Hegel) Bestand hat. Ihre ganze Tragweite gewinnt eine solche Anerkennung erst im Prozess von Vergesellschaftung *und* Individualisierung.

Die bürgerliche Gesellschaft setzt die Individuen aus bornierten Strukturen wie Großfamilien, Clans, Kasten oder Ständen frei, indem sie den Vergesellschaftungs- und Individualisierungsprozess umwälzt, aber zugleich die Anerkennung von → Freiheit, Autonomie und Selbstbewusstsein als »allgemeinverbindlich« zu garantieren verspricht. Auch wenn dieser Prozess in rechtlichen und politischen Formen institutionalisiert und letztlich staatlich sanktioniert wird, indem liberale Freiheits-, politische Teilnahme- und soziale Wohlfahrtsrechte sich herausbilden, so ist die charakteristische Grundform der Anerkennung schon in den ökonomisch-sozialen Grundstrukturen der bürgerlich-kapitalistischen Gesellschaft verankert und ideologisch geformt.

Die kapitalistische Marktwirtschaft erscheint auf den ersten Blick als »ein wahres Eden der angeborenen Menschenrechte« (Marx) von Freiheit, Gleichheit, Leistung und Eigentum und für intersubjektive Anerkennung als die beste aller Welten. Zugleich aber existieren Abhängigkeiten und strukturelle Ungleichheiten; diese treten in Zeiten sozialer Sicherheit und individueller Entwicklungsperspektiven immer wieder hinter das Anerkanntsein als freie Marktteilnehmer und gleichberechtigte Citoyens zurück.

Seit den 1990er Jahren wird verstärkt ein sozialkritischer Diskurs zum »Kampf um Anerkennung« (Axel Honneth) geführt. In ihm reflektiert sich das Brüchigwerden bürgerlicher Anerkennungsmuster, die um einen intakten und lebbaren Zusammenhang von (Erwerbs-)Arbeit und Leistung zentriert waren. Pluralisierung von Lebensweisen und Globalisierungsprozesse sprengen mit der Krise des Fordismus Anerkennungsmechanismen, die am Idealtypus eines männlichen, weißen, heterosexuellen (Erwerbs-)Bürgers ausgerichtet waren, und machen differenziertere Anerkennungsmuster erforderlich. Es zeigt sich, dass auch die bürgerliche Gesellschaft überkommene patriarchalische, geschlechtliche und rassistische Herrschaftsformen und Zuschreibungen reproduziert. Der Kampf der Frauenbewegung, ethnischer Minderheiten oder Homosexueller gilt der Überwindung dieser asymmetrischen Anerkennungsordnung.

Prekarisierung der Erwerbsarbeit, Entgrenzung des Marktes und die Kapitalisierung sozialer Sicherheit unterminieren im Finanzmarktkapitalismus die bürgerliche Werteordnung und deren Anerkennungsmuster: »Alle Maßstäbe ... verschwinden hier« (Marx). An die Stelle von Leistung und sozialer Durchlässigkeit treten Erfolg und Exklusion. In den 1990er und 2000er Jahren versuchte der Neoliberalismus diese Widersprüche durch Marktimperative politisch zu vermitteln: »Regieren durch Individualisieren«. Aber seit der großen Krise 2007ff. wird das meritokratische Fundament des bürgerlichen Kosmos immer brüchiger und der »Kampf um Anerkennung« prekärer: »adressatenlose Wut« auf Seiten der (Lohn-)Abhängigen, Formen eines »negativen Individualismus« (Robert Castel), »atavistische« Ideologien einer autoritären Neuformierung der bürgerlichen Gesellschaft und eine »Verrohung« (Wilhelm Heitmeyer) von Teilen des Bürgertums.

Angesichts solcher Erosionen des bürgerlichen Anerkennungsmusters stehen emanzipatorische Bewegungen vor einer doppelten Herausforderung: Sie müssen zum einen über den »bürgerlich-beschränkten Inhalt« (Marx) im »Kampf um Anerkennung« hinausgehen und »neue Formen der Subjektivität zustande bringen« (Foucault). Zum anderen müssen überkommene egalitaristische Transformationskonzeptionen überwunden und muss für differenzierte, der Verschiedenheit und Besonderheit der Individuen und ihrer Lebensformen Rechnung tragende Anerkennungsformen und politische Regularien gestritten werden. Die Linke und die sozialen Bewegungen müssen in ihren eigenen Reihen zu einer politischen Sprache, Symbolik und Kultur finden, die diese Pluralität von Anerkennungskämpfen repräsentieren, miteinander verbinden und dadurch die Handlungsfähigkeit von Subjekten stärken. Alle Ansätze einer »Rifondazione« sozialer Protest- und Emanzipationsbewegungen – von den → Weltsozialforen, den → Occupy-Protesten in den Metropolen oder den kommunalen → »Recht auf Stadt«-Bewegungen – belegen aber auch, »dass die Assoziation der Individuen ein Prozess des auch konfliktiven Sich-Mitteilens *in Anerkennung* sein wird, nicht der Verschmelzung in Gemeinschaft, ein Prozess des Sich-einander-aussetzens und nicht des Eingangs in harmonische Einheit« (Jäger/Seibert).

Christoph Lieber

Zum Weiterlesen

Heitmeyer, Wilhelm (Hrsg.) (2012): Deutsche Zustände. Folge 10, Berlin.
Honneth, Axel u.a. (Hrsg.) (2012): Strukturwandel der Anerkennung. Paradoxien sozialer Integration in der Gegenwart, Frankfurt a.M.
Jäger, Michael/Seibert, Thomas (2012): alle zusammen. jede für sich. die demokratie der plätze. eine flugschrift, Hamburg.

Antifaschismus

Antifaschismus beschreibt eine politische Haltung gegen faschistische Ideologien, Gruppierungen und/oder Personen. Es ist also zunächst eine Definition ex negativo.

Der Begriff stammt aus Italien, wo sich in den 1920er Jahren zum ersten Mal Menschen als Antifaschist_innen bezeichneten, um ihre Gegner_innenschaft zu Mussolini und der Partito Nazionale Fascista auszudrücken. Zugleich formierten sich antifaschistische Gruppierungen, die sich gegen die gewalttätigen Übergriffe der faschistischen Schwarzhemden verteidigten. In Italien, wie auch in Deutschland, wurden antifaschistische Zusammenschlüsse vor allem von den Parteien der Arbeiter_innenklasse initiiert. In Deutschland wurde die Antifaschistische Aktion 1932 in der Parteizeitung der KPD ausgerufen. Ihren Vorläufer findet sie im Roten Frontkämpferbund, der 1929 verboten wurde. Die Antifaschistische Aktion verstand sich als parteiunabhängig und stand allen offen, die sich dem Straßenterror der SA entgegenstellen wollten. Es wurde also ein taktisches Bündnis zwischen den Gegner_innen des Nationalsozialismus angestrebt. Getragen wurde der Widerstand, genauso wie auch nach 1933, von kommunistischer Seite. Dies trifft auch auf Spanien zu, wo sich die republikanischen und antifaschistischen Truppen jedoch pluraler zusammensetzten. Auch in anderen europäischen Ländern formierten sich antifaschistische Widerstandsgruppierungen oft als direkte Reaktion auf die Besatzung der entsprechenden Länder durch die Nazis bzw. als Widerstand gegen die faschistischen Bewegungen vor Ort. In Österreich kämpfte der sozialdemokratische Republikanische Schutzbund vor allem gegen die austrofaschistische Heimwehr. Hier endeten die Kämpfe im Februar 1934 in eine Niederlage für die Sozialdemokratie und ihrem endgültigen Verbot. Viele Funktionär_innen flüchteten, während die Verbliebenen in den Untergrund gedrängt wurden. Damit waren alle Strukturen zerschlagen, die einen breiten antifaschistischen Widerstand ermöglicht hätten.

Nach 1945 wurde in den westlichen Ländern ein breites, antifaschistisches Selbstverständnis, vor allem von Überlebenden der Konzentrations- und Vernichtungslager, bald durch ein antikommunistisches bzw. antitotalitäres abgelöst. Das führte dazu, dass der Begriff Antifaschismus bis heute stark umkämpft ist. Von rechter Seite wird versucht, ihn zu diskreditieren. Die Totalitarismustheorie, der Historikerstreit und die Extremismustheorie (sowie deren Ausformung in der Extremismusklausel in Deutschland) setzen »rechtsextrem« und »linksextrem« unreflektiert gleich und wähnen sich in einer (un-)politischen Mitte. Antifaschismus wird in dieser Denkweise als »linksextrem« verworfen. In der Tradition der Antifaschistischen Aktion sehen sich heute verschiedene Antifa-Gruppierungen in ganz Europa, die Informationen sammeln, Naziaufmärsche stören und Aufklärungsarbeit betreiben. Diese entwickelten sich ab den 1980ern vor allem im autonomen Umfeld.

Aus heutiger Sicht ist ein eindimensionaler Blick auf Faschismus nicht mehr haltbar. Er speist sich aus vielen Quellen, die alle gleichermaßen bekämpft werden müssen. Dementsprechend ist eine breite Zusammenarbeit im antifaschistischen Bereich unerlässlich. Das heißt auch, über den Tellerrand zu schauen und sich mit aktuellen und historischen antifaschistischen Bewegungen außerhalb Europas (z.B. in Japan oder Südamerika) zu beschäftigen und zu vernetzen. Außerdem muss der Kampf um den Begriff »Antifaschismus« geführt werden.

Fragen der → Bündnispolitik sind im Antifa- Bereich ein heiß diskutiertes Thema. Das Spektrum reicht von einer Haltung, die in allen Detailfragen übereinstimmen muss (was z.B. die sinnvolle Bündnisarbeit bei Protesten gegen den WKR-Ball, dem Ball der deutschnationalen Burschenschaften in Wien, der zu einem der wichtigsten Vernetzungstreffen des europäischen Rechtsextremismus geworden ist, seit langem erschwert), bis zu großen, taktischen Bündnissen, die mit viel Medienaufmerksamkeit verbunden sind und große Vereine und Kirchen mit einschließen. Die alljährlichen Proteste in Dresden gegen einen der größten Neonazi-Aufmärsche Europas zeigen, wie es auf diesem Weg gehen könnte. Gleichzeitig muss auch innerhalb der Linken die Diskussion darüber geführt werden, mit welchen Gruppierungen eine Zusammenarbeit möglich ist bzw. wie sinnvoll eine Zusammenarbeit mit Gruppierungen ist, die selbst Ungleichheiten zwischen Menschen vertreten und reproduzieren. Dies gilt insbesondere für den feministischen Bereich.

Natascha Strobl

Zum Weiterlesen

Fink, Heinrich/Kerth, Cornelia (Hrsg.) (2011): Einspruch! Antifaschistische Positionen zur Geschichtspolitik, Köln.

Keller, Mirja et.al (2011): Antifa. Geschichte und Organisierung, Stuttgart.

Kinner, Klaus (2000): Antifaschismus und Rechtsextremismus. Historische und aktuelle Dimensionen, Berlin.

Antisemitismuskritik

Die Bestimmung von Antisemitismus ist ein umkämpftes politisches Feld, das sich zwischen Leugnung der Existenz antisemitischer Semantiken und nicht nachhaltig belegten Antisemitismusvorwürfen erstreckt. Generell wird Antisemitismus als Ersatzreligion, Ideologie, als ein Bündel von Vorurteilen und als kulturelle Deutungsmacht begriffen, mit der/dem ein umfassendes Bild einer personifizierenden, modernen Welt konstruiert werden kann. Ein Bild von »dem Juden/der Jüdin« wird dabei als Gegenbild zum positiven Selbstbild einer Wir-Gruppe entworfen, die sich als Nation, Volk oder kulturelle Einheit artikuliert. Dabei wird »der Jude/die Jüdin« als wurzellos, international und abstrakt definiert. Im Gegensatz zum Rassismus imaginiert der Antisemitismus nicht nur eine minderwertige Gruppe, sondern schreibt »den Juden/Jüdinnen« Eigenschaften wie Allmacht, übermäßige Intelligenz und zu viel Einfluss in Politik, Kultur, Wissenschaft, Wirtschaft und Medien zu. Solche Semantiken sind soziokulturell verwurzelt und nicht auf individuelles Bewusstsein reduzierbar; sie haben nichts mit Juden/Jüdinnen zu tun, sondern sagen lediglich etwas über Antisemit_innen aus.

Heute ist weitgehend unstrittig, dass auch aus den Reihen der Linken antisemitische Positionen ertönen, ebenso aber ein Generalverdacht gegen z.B. Globalisierungskritiker_innen *in toto* nicht zutrifft. Zu den Erscheinungsformen eines linken Antisemitismus gehört seit dem Sechs-Tage-Krieg 1967 eine spezifische Form der Kritik an Israel. Über die Bedeutung eines linken Antizionismus wird seitdem diskutiert. Polarisierend formuliert, stehen sich zwei Positionen gegenüber: die eine, die sich auf jüdische Europäer_innen oder antizionistische Israelis bezieht und sich dadurch gegen den Antisemitismusvorwurf immunisiert sieht, die andere, die den Antizionismus als einen getarnten Antisemitismus definiert. Zweitens artikulieren sich antisemitische Stereotypen in einem spezifischen Antiamerikanismus: z.B. dem Bild einer »jüdischen Lobby«, die das politische System unterwandere, die Finanzmärkte kontrolliere (kodiert durch »Ostküste« und »Wallstreet«), und/oder der Suggestion einer vollkommenen Manipulation durch Massenkultur und Medienkontrolle. Drittens werden Semantiken in antimoderner Abwehr verwendet, die zumeist an tradierte antisemitische Bilder anknüpfen.

Im modernen Antisemitismus findet eine Biologisierung des »abstrakten« Kapitals in Form des »internationalen Judentums« statt (Moishe Postone). Die Eigenschaften der Macht, die im Antisemitismus »dem Juden/der Jüdin« zugeschrieben werden, sind allesamt solche der Wertdimension der kapitalistischen Ökonomie. Die »mysteriöse Kraft« des Kapitals, Zins hervorzubringen, wird personalisiert, indem die wirklich ausbeuterischen Kapitalisten in den »Juden/Jüdinnen« ausfindig gemacht werden. So werden Wirkungsweisen, die den Kapitalismus strukturieren, auf eine äußere Gruppe projiziert, die damit für die fatalen Folgen der Ökonomie verantwortlich gemacht wird. Ein Antisemitismusvorwurf kann nicht mit dem Verweis auf solch fetischistische Denkformen begründet werden. Allerdings ist Antikapitalismus, der innerhalb dieses Fetischs verbleibt, mit antisemitischen Semantiken kompatibel (z.B. in der Trennung zwischen dem »guten Produktivkapital« und dem »bösen Finanzkapital«). Eine solche Anschlussfähigkeit für antisemitische Semantiken beschreibt der Begriff des strukturellen Antisemitismus.

Obwohl Teile der Linken seit Anfang der 1990er Jahre entsprechende Sinngehalte dechiffrieren und objektivieren, sich entsprechend eine Sensibilisierung gegenüber personifizierenden Deutungen und sich wandelnden Chiffren etablieren konnte, existiert kein diesbezüglicher linker Konsens. Eine öffentliche Auseinandersetzung wird z.B. seit 2008 um einen sekundären Antisemitismus einiger Fraktionsmitglieder der Partei DIE LINKE geführt.

Auch außerhalb der deutschen Grenzen werden in linken Bewegungen allmächtige Erklärungsstrukturen problematisiert: wie z.B. eine Kritik der Ökonomie, die die Krisenhaftigkeit unseres Wirtschaftssystems ausschließlich in den globalisierten Finanzmärkten angelegt sieht und nicht grundsätzlich im Kapitalismus selbst verortet. Dennoch äußerte eine Aktivistin der → Occupy Wall Street Bewegung im Oktober 2011 auf einer linken Kundgebung, dass die »zionistischen Juden« für das Lenken der Infrastruktur der Banken verantwortlich seien und man diese daher aus dem Land treiben sollte.

In der linken → politischen Bildungsarbeit finden sich jedoch immer mehr Initiativen, die auf differenzierte Analyseschritte fokussieren, mit denen politische und ökonomische Entwicklungen nicht vereinfacht werden. Denn schlussendlich reicht es für eine progressive politische Theorie und Praxis nicht, die Grenzen des Sagbaren auszuloten, sondern es gilt grundsätzlich, einer Logik der Entdifferenzierung entgegenzuwirken.

Mona Urban

Zum Weiterlesen

Brosch, Matthias u.a. (Hrsg.) (2007): Exklusive Solidarität. Linker Antisemitismus in Deutschland. Vom Idealismus zur Antiglobalisierungsbewegung, Berlin.

Postone, Moishe (2005): Antisemitismus und Nationalismus (1979), in: ders.: Deutschland, die Linke und der Holocaust. Politische Interventionen, Freiburg, S.165-194.

Rabinovici, Doron u.a. (Hrsg.) (2004): Neuer Antisemitismus? Eine globale Debatte, Frankfurt a.M.

Arbeitszeitverkürzung

Eigentlich eine erfreuliche Entwicklung: Durch die digitale Revolution (auch »dritte industrielle Revolution«) steigt die Arbeitsproduktivität gewaltig an. Durch immer effizientere Technik, bessere Qualifikation und wachsende Arbeitsintensität produzieren immer weniger Menschen in kürzerer Zeit in wachsendem Umfang Güter und Dienstleistungen. Dennoch sind Millionen arbeitslos. Zwischen dem Angebot von Arbeitsplätzen und der Zahl der Arbeit suchenden Menschen klafft eine gewaltige Lücke. Nichts ist plausibler als die Idee, dass die Arbeitzeit nun für alle reduziert werden könnte, wenn sie auf alle Schultern verteilt würde. Bertrand Russell hat schon vor vielen Jahren das (von Adam Smith erwähnte) Beispiel der Nadelproduktion aufgegriffen: »Nehmen wir an, … jemand (macht) eine Erfindung, die es ermöglicht, daß dieselbe Zahl von Menschen doppelt so viele Nadeln herstellen kann. Aber die Menschheit braucht nicht doppelt so viele Nadeln. Sie sind bereits so billig, daß kaum eine zusätzlich verkauft würde, wenn sie noch billiger werden… Die Nadelarbeiter arbeiten noch immer acht Stunden, es gibt zu viele Nadeln, einige Nadelfabrikanten machen Bankrott, und die Hälfte der Leute … verlieren ihre Arbeitsplätze. Es gibt jetzt, genau betrachtet, genausoviel Freizeit wie bei halber Arbeitszeit; denn jetzt hat die Hälfte der Leute überhaupt nichts mehr zu tun, und die andere überarbeitet sich.«

Gegenwärtig wird diese Absurdität sogar noch überboten. Unternehmen und Staaten verlängern die Arbeitszeit und vernichten dadurch Arbeitsplätze. Das vollzieht sich vor dem Hintergrund einschneidender Verschiebungen im kapitalistischen Weltsystem. Das Ende des alternativen Weltmarktes in den »realsozialistischen« Ländern und die Integration der asiatischen Länder in den Weltmarkt haben das globale Angebot an Arbeitskräften anschwellen lassen und eine *globale industrielle Reservearmee* geschaffen, die gewaltigen Druck auf Löhne und Arbeitsbedingungen weltweit ausübt und die Macht des Kapitals anwachsen lässt. Der erheblich gestiegene globale Konkurrenzdruck führt überall zu sinkenden Reallöhnen und zu enorm gesteigerten Gewinnen, die nach immer neuen Anlagemöglichkeiten suchen. Die globale Arbeiter_innenklasse sieht sich dem *Zangengriff* technologischer Arbeitsplatzvernichtung und der unbarmherzigen Peitsche der wild gewordenen Finanzmärkte gegenüber. Die Weltwirtschaft wächst und produziert verschlechterte Arbeits- und Lebensbedingungen im Globalen Norden wie im Globalen Süden – und damit allerdings auch potenziell rebellische Opfer.

Unter diesen Bedingungen ist der Kampf um die Verkürzung der Arbeitszeit schwieriger geworden. Allerdings gab es immer Erfolge und Niederlagen: 1891 streikte der Deutsche Buchdruckerverband für den Acht-Stunden-Tag, 1923 wurde der einige Jahre zuvor erkämpfte Acht-Stunden-Tag wieder aufgehoben; nach dem Zweiten Weltkrieg gelang die Einführung der 40-Stunden-Woche, in Frankreich und Deutschland wurde – teils erfolgreich – um die 35-Stunden-Woche gekämpft, die jetzt wieder bedroht ist.

Das Wirtschaftssystem entwickelt sich gegenwärtig in die falsche Richtung, wie an der Abwärtsspirale von Löhnen, Sozialstandards und Steuern beobachtet werden kann. Einer → emanzipativen Gegenbewegung muss es darum gehen, dass die Gesellschaft sich das *Primat der Politik über die Ökonomie* zurück erobert und die Märkte, vor allem den Arbeitsmarkt, reguliert. In den alltäglichen Auseinandersetzungen gilt es, jeden Widerspruch zu nutzen. Die Forderungen nach → Mindestlohn, existenzsicherndem → Grundeinkommen und Arbeitszeitverkürzung ergeben zusammen eine Triade auch kurzfristig erreichbarer Ziele, die in grenzüberschreitender → Solidarität erstritten werden können. Längerfristig geht es aber auch um die Beseitigung sinnloser Arbeit (z.B. in der Rüstungsindustrie), um die Neuverteilung der Arbeit zwischen Männern und Frauen, zwischen leitender und ausführender, zwischen körperlicher und geistiger Arbeit. Ohne Veränderung der Eigentumsverhältnisse wird das nicht gehen. Erst wenn die »knechtende Unterordnung unter die Arbeitsteilung« (Marx) überwunden ist, kann man von einer echten *Humanisierung der Arbeit* reden – von Arbeit FAIRteilen eben.

Um auf Bertrand Russell zurückzukommen: »In einer vernünftigen Welt würde jeder, der mit der Herstellung von Nadeln beschäftigt ist, jetzt eben vier statt acht Stunden täglich arbeiten.« Wenn die Menschen den Märkten und ihren Nutznießern die Kontrolle entrissen haben und wenn sie den Ausgang aus der selbstverschuldeten Machtlosigkeit den Märkten gegenüber geschafft haben; wenn sie ihr Schicksal wieder – in neuen demokratischen Formen – in die eigenen Hände nehmen, dann wird diese »vernünftige Welt« die Arbeitszeit radikal und geplant verkürzen können, um die Natur zu schonen und mehr Zeit zum Leben, Lieben und Lachen zu gewinnen.

Peter Strotmann

Zum Weiterlesen

Bontrup, Heinz J./Niggemeyer, Lars/Melz, Jörg (Hrsg.) (2007): Arbeit fair teilen, Hamburg.
Russell, Bertrand (2004 [1932]): »Nehmen wir an«. In: Sand im Getriebe, Nr. 34, S. 3f.
Silver, Beverly (2005): Forces of Labor. Arbeiterbewegungen und Globalisierung seit 1870, Berlin.

Ästhetik des Widerstands

»...eingespannt in eine einzige Bewegung ... rangen sie miteinander, ... träumend, reglos in wahnsinniger Heftigkeit.« (Ästhetik des Widerstands I, S. 8)

Die Ästhetik des Widerstands liest sich wie eine vorgezogene und zugleich zu spät kommende Bilanz der proletarischen Bewegung. Mit der vorgezogenen kritischen Bilanz rettet Peter Weiss in den Roman, was 1989 summarisch zur geschichtlichen Wirkungslosigkeit verdammt wurde, sie kommt als fiktive Biografie zu spät, weil es im historischen Prozess selbst die wirkmächtige Verkörperung dieser Position nicht gab. Das Anliegen ist eine politische Ästhetik als Gegenentwurf zur Ästhetisierung der Politik im Faschismus. Der Roman sagt in einem kunstvollen Gewebe aus historischen Bezügen und Traumelementen vieles, was dem zeitgenössischen theoriegeleiteten Blick entging. Das anonymisierte Leben und Sterben, das im 20. Jahrhundert so viel Angst verbreitet hat, wird in einer Art Umkehrung zum produktiven Prinzip in der anonymen Figur des Erzählers.

Auffällig ist die Konfrontation mit den Artefakten und den Geschehnissen am Ort und den Orten des Geschehens, also eine Aufforderung zur Deutung des Originalen und Authentischen. Die Dimensionen der Kunstwerke ermöglichen eine Auseinandersetzung, weil sie den Entstehungsort, den Ort des Geschehens und die sie ermöglichenden gesellschaftlichen Verhältnisse zwischen Menschen in sich verschlüsselt tragen, etwa das Bild des Eisenwalzwerkes oder der Pergamon-Fries.

Was in diesen Originalen steckt, wird als Überschreitung durch die realistische und zugleich visionäre und surreale Vorstellungskraft entwickelt. Das Ergebnis ist die Freisetzung der in den Artefakten eingefangenen Bewegung, um den dargestellten Besiegten ihre Würde zurückzugeben. In dialogischer Form wird die Zeitlosigkeit des in den Kunstwerken fixierten Augenblicks aufgehoben und zugleich die permanente Grundstruktur gesellschaftlicher Herrschaft freigelegt. Die Lesenden werden in ein virtuoses Springen in Raum und Zeit hineingezogen, durch das eines deutlich wird: Ein Anliegen wie das der Beendigung der Herrschaft von Menschen über Menschen, ob direkt oder in sachlicher Hülle, erfordert ein Denken, das sich in verschiedenen Räumen und Zeiten bewegen muss, von Angkor Wat bis Berlin, von Pergamon bis Guernica.

Die solchermaßen aufgespannten Zeiten und Räume werden durch zwei Fäden verbunden, die Decodierung gesellschaftlicher Herrschaft mit ihren verborgenen und offensichtlichen Techniken in der Bekämpfung des Faschismus als einer außerordentlich überwältigenden Form der Herrschaft und die Deformierung der Gegenbewegung in all ihren Formen. Die Ähnlichkeit von Lebensbedingungen unter herrschaftlichen Verhältnissen ermöglicht ein Wiedererkennen selbst über große zeiträumliche Distanzen, ein Aufschließen von Erfahrungen, nicht allein eine Form reiner Erkenntnis. Vielmehr enthalten die Deutungsleistungen eine muskulär-motorische Komponente, aus der sich Emotionalität speist. Im Wiedererkennen verändert sich Subjektivität, erhält sie Zugang zu der Frage: Warum ist es bisher nicht gelungen, Herrschaft von Menschen über Menschen zu beseitigen?

Der politisch-ästhetische Widerstand mit der Vielheit seiner Stimmen lebt und erleidet den Widerspruch zwischen der überwältigenden Melancholie angesichts der Opfer und der Tatkraft, die sich in bestimmten Bereichen dem ähnlich machen muss, was sie bekämpft, um sich ihm überhaupt entgegenstellen zu können – selbst um den Preis der eigenen Entstellung. Eine gelingende Bewegung zur Beseitigung der Herrschaft von Menschen über Menschen bedarf einer umfassenden Auslegungs- und Schaffenskunst bei den Menschen, die bisher von beiden Künsten ausgeschlossen wurden und in den Artefakten nur als Besiegte auftauchen.

Das, was wir Geschichte nennen, kann nicht das letzte Wort sein, zu viel Unabgegoltenes ist in dieser Geschichte aufgehäuft. Auch wenn es nach 1989 so scheint, als seien die Springquellen historischer Parteinahme abgeschnitten und auf die Gegenwart zusammengeschrumpft bei einer gleichzeitigen Vervielfältigung räumlicher Bezüge, die kritische Interventionen erfordern.

Die zentrale Frage bleibt: Wie kann entfaltete politisch-ästhetische Individualität mit den Notwendigkeiten eines kollektiven Kampfes so verknüpft werden, dass weder die Emotionalität noch die Handlungsfähigkeit unter dem Druck eines übermächtigen und lernfähigen Gegners zerbrechen?

Siegfried Timpf

Zum Weiterlesen

Dunz-Wolff, Günter/Goebel, Hannes/Stüsser, Jochen (Hrsg.) (1988): Lesergespräche. Erfahrungen mit Peter Weiss' Roman »Die Ästhetik des Widerstands«, Hamburg.

Weiss, Peter (1975/1978/1981): Ästhetik des Widerstands, 3 Bde. Frankfurt a.M.

Weiss, Peter (1981): Notizbücher 1971-1980, 2 Bde., Frankfurt a.M.

Autonomie der Migration

Der Begriff der Autonomie der Migration führte längere Zeit ein verstecktes Dasein in einem Interview mit dem französischen Politökonomen Yann Moulier Boutang von Beginn der 1980er Jahre. Mit Autonomie der Migration sprach er zunächst den »subjektiven Faktor« an, der in vielen theoretischen und politischen Analysen und in öffentlichen Debatten zu Migration lange Zeit unterschlagen wurde: »Auch wenn sich Myriaden von Experten und Beamten in den Behörden und staatlichen und internationalen Einrichtungen mit der Emigration beschäftigen, haben sie keine Ahnung von dieser … Autonomie der Migrationsflüsse. Sie haben vielmehr die Vorstellung, dass alle miteinander verbundenen Faktoren und Phänomene auf die Wirtschaftspolitik zurückzuführen und daher nur Gegenstand der verwaltungsmäßigen Regulierung wären. Natürlich wird bei diesem Denkansatz die Objektivität der Politik und speziell der Wirtschaftspolitik grotesk überschätzt, es wird völlig vergessen, dass es eine Eigendynamik der Auswanderung gibt. Man kann zwar der Emigration mit repressiven Mitteln begegnen, die Rückkehr der Immigranten ›fördern‹, aber man kann nicht die Flüsse nach Programmierung und Dafürhalten öffnen und sperren.«

Obwohl bis in eine breite internationale wissenschaftliche Debatte und sogar in offiziellen Politikanalysen für deutsches und europäisches Migrationsmanagement hinein die Auffassung, nach der Migrant_innen nicht einfach eine durch Wirtschaftspolitik an- und abschaltbare Verfügungsmasse bilden, inzwischen zum Substrat geworden ist, hat die Rede von der Autonomie der Migration lange Zeit die Funktion übernommen, die Perspektive *auf* Migration zu verändern, indem sie die Perspektive *der* Migration einnahm.

Aufgegriffen haben ihn in Deutschland für ihre migrationspolitische und antirassistische Arbeit gegen Mitte/Ende der 1990er Jahre zunächst vor allem zwei Gruppen, nämlich *kein mensch ist illegal* und *Kanak Attak,* woraufhin er vielfach diskutiert und ausgearbeitet wurde. Im Rahmen der internationalen Debatte stieß der Begriff auf einen Resonanzraum, in dem sich zeitgleich und zum Teil unabhängig voneinander ausgearbeitete Ansätze zum Recht auf Flucht, historische Ansätze zur Sklaverei, zur Lohnarbeit, zum Lumpenproletariat sowie zahlreiche → feministische, migrationstheoretische und → postkoloniale Beiträge, künstlerische und filmische Produktionen mit politischer Arbeit zu Migration ergänzten. Daher kann inzwischen von einem Konzept oder einer Methode die Rede sein.

In gewisser Weise ließe sich behaupten, dass der Begriff nötig geworden war. Vor allem, weil er mit ein paar Hirngespinsten über die Migration aufräumt. Zwar eröffnet Migration ein Feld sozialer und politischer Konflikte, allerdings wird der sich ergebende soziale Antagonismus anstatt als Herausforderung zu gelten, doch im Allgemeinen den Migrant_innen zur Last gelegt. Wie bei einem Vexierbild ergibt sich immer nur der Blick auf Migrant_innen, die mal als Schurken, mal als Opfer heraustreten. Diesem Bild, das über zahllose Figuren verfügt und sich historisch als höchst resistent erweist, entzieht das Konzept der Autonomie der Migration die Grundlage.

Migration tritt niemals in gleicher Weise auf, sie hat zahlreiche Gründe und läuft selten nur in eine Richtung. Sie ist nicht das Projekt Einzelner, sondern ein Prozess, der auf transnationalen Netzwerken (→ transnationale Migration) und einer globalen Bewegung beruht. Wollte man sie eine soziale oder politische Bewegung nennen, könnte sie unser Verständnis des Politischen in Frage stellen. Denn die Perspektive der Migration einzunehmen, bedeutet, unsere Vorstellungen von den Grenzen nationaler Organisierung, sei es in Form staatlicher Migrationspolitik oder nationaler Gewerkschaftsarbeit, die Auffassung von Lokalem und Globalem, von engen disziplinären Grenzen, vor allem aber auch die unsinnige Idee, dass die nationale Gesellschaft »ohne Migration« bestens integriert wäre, zu überdenken.

Fraglos ist das Konzept, dessen Kerngedanke vom autonomen Marxismus geprägt ist, nicht unstrittig. Vorwürfe wie, der Ansatz verhindere, Migrant_innen als Opfer der internationalen Arbeitsteilung, von Ausbeutungsverhältnissen, Kolonialismus und Postkolonialismus, von Kriegen, Geschlechterverhältnissen, Rassismus etc. zu sehen, bilden die Hauptlinien der Auseinandersetzung. Dagegen nimmt das Konzept gerade die Bedingungen von Migrationsbewegungen in den Blick, und zwar nicht parteilich, für Migrant_innen an sich, sondern die Herausforderung antretend, die die Kämpfe der Migration stellen, wenn sie zahlreiche Grenzen überschreitend ein besseres Leben suchen.

Manuela Bojadžijev

Zum Weiterlesen

Bojadžijev, Manuela (2011): Das »Spiel« der Autonomie der Migration, in: Koch, Lars/Petersen, Christer/Vogl, Joseph (Hrsg.): Störfälle, Zeitschrift für Kulturwissenschaften, Heft 2, S. 139-146.

Mezzadra, Sandro (2011): The Gaze of Autonomy. Capitalism, Migration, Social Struggles, in: Squire, Vicki (Hrsg.): The Contested Politics of Mobility. Borderzones and Irregularity, London, S. 121-143.

Moulier Boutang, Yann (2010): Interview, in: grundrisse. Nr. 34, S. 30-43.

Basisdemokratie

Basisdemokratie bezeichnet eine auf → Partizipation ausgerichtete Form der politischen Beratung und Entscheidungsfindung. Sie bildet ein Gegenmodell zur repräsentativen Demokratie. In einer repräsentativen Demokratie werden Repräsentant_innen für eine bestimmte Periode dazu legitimiert, für die gesamte Gruppe zu sprechen oder politische Entscheidungen stellvertretend zu fällen. In basisdemokratischen Konzepten ist dagegen immer die gesamte Gruppe an der Beratung und Entscheidungsfindung beteiligt. Die Versammlung aller ist der Ort, wo Entscheidungen diskutiert und gefällt werden. Wenn die Gruppe für eine Versammlung aller zu groß ist, werden Delegierte von kleineren Einheiten (der Basis) bestimmt, die in einem Plenum mit anderen Delegierten Entscheidungen für die gesamte Gruppe diskutieren und beschließen sollen. Im Unterschied zu Repräsentant_innen, die ein freies Mandat haben und nach individueller Einschätzung die Gruppe vertreten können, sind diese Delegierte an die von der Basis diskutierten Entscheidungen gebunden (»imperatives Mandat«). Delegierte sind jederzeit abwählbar und es soll eine starke Rotation zwischen den Personen stattfinden, damit das Problem der Machtanhäufung unterlaufen wird. Dieser Form des Delegiertenmodells (Recall- und Rotationsprinzip) wurde in den → Rätebewegungen Ende des 19. und zu Beginn des 20. Jahrhunderts entwickelt.

Die Dominanz des Neoliberalismus in der etablierten Parteienlandschaft der 1990er Jahre verursachte einen stärkeren Vertrauensverlust der Bevölkerung und eine viel diskutierte »Krise der Repräsentation«. So ist die Entstehung der globalisierungskritischen Bewegung von einer starken und dezidierten Repräsentationskritik geprägt. Bei den zapatistischen Gemeinden in Chiapas/Mexiko finden wir neue, erfolgreiche Erfahrungen basisdemokratisch orientierter sozialer Organisation. Zentralistische Formen der Organisierung mit starker Repräsentation, die noch die Arbeiterbewegung prägten, sind in diesem Bewegungszyklus seit der Mitte der 1990er Jahre eine Randerscheinung. Aber auch die jüngsten → Protestbewegungen weisen in der Form der Platzbesetzungen eine dezidierte Repräsentationskritik und basisdemokratisches Bewusstsein auf. Prominentestes Beispiel hierfür ist der Tahrir-Platz in Kairo. Der zentrale Platz der Stadt soll der Ort werden, an dem die Menschen ihre politischen Belange direkt und nicht über Repräsentant_innen vermittelt äußern. Dieses direktdemokratische Motiv prägte auch ähnliche Aktionsformen im Sommer 2011 in Spanien und Griechenland, und auch in der → Occupy-Bewegung wurde ein starker basis- und direktdemokratischer Impuls sichtbar. In der Organisation dieser Platzbesetzungen finden wir fast keine personale Repräsentation, sondern basisdemokratische Dynamiken, von informeller Meinungs- und Entscheidungsfindung (Tahrir) bis zu innovativen, formalisierten Mechanismen der Diskussion und Entscheidungsfindung (z.B. der »Mic-Check« der Occupy-Bewegung, bei dem »menschliche Megafone« Ansprachen für große Versammlungen hörbar machen).

Damit geht auch das Prinzip der → Entschleunigung einher. Für die Handlungsfähigkeit der Gruppe wird nicht die Schnelligkeit in der Entscheidungsfindung zum Maßstab erhoben, sondern ein langsameres Tempo akzeptiert, wodurch größtmögliche Beteiligung gewährleistet werden soll. In den → sozialen Bewegungen zielt dies darauf ab, die Utopie einer demokratischen Gesellschaft im Hier und Jetzt und im Kleinen zu verwirklichen. Eine zentrale Forderung für mehr Basisdemokratie in der Gesellschaft sind Volksentscheide über wichtige soziale und politische Angelegenheiten. In dem brasilianischen Bundesstaat Rio Grande do Sul wurde deshalb das Modell des → partizipativen Haushalts initiiert, bei dem die Versammlungen von Bürger_innen über die Investitionen der Kommune bestimmen können. Dieses Modell hat mittlerweile in vielen Städten und Kommunen Anklang gefunden.

Kritisiert werden basisdemokratische Modelle vor allem hinsichtlich ihrer Praktikabilität. Je größer die Gruppe, umso schwieriger sei es, wirklich alle zu beteiligen. Dieses Problem hat in einigen Strukturen und Organisationen der sozialen Bewegungen zu einer Mischform zwischen basisdemokratischen und repräsentativen Modellen geführt. Basisdemokratische Prozesse setzen die aktive Beteiligung der Menschen voraus. Kritisch ist hierbei, dass jene, die nicht den gleichen Aktivitätsgrad aufbringen können, die sozialen Prozesse auch weniger beeinflussen können (»Aktivendemokratie«). Außerdem zeigen viele Erfahrungen, dass sich trotz der bewussten Ablehnung von Repräsentant_innen in sozialen und politischen Gruppen häufig informelle Sprecher_innen und Führungspersonen herausbilden, die noch weniger demokratisch kontrollierbar sind, als wenn sie ein offizielles und zu erneuerndes Mandat hätten (»informelle Hierarchie«).

Pedram Shahyar

Zum Weiterlesen:

Della Porta, Donatella (Hrsg.) (2009): Democracy in Movements. Basingstoke, Hampshire u.a.

Kaltmeier, Olaf/Kastner, Jens/Tuider, Elisabeth (Hrsg.) (2004): Neoliberalismus. Autonomie. Widerstand. Soziale Bewegungen in Lateinamerika, Münster.

Shahyar, Pedram/Wahl, Peter (2005): Bewegung in der Bewegung? Erfahrungen und Perspektiven der GlobalisierungskritikerInnen, Hamburg.

Befreiungspädagogik

Sozialistische Experimente standen im 20. Jahrhundert immer wieder vor einem ähnlichen Problem: Die → Vergesellschaftung von Produktionsmitteln auf staatlicher Ebene, aber auch in kleineren Einheiten wie in → Genossenschaften, führte längerfristig fast überall zu einem spürbaren Einbruch der Produktivität. Die bürgerliche Wirtschaftswissenschaft erklärte dies mit dem Mangel an individuellen Anreizen.

Auch wenn das politische Interesse dieser Argumentation auf der Hand liegt, ist das Problem nicht zu leugnen: Kollektive Produktionsformen entwickelten im 20. Jahrhundert meist nur geringe Dynamik. Vor diesem Hintergrund entspann sich in den 1960er Jahren eine internationale Debatte um das so genannte Anreizproblem. Zusatzzahlungen für Einzelpersonen und Belegschaften wurden als Leistungsanreize eingeführt, was von Maoist_innen, aber auch vom damaligen kubanischen Industrieminister Che Guevara als Rückschritt kritisiert wurde. Guevara schlug stattdessen eine Erziehungspolitik vor, durch die der »neue sozialistische Mensch« als Produktivkraft entdeckt werden könne. Auf diese Weise wurden der moralische Appell zur kollektiven Verantwortung und die Heroisierung des persönlichen Opfers zu prägenden Kennzeichen der guevaristischen Periode auf Kuba. In China und Kambodscha schlug die permanente politische Mobilisierung gar in brutale Erziehungsdiktaturen um.

Vor diesem Hintergrund ist die in Lateinamerika entstandene Befreiungspädagogik ein entscheidender Beitrag für zukünftige gesellschaftliche Projekte. Alternative soziale Beziehungen müssen erlernt werden, doch wie kann ein Lernprozess aussehen, der nicht auf autoritäre Erziehung hinausläuft? Der Brasilianer Paulo Freire (1921-1997), der den Begriff der Befreiungspädagogik maßgeblich prägte, entwickelte sein Konzept auf der Grundlage von Alphabetisierungsprogrammen in Brasilien und Chile. Ausgehend von der Frage, warum bestimmte Lernmethoden die Apathie der Schüler_innen nicht zu durchbrechen vermögen, kam er zu der Schlussfolgerung, dass Lernen nicht als neutraler Prozess der Wissensübermittlung betrachtet werden könne. Lernen sei nur dann erfolgreich, wenn es die spezifischen Erfahrungen des Einzelnen aufgreife und ihn befähige, diese zu verarbeiten. Lernen sei also ein Prozess der → Selbstermächtigung, in dem die soziale Situation der Lernenden aktiv verändert wird. Im Gegensatz zur staatssozialistisch orientierten Pädagogik, die unterdrückte Massen mit einer Art Aufklärung zu »erwecken« suchte, lehnte Freire die politische Agitation ab, weil diese erneut entfremdete Beziehungen zwischen Führenden und Geführten hervorbringe.

Die in der Folge von Freire konzipierten Alphabetisierungsprogramme nahmen das spezifische Wissen der Unterdrückten zur Grundlage und postulierten die Kollektivität von Lernprozessen – eine Kollektivität, die auch die Lehrenden mit einschließt. Da alle Beteiligten Wissen einbringen und kollektive Prozesse unvorhersehbare Ergebnisse produzieren, würden auch die Alphabetisierenden ständig dazu lernen. In dieser Hinsicht besitzt die Befreiungspädagogik eine bemerkenswerte Parallele zu den »unterdrückten Wissensarten« Foucaults. Auch die Befreiungspädagogik propagiert die befreiende Kraft von unterdrücktem Wissen und plädiert für das Aufbrechen diskursiver Machtsysteme.

Interessanterweise erhielt die Befreiungspädagogik ihren Anstoß, an klassischer Wissensmacht zu rütteln, aus einer linkschristlichen Praxis (→ Befreiungstheologie). Basiskirchliche Strömungen (→ Kirche von unten) diskutierten die Frage, wie Pfarrer sich in Gemeinschaften einbringen und ihr Wissen für → Emanzipation nutzbar machen können, ohne selbst Machtpositionen zu erlangen. Aus diesem Zusammenhang stammten Begriffe wie Ergebenheit und Demut, die in Freires Haltung eine große Rolle spielen. Der/die Befreiungspädagog_in (in der Form des Aktivismus, nicht aber in der konkreten Rolle dem leninistischen »Kader« vergleichbar) müsse die eigene Rolle fortwährend zur Disposition stellen.

Befreiungspädagogik stellt jedoch nicht wirklich die Frage, inwiefern Pädagogik als solche ein Konzept biopolitischer Macht ist. Immerhin wurde das Problem der Kindererziehung historisch erst dadurch aktuell, dass neue Produktions- und Regierungsformen sich selbst disziplinierende Staatsbürger_innen und Arbeitskräfte benötigten. Doch der praktische Wert befreiungspädagogischer Projekte bleibt von dieser Einschränkung unberührt. Die vielfältigen Ansätze einer basisorientierten, von Freire inspirierten »Educación Popular« sind sicherlich einer der Gründe, warum sich die → sozialen Bewegungen in Lateinamerika in den vergangenen 30 Jahren trotz brutaler Repression immer wieder neu konstituieren konnten. Sie haben den Unterdrückten Selbstbewusstsein vermittelt und gemeinschaftliche Handlungsperspektiven aufgezeigt.

Raul Zelik

Zum Weiterlesen

Freire, Paulo (1990): Pädagogik der Unterdrückten. Bildung als Praxis der Freiheit, Reinbek.

Befreiungstheologie

Die Befreiungstheologie ist eine Sammlung der seit 1971 veröffentlichten Schriften von – mehrheitlich lateinamerikanischen – Intellektuellen wie Gustavo Gutiérrez (Peru), Hugo Assmann, Frei Betto, Leonardo und Clódovis Boff (alle Brasilien), Jon Sobrino, Ignacio Ellacuria (El Salvador), Pablo Richard (Chile/Costa Rica) und Enrique Dussel (Argentinien/Mexiko) – um nur einige der Bekanntesten zu nennen. Die von der Befreiungstheologie beeinflussten Christen gehören zu den wirksamsten und wichtigsten AktivistInnen der Bewegung des Altermundialismus (*altermundialismo*), die sich im Namen der → sozialen Gerechtigkeit gegen die neoliberale kapitalistische Globalisierung stellt. Einer der Gründer des → Weltsozialforums und Repräsentant der Kommission »Gerechtigkeit und Frieden« (*Justicia y Paz*) der CNBB (*Conferencia Nacional de los Obispos Brasileños* – nationale Konferenz der brasilianischen Bischöfe), Chico Whitaker, gehört dieser Strömung ebenso an wie der belgische Pater François Houtart (Freund und Lehrer von Camilo Torres), eine der einflussreichsten intellektuellen Persönlichkeiten des Forums. Die zwei wichtigsten brasilianischen Befreiungstheologen, Leonardo Boff und Frei Betto, befinden sich ebenfalls unter den BegründerInnen des Altermundialismus und beteiligen sich aktiv durch ihre Schriften und Reden an den Mobilisierungen und Veranstaltungen des Weltsozialforums.

Die Befreiungstheologie ist der Ausdruck einer breiten sozialen Bewegung, die man als »Befreiungschristentum« bezeichnen könnte und die sich Anfang der 1960er Jahre entwickelte. Diese Bewegung umfasste weite Bereiche der Katholischen Kirche – Priester und Bischöfe, aber vor allem religiöse Orden, weltliche religiöse Bewegungen wie die *Acción Católica* (katholische Aktion), die *Juventud Universitaria Cristiana-JUC* (christliche universitäre Jugend), die *Juventud Obrera Cristiana*-JOC (christliche Arbeiterjugend), die Volkspastoralen (*pastoral obrera* – ArbeiterInnen-Pastorale und *pastoral de la tierra* – Pastorale der Erde) und die kirchlichen Basisgemeinden (*Comunidades Eclesiales de Base* CEBs). Sie übt auch Einfluss auf nichtkonfessionelle soziale Bewegungen wie Stadtteilzusammenschlüsse, Frauengruppen, Gewerkschaften, Bauernbewegungen und Volksbildungsbewegungen bis hin zu politischen Parteien aus. Ohne die Erfahrung dieser sozio-religiösen Bewegung lassen sich äußerst wichtige soziale und historische Phänomene der lateinamerikanischen Geschichte der letzten dreißig Jahre wie der revolutionäre Prozess in Zentralamerika (Nicaragua, El Salvador), die neue ArbeiterInnen- und BäuerInnenbewegung in Brasilien oder der zapatistische Aufstand in Chiapas nicht verstehen. Das »Befreiungschristentum«, das durch die brasilianische JUC-Rezipientin der progressiven katholischen Kultur (Emmanuel Mounier und die Zeitschrift »Esprit«), Pater Lebret und die Bewegung *»Economía y Humanismo«* (Ökonomie und Humanismus) und Yves Calvez, den »Karl Marx der Jesuiten«, beeinflusst wurde, forderte zum ersten Mal im Namen des Christentums eine radikale gesellschaftliche Umwandlung in Lateinamerika. Diese Bewegung sollte sich alsbald über fast alle Länder des Kontinents in verschiedenen Ausformungen – »Christen für den Sozialismus«, »Priester der Dritten Welt« etc. – ausbreiten, bis sie ab den 1970er Jahren in der Befreiungstheologie eine kulturelle, politische und spirituelle Übertragung fand.

Würde man die zentrale Idee der Befreiungstheologie in einer einzigen Formel zusammenfassen müssen, wäre das »Präferenzoption für die Armen«. Was ist das Neue? War die Kirche nicht seit jeher von einer wohltätigen Aufmerksamkeit gegenüber dem Leiden der Armen geprägt? Der wesentliche Unterschied ist, dass für die Befreiungstheologie die Armen nicht mehr als Objekte wahrgenommen werden – der Hilfe, des Mitleids, der Wohltätigkeit –, sondern als AkteurInnen ihrer eigenen Geschichte, als Subjekte ihrer eigenen Befreiung. Die Rolle der sozial engagierten ChristInnen ist es, am »langen Marsch« der Armen teilzunehmen – des »Pauperiats« (*pobretariado*), in der Sprache einiger christlicher Gewerkschafter – bis die *»Terra prometida«* (portug.: das versprochene Land), die Befreiung durch Selbstorganisation und gesellschaftliche → Emanzipation erreicht ist.

Trotz der Schwierigkeiten – der repressiven Maßnahmen des Vatikans, des Wettbewerbs der charismatischen katholischen Strömungen und der protestantischen Neo-Pfingstsekten – bleibt die Befreiungstheologie in Lateinamerika präsent, vor allem in Brasilien, wo ihr Einfluss auf die Kirche bedeutend ist. Ohne ihre gesellschaftliche Fürsorge aufzugeben, hat sie sich für neue Themen geöffnet: die Unterdrückung der Frauen, die indigenen und afroamerikanischen Kulturen, die Ökologie.

Michael Löwy (Übersetzung: Katja Fritsche)

Zum Weiterlesen

Gutiérrez, Gustavo (1971): Teología de la liberación. Perspectivas, Lima.
Boff, Leonardo (1981): Igreja, Carisma e Poder, Petropolis.
Löwy, Michael (1999): Guerra de Dioses. Religión y Política en América Latina, México DF.

Bifurkation – Weggabelungen

Eine Systemanalyse verlangt eine langfristige Perspektive, um nicht nur systemimmanente Verschiebungen identifizieren, sondern auch die Geschichtlichkeit eines kohärenten systemischen Gebildes als Ganzes nachvollziehen zu können. PhysikerInnen und ChemikerInnen, allen voran Ilya Prigogine, haben beobachtet, wie Systeme in einem bestimmten Moment aus vielfältigen Gründen ihre Kohärenz verlieren. Sie treten in Phasen ein, innerhalb derer die Komponente, die bisher den Zusammenhalt garantierte, an Kraft verliert. Das systemische Ungleichgewicht kann sich durch Bifurkation, also durch eine Verzweigung in verschiedene neue und andersgeartete Gleichgewichtszustände, auflösen. Die neuen ordnenden Achsen waren schon in dem vorherigen System präsent, bisher aber nicht zentral. Dieser Wandel in der Organisationslogik zieht eine Neuzusammensetzung der inneren Elemente nach sich, und damit eine Auflösung der bisherigen zentralen Verbindungsachse. Es gibt keinen linearen Determinismus; die Komplexität des Systems verhindert einfache organisatorische Lösungen. Es gibt keine festgelegten Übergänge, sondern nur wahrscheinliche Richtungen, die sich aber mit der Interaktion der Elemente als offene und bewegliche Totalität auch immer wieder verschieben.

Wenn ein System an Kohärenz verliert, entsteht somit einerseits eine Situation des Ungleichgewichts, andererseits aber auch ein günstiger Moment für neue Horizonte: Es ist die Zeit der Bifurkation, der Weggabelungen.

Die Vorstellungen davon, wie sich komplexe Systeme verhalten, haben auch Einzug in die Gesellschaftswissenschaften gehalten. Insbesondere Immanuel Wallerstein hat im Dialog mit diesen Thesen neue Möglichkeiten der Entwicklung gesellschaftlicher Systeme formuliert. Der Ungewissheit einen Platz in der Gesellschaftstheorie zu geben, erlaubt es, neue Freiräume zu entdecken und deterministische Ansätze zu überwinden. Es gibt keine unvermeidlichen Abfolgen, es gibt keine linearen Erklärungen. Und unterschiedliche, sich überlagernde Zeitdimensionen müssen berücksichtigt werden: Fernand Braudel hat gezeigt, dass es eine lange Zeitspanne braucht, bis sich ein System als Ganzes entwickelt und dass die Momente der Genese, des regulären Funktionierens und der Krise unterschieden werden müssen.

Eine Systemkrise ist dann gegeben, wenn ein System seine Kohäsion nicht mehr anpassen kann, wenn es also die Bedingungen dafür verloren hat, sich selbst zu reorganisieren. Dann produzieren die Ordnungsbemühungen eigene Ableger und Verästelungen, bis eine dauerhafte Bifurkation entsteht.

Der Kapitalismus kann so nicht nur als Produktionsweise, sondern als Weltsystem in all seiner Komplexität und Offenheit der Entwicklung verstanden werden. Diese Perspektive verbindet sich gut mit dem dekolonialisierenden Denken von Autoren wie Guillermo Bonfil (Mexiko) und René Zavaleta (Bolivien). Sie haben immer schon die Vielfältigkeit derjenigen Gesellschaften betont, denen die universellen Ordnungsachsen zwar aufoktroyiert wurden, die aber dennoch bestimmte Formen des Zusammenlebens aufrecht erhalten haben. Die Idee eines einheitlichen historischen Subjekts fiel vom Sockel, als nach 500 Jahre des Kolonialismus und der Bildung des Weltsystems gesellschaftliche Subjekte sichtbar wurden, die als Träger nicht-kapitalistischer Kohärenzen die Schutzschilde eines Systems porös machen, welches die Bedingungen seines Fortbestehens nicht permanent erneuern kann.

Diese rebellischen Subjekte haben es zwar noch nicht erreicht, die Wurzeln zu durchtrennen, die sie an dieses System binden; sie strecken aber bereits andere Wurzeln nach außerhalb desselben aus. Der Verlust von Gleichgewicht und Kohärenz, von dem die Chaostheorie spricht, macht es dem System unmöglich, diese Elemente des Verfalls zu absorbieren oder zu reorganisieren. Sie dringen damit in Richtung anderer Vorstellungen einer gesellschaftlichen Ordnung vor und begeben sich auf einen Weg epistemologischer Verschiebungen oder auch der Bifurkation.

Von der klassischen Idee der → Revolution, die zu der mittelfristigen Vorstellung einer konjunkturellen Zeit passt, gehen wir heute zum komplexeren Prozess der Bifurkation über, die sich auf die langfristige Perspektive einer zivilisatorischen Veränderung bezieht. Hier kommen Visionen anderer Welten auf, die sich auf neue Erklärungsmuster und Methodologien beziehen – und neue Subjekte werden wichtig, die diesen vielfältigen Formen des Zusammenlebens und der sozialen Organisation entsprechen.

Der Kapitalismus befindet sich in einer Phase unwiderruflicher Instabilität, und die ihm untergeordneten Gesellschaften lassen neue Äste wuchern, wie → rhizomatische Figuren auf der Suche nach neuen Verzweigungen und neuen Freiräumen für andere Formen des Zusammenlebens – indem sie der Ungewissheit, der Unvollständigkeit und der Unbeständigkeit vertrauen.

Ana Esther Ceceña (Übersetzung: Susanne Schultz)

Zum Weiterlesen

Prigogine, Ilya (1996): El fin de las certidumbres. Barcelona u.a..

Wallerstein, Immanuel (2004): Las incertidumbres del saber. Barcelona.

Ceceña, Ana Esther (2008): Derivas del mundo en el que caben todos los mundos. Mexiko-Stadt.

Bioethik-Kritik

Biotechnologische Verfahren der Medizin sind in weiten Kreisen der Gesellschaft heute akzeptiert. Junge Eltern lassen das Nabelschnurblut ihres Neugeborenen einlagern, damit daraus in ferner Zukunft vielleicht einmal körpereigene Ersatzorgane gezüchtet werden können. DiabetikerInnen oder ParkinsonpatientInnen hoffen auf Stammzelltherapien, die Insulin oder Dopamin produzierende Zellen erneuern oder zerstörte Nervenzellen ersetzen können. Noch größer ist die Akzeptanz biotechnischer Verfahren in der Diagnostik, so bei der vorgeburtlichen Diagnostik oder der Suche nach dem Brustkebs-Gen.

Das war nicht immer so. Bis weit in die 1980er Jahre hinein galt beispielsweise die Intensivmedizin als inhuman oder die medizinisch kontrollierte, klinische Entbindungspraxis wurde durch die »natürliche«, die »sanfte« Geburt zurückgedrängt. Der Boom biomedizinischer Technologien begann erst Ende der 1980er parallel zu einer gesundheitspolitischen Entwicklung, die durch die Internationalisierung medizinischer Forschung, die Ökonomisierung des Gesundheitssektors und die Privatisierung von Verantwortung gekennzeichnet ist. Zeitgleich mit dem Boom der Biomedizin entwickelte sich, von der westlichen Welt ausgehend, die Bioethik. Bioethik intendiert, Nutzen und Nachteil biomedizinischer Verfahren unter Berücksichtigung der Interessen möglichst aller gesellschaftlichen Akteure abzuwägen. Insofern sie damit demokratischen Prinzipien im weitesten Sinne gehorcht, sind selbst gesellschaftskritische Geister geneigt, ihr eine korrektive Funktion gegenüber biotechnologischer Verfügung zuzusprechen.

Keineswegs jedoch ist das Verhältnis der Bioethik zur Biomedizin grundsätzlich kritisch. Beide teilen vielmehr den gleichen wissenschaftlichen und gesellschaftlichen Hintergrund. Es wird weder nach der sozialen Genese von Krankheiten und Bedürfnissen gefragt, noch gibt es Raum für alternative Deutungen des Körpers (→ Dis-/Ability). Vielmehr werden bestimmte Krankheiten als Status quo vorausgesetzt, um davon ausgehend passende medizinisch-technische Therapien zu entwickeln, die von der Industrie dann kostengünstig produziert und weltweit gewinnbringend vermarktet werden können. Lehnt man diesen Zusammenhang von Biomedizin, Bioethik und Bioindustrie für das eigene leibliche Wohlbefinden ab, scheint es naheliegend, sich der alternativen Medizin zuzuwenden. Nicht ohne Grund haben ja auch Chinesische Medizin, Ayurveda, Naturheilkunde, Homöopathie und andere seit Jahren Hochkonjunktur. Sicherlich sind sie durchaus in der

Lage, dort anzusetzen, wo die westliche Medizin mit ihrem Latein am Ende ist. Bei Schmerzzuständen ohne »erkennbare organische Ursache« sind sie gerade deshalb hilfreich, weil sie die menschliche Existenz nicht zergliedern und dekontextualisieren. An den gesellschaftlichen Ursachen von Krankheit und Schmerz rühren jedoch auch alternative Therapien nicht. Im Gegenteil: Unter dem Label »Wellness« etabliert, leisten sie – gewollt oder ungewollt – eben jener Individualisierung sozialer Probleme Vorschub, die mit dem Umbau des Gesundheitswesens zu mehr privater Verantwortung ohnehin einhergeht.

Was aber bleibt, wenn sich die Frage »Biomedizin oder alternative Medizin?« als falsche Alternative erweist? Wie kann eine gesellschaftskritische Auseinandersetzung mit der Medizin aussehen, die weder der Privatisierung von Verantwortung Vorschub leistet, noch die Individuen um ihre medizinischen Möglichkeiten beschneidet? Quer zur Alternative »Bioethik oder Gesellschaftskritik« stehend böte sich ein zweistufiges Vorgehen an, das sich als De-Naturalisierungsstrategie und Machtanalyse beschreiben lässt.

Erstere appelliert dafür, scheinbar naturwüchsige Krankheitsvorstellungen und Bedürfnisse als gewordene zu begreifen. Dabei geht es jedoch gerade nicht darum, den Einzelnen ihre Empfindungen abzusprechen oder gar als falsch zu deklassieren, sondern sie für die Betroffenen in ihrer Genese nachvollziehbar zu machen. Einschränkungen und Ausgrenzungen, die mit bestimmten, vorgegebenen Deutungen von Körper und Krankheit verbunden sind, werden erfahrbar gemacht und darüber jene individuellen Schuldgefühle relativiert, die den Einzelnen durch die Privatisierung von Verantwortung zugeschoben werden. Damit eröffnet sich im zweiten Schritt ein anderer Blick auf die Verhältnisse im Gesundheitswesen. Jetzt lässt sich – an technisierte ebenso wie alternative Heilkünste – die Frage stellen: Wer entwickelt aus welchen Gründen welche Therapien? Wer profitiert davon, wer kann sie sich leisten und wem nutzen sie wirklich? Die → politisierende Praxis, scheinbare natürliche Evidenzen in Frage zu stellen und auf dahinter stehende Machtverhältnisse abzuklopfen, eröffnet individuell wie gesellschaftlich neue Handlungsspielräume und Denkmöglichkeiten.

Alexandra Manzei

Zum Weiterlesen

Manzei, Alexandra (2003): Körper-Technik-Grenzen, Münster.

Manzei, Alexandra (2003): Mythos der unendlichen Rekonstruierbarkeit des Körpers, in: ETHICA. Wissenschaft und Verantwortung, 4, S. 411-421.

Braun, Kathrin (2000): Menschenwürde und Biomedizin, Frankfurt a.M.

Buen Vivir

Lateinamerika erlebt derzeit eine Kritik am Konzept der Entwicklung. Einerseits wird eine historische kritische Debatte in der Region wiederentdeckt, die in Vergessenheit geraten war. Andererseits erleben aber auch Vorstellungen indigener Gemeinschaften und Traditionen des Abya Yala (indigener Name für den amerikanischen Kontinent, d.Ü.) ihre Blüte.

Der Entwicklungsbegriff hat sich zwar, ebenso wie viele Richtungen seiner Kritik, innerhalb eines westlichen, modernen Wissens herausgebildet; die jüngsten lateinamerikanischen Debatten überschreiten aber diese Grenzen. Ausdruck findet dies bekanntlich in den Verfassungen: In Ecuador ist das »Gute Leben« in der Verfassung als Buen Vivir (spanisch) oder sumak kawsay (quechua) verankert; in Bolivien als Vivir Bien (ebenfalls spanisch), sumak kawsay oder suma qamaña (aymara). Das heißt noch lange nicht, dass hier das Buen Vivir tatsächlich verwirklicht wird. Um sich dem Konzept anzunähern, ist es unabdingbar, die Erfahrungen der indigenen Gemeinschaften wieder aufzugreifen und sie ernstzunehmen, ohne sie zu idealisieren.

Abgesehen von den Visionen aus Abya Yala können auch verwandte ganzheitliche Philosophien aus allen Teilen der Erde herangezogen werden. Als Kultur des Lebens hat das sumak kawsay vielfältige Namen und Ausprägungen und ist zu verschiedenen Zeiten und in diversen Regionen der »Mutter Erde« praktiziert worden; auch Aristoteles' Verständnis eines guten Lebens könnte dazu gezählt werden. Das Buen Vivir, wie es in den Andenländern heute debattiert wird, ist also weder einzigartig noch neu. Es ist Teil einer langen Suche der Menschheit nach Alternativen, und es ist geprägt durch die Kämpfe für → Emanzipation und für ein gutes Leben. Wichtig ist, dass diese Alternativen am intensivsten von denjenigen entwickelt wurden, die traditionell am meisten ausgegrenzt wurden. Das Buen Vivir unterscheidet sich grundsätzlich von der westlichen Weltanschauung, weil es auf kommunitäre, nicht-kapitalistische Wurzeln zurückgeht. Es bricht mit der anthropozentrischen Logik sowohl der herrschenden kapitalistischen Zivilisation als auch der bis heute real existierenden Sozialismen.

Das Buen Vivir ist etwas anderes als Entwicklung. Es kommen hier keine Programme, Maßnahmen und Indikatoren zum Einsatz, um von der »Unterentwicklung« in Richtung einer angestrebten »Entwicklung« zu gelangen. Dies ist sowieso ein aussichtsloses Unterfangen; schließlich haben nur wenige Länder das erreicht, was üblicherweise mit dem Begriff der Entwicklung beschrieben wird. Das Problem liegt aber nicht allein in den Wegen zur

Entwicklung. Das Konzept selbst ist problematisch (→ Post-Development). Man könnte sagen: Die Welt hat sich derzeit »schlecht entwickelt«. Dies betrifft auch die so genannten Industrieländer, deren Lebensstil als Orientierungspunkt für die so genannten rückständigen Länder galt. Aber auch ganz grundsätzlich funktioniert das Weltsystem insgesamt »schlechtentwickelnd«. Kurzum: Das Konzept des Fortschritts muss wie seine vielfältigen Synonyme überwunden werden – in seiner Fixierung auf die Produktion, in der eindimensionalen Entwicklungsorientierung, in der mechanistischen Vorstellung von Wirtschaftswachstum. Darüber hinaus brauchen wir aber auch eine neue Vision, die reicher an Gehalt ist – und auch an Komplexität.

Manches indigene Wissen kennt überhaupt keinen der Entwicklung entsprechenden Begriff, weswegen diese Idee auch oftmals ganz verworfen wird. Das Leben wird nicht als linearer Prozess vorgestellt, als Dichotomie eines Vorher und Nachher. Auch gibt es keine Konzepte von Reichtum als Anhäufung und Armut als Mangel an materiellen Gütern. Das Buen Vivir muss immer wieder in enger Beziehung zur Natur aufgebaut und reproduziert werden. In einer solchen ganzheitlichen Vorstellung geht es darum, die Vielfalt der Elemente zu verstehen, von denen die menschlichen Tätigkeiten abhängen, die das Buen Vivir ermöglichen: Dazu gehören das Wissen, die Regeln ethischen und spirituellen Verhaltens gegenüber der Umgebung, menschliche Werte, eine Vision von der Zukunft, und vieles mehr. Das Buen Vivir fügt sich nicht zu einem monokulturellen Programm zusammen, sondern ist ein vielfältiges Konzept (es wäre besser, von vielen »guten Leben« oder »Formen guten Zusammenlebens« zu sprechen). Es entstand zwar vor allem in indigenen Gemeinschaften, leugnet aber nicht die technologischen Vorteile der modernen Welt oder mögliche Beiträge anderer Kulturen und Wissensformen, die die herrschende Moderne in Frage stellen.

Mit dem Postulat einer Harmonie mit der Natur, mit der Opposition gegen die permanente Akkumulation, mit der Rückwendung zum Gebrauchswert, öffnet das Buen Vivir eine Tür für die Formulierung von alternativen Visionen. Das Buen Vivir schlägt einen Wandel der Zivilisation vor.

Alberto Acosta (Übersetzung: Susanne Schultz)

Zum Weiterlesen

Acosta, Alberto (2009): Das »Buen Vivir«. Die Schaffung einer Utopie. In: juridikum 4, S. 219-223.

Fatheuer, Thomas (2011): Buen Vivir. Eine kurze Einführung in Lateinamerikas neue Konzepte zum guten Leben und zu den Rechten der Natur, Heinrich-Böll-Stftung, Berlin.

Larrea, Ana Maria (2010): »Buen Vivir« als gegenhegemonialer Prozess. In: Luxemburg 2/2010, S. 62-73.

Bündnispolitik

In der gegenwärtigen Krise des Kapitalismus zeigt sich die Unfähigkeit neoliberaler Politik, die Hauptprobleme der Gesellschaft zu lösen. Inmitten dieser Krise gelingt es der Linken trotz massenhafter Demonstrationen, Generalstreiks etwa in Italien, Griechenland, Spanien und Portugal und der weltweit mitgetragenen → Occupy-Bewegung in den Zentren des Finanzmarktkapitalismus bisher nicht, eine alternative Agenda durchzusetzen.

Gerade deshalb ist die Entwicklung neuer Bündnisse zur Durchsetzung eines alternativen Entwicklungspfades eine der zentralen Aufgaben der Linken. Dazu aber muss sich die Linke neu erfinden. Sie braucht eine neue Qualität von gesellschaftlichen und politischen Bündnissen, in denen unterschiedlichste gesellschaftliche Akteure einer breiten, noch zu schaffenden → Mosaiklinken gegen Sozialabbau, Prozesse sozialer und politischer Exklusion, die Entdemokratisierung der Gesellschaft und gegen die kriegerische Lösung von Konflikten kämpfen und einer Ignoranz der drohenden Klimakatastrophe entgegentreten.

Linke Bündnisse entstehen nicht von selbst. Sie sind nicht harmonisch, sondern Ergebnis politischer Aushandlungsprozesse von gleichen, unterschiedlichen und gegensätzlichen Interessen. Bündnisse müssen durch gemeinsame Diskurse zu alternativen Gesellschaftsentwürfen und konkreten Projekten in gemeinsamen Praxen des Widerstands und alternativer Lebensweisen entwickelt werden. Sie brauchen gemeinsam erarbeitete Strategien und stützen sich auf gemeinsame Werte und Ziele gesellschaftlicher Entwicklung, die an individuelle und kollektive Identitäten, Interessen und Kulturen anknüpfen. Bündnisse sind dabei immer Bündnisse unterschiedlicher Akteure. Diese unterscheiden sich in Bezug auf ihre sozialen Lagen, Sichtweisen auf Gesellschaft und deren Geschichte, auf globale Prozesse und Entwicklungen. Gleiche Klassenlagen können dabei unterschiedlich reflektiert und mit verschiedenen Strategien und Kampfformen verbunden werden. Bündnisse müssen deshalb unterschiedliche Interessen so verallgemeinern, dass vorhandene Differenzen respektiert und bei der Erarbeitung alternativer Projekte berücksichtigt werden. Ihre Attraktivität speist sich aus den Möglichkeiten, an gemeinsamen vielfältigen widerständigen Praxen, alternativen Projekten radikaler Realpolitiken mitarbeiten zu können.

Wie sie funktionieren, ist eine politische Frage: Linke Bündnisse sind ihrem Anspruch nach Verbindungen auf gleicher Augenhöhe, die von der Freiheit der Andersdenkenden leben und in denen niemand instrumentalisiert wird. Die Vielfalt der AkteurInnen, die Wertschätzung von Diversität und politischer Gleichwertigkeit ist ihr wichtigstes Potenzial. Dazu gehören offene Zugänge und Räume, konsensuale Verfahren des Interessenausgleichs, verlässliche Absprachen und der solidarische Umgang mit unterschiedlichen Ressourcen wie Wissen, Organisationskraft, Geld etc. Damit aber Bündnisse handlungsfähig sind und die Grenzen ihrer inneren Vielfalt in der politischen Auseinandersetzung mit KonkurrentInnen oder GegnerInnen bestimmen können, bedarf es der Verständigung über Minimalkonsense der Ziele, Wege und Formen des gemeinsamen Handelns, ohne dabei die Souveränität der AkteurInnen in anderen Fragen einzuschränken.

Das erfordert Regularien, die für alle gleichermaßen gelten, für jeden verstehbar sind und deren Erarbeitung ebenso zur Bündnisarbeit gehört wie die Koordination und Organisation der Bündnisaktivitäten. Je mehr ein Bündnis dauerhaft Macht entwickeln und bewahren soll und so auch in das Spiel der hegemonialen Macht in der Gesellschaft gerät, desto stärker wird die Tendenz zur Institutionalisierung. Mit dieser wächst die Gefahr zur strukturellen Hierarchiebildung innerhalb von Bündnissen. Deshalb sind Transparenz der Arbeitsteilung und Entscheidungsfindung und der solidarische Umgang mit Ressourcen Grundbedingungen für Bündnisarbeit.

Ebenso konstitutiv wie oftmals kooperationsverhindernd sind die unterschiedlichen Handlungslogiken und Handlungsmöglichkeiten sowie die Eigenlogiken von Handlungsfeldern der verschiedenen AkteurInnen innerhalb von Bündnissen. So haben Parteien, Gewerkschaften, NGOs und → soziale Bewegungen unterschiedliche Wirkungsmöglichkeiten, die in Bündnissen einander ergänzend ihre spezifischen Potenziale einbringen können – oder einander im Weg stehen. Dabei hilft es zu wissen, welche konkreten Sorgen und Probleme es für die Anderen gibt, aus welchen Interessen- und Konfliktlagen sie agieren und Lösungsansätze anbieten. Bündnisse sind ein Schlüsselmedium der Politik. Sie sind umkämpft, zentral, vielfältig. Es gibt sie lokal und global, zu Grundfragen und aktuellen Problemlagen, zum Aufbau politischer Richtungen, Strömungen, Formationen und Organisationen. Sie sind ein Ort, wo Politik entsteht, sich bewährt – aber auch scheitert.

Cornelia Hildebrandt

Zum Weiterlesen

Candeias, Mario (2011): Handlungsfähigkeit und Transformation, in: Luxemburg, 2, S. 6-13.

Urban, Hans-Jürgen (2009): Die Mosaik-Linke. Vom Aufbruch der Gewerkschaften zur Erneuerung der Bewegung, in: Blätter für deutsche und internationale Politik, 5, S. 71-78.

Care Revolution

Care Revolution ist ein politisches Konzept, das die grundlegende Bedeutung der sorgenden und pflegenden Tätigkeiten, auch Care Work genannt, für alle Menschen hervorhebt. Es knüpft an die Erkenntnisse → feministischer Ökonomie an, wonach die lebensnotwendigen Arbeiten sozialer Reproduktion im hegemonialen Diskurs kaum Bedeutung erlangen. Care Work bleibt als typische Frauenarbeit, unbezahlt in Familien oder schlecht bezahlt in sozialen Dienstleistungsberufen, weitgehend unsichtbar. So sind viele Menschen, vor allem Frauen mit Sorgeverpflichtungen für Kinder oder Pflegebedürftige, gezwungen, diese Tätigkeiten ohne gesellschaftliche Unterstützung oft am Rande der vollständigen Überbeanspruchung neben der eigenen Berufstätigkeit auszuführen. Das kapitalistische System, insbesondere in der derzeit vorherrschenden neoliberalen Form, beschränkt mit entgrenzter und prekärer Lohnarbeit die Zeit und Ressourcen für diese wichtige Sorge- bzw. Reproduktionsarbeit. Gleichzeitig reduziert der Staat Aufwendungen in den Bereichen der Bildung, Gesundheit und Pflege und verlagert diese Aufgaben zurück in die Familien. So zerstört die derzeitige polit-ökonomische Entwicklung die existenzielle Absicherung und soziale Förderung menschlichen Lebens. Es gibt eine Krise sozialer Reproduktion.

Mit der Care Revolution wird für einen grundlegenden Perspektivenwechsel plädiert. Nicht Profitmaximierung, sondern die Verwirklichung menschlicher Lebensinteressen sollte im Zentrum politischen Handelns stehen. Ausgehend von der Care Work geht es um die Verwirklichung all derjenigen Aufgaben, die zur Befriedigung menschlicher Bedürfnisse und für die individuelle und generative Reproduktion notwendig sind, die auf den Gebrauchswert abheben und nicht der kapitalistischen Verwertungslogik folgen. So werden Zeit für Sorgearbeit, Zeit für politisches und zivilgesellschaftliches Engagement sowie Zeit für Muße – bei gleichzeitiger sozialer Absicherung – zum Ziel gesellschaftlicher Transformation (→ Vier-in-Einem-Perspektive).

Was bedeutet Care Revolution politisch? Erstens sind eine radikale → Arbeitszeitverkürzung mit Lohn- und Personalausgleich, die Realisierung des → Mindestlohns sowie ein bedingungsloses, die Existenz sicherndes → Grundeinkommen notwendig. Nur so ist die individuelle und generative Sorgearbeit im familiären Umfeld zeitlich und in existenzieller Absicherung realisierbar. Zweitens ist die auf Freiwilligkeit beruhende, individuell geleistete Sorgearbeit in den Familien mit einem deutlich ausgebauten Netz staatlich oder → genossenschaftlich angebotener personennaher Dienstleistungen zu verbinden. Hochwertige Kinderbetreuung und Bildungsangebote, umfassende Gesundheitsversorgung und Altenpflege sind steuerfinanziert allen unabhängig vom Einkommen zur Verfügung zu stellen. Gleichzeitig ist drittens eine gesellschaftliche Aufwertung und deutlich höhere Entlohnung dieser Dienstleistungen wichtig. Dies würde für alle professionellen Care Worker, vor allem die vielen Frauen, die in diesem Bereich tätig sind, endlich Existenz sichernde Löhne bedeuten. Verbunden mit humanen Aufenthaltsgesetzen ließen sich so auch die Arbeitsbedingungen von migrantischen Angestellten in der häuslichen, aber auch in der privatwirtschaftlichen und staatlichen Betreuungs- und Pflegearbeit verbessern und legalisieren. Damit lässt sich Arbeit im ganz umfassenden Sinne, also inklusive der familiären Sorgearbeit, auch zwischen den Geschlechtern umverteilen.

Die dargestellten Maßnahmen einer Care Revolution, die für eine ökonomisch hoch entwickelte Gesellschaft als Selbstverständlichkeit gelten müssten, sind nicht einfach zu realisieren, da sie kostenintensiv sind und Profitraten beeinträchtigen. Notwendig ist daher eine gesellschaftliche Mobilisierung von unten. Ausgangspunkt für Widersetzungspraxen und die Gestaltung eines selbstbestimmten Lebens sind kollektive Selbstreflexionsprozesse, die an alltäglichen Erfahrungen anknüpfen. Dabei wird deutlich, dass persönliche Einschränkungen der Lebensperspektiven keine individuelle Angelegenheit, sondern auf strukturelle, veränderbare Bedingungen zurückzuführen sind. Hier ergeben sich zahlreiche inhaltliche Anschlüsse an Initiativen und Netzwerke, die sich mit sozialen, aber auch ökologischen Transformationsprozessen auseinandersetzen (→ sozialökologische Transformation). Verbindend könnte die radikale Erkenntnis sein, dass menschliche Lebensinteressen nicht über profitorientierte Kapitalakkumulation zu verwirklichen sind, sondern nur durch gemeinschaftliches Handeln und → Solidarität. Insofern verstärken an der Care Revolution orientierte politische Aktivitäten antikapitalistische Politiken und eröffnen neu gewendete Debatten um → sozialistische Visionen.

Gabriele Winker

Zum Weiterlesen

Madörin, Mascha (2006): Plädoyer für eine eigenständige Theorie der Care-Ökonomie, in: Niechoj, Torsten/Tullney, Marco (Hrsg.): Geschlechterverhältnisse in der Ökonomie, Marburg, S. 277-297.

Plonz, Sabine (2011): Mehrwert und menschliches Maß. Zur ethischen Bedeutung der feministisch-ökonomischen Care-Debatte, in: Das Argument, Nr. 292, S. 365-380.

Winker, Gabriele (2011): Soziale Reproduktion in der Krise – Care Revolution als Perspektive. In: Das Argument, Nr. 292, S. 333-344.

Commonismus

Im Kapitalismus ist das Ziel der Produktion der Profit – Firmen wollen Gewinne machen, InvestorInnen ihr Geld vermehren. Grundlage ist das Privateigentum, das einer Person oder Firma umfassende Nutzungs- und Verwertungsrechte an einer Sache einräumt, inklusive des Rechts, alle anderen von der Nutzung der Sache auszuschließen. Chancen auf volle gesellschaftliche Teilhabe haben die meisten Menschen nur, wenn sie eine Firma überzeugen können, dass diese ihre Arbeitskraft profitabel einsetzen kann. Dies jedoch ist schwierig, weil man dabei gegen die anderen konkurrieren muss, die dasselbe wollen. Aber auch die Firmen sind zum Konkurrenzkampf gezwungen, wenn sie ihre Waren mit Profit verkaufen wollen, denn zahlungsfähige Kundschaft ist ebenso knapp wie bezahlte Arbeit. Profit, Knappheit und Konkurrenz sind notwendige Grundelemente des Kapitalismus.

Ein »starker Staat« wird oft als Alternative angepriesen. Doch da Staaten im Kapitalismus nur die Spielregeln setzen, unter denen sich die Konkurrenz auf dem Markt entwickelt, kann dies nur Symptome lindern. Der »Commonismus« ist einer von vielen Begriffen, unter denen eine radikal andere Alternative diskutiert wird. Dabei geht es weder um bloße Kritik noch um rein theoretische Debatten, sondern darum, heute schon vorhandene Keimformen einer ganz anderen Form von Gesellschaft und Produktion auszumachen, zu verstehen und zu stärken. Schlüsselelemente des Commonismus sind die → Commons, die Gemeingüter, und die *Peer-Produktion*, die auf freiwilligen Beiträgen und Kooperation auf Augenhöhe basiert.

Die Debatten um den Commonismus kommen aus unterschiedlichen Richtungen und wachsen erst allmählich zusammen. Eine dieser Wurzeln ist das Oekonux-Projekt, in dem seit Ende der 1990er Jahre das freie Betriebssystem GNU/Linux und freie Software im Allgemeinen als mögliche Grundlage einer anderen Ökonomie betrachtet werden. Freie Software wird auch von Firmen zu Profitzwecken mitentwickelt, doch sie ist keine Ware und vielen der Beteiligten geht es um andere Dinge: Sie entwickeln freie Software, weil sie an dem entstehenden Werk Interesse haben, weil sie dabei Dinge tun können, die ihnen Spaß machen, oder weil sie anderen etwas zurückgeben möchten (ohne dazu verpflichtet zu sein). Bei Peer-Produktion geht es nicht um Profit, sondern um Bedürfnisse und Wünsche der Beteiligten.

Dass Peer-Produktion auf Commons aufbaut und selbst Commons hervorbringt bzw. pflegt und verbessert, wurde erstmals von Yochai Benkler herausgearbeitet, der den Begriff *commons-based peer production* prägte.

Dazu gehören neben freier Software etwa auch die Freie-Kultur-Bewegung mit Wikipedia und OpenStreetMap als bekannten Beispielen, freie Funknetzwerke und Gemeinschaftsgärten. Die hier entstehenden Dinge sind kein exklusives Privateigentum einzelner, sondern Commons, die von allen, die Interesse haben, genutzt, gepflegt und verbessert werden können.

Die Commonismus-These besagt, dass commonsbasierte Peer-Produktion nicht nur in einzelnen Nischen floriert, sondern die Gesellschaft als ganze radikal umgestalten kann. Über reine Informationsproduktion ist sie schon hinausgewachsen. Zunehmend werden auch materielle Produkte wie Möbel, Kleidung, Elektronik oder Maschinen, gemeinsam im Internet entworfen, wobei Objektbeschreibungen und Baupläne als Commons geteilt werden (*Open Hardware*). Gemeinschaften von Peer-ProduzentInnen konstruieren frei nutzbare Produktionsmittel, von 3D-Druckern (»Fabbern«) über CNC-Maschinen bis zu Traktoren. Zugleich sind schon in Hunderten von Städten frei nutzbare, selbstorganisierte Räume für bedürfnisorientierte Produktion entstanden – oft FabLabs oder Hackerspaces genannt.

Dass Menschen so die Produktion zunehmend selbst in die Hand nehmen, heißt aber nicht, dass künftig jedeR für sich produzieren müsste. Statt Eigenarbeit oder Subsistenz in kleinen Gruppen stehen das gemeinsame Tun und die freiwillige Produktion für andere und mit anderen im Vordergrund.

Produktion ist aber nur möglich, wenn die nötigen Ressourcen vorhanden sind. Maßgeblich für die Durchsetzung des Kapitalismus war die (tatsächlich bis heute andauernde) »ursprüngliche Akkumulation«, die Einhegung der Commons, die dadurch privatisiert oder zerstört wurden. Heute steht der umgekehrte Kampf an, ein Kampf um die Wiederherstellung und Neuerschaffung von Commons, um eine dauerhaft tragfähige Grundlage für selbstorganisierte und selbstbestimmte gemeinschaftliche Peer-Produktion zu schaffen und so Staat und Markt überflüssig zu machen.

Christian Siefkes

Zum Weiterlesen

Benkler, Yochai (2006): The Wealth of Networks. New Haven, cyber.law.harvard.edu/wealth_of_networks.

Habermann, Friederike (2011): Gutes Leben mit Ecommony. Streifzüge 51.

Meretz, Stefan (2011): Commons-basierte Peer-Produktion. spw 182.

Siefkes, Christian (2011): Das gute Leben produzieren. Streifzüge 51.

www.keimform.de

Commons

Die DNA ist das uns Gemeinsame. Komplex als Ganzes, offenbart sie ein einfaches Prinzip: Nichts in ihr ist Monopol. Aus der freien Kombinierbarkeit ihrer vier Grundbausteine entsteht die Fülle des Lebens. Ähnlich verhält es sich mit den *Commons* (eher unzutreffend übersetzt mit Gemeingüter, Gemeinschaftsgüter oder Allmende). Auch die Vielfalt der Erscheinungs- und Organisationsformen der Commons entsteht aus den Kombinationsmöglichkeiten ihrer Elemente: den so genannten Gemein- oder Allmendressourcen (*common pool resources*), den Nutzergemeinschaften (von kleinen Gruppen bis zur Weltgemeinschaft) sowie den selbstbestimmten Regeln und Normen.

Viele unterschiedliche Gemeinressourcen können zu Commons werden: Grund und Boden, Saatgut, Rohstoffe, Wasser, Wissen, Kunst und Kultur, Sprache, öffentliche Räume, ein Gesundheits- oder Bildungssystem, Software und anderes mehr. Dieser Prozess hängt von den politischen Entscheidungen und sozialen Prozessen vor Ort ab. Der Begriff selbst beinhaltet jenen der Gemeinschaft: »allen Gemeindemitgliedern (im Wechsel) zukommend«. Commons werden durch kollektives Handeln gepflegt, erhalten und fortentwickelt. Dieser Prozess wird als *commoning* bezeichnet. Dabei geht es nicht in erster Linie um die Produktion für den Markt, sondern um die unmittelbare Bedürfnisbefriedigung. Ob etwas Commons ist oder wird, hängt also von der Art der Nutzung und von gelingendem commoning ab.

Für Commons gibt es keine Patentrezepte. Doch nach Ostrom gibt es »Designprinzipien«, die dafür sorgen, dass commoning gelingt und Commons langlebig sind: Klare (Grenz-)Regeln gehören dazu, möglichst direkte Kommunikation und Mechanismen zum Aufbau vertrauensvoller Kooperation, durchsetzungsstarke Sanktionen im Falle der Regelverletzung sowie direkte Konfliktlösung. Insbesondere aber: ein Mindestmaß staatlicher Anerkennung für Problemlösungen »von unten« und Selbstorganisation. Commons sind also nicht spezielle Güter, sie stellen auch keine spezielle Eigentumsform (Gemeineigentum) dar – noch viel weniger sind sie »Niemandsland«, und damit kein Bereich, in dem sich jedeR nach Gutdünken bedienen oder verhalten kann. Der Begriff bezeichnet vielmehr vielfältige Arrangements zur Herstellung und Erhaltung von gemeinsam genutzten Ressourcen. Das heißt: Commons *sind* nicht. Sie werden gemacht. Grundlegend dafür ist eine spezifische Art der sozialen Verhältnisse zwischen Menschen in Bezug auf die Dinge, die für ihre Existenz notwendig sind. Dazu gehört die Einsicht, dass Ressourcen, die für unser Leben und unsere kulturelle Entfaltung notwendig sind, nicht exklusiv angeeignet werden können, sondern fairer und nachhaltiger sozialer Aneignungsprozesse bedürfen. Commons begründen und beinhalten Verantwortungsbeziehungen. Die Komplexität großer (Gemein-)Ressourcensysteme verlangt nach Ostrom ein polyzentrisches Governancesystem. Eine Ordnung also, die nicht aus *einer* ordnenden Autorität besteht, sondern aus miteinander verzahnten kleineren Einheiten, sodass auch hier Selbstbestimmung und Selbstorganisation möglich sind.

Commons sind im Grunde so alt wie die menschliche Gesellschaft. Ursprünglich stammt der Begriff aus dem vorindustriellen England. Die Grundrechte der Menschen sollten durch Nutzungsrechte an »commons« abgesichert werden. Holz zum Bauen und Heizen, Weide für das Vieh und Land zum Anbau von Lebensmitteln war zur Nutzung für alle bestimmt, auch wenn der Grundbesitz privat blieb (bei Commons spielen viele unterschiedliche Eigentumsformen eine Rolle, die vielfach miteinander kombiniert werden können). Umgekehrt wurden durch die Art der Nutzung die Pflege und der Erhalt der Wälder und Weiden garantiert. Zudem gehörte zum Recht auf Commons auch das Recht zu ihrer Verteidigung, also das Recht, Zäune einzureißen und *enclosures* (Einhegungen) zu verhindern.

Ein wichtiger Impuls zur aktuellen Wiederbelebung der Commons-Debatte kam aus der Wissenschaft, insbesondere aus den interdisziplinären Forschungsnetzen, die in der International Association for the Study of the Commons (IASC) organisiert sind. Augenmerk wurde seit Beginn der 1990er Jahre zudem auf die Einhegung der Commons in den Bereichen Wissen/Information/Kultur gelegt. In der Praxis haben die Freie Software Bewegung und die Projekte der Wissensallmende (Creative Commons/Wikipedia, Open Educational Resources) die Auseinandersetzung dynamisiert.

Konsequent in Commonskategorien zu denken, bedeutet aufzuhören, in Dichotomien zu denken: Jenseits von Individuum versus Kollektiv, aber auch »jenseits von Markt und Staat« (Ostrom). Darin liegt die entscheidende transformatorische Kraft eines Paradigmas, das sich zur Alternative der kapitalistischen Marktwirtschaft entwickeln kann – samt ihres eingebauten Wachstumszwangs, dem die Politik nichts entgegenzusetzen hat und der die uns verfügbaren Gemeinressourcen erheblich erodiert.

Silke Helfrich

Zum Weiterlesen

Helfrich, Silke/Heinrich Böll Stiftung (2012): Commons: Für eine neue Politik jenseits von Markt und Staat, Bielefeld.

Ostrom, Elinor (1999): Die Verfassung der Allmende. Tübingen.

Critical Whiteness

Weißsein ist eines der undurchsichtigsten und wirkungsmächtigsten sozialen Unterscheidungsmerkmale und sorgt für strukturelle Privilegierung innerhalb der Gesellschaft. Der Grund hierfür ist, dass Weißsein als Unterschied nicht wahrgenommen wird: Weißsein ist normal, alltäglich und unsichtbar. Seine Existenz artikuliert sich über Abwesenheit.

Mit Rassismus assoziieren *weiße* Menschen meist nur die Ausgrenzung Schwarzer Menschen. Rassismus hat in ihrer Vorstellung nichts mit der eigenen Position zu tun. Inwieweit die Diskriminierung so genannter »Anderer« die eigene *weiße* Privilegierung bewirkt und Rassismus auch *weiße* Vorherrschaft bedeutet, wird selbst in der Rassismuskritik und in der antirassistischen (Bildungs-)Arbeit noch zu wenig thematisiert. Es bleibt meist beim Sprechen über »Andere«.

Genau hier setzt die US-amerikanische Literaturnobelpreisträgerin Toni Morrison an. Ihr geht es darum, den kritischen Blick vom »rassischen Objekt« zum »rassischen Subjekt«, von den »Beschriebenen und Imaginierten« zu den »Beschreibenden und Imaginierenden« zu wenden.

Mit *weiß* und Schwarz ist weniger die Hautfarbe, sondern vielmehr eine politische Kategorie und eine soziale Konstruktion gemeint. Die Begriffe werden nicht im essentialistischen Sinn verwendet, sondern als Strategie, um Herrschaftsverhältnisse aufzuzeigen und zu kritisieren. Sie dienen dazu, bestimmte Positionen sichtbar zu machen, in denen Menschen aufgrund von historischen und gegenwärtigen Machtverhältnissen stehen.

Schwarz bezeichnet eine politische widerständige Kategorie, die sich auf Unterdrückungserfahrungen von people of color gründet. Der Begriff verweist auf das Widerstandspotenzial, das in der selbstbewussten Bezeichnung Schwarzer Menschen seinen Ausdruck findet. *Weiß* bezeichnet eine politisch dominante Kategorie, allerdings im Sinne von Machterfahrungen solcher Menschen, die als *weiß* konstruiert sind, denen diese Macht sowie die strukturelle Privilegierung meist nicht bewusst sind.

Der Begriff der Critical Whiteness stammt aus der recht jungen Disziplin der Critical Whiteness Studies (CWS), deren Ursprünge auf die Kritik afroamerikanischer Feministinnen an der Dominanz *weißer* feministischer Positionen zurückzuführen sind. In Deutschland sind die Critical Whiteness Studies im Verlauf der 1990er Jahre auf der wissenschaftlichen Ebene sowie im Kulturbetrieb aufgegriffen worden. Das geschah und geschieht insbesondere durch jüngere Wissenschaftler_innen, die aus Schwarz-deutschen, feministischen und migrantischen Perspektiven nach Übertragungsmöglichkeiten für den deutschsprachigen Raum suchen. Die CWS befassen sich mit der Erforschung historischer und sozialer Konstruktionen von Weißsein sowie mit den realen Auswirkungen dieser Konstruktionsprozesse.

Ebenso wie die → postkolonialen Studien stellen die Critical Whiteness Studies die Repräsentationsfrage. Sowohl in der Wissenschaft als auch in der politischen Bildungsarbeit sind prozentual überdurchschnittlich viele *weiße* Menschen beschäftigt. In der antirassistischen Bewegung sind es oft *weiße* Menschen, die die Ressourcen besitzen, sich politisch zu engagieren. Folglich sind die Stellen, die sich mit dem Thema Rassismus explizit beschäftigen, häufig *weiß* besetzt. Innerhalb emanzipatorischer Diskurse ist außerdem eine *colourblindness* festzustellen, in der die *weiße* Person in meist wohlmeinender Absicht die Wahrnehmung und Bedeutung von Schwarz und *weiß* negiert – mit dem Anspruch, dass alle Menschen gleich seien.

Die CWS beabsichtigen einen Perspektivenwechsel im Sinne einer kritischen Selbstreflexion von *weißer* Positionierung, *weißer* Norm sowie *weißer* Herrschaft innerhalb der hegemonialen Geschichtsschreibung, aber auch in der Geschichte der sozialen Bewegungen. Das bedeutet auch, Schwarze Positionen und Schwarzes Wissen sichtbar zu machen. Rassismuskritik und antirassistische Bildung und Praxis, die den Anspruch haben, vorherrschende gesellschaftliche Verhältnisse verändern zu wollen, können nie losgelöst von Schwarzem Wissen gedacht werden. Denn eine ausschließlich *weiße* Auseinandersetzung mit Rassismus (re-)produziert erneut *weiße* Vorherrschaft.

Der Frage, was Schwarze Perspektiven und Schwarzes Wissen sind, muss in Deutschland im Gegensatz zu den angloamerikanischen Critical Whiteness Studies erst nachgegangen werden. Um der Tendenz eines »*weiß-weißen* Selbstgesprächs« in der kritischen Gesellschaftsforschung sowie einer antirassistischen Stellvertreter_innenarbeit entgegenzuwirken, müssen Schwarze Artikulationsräume erst erkämpft werden.

Maryam Mohseni

Zum Weiterlesen

Eggers, Maureen Maisha;/Kilomba, Grada/Piesche, Peggy/Arndt, Susan (2009): Mythen, Masken und Subjekte. Kritische Weißseinforschung in Deutschland, Münster.

Sow, Noah (2008): Deutschland SchwarzWeiß. Der alltägliche Rassismus, München.

Wollrad, Eske (2005): Weißsein im Widerspruch. Feministische Perspektiven auf Rassismus, Kultur und Religion, Königsstein/Taunus.

Crossover

Crossover – ein Begriff aus der Musiktheorie, der dort die Überkreuzung oder Durchquerung verschiedener Musikgenres bezeichnet – wurde zunächst im Sinne einer Bündnisstrategie auf die politische Praxis übertragen: Sie ging aus den Suchprozessen in der beginnenden Krise des Neoliberalismus Mitte der 1990er Jahre in der BRD hervor. Linke Strömungen in SPD, PDS und den Grünen organisierten über ihre jeweiligen Zeitschriften Diskussionsprozesse und Kongresse, um ein alternatives Projekt, einen »ökologisch-solidarischen New Deal«, zu entwickeln und eine Linksregierung vorzubereiten, wie sie bereits in vielen anderen europäischen Staaten Realität war. Crossover ging also von der Parteilinken aus, verstand sich aber als → radikalreformistischer Ansatz, der Parteigrenzen überwinden und ebenso in der gesellschaftlichen Linken verankert werden müsse.

Diese Bündniskonstellation zerbrach in der Folge an den Auseinandersetzungen um die Politik der ersten rot-grünen Bundesregierung 1998-2005, insbesondere an deren Beteiligung am Kosovo-Krieg sowie der »Agenda 2010«-Politik. Seit dem Ende dieser Regierungskoalition gab es immer wieder Versuche, den Prozess erneut zu starten, etwa vermittelt über die Zeitschrift »der Freitag«. Doch der Neustart gestaltete sich schwierig gegenüber einer nach wie vor neoliberalen Politik, »die von zwei der drei beteiligten Parteien selbst betrieben wurde« (Ralf Krämer, der Freitag vom 5.9.2009). Zaghaft bildeten sich die ersten neuen Bündnisse heraus, wie etwa 2009 die »Oslo-Gruppe«, bestehend aus Parlamentarier_innen der drei Parteien.

Es war schließlich die Gründung des Vereins »Institut Solidarische Moderne« (ISM) Anfang 2010, die eine Institutionalisierung des Crossovers hervorbrachte. Die Gründung war eine Reaktion auf den gescheiterten Versuch einer Linksregierung in Hessen und die Erkenntnis der Notwendigkeit einer breiten gesellschaftlichen Verankerung eines »gegenhegemonialen Projekts« zum Neoliberalismus. Daher versteht sich das ISM nicht mehr hauptsächlich als Vorbereitungsprojekt einer Linksregierung, auch wenn diese durchaus als eine Möglichkeit zur Transformation der Machtverhältnisse angesehen wird, sondern als Ort alternativer Wissensproduktion.

Beim Crossover in der heutigen Praxis sind die Beteiligten Mitglieder verschiedener Organisationen: aus Politik, Gewerkschaften, Wissenschaft und der Zivilgesellschaft, sozialen Bewegungen und NGOs. Sie bringen in den gemeinsamen Diskurs einerseits die Sichtweise ihrer jeweiligen Herkunftsorganisationen ein, bringen aber gleichzeitig die Bereitschaft zur kritischen

Reflexion des jeweiligen Ansatzes mit. Bei der Herausarbeitung der Differenzen der jeweiligen Akteur_innen und in der gemeinsamen Bearbeitung dieser Differenzen entstehen im Idealfall neue politische Konzepte. Diese stellen nicht lediglich einen Minimalkonsens zwischen den Akteur_innen dar, sondern sollen neues, innovatives und emanzipatorisches Potenzial heben. Zur Vermeidung eines Minimalkonsenses ist es wichtig, die Kommunikationsmethode zu bestimmen. Dazu braucht es einen moderierten, gleichberechtigten Austausch zwischen den Partner_innen und eine immer wieder erneute Verständigung über das Ziel. Das ISM hat dafür z.B. eine auf ihren Crossover-Ansatz zugeschnittene, partizipative Kommunikationsmethode erarbeitet (»ISM-Code«). Die Praxis kann zeitintensiv sein, beinhaltet aber die Chance zu → gegenhegemonialen Konzepten und Praxen. Diese neue Idee, das Konzept oder die Praxis werden in die Herkunftsorganisation zurück vermittelt. Insofern kann diese Praxis eine transzendierende sein.

Crossover kann also zusammenfassend als Versuch gedeutet werden, parlamentarische und außerparlamentarische Bewegungen und Parteien, radikale und weniger radikale Positionen zusammenzubringen, um an Synthesen unterschiedlicher Forderungen zu arbeiten. Dabei darf dieser Prozess nicht als harmonisches Projekt missverstanden werden, sondern im Gegenteil: Die unauflösbare Präsenz institutioneller sowie außer- und antiinstitutioneller Politiken sowie unterschiedlicher Erfahrungen und Perspektiven ist dauerhaft konfliktreich – gerade deswegen sind die Methoden der Erarbeitung von Gemeinsamkeiten und Differenzen zentral. Das Crossover für ein neues linkes Gesellschaftskonzept ist somit ein sozialer Lernprozess kollektiver Konflikterfahrungen, der um das Scheitern der vielfältigen Bündnis-Konstellationen weiß, den stets erneuten Versuch der Sammlung und Verstetigung disparater Traditionen und Bewegungen jedoch für unverzichtbar hält.

Sonja Buckel/Andrea Ypsilanti

Zum Weiterlesen

Crossover (1997): Zurück zur Politik. Für einen ökologisch-solidarischen New Deal, Münster.
Institut Solidarische Moderne (2012): Solidarische Bildung. Crossover: Experimente selbstorganisierter Wissensproduktion, Hamburg.

Deglobalisierung

Der Begriff verbreitete sich in den Debatten um Globalisierung, nachdem Walden Bello, eine der führenden Figuren der → globalisierungskritischen Bewegung, die Idee ausgeführt hatte. Die Kernthese lautet, dass Deglobalisierung auf eine Umorientierung der auf Export ausgerichteten Volkswirtschaften hin zur Produktion vorwiegend für lokale Märkte abzielt. Es gibt Vorläufer für diese Idee, auch wenn dort der Begriff Deglobalisierung nicht explizit genutzt wurde. Der Ökonom John Maynard Keynes beispielsweise dachte bereits 1933 in Richtung einer Deglobalisierung, als er darauf drängte, wirtschaftliche Verflechtungen zwischen den Nationen zu vermindern. Waren sollten demnach einheimisch sein, wann immer das vernünftig und möglich ist, und besonders das Finanzwesen sollte vorwiegend national bleiben. Bellos Deglobalisierungsstrategie ähnelt in wichtigen Aspekten auch den frühen Werken des ägyptischen Intellektuellen Samir Amir, der 1990 eine »Entkoppelung« und die »Unterordnung externer Verbindungen unter die Logik der internen Entwicklung« befürwortete.

Keiner dieser Denker wandte sich gegen internationale Beziehungen per se. Amin betont, dass »Entkoppelung … nicht gleichbedeutend mit Autarkie ist«. Keynes wiederum räumte ein: »Ideen, Wissen, Gastfreundschaft, Reisen – alle diese Dinge sollten ihrer Natur gemäß international sein.« Verfechterinnen der Deglobalisierung sind jedoch der Meinung, dass von oben nach unten verlaufende, homogenisierende Prozesse neoliberaler Globalisierung umgekehrt werden müssten. Das Deglobalisierungsparadigma beinhaltet, dass sich die Produktion von Waren und Dienstleistungen an den Bedürfnissen der Menschen orientieren sollte, nicht an der Nachfrage, die durch eine von Konzernen gesteuerte Konsumkultur hergestellt wird. In der Produktion sollten Technologien verwendet werden, die die Gemeinschaft, die Umwelt und das Leben verbessern, nicht sie zerstören. Der Großteil der finanziellen Ressourcen, die sie für ihre Entwicklung benötigt, wird eine Gesellschaft in einer deglobalisierten Wirtschaft aus sich selbst heraus aufbringen, um nicht von ausländischen Investitionen abhängig zu sein. Darüber hinaus verringert eine Politik der Deglobalisierung den Stellenwert von Wachstum und maximiert die Verteilungsgerechtigkeit. Gewürdigt wird zudem die zentrale Bedeutung des Beitrags von Frauen zur Produktion und Reproduktion ökonomischer und sozialer Systeme. Deglobalisierung überwindet die kapitalistischer Entwicklung innewohnende Kluft zwischen Stadt und Land, indem sie Landwirtschaft, landwirtschaftliche Kommunen und landwirtschaftliche Ökonomien aufwertet. Strategische wirtschaftliche Entscheidungen werden demokratischer Kontrolle unterworfen und nicht dem Markt überlassen. Der private Sektor wird staatlicher Regulierung untergeordnet, die wiederum strenger popular-demokratischer Kontrolle unterliegt. Die neuen Produktions-, Tausch- und Verteilungsverhältnisse in einer deglobalisierten Welt umfassen lokale Kooperativen, private Firmen und Staatsunternehmen, aber keine transnationalen Konzerne. Deglobalisierung bewahrt so das Subsidiaritätsprinzip im Wirtschaftsleben. Das System wahrt die → Menschenrechte, fördert Selbstbestimmung und unterstützt kulturelle und politische → Pluralität anstatt sie zu unterminieren.

Kritiker setzen Deglobalisierung beharrlich mit Autarkie und Protektionismus gleich. Es geht aber darum, die neoliberale Politik der Handels- und Finanzliberalisierung, der exportorientierten Produktion, Privatisierung und Deregulierung umzukehren, umso mehr als sie durch internationale Handelsabkommen und von internationalen Finanzinstitutionen betrieben wird. Die Macht internationaler Konzerne und Finanzmärkte wird »dekonstruiert«, soziale Beziehungen, lokale Gemeinschaften, die Umwelt und lokale Ökonomien werden »rekonstruiert«. Denken in Begriffen der Deglobalisierung zeigt, dass andere Welten möglich sind.

Bellos Vorstellung von Deglobalisierung bringt jedoch auch Probleme mit sich. So erläutert er nicht, wie im Prozess der Deglobalisierung der Staat selber verändert werden kann. Er erweitert den traditionellen Dritte-Welt-Nationalismus durch den Versuch, feministische und ökologische Perspektiven zu integrieren, entwickelt diese Perspektive jedoch nicht umfassend. Zudem ist in Bellos Ansatz die Rolle neuer progressiver globaler Netzwerke und Organisationen nicht angemessen durchdacht. Obwohl er von → Internationalismus und der Globalisierung der Menschen spricht, bleibt sein Blick überwiegend lokal und staatszentriert. Und schließlich wurden im Rahmen der Deglobalisierungsstrategie mögliche Formen alternativer Wirtschaftssysteme noch nicht weitreichend ausgearbeitet.

Nicola Bullard (Übersetzung: Anne Löwisch)

Zum Weiterlesen

Amin, Samir (1990): Delinking: Towards a Polycentric World, London.

Bello, Walden (2005): De-Globalisierung. Widerstand gegen die neue Weltordnung, Hamburg.

Bond, Patrick (2003): Deglobalisation? Sure, but..., in: ZNet, www.zmag.org/sustainers/content/2003-01/12bond.cfm

Brand, Ulrich (2005): De-Globalisierung, in: ders.: Gegen-Hegemonie. Perspektiven globalisierungskritischer Strategien, Hamburg, S. 180-187.

Dekommodifizierung

Der innere Drang des Kapitals ist es, alles was unter der Sonne existiert, zu kommodifizieren, also ihm einen Preis zu geben, um es dann zu tauschen. Sogar die Luft wurde durch (schlecht funktionierende) CO_2-Märkte kommodifiziert. Die gegenwärtige Periode des deregulierten, privatisierten, globalisierten, finanzialisierten Neoliberalismus ist auf genau dieses Ziel ausgerichtet. Karl Polanyi beschrieb Prozesse der Kommodifizierung und Dekommodifizierung in seinem Buch *The Great Transformation* als eine »Doppelbewegung«: »Der Markt erweiterte sich ständig, doch stieß diese Bewegung auf eine Gegenbewegung, die diese Expansion in bestimmten Richtungen bremste.« Für Polanyi war die Gegenbewegung, die auf den ersten Höhepunkt der kapitalistischen Globalisierung 1914 folgte, »(mehr) als die übliche defensive Reaktion einer Gesellschaft auf Veränderungen. Es handelte sich vielmehr um eine Reaktion auf eine Umschichtung – eine Umschichtung, die die Substanz der Gesellschaft als solche angriff und gerade die durch den Markt hervorgerufenen Produktivkräfte vernichtet hätte.«

Doch mit der Abkehr von der → keynesianischen, sozialdemokratischen Politik nach der Akkumulationskrise der 1970er Jahre fiel die Verantwortung für die Durchsetzung von Dekommodifizierung in die Hände der → sozialen Bewegungen, teilweise im Bündnis mit ArbeiterInnen- und Umweltbewegungen und oftmals über Grenzen hinweg operierend. Dieser Prozess begann mit der Offensive für eine echte → Demokratisierung der peripheren Staaten während der Phase von 1970 bis 1990, zu einer Zeit, als einerseits die Schuldenkrisen der »Dritten Welt«, andererseits aber auch die Aufstände gegen die Sparpolitik von IWF und Weltbank dazu führten, dass selbst brutale Militärregimes sich nicht mehr an der Macht halten konnten, zuerst in Südeuropa, dann im Süden Lateinamerikas, in Ostasien, Osteuropa und in vielen Ländern Afrikas. Doch die Demokratisierungsprozesse blieben unvollständig, denn die Wirtschaftspolitik war davon nicht betroffen.

Ab Mitte der 1990er Jahre stellten immer mehr soziale Bewegungen, inspiriert von der zapatistischen Kritik des Freihandels, Dekommmodifizierung ins Zentrum ihrer Forderungen, ihrer Kampagnen und ihrer → Revolutionen. Am erfolgreichsten war vielleicht der Anfang der 2000er Jahre geführte Kampf gegen monopolisierte intellektuelle Eigentumsrechte auf Medikamente gegen AIDS, in dem die südafrikanische *Treatment Action Campaign* gegen die großen Pharmakonzerne, gegen die Regierungen in Washington und Pretoria und gegen die Welthandelsorganisation (WTO) einen Sieg erringen konnte, der dazu führte, dass Millionen von armen Menschen nun kostenlosen Zugang zu den Medikamenten bekommen, die Ende der 1990er Jahre noch 15.000 US-Dollar pro Jahr und Person gekostet hatten.

Ein Kampf für die Dekommodifizierung von Wasser würde zum Beispiel sicherstellen, dass es einen universellen, kostenlosen *lifeline tariff* gibt, der allen KonsumentInnen einen angemessenen, alltäglichen Versorgungszugang zu Wasser gewährt. Er würde die »öffentlichen Güter« (und »meritorischen Güter«), die mit Wasser verbunden sind, aufwerten, wie z.B. öffentliche Gesundheitsvorsorge, Geschlechtergerechtigkeit, wirtschaftliche Multiplikatoren, ökologische Faktoren und Aufhebung der räumlichen Segregation, die in einem warenförmig organisierten Modell der Wassversorgung üblicherweise ignoriert werden. Ein Luxusaufschlag für wohlhabende und zu viel Wasser verbrauchende Haushalte und Unternehmen wäre sowohl aus ökologischen Gründen sinnvoll als auch um die kostenlose Wassergrundversorgung querzufinanzieren. Und schließlich müssten gesetzliche und sogar verfassungsmäßige Absicherungen der KonsumentInnen durchgesetzt werden, um das »Recht auf Wasser« auf eine Weise zu verwirklichen, die zur Ermächtigung von BürgerInnen und ArbeiterInnen, nicht von BürokratInnen beiträgt. Die Initiativen zur Dekommodifizierung entstehen über Grenzen und Sektoren hinweg. Das → Weltsozialforum war oft ein zentraler Ort, an dem Kämpfe für Dekommodifizierung zusammenkommen, voneinander lernen und Strategien entwickeln konnten. Doch obwohl diese Kampagnen angesichts der Reichweite des Kapitals allgegenwärtig sind, bleibt der Neoliberalismus während Krisenperioden dominant und wird in mancher Hinsicht sogar noch verstärkt: Anfang der 1980er, Anfang der 1990er, Ende der 1990er und 2007-2012. Das bedeutet, dass die aktuellen → Occupy-Bewegungen, die Indignados, die arabischen Revolten, die Bewegungen gegen die Sparpolitik und die verschiedenen einzelthematischen Initiativen ihre Alternativen der Dekommodifizierung verstärken müssen, dass sie die Punkte zwischen ihnen verbinden müssen, um das enorme Potenzial einer Bewegung von 99 Prozent der Weltbevölkerung und der Umwelt, gegen die Warenform und gegen die ungleichen und kombinierten Prozesse der Kapitalakkumulation verwirklichen zu können.

Patrick Bond (Übersetzung: Benjamin Opratko)

Zum Weiterlesen

Polanyi, Karl (2009 [1957]): The Great Transformation, Frankfurt a.M.
Bond, Patrick (2006): The Decommodification Strategy in Africa, in: State of Nature, Nr. 3, www.stateofnature.org/decommodification.html

Demokratisierung

Demokratie bedeutet im klassischen Sinne die Selbstregierung der BürgerInnen und zielt auf die Selbstbestimmung der Menschen. Unter Demokratisierung wird sowohl die Herstellung demokratischer Verhältnisse als auch ihre Weiterentwicklung verstanden. In einem weit gefassten Sinne zielt Demokratisierung auf die (Wieder-) → Aneignung von Politik, die Ausweitung politischer Teilnahme sowie den Abbau von Herrschafts-, Ausgrenzungs- und Unterdrückungsverhältnissen.

Wenn gegenwärtig von Demokratie die Rede ist, herrscht in der Regel ein auf formale → Gleichheit, das parlamentarische Prozedere und die staatlichen Institutionen begrenztes Demokratieverständnis vor. Zu Zeiten der Weimarer Republik, in der grundlegende demokratische und → soziale Rechte erkämpft wurden, war die Koexistenz kapitalistischer Wirtschaft und politischer Demokratie noch Gegenstand großer Kontroversen. Streitpunkt war, inwieweit die kapitalistischen Produktions- und Eigentumsverhältnisse eine Grenze der Demokratie markierten. Mit Demokratisierung war insofern auch die Umgestaltung wirtschaftlicher Verhältnisse gemeint. Zur Entscheidung stand die Organisationsform des politischen Gemeinwesens als repräsentativ-parlamentarische Demokratie oder als → Rätedemokratie, die auf → basisdemokratischen Strukturen beruht und auch den ökonomischen Bereich demokratischen Strukturen unterwirft (→ Wirtschaftsdemokratie). Noch in der Gründungsphase der Bundesrepublik wurde die Weiterentwicklung der bürgerlich-liberalen zur sozialistischen oder sozialen Demokratie gefordert.

In den 1960er Jahren formulierten die erstarkenden → Protestbewegungen, Bürgerinitiativen und neuen → sozialen Bewegungen weitere Kritik an der bürgerlich-liberalen Demokratie. Wortführer wie Johannes Agnoli diagnostizierten eine Rückentwicklung der Demokratie, kritisierten das uneingelöste Repräsentationsversprechen und autoritäre staatliche Mechanismen (Notstandsgesetze, Radikalenerlass etc.). Es wurde eine Demokratisierung aller gesellschaftlicher Bereiche – der Betriebe, der Schulen und Universitäten, der Medien, des Strafvollzugs etc. – eingeklagt und alternative → Lebensformen ausprobiert. Die Gründung von Kinderläden, selbstverwalteten Betrieben etc. bewirkte eine Kulturrevolution und führte zur Öffnung der formierten und autoritären Nachkriegsgesellschaft.

Ein wichtiger Anstoß zur Demokratisierung auf lokaler Ebene mit globaler Ausstrahlung waren in den 1990er Jahren die mexikanischen Zapatistas. Demokratisierung steht bei den Zapatistas für die Einrichtung autonomer Gemeinden sowie basisdemokratischer und dialogischer Politik- und Organisationsformen. Mit radikaler Kritik am Versagen und den zerstörerischen Auswirkungen neoliberaler Politik entfachten sie eine globale Demokratisierungsbewegung und eine transnationale Kultur des → Widerstands. Die in den 1990er Jahren aufkommende → globalisierungskritische Bewegung thematisiert insbesondere die Re-Demokratisierung und (Wieder-)Aneignung privatisierter Bereiche und Güter, die von der Allgemeinheit geschaffen wurden und → öffentliches Eigentum darstellen.

Politische und soziale Proteste in vielen Teilen der Welt – wie jüngst in Nordafrika – richten sich nach wie vor darauf, Diktaturen zu stürzen und demokratische Verhältnisse herzustellen. Gleichzeitig werden in Ländern mit etablierten Demokratien die Repräsentationsmechanismen, der Elitismus der politischen Klasse kritisiert und direkte politische Beteiligung eingefordert. Vor allem Jugendliche in Spanien, aber auch andernorts, gaben mit ihrer Parole einer »Echten Demokratie Jetzt!« (»Democracia real YA!«) der Empörung über den Zustand der »Postdemokratie« (Colin Crouch) einen Ausdruck. Gemeint ist nicht das Ende der Demokratie. In Crouchs Diagnose bleiben demokratische Institutionen in dieser Phase erhalten, werden aber unterhöhlt oder entwickeln sich zum (Wahl-)Spektakel oder Event. Ziel von Demokratisierung ist hier, die demokratische Kontrolle politischer Institutionen und Entscheidungsverfahren wieder zurückzugewinnen, die zunehmend von privaten Akteuren (Konzernen, Denkfabriken, Finanzakteure, Lobbyisten etc.) beeinflusst oder gekapert werden.

Der aktuellen → Occupy-Bewegung geht es als Teil der globalisierungskritischen Bewegung um zweierlei: die Verwicklung von politischen und ökonomischen Eliten zu skandalisieren und dabei in Absetzung zur Postdemokratie alternative, → radikaldemokratische Politikformen auszuprobieren. Radikaldemokratische Kämpfe und Proteste legen den Anspruch an sich, Herrschaftsverhältnisse wie Rassismus, Sexismus, Klassenherrschaft in den Lebens-, Alltags- und Arbeitsverhältnissen zu überwinden und Formen politisch-sozialer Selbst-Organisation und → Kooperation zu entwickeln. Dies kann allerdings nur bei gleichzeitiger Kritik an staatlicher Herrschaft und ökonomischer Unterdrückungs- und Zwangsverhältnisse erreicht werden.

Bettina Lösch

Zum Weiterlesen

Agnoli, Johannes (1990): Die Transformation der Demokratie und andere Schriften zur Kritik der Politik, Freiburg.

Demirović, Alex (1997): Demokratie und Herrschaft, Münster.

Dis/ability

Als kritisches Konzept dekonstruiert dis/ability naturalisierende und biologisierende Perspektiven auf soziale Hierarchien und institutionalisierte Ungleichheiten. Es definiert sich in Abgrenzung zu der medikalisierenden, bevormundenden Norm, die darauf drängt, einen Großteil der existierenden körperlichen und psychischen Variationen zu diagnostizieren, zu beobachten, zu behandeln und schließlich zu »reparieren«. Behinderung muss als Effekt von diskursiven und anderen Praxen verstanden werden, die körperliches, psychisches und sensorisches Anderssein herstellen, und nicht als medizinische Kategorie, die eine bestimmte körperliche Realität abbildet. Als analytische Kategorie identifiziert dis/ability das moderne System aus sozialen, materiellen wie symbolischen Verhältnissen, durch die Individuen entlang von binären Spaltungen klassifiziert und hierarchisch angeordnet werden: normal/abnormal; gesund/pathologisch; produktiv/sozial bedürftig; unabhängig/abhängig. Die Binaritäten, die dieses dis/ability-System konstituieren, betreffen nicht nur die so eingeteilten Zonen, sondern liegen vor allem auch einem System der Zwangsnormen zugrunde, das sie selbst aufrechterhalten. Der »Zwang zur Nicht-Behinderung« ist ein ideologisches System, durch das wir alle angerufen werden, wenn auch auf unterschiedliche Weisen.

Dis/ability und der Zwang zur Nichtbehinderung sind modernen Machtverhältnissen inhärent; ebenso sind sie zentral für das kapitalistische System der Kolonisierung des Körpers (und der Psyche) und ihrer lebendigen Fähigkeiten. Als Ideologie des normalen Funktionierens dient dis/ability dazu, Fähigkeiten zu kommodifizieren und in Arbeitsfähigkeit zu verwandeln. Die »behinderten« Subjekte werden vom modernen Staat nicht nur *benutzt*, um Arbeitskraft zu produzieren, sondern auch um das Dilemma der Verteilungsgerechtigkeit zu lösen. Es wird auf Behinderung verwiesen, um die Dominanz der auf Arbeit basierenden Verteilungsgerechtigkeit zu rechtfertigen und um zwischen jenen Armen zu unterscheiden, die Unterstützung verdienen, und jenen, die das System der Umverteilung und des Wohlfahrtsstaats ausnutzen.

Auf welche Weisen kann uns nun eine Kritik der Behinderung inspirieren, um die neoliberalen Realitäten zu konfrontieren, in der die starren modernistischen Unterscheidungen zwischen *den Behinderten* und *den Gesunden* (oder *dem Normalen* und *dem Abnormalen*) unter den Bedingungen der flexiblen Normalisierung zu verschwinden scheinen? Während früher Behinderung ein Grund für Stigmatisierung und Ablehnung des Anderen war, wird sie nun in eine Chance verwandelt, in eine Möglichkeit, ein Kapital für die Selbsttransformation und Individuierung: Dies sind die neuen Formen, in denen Behinderung ausgenutzt wird. Austeritätspolitik, »Rationalisierungen« im Sozial- und Gesundheitsbereich, treffen Menschen mit Behinderungen besonders hart. Eine kritische Perspektive auf dis/ability fordert nicht nur die Normen der rationalen Nutzenmaximierung, der Kapitalisierung und der (moralischen) Ökonomie des *homo oeconomicus* als Unternehmer seiner selbst heraus, sondern befördert auch Bündnisse, die über verschiedene Erfahrungen von Behinderung hinausreichen, und neue soziale Beziehungen. Sie kritisiert radikal die Ideologie der individuellen Unabhängigkeit, zeigt, dass soziale Bewegungen, die sich auf einzelne Erfahrungen oder Identitäten stützen, ineffektiv bleiben und unterstützt Arbeits- und Politikformen, die Verbindungen quer über Kategorien von Gender, Sexualität, *race* (→ Critical Whiteness), Ethnizität, Klasse oder Alter herstellen.

Kritiken von Behinderung laden daher dazu ein, kritisch zu reflektieren, wie moderne kulturelle, soziale und Wissens-Formen, die Organisation von Raum und Zeit sowie Vorstellungen des modernen Selbst unterschiedliche Systeme der Behinderung erschaffen. Die emanzipatorischen Ansprüche umfassen sowohl Gesellschaftskritik als auch Vorstellungen sozialer, politischer und kultureller Alternativen. Sie tragen wichtiges zur Kritik von Transnationalismus, globalisiertem Kapitalismus und Neoliberalismus bei.

Das System der dis/ability ist schließlich auch ein System, das auf (neo-)kolonialen Ausbeutungsverhältnissen und globalisierten Formen der Ungleichheit und Privilegien aufbaut. Die Kritik daran bereichert die Kritik der Globalisierung, insbesondere in Hinblick auf das System des → Care-Tourismus, die Kapitalisierung von Körper(-bestand-)teilen (→ Bioethik-Kritik) in der pharmazeutischen und Transplantations-Industrie, und andere Formen der ungleichen Verteilung von Ressourcen, die manche Körper ermächtigen (*enable*) und andere behindern (*disable*) und die Körper des globalen Süden in ein Gesundheits-Kapital des globalen Norden verwandeln.

Kateřina Kolářová (Übersetzung: Benjamin Opratko)

Zum Weiterlesen

Davis, Lennard (2010): The Disability Studies Reader, 3rd Ed., London/New York.
Erevelles, Nirmala (2011): Disability and Difference in Global Contexts. Enabling Tranformative Body Politics. Basingstoke/New York.
McRuer, Robert (2006): The Crip Theory: Cultural Signs of Queerness and Disability, New York.
Stone, Deborah (1984): The Disabled State, Philadelphia.
Waldschmidt, Anne (2011): Selbstbestimmung als Konstruktion. Alltagstheorien behinderter Frauen und Männer, Wiesbaden.

Einstiegsprojekte

Einstieg – das signalisiert Beginnendes, noch Offenes. Einstiegsprojekte bezeichnen Vorhaben, die eine → sozial-ökologische Transformation einleiten oder ihr einen Schub verleihen könnten. Emanzipatorische Transformation ist immer ein langwieriger Prozess, der mitten in den bürgerlich-kapitalistischen Gesellschaften – eben mit Einstiegsprojekten – beginnt, der alternative Reformen im Gegebenen und deren Öffnung für das Überschreiten der Grenzen des Kapitalismus umfasst.

Einstiegsprojekte werden umso eher eine Richtungsänderung in der Politik anstoßen oder voranbringen, je mehr sie bestimmten Maßstäben genügen: Erstens gewinnen sie Wirkungskraft, wenn sie wichtige ungelöste Probleme der Gesellschaft betreffen und auf die Sorgen großer sozialer Gruppen, auf ihr Verlangen nach → guter Arbeit, Sicherheit und Selbstbestimmung über das eigene Leben Antworten hervorbringen. Zweitens sollten sie in absehbarer Zeit zu Verbesserungen für möglichst viele führen. Drittens tragen sie dadurch dazu bei, das weit verbreitete Gefühl der Alternativlosigkeit und Ohnmacht zurückzudrängen; sie werden zu Elementen der → Selbstermächtigung, der Selbstorganisation und der Selbstmobilisierung. Viertens gewinnen sie dann transformatorische Qualität, wenn sie offen für weiterreichende Entwicklungen sind, die bei veränderten Kräfteverhältnissen in ein Zurückdrängen der Kapitaldominanz münden.

Solche Einstiegsprojekte werden nicht an Schreibtischen und nicht in den Zentralen von Parteien, Gewerkschaften und Bewegungen erfunden. Als die Privatisierung der Wasserversorgung in der bolivianischen Stadt Cochabamba zu einer mehr als hundertprozentigen Preissteigerung führte, kam es zu heftigem → Protest. Diese Mobilisierungen hatten in der Folge einen wichtigen Einfluss bei der Wahl von Evo Morales zum ersten aus der indigenen Bevölkerung stammenden Präsidenten. Der »Wasserkrieg« erwies sich als eines der Einstiegsprojekte in soziale Umbrüche, auch auf internationaler Ebene. In der jüngeren Zeit nimmt die Zahl der Projekte zu, die die Potenz zu weiterreichenden sozialökologischen Veränderungen in sich bergen. Dörfer streben erfolgreich eine eigene hundertprozentige Energieversorgung aus erneuerbaren Energien an. Eine wachsende Zahl von Kommunen setzt eine → Rekommunalisierung von Stadtwerken durch und stellt sich gegen das Oligopol der großen Energieversorger. Viele einzelne Kämpfe für die Verteidigung und Stärkung der öffentlichen Daseinsvorsorge könnten dem → Öffentlichen, den → Commons, in Zukunft erhebliches Gewicht in den Eigentums- und Machtstrukturen verleihen. → Partizipative Haushalte tragen mit der Verteidigung und Rekonstruktion sozialer und kultureller Infrastrukturen zu den Bedingungen für künftige nachhaltige Lebensweisen bei. Bemerkenswert ist die Häufung von Projekten des Widerstandes gegen staatlich-bürokratische Entscheidungen ohne ausreichende Mitsprache der BürgerInnen von Beginn an. Kämpfe wie um Stuttgart 21 eröffnen Perspektiven einer Erneuerung der Demokratie.

Einstiegsprojekte haben oft begrenzten sozialen und zudem lokalen oder regionalen Charakter. Die → Occupy-Bewegung verweist jedoch darauf, dass sie unter den Bedingungen der Globalisierung und einer Krise der Akzeptanz herrschender Politik von vornherein auch direkt gegen neoliberale Machtstrukturen, insbesondere gegen die Macht der Banken, gerichtet sein können. In solchem Falle schließt der Einstieg schon die Perspektive der Kämpfe ein. Die Forderung nach einer Tobin-Steuer auf Gewinne aus Devisenspekulationen hat beispielsweise eine erhebliche Rolle für die Herausbildung der kapitalismuskritischen und antikapitalistischen globalen Bewegungen (→ Sozialforen) gespielt und findet inzwischen sogar in den Machteliten Befürworter. Das deutet allerdings zugleich auf die Gefahr der Integration alternativer Projekte in den Herrschaftsmechanismus hin, wenn es nicht gelingt, die Ausgangsforderungen als Einstieg in fortschreitende Transformationsprozesse zu nutzen.

Die Erfahrung der Occupy-Bewegung deutet darauf hin, dass einige Projekte die Möglichkeit nationaler, europäischer oder internationaler Mobilisierung für eine gesellschaftliche Transformation bieten, ohne eine Vielzahl anderer Initiativen auszuschließen. Einstiegsprojekte lassen sich so als Aufforderung zur → Solidarität mit demokratischen Protesten, Forderungen und Aufbrüchen verstehen, zur Vernetzung mit anderen AkteurInnen, zur Mobilisierung für Perspektiven über die nahe Sicht hinaus.

Dieter Klein

Zum Weiterlesen

Brangsch, Lutz (2004): Überlegungen zum Charakter von Einstiegsprojekten, www.rosalux.de/cms/file-admin/rls_uploads/pdfs/2brangsch.pdf.

Brie, Michael/Klein, Dieter (2005): Der Kampf für ein soziales und demokratisches Europa – Hegemonie und Einstiegsprojekte. Thesen zur Diskussion, www.rosalux.de/fileadmin/rls_uploads/pdfs/brie-klein.pdf.

Institut für Gesellschaftsanalyse der Rosa Luxemburg Stiftung (2011): Organische Krise des Finanzmarkt-Kapitalismus: Szenarien, Konflikte, konkurrierende Projekte, Berlin.

Emanzipation

Emanzipation war ursprünglich ein Rechtsbegriff im Römischen Reich, der die Freilassung von Sklaven durch ihren Herrn bezeichnete. Mit der Aufklärung und der Französischen Revolution gewann der Begriff eine politische und aktive Bedeutung, die sich auch in der reflexiven grammatischen Form ausdrückt: »Sich emanzipieren« bedeutet, die Unterstellung unter Herrschaft zu be- und die Freiheit zu erkämpfen.

Auch in den modernen Auseinandersetzungen bezeichnet Emanzipation den Freiheitskampf etwa der amerikanischen Sklaven. Weiter ging es um die politische Emanzipation aus der Vorherrschaft der Kirche. Die Forderung nach Emanzipation von der Religion kann reaktionär werden, wenn sie auf den Einzelnen bezogen wird und die gesellschaftlichen Grundlagen der religiösen Denkformen aus dem Blick geraten. Marx unterschied die »politische« Emanzipation, den Kampf benachteiligter gesellschaftlicher Gruppen und Bevölkerungsteile, von der »menschlichen«, die die allgemeine Befreiung von Herrschaft und Verwertung, damit von Arbeitszwang und Entfremdung anstrebt.

In späteren Schriften betonte Marx, dass die menschliche Emanzipation von der Klasse erkämpft werden könne und müsse; einer Klasse, die nichts zu verlieren habe, außer ihren Ketten. Die Abschaffung gesellschaftlicher Unterdrückung sollte zunächst über die Erkämpfung der Staatsgewalt durch das Proletariat geschehen; dies wurde als Vorbedingung für das Absterben des Staates gedacht. In den Traditionen der Arbeiterbewegung ist oft vernachlässigt worden, dass dieser Kampf zur Abschaffung der Klassen als Weg zur menschlichen Emanzipation nicht schon mit dieser gleichzusetzen ist. Marx fasste außerdem die Aufhebung der Herrschaft durch die Befreiung der Arbeit in den Blick: Ohne Herrschaft würde sie produktiver Genuss und Selbstverwirklichung durch Entfaltung der Fähigkeiten. In der Kritischen Theorie wird Emanzipation in Zusammenhang mit dem Verhältnis von Individuum und Massengesellschaft diskutiert, Adorno betont das Sich-Befreien der Sache von gesellschaftlichen Konventionen und Kontrolle.

Mit den → sozialen Bewegungen der 1960er Jahre kommen Gedanken und Ansätze der Kritischen Theorie in die politische Praxis. Johannes Agnoli begreift Emanzipation im Zusammenhang mit der antiautoritären Bewegung als begrenzte Regelverletzung. Die Ausschreitungen der Jugendrevolte scheinen ihm mehr emanzipatorisches Potenzial zu haben als die erstarrten Formen der institutionalisierten und verstaatlichten Arbeiterbewegung. Die

Forderungen der sozialen Bewegungen seit 1968 richten sich gegen die Einbindung in fordistische Konformität, imperialistische Kriege, Frauenunterdrückung, Zwangsheterosexualität, Arbeit jenseits von Selbstverwirklichungsmöglichkeiten. Das Gegeneinander von allgemeiner und (vermeintlich) partieller Emanzipation wird innerhalb der sozialen Bewegung zunächst an der »Frauenfrage« ausgetragen und führt zu einer eigenständigen Etablierung der neuen Frauenbewegung (→ Feminismus). Im Laufe der Zeit bildeten sich weitere soziale Bewegungen – Homosexuellen-, Friedens-, Black Panther-, Anti-AKW-Bewegung –, die sich als Teil einer allgemeinen Emanzipationsbewegung sehen oder aber Emanzipation im politischen Sinne auf Teilbereiche und Betroffenengruppen beziehen. Als Gegenpol zur Emanzipation wird oftmals der paternalistische Staat ausgemacht. Darüber hinaus wird Emanzipation als individueller Prozess verstanden, der sich gegen die psychischen, internalisierten Herrschaftsinstanzen richtet. Diese seien in ihrer Bedeutung für die eigene Lebensführung einzudämmen und in einem Selbstbefreiungsprozess zu überwinden. Mit dem Aufkommen der informationstechnologischen Produktionsweise sowie neoliberaler Politikkonzepte werden Forderungen der Bewegungen ab 1968 aufgegriffen und ihre Realisierung jenseits gesellschaftlicher Emanzipation im Sinne der Abschaffung von Herrschaft versprochen: Die Emanzipation vom paternalistischen Staat wird über die Abschaffung des Sozialstaates beschworen; eine erweiterte Beteiligung von Frauen im Berufsleben, auch in höheren Hierarchieebenen, wird versprochen und über die Etablierung eines Niedriglohnsektors und einer Spaltung der Frauen organisiert. Homosexuelle, subkulturelle und permissive Milieus sollen in den sozialdemokratischen Neoliberalismus eingebunden werden und ihre Kreativität in der Arbeit verwirklichen.

Es bleibt die Herausforderung einer menschlichen Emanzipation, die auch »befreite« Arbeit, Frauen und Sexualität der Herrschaft des Verwertungszwangs entzieht. Wie diese Emanzipation aussehen kann, lässt sich nur im Laufe von Kämpfen herausbilden. Weiterhin aktuell ist die Antwort Adornos auf die Frage nach dem Gesicht der emanzipierten Gesellschaft: »Zart wäre einzig das Gröbste: dass keiner mehr hungern soll.«

Christina Kaindl

Zum Weiterlesen

Agnoli, Johannes (1998): 1968 und die Folgen, Freiburg i.B.

Adorno, Theodor W. (2001): Minima Moralia. Reflexionen aus dem beschädigten Leben, Frankfurt a.M.

Emanzipatorische Bildung

Emanzipation bezeichnet die Befreiung aus Abhängigkeit und Unmündigkeit. Emanzipatorische Bildung meint zweierlei: Der Prozess emanzipatorischer (Selbst-)Veränderung ist auch ein Bildungsprozess und gleichzeitig soll Bildung Emanzipation befördern. Unterdrückung und Abhängigkeit waren und sind nicht gleichmäßig verteilt, sondern betreffen soziale und entlang geschlechtlicher, ethnischer oder religiöser Kriterien konstruierte Gruppen auf sehr unterschiedliche Weise. Emanzipatorische Bildungspraxis lässt sich historisch deshalb nicht nur universalistisch, sondern etwa auch als bürgerliche Bildung, Arbeiterbildung oder Frauenbildung rekonstruieren. Wie sich allgemeine → Emanzipation zur Ermächtigung von Gruppen verhält, ist umstritten.

Obwohl der Begriff der → Emanzipation auf die antike Sklavenbefreiung zurückgeht, ist das Konzept in seiner gegenwärtigen – auch bildungstheoretischen und -praktischen – Bedeutung vor allem eingelagert in die bürgerliche Emanzipationsgeschichte. Über deren begrenztes und partikulares Emanzipationsverständnis hinauszutreten, ist Herausforderung aktueller emanzipatorischer Bildung. Noch unerfüllt ist »menschliche Emanzipation« (Karl Marx), in der der Mensch nicht auf einen politisch freien Staats- und Wettbewerbsbürger reduziert ist, sondern in → freier Assoziation die gesellschaftlichen Verhältnisse gestalten und Individualität entfalten kann.

Emanzipatorische Bildung zielt auf eine mündige Praxis zur Verwirklichung menschlicher Verhältnisse und stößt damit notwendig an die bestehenden. Emanzipatorische Bildung kann sich daher nicht auf das pädagogische Binnenverhältnis begrenzen. Sie verweist nicht nur auf eine emanzipatorische Praxis, sondern ist selbst gesellschaftliche Praxis. Mit diesem zwingenden Praxisbezug ist emanzipatorische Bildung auch Korrektiv gegenüber → politischer Bildung: Die Verhältnisse sollen nicht nur verstanden und kritisiert, sondern vor allem verändert werden.

Die Krise gesellschaftlicher Emanzipationsprojekte ist auch eine Krise emanzipatorischer Bildung. Die außerschulische politische Bildung – der emanzipatorische Bildung oft zurechenbar ist, obwohl sie keineswegs auf politische Bildung beschränkt sein muss – ist rückläufig, auch, aber nicht nur in Folge von Mittelkürzungen. Der Mainstream der Bildungswissenschaft hält die emanzipatorische Bildung für überholt. Trotzdem hat sich in den vergangenen Jahren in Deutschland, auch dank internationaler Impulse, eine lebendige Bildungslandschaft mit spannungsreichen Ansprüchen an emanzipatorische Bildung entwickelt.

Emanzipatorische Bildung befördert den Abbau sozialer, herkunftsbezogener oder geschlechtlicher Diskriminierungen (*antirassistische* und *nicht-rassistische, rassismuskritische Bildung, Anti-Bias Education, Social Justice Education*), ohne Menschen erneut auf (identitäre) Kategorien festzulegen. Sie zielt auf die Ermächtigung von Unterdrückten (*Theater der Unterdrückten,* → *Befreiungspädagogik, Bildungsarbeit von Schwarzen in Deutschland*) und richtet sich auch gezielt an Privilegierte, womit sie allerdings die Artikulationsmöglichkeiten der bereits besser mit Privilegien ausgestatteten stärkt (→ *Critical Whiteness Education, emanzipatorische Männerbildung*).

Emanzipatorische Bildung macht Wissen und Theorie für Weltaufschluss und befreiende (Welt-)Veränderung fruchtbar. Maßgeblich sind die Emanzipationsgründe, Interessen und Lebensentwürfe aller Beteiligten (meist »Teilnehmende«) – nicht die der Veranstalter oder Leitungsteams.

Andere gesellschaftliche Verhältnisse werden bereits im Bildungsprozess hergestellt (oder eben nicht). *Zukunftswerkstätten, Forumtheater* oder *Open Space* zielen besonders darauf, alle mit ihren Erfahrungen zu beteiligen und Raum für neue Entwürfe zu schaffen. Emanzipatorische Bildung engagiert sich, Zugangsbarrieren abzubauen, z.B. Hierarchien, Sprache(n), Kosten.

Emanzipatorische Bildung verändert Verhältnisse, ohne sich dabei zu wichtig zu nehmen. In bewegungsarmen Zeiten ist emanzipatorische Bildung keine Ersatzpraxis, sondern Bildungs-Praxis, die (unintendierte) Effekte, etwa die Prekarisierung von Arbeitsverhältnissen in der politischen Bildung oder die Dominanz des Bildungsbürgertums reflektiert.

Das sind hohe Ansprüche an die Bildungspraxis. Aber rückblickend kann eine Spontanversammlung nach einem → Streik, ein Polizeiübergriff oder Flashmob bedeutendere emanzipatorische Bildungsprozesse in Gang gesetzt haben als ein von langer Hand durchkonzipiertes Seminar.

Julika Bürgin

Zum Weiterlesen

Hufer, Klaus-Peter (2001): Für eine emanzipatorische politische Bildung. Konturen einer Theorie für die Praxis, Schwalbach/Ts.

Lösch, Bettina/Thimmel, Andreas (Hrsg.) (2010): Kritische politische Bildung. Ein Handbuch, Schwalbach/Ts.

Mende, Janne/Müller, Stefan (Hrsg.) (2009): Emanzipation in der politischen Bildung. Theorien – Konzepte – Möglichkeiten, Schwalbach/Ts.

Schmied-Kowarzik, Wolfdietrich (1997): Marx und die Pädagogik der »menschlichen Emanzipation«, in: Beutler, Kurt u.a. (Hrsg.): Jahrbuch für Pädagogik 1997. Mündigkeit. Zur Neufassung materialistischer Pädagogik, Frankfurt a.M., S. 67-79.

Energiewende

In Deutschland hat der Begriff seine Wurzeln im wissenschaftlichen Umfeld der Anti-AKW-Proteste: Er taucht 1980 erstmals auf im Titel der Studie des Öko-Instituts Freiburg, »Energiewende – Wachstum und Wohlstand ohne Erdöl und Uran«. »Energiewende« ist bis heute der zentrale Begriff der Antiatom- und Klimaschutzbewegung. Er umfasst zunächst den Prozess der Ablösung der fossil-atomaren Energiewirtschaft durch eine vollständig auf regenerative Energien und Energieeinsparung basierende Wirtschaftsweise. Damit verbunden ist die schrittweise Entmachtung der Energiekonzerne bzw. ihres Oligopols. An Stelle eines zentralistischen Systems der Rohstoffgewinnung, Energieumwandlung und -verteilung soll zunehmend eine selbstbestimmte und weitgehend dezentral organisierte Energiewirtschaft treten. Der Schutz von Klima, Ressourcen und Biodiversität sollen Vorrang vor Profitinteressen erhalten. Private Lösungen, wie das eigene Solardach oder die Biogasanlage auf dem Hof, sind dafür ebenso Beispiele wie kollektive Lösungen, etwa → Genossenschaften für Windkraftanlagen, Bioenergiedörfer oder Netze in Bürgerhand. Zunehmend rückt auch die → Rekommunalisierung der Erzeugung und Verteilung von Strom und Wärme sowie die → Vergesellschaftung von Übertragungsnetzen in den Blickpunkt.

Rechtlich und staatlich wird die Energiewende im Strombereich vorangetrieben durch eine Kombination von garantierter Einspeisevergütung und Abnahmepflicht für Ökostrom. Daneben existieren weitere, teils umstrittene Instrumente wie der Emissionshandel. Für den Wärmesektor und im Verkehrsbereich existieren ein Bündel von Fördermaßnahmen und ordnungs- und steuerrechtlichen Instrumenten. Allerdings ist deren Wirkung bislang vollkommen unzureichend.

Die Verwendung des Begriffs Energiewende wird ab 1998 erweitert. Zum einen findet er unter SPD und Bündnis 90/Die Grünen erstmals dauerhaft Eingang in die Kommunikation einer Bundesregierung. Mit dem »Atomkonsens« im Jahr 2000 wird er partiell auch in Regierungshandeln umgesetzt, wenngleich die Anti-AKW-Bewegung die beschlossenen Restlaufzeiten von 32 Jahren stark kritisiert. Zum anderen übernehmen aus taktischem Gründen auch etliche Befürworter von Kohle und Atom den Begriff. Dabei wird er jedoch vielfach seines radikalen, transformatorischen Kerns beraubt. Zwar wird ein weiterer Zuwachs an Erneuerbaren formal befürwortet, ansonsten aber ein vermeintlich »gesunder Energiemix« von Ökoenergien, Atomkraft, Kohle, Öl und Gas als Ziel postuliert. Die fossilen Energien sollen mit der Verklappung von CO_2 durch die Abscheidung und Speicherung in den Untergrund (carbon capture and storage, CCS) »zukunftsfähig« gemacht werden.

Die Katastrophe von Fukushima setzt eine erneute Zäsur. Im Juni 2011 verkündet die von Union und FDP getragene Bundesregierung den Ausstieg aus der Atomkraft bis 2022. Der Beschluss folgt der gerade erst genehmigten Laufzeitverlängerung für AKWs. Seither wird der Begriff Energiewende wie selbstverständlich auch vom konservativen Teil des Parteiensystems verwendet, obgleich dieser mehrheitlich kaum die Absicht haben dürfte, große Energiekonzerne zu entmachten, ein Energiesystem »von unten« aufzubauen oder ernsthafte Schritte weg von der Automobilgesellschaft hin zu einer nachhaltigen und → solidarischen Mobilität zu gehen. Widerstände gegen einen Umbau existieren auch in Teilen jener Gewerkschaften, deren Mitglieder in der fossil-atomaren Energieversorgung oder der Automobilindustrie arbeiten.

Unbenommen allen Gegendrucks wendet sich der Kampf um die Energiewende heute zunehmend vom Ob zum Wie. Außer Frage steht dabei, dass die Transformation technisch und wirtschaftlich machbar ist. Doch Struktur und Umfang des künftigen Versorgungssystems sind noch in wichtigen Eckpunkten offen – nicht nur wegen des Widerstands der Energie- und Automobilkonzerne. Denn im Übergang zu einem hochflexiblen und sparsamen Erzeugungs- und Verbrauchssystem ist auch eine Vielzahl von Variablen miteinander verknüpft, von denen sich einzelne wegen technischer Entwicklungen und Marktbewegungen fortwährend ändern oder sogar noch unbekannt sind. Welches Ausmaß beispielsweise der Netzausbau haben muss, hängt davon ab, welche Art von Erzeugungsanlagen wo installiert wird, in welchen Regionen künftig Verbrauchszentren liegen und ab wann mit wirtschaftlichen Stromspeichern zu rechnen ist. Darüber hinaus fehlen im Wärmebereich überzeugende Finanzierungs- und Mietrechtsmodelle, die eine Vertreibung sozial Schwacher infolge von Sanierungen verhindern. Im Mobilitätsbereich ist mit dem Auto gar eine ganze Kultur in Frage zu stellen. Und über allem liegt der Kampf darum, wer für die vorübergehenden Zusatzkosten der Energiewende zu zahlen hat.

Eva Bulling-Schröter/Uwe Witt

Zum Weiterlesen

Scheer, Hermann (2005): Energieautonomie, München.

Sachverständigenrat für Umweltfragen (SRU) (2011): Wege zur 100% erneuerbaren Stromversorgung, Berlin.

Entprekarisierung

Langzeitarbeitslosigkeit, tief greifende Arbeitsmarktreformen und Ausbreitung von Armut unter Erwerbstätigen sind die Folgen der finanzkapitalistischen Landnahme in den meisten europäischen Nationalökonomien. Die Kerne »normaler« Vollzeitbeschäftigung und damit die gewerkschaftlichen Bastionen der Nachkriegszeit unterliegen seit rund zwei Jahrzehnten einem langsamen, aber unaufhaltsamen Schrumpfungsprozess, und ihnen steht eine beträchtliche Zahl Arbeitsloser und anderer sozialstaatlich Unterstützter gegenüber. Dazwischen breitet sich ein Graubereich von prekären Erwerbsverhältnissen wie Leiharbeit, befristete oder geringfügige Beschäftigung und Scheinselbständigkeit aus, die in der Regel weder existenzsichernd noch dauerhaft sind und von deutlichen Anzeichen der Unsicherheit geprägt sind. Sie machen in Europa je nach Land zwischen zehn und 50% der Beschäftigten aus, wobei ihr Anteil unter den weiblichen Beschäftigten in der Regel weit höher ausfällt.

In dieser gewerkschaftlich schwach durchdrungenen Zone sind die Beschäftigten wegen ihrer durchschnittlich kurzen Präsenzzeit im Betrieb und den erhöhten Abhängigkeitsverhältnissen nicht nur schwerer zu organisieren; auch lassen Konkurrenzsituationen zwischen gewerkschaftlich organisierten »Insidern« und den »Outsidern« in den Randbelegschaften die wichtigste gewerkschaftliche Ressource, die Verhandlungsmacht über Arbeitsmärkte und Produktionsprozesse erodieren. Zwar konnten in den nordeuropäischen Ländern Gewerkschaften dem Staat und den Kapitalverbänden Zugeständnisse (Kurzarbeitsregelungen, Sicherung von Stammbelegschaften) abringen, dieser »Krisenkorporatismus« verstärkt jedoch die Spaltungslinien am Arbeitsmarkt zusätzlich. Prekarisierung wirkt als ein Macht- und Kontrollsystem, das auch Angehörige von Stammbelegschaften gefügig macht.

Im diesem Kontext entstand in den letzten Jahren eine Debatte. Insbesondere aus den USA wurden Organisationskonzepte übernommen und kritisch diskutiert, welche über gezieltes *Organizing* in schwach repräsentierten sozialen Gruppen, Kampagnen- und Bewegungsorientierung sowie innovative Bündnispolitik mit sozialen Bewegungen und NGOs die Organisationsmacht der Gewerkschaften zu stärken versuchten. Auch wenn das Konzept der »Entprekarisierung« auf den deutschen Sprachraum beschränkt ist, bietet es für die Diskussionen um gewerkschafts- und gesellschaftspolitische Alternativen einen wertvollen Anknüpfungspunkt. Genährt wurde sie aus den vor allem in südeuropäischen Ländern entstandenen San-Precario- und MayDay-Bewegungen, in denen sich prekär Beschäftigte offensiv als »Prekariat« ins öffentliche Bewusstsein rückten und damit einen Prozess der Klassenformierung »von unten« zu initiieren versuchten. Erfahrungen zeigten jedoch rasch, dass sich in den objektiven Rahmenbedingungen wie auch in der subjektiven Wahrnehmung von Prekarisierung erhebliche soziale Unterschiede und Hierarchien, aber auch unterschiedliche Ansprüche und Forderungen an die eigenen Erwerbsverhältnisse verbergen, welche einer kollektiven Subjektivierung als »Prekariat« enge Grenzen setzen. Während beispielsweise für junge, gut ausgebildete WissensarbeiterInnen die Ausbreitung flexibler Arbeitsverhältnisse durchaus eine emanzipatorische Perspektive besitzen kann, so konzentriert sich das relativ traditionelle Re-Regulierungsinteresse einer prekarisierten Verkäuferin auf den Horizont eines festen Dauerjobs mit garantiertem Mindestlohn.

»Entprekarisierung« ist demgegenüber der Versuch, unter den Bedingungen extremer Fragmentierung der Erwerbsverläufe und individueller Positionierungskämpfe, widerständige Bewältigungsstrategien gegen die Zumutungen der Prekarisierung mit den Organisationsformen der traditionellen Arbeiterbewegung zu verbinden. Dabei geht es *erstens* um die Sicherung der Normalarbeitsverhältnisse gegen die Abbaustrategien sozialer Garantien und die engere Kopplung an kurzfristige unternehmerische Marktrisiken, wobei betriebliche Auseinandersetzungen bewusst auf Bündnisse mit sozialen Bewegungen setzen. *Zweitens* um den – offensiv erstrittenen – Ausbau der Rechte für jene Erwerbsformen, die weder sozialstaatlich noch tarifrechtlich abgesichert sind (gesetzlicher → Mindestlohn, Regularisierung von Beschäftigten ohne Aufenthaltsstatus, → Grundeinkommen usw.), also darum, den Gewerkschaften eine neue politisierende Gestaltungsrolle im sozialen Konflikt zuzuweisen. *Drittens* schließlich um konkrete organisatorische Maßnahmen, um die Prekären in die Organisationen der ArbeiterInnenschaft einzubinden, welche eine echte Partizipation statt neoliberale Aktivierungs- oder paternalistische Stellvertreterpolitik anstreben.

Alessandro Pelizzari

Zum Weiterlesen

Candeias, Mario (2007): Handlungsfähigkeit durch Widerspruchsorientierung. Kritik der Analysen von und Politiken gegen Prekarisierung, in: Klautke, Roland/Oehrlein, Brigitte (Hrsg.): Prekarität – Neoliberalismus – Deregulierung. Hamburg, S. 43-61.

Haipeter, Thomas/Dörre, Klaus (Hrsg.) (2011): Gewerkschaftliche Modernisierung, Wiesbaden.

Pelizzari, Alessandro (2009): Dynamiken der Prekarisierung. Atypische Erwerbsverhältnisse und milieuspezifischer Unsicherheitsbewältiung, Konstanz.

Entschleunigung

Die Beschleunigungsdynamik, die alles Handeln im Kontext der Globalisierung erfasst hat, ist begleitet von Gegenströmungen, die in der »Entdeckung der Langsamkeit« eine Alternative zum Tempo-Diktat sehen. Slow Food ist das bekannteste Beispiel dafür. Als gesellschaftspolitische Alternative jedoch ist Entschleunigung in der Programmatik politischer AkteurInnen konzeptionell nicht explizit verankert. Nicht einmal die leicht umsetzbare Entschleunigungsoption eines Tempolimits auf deutschen Autobahnen ist – trotz nachweisbar positiver Effekte auf Verkehrssicherheit und Senkung von CO_2-Emissionen – mehrheitsfähig. Beschleunigung wird möglich durch die Erfindung von neuen Technologien des Transports und der Produktion im Zuge der industriellen Revolution und wäre undenkbar ohne die Nutzung von fossilen Energieträgern zum »Anfeuern« der mechanischen Antriebskraft. Die industrielle Revolution bringt Technologien hervor, welche die Schnelligkeit menschlicher oder animalischer Körper um ein Vielfaches übertreffen, enorme Produktivitätssteigerungen und sensationelle Wachstumsprozesse erlauben.

Die Schranken des agrarischen »Zeitalters der metabolischen Geschwindigkeit« und die Abhängigkeit von der »Geschwindigkeit des Lebendigen« (Rolf Peter Sieferle), die den größten Teil der menschlichen Geschichte bestimmt hat, wird mit einem revolutionären Wechsel der energetischen Grundlagen der Gesellschaft vom agrarischen Solarenergiesystem zum fossilen Energiesystem überwunden. Eine in vielerlei Hinsicht neue Qualität der Kompression von Raum und Zeit ermöglichen die neuen Informations- und Kommunikationstechnologien. Die Möglichkeit der Kommunikation in Echtzeit liefert die technische Voraussetzung für einen tief greifenden gesellschaftlichen Wandel, zum Beispiel in Bezug auf die enorme Bedeutung von internationalen Finanzmärkten, netzwerkförmigen Unternehmensstrukturen oder neuen Formen der Kriegsführung. Beschleunigung – hier zweitens als Ausdruck von Zeitökonomie verstanden – bringt es mit sich, getreu dem Motto »Zeit ist Geld« das Innovationstempo ebenso wie Arbeits- und Produktionsprozesse durch das Stopfen von immer mehr »Zeitporen« extrem zu verdichten und zu beschleunigen. Zeitökonomie und Effizienzstreben werden mit immer neuen Methoden der Arbeitsgestaltung – vom Taylorismus über die Flexibilisierung bis hin zur Arbeitszeitfreiheit – umzusetzen gesucht. Sie prägen im Zuge der Subjektivierung von Arbeit zunehmend individualisierte Anforderungen der Selbstführung und die Mikro-Ökonomik der Gefühle.

Im Wettlauf der Zeit mitzuhalten und den Anforderungen des »Immer Schneller« gerecht zu werden, erfordert ein Tempo, das an Grenzen stoßen kann. In ökologischer Hinsicht ist die Beschleunigungskrise in den → gesellschaftlichen Naturverhältnissen offensichtlich, da der Verbrauch von Ressourcen einen Umfang und eine Geschwindigkeit erreicht hat, die weit über die Zeitdauer von Neubildung bzw. Absorption hinausgeht. Regeneration und Gesundheit von Menschen leiden ebenso wie Sicherheit und Qualität der Arbeit, wenn Arbeitsprozesse zu sehr verdichtet sind. Lebensqualität steht in Frage, wenn Hektik und ein Diktat der Kurzfristigkeit dem »flexiblen Menschen« (Richard Sennett) den Verzicht auf langfristige Lebensplanungen und soziale Bindungen abverlangt. Soziale Rhythmen der Pflege, Erziehung und Versorgung geraten im Zuge ihrer Ökonomisierung in Konflikte mit dem Tempo-Diktat. Die Risiken der Beschleunigung haben längst dazu geführt, dass der Zeitmanagement-Diskurs einer Entschleunigung das Wort redet und die Abstimmung des Tempos auf physiologische und psychologische Rhythmen zur Kunst der Lebensführung erklärt. In diesem Sinne wird Entschleunigung zu einem Element der Zeitkontrolle, das im Sinne der Ökonomisierung von Zeit eingesetzt werden soll, letztlich aber den Individuen überantwortet wird. Slogans wie »Slow down. Pleasure up« sind damit längst zum Bestandteil des Zeitgeistes geworden, dethematisieren jedoch Machtunterschiede zwischen ZeitgeberInnen und ZeitnehmerInnen sowie gesellschaftlich unterschiedlich verteilte Potenziale der Gestaltungsmacht von Zeit. Besonders deutlich polarisieren Globalisierungsprozesse dabei Geschwindigkeit und verstärken die Spaltung in eine globale und hochmobile Elite, während andere zwangsweise entschleunigt an den lokalen Raum gebunden bleiben. Sozial-ökologische Zeitpolitik erfordert es daher zum einen, die Gestaltung kollektiver Rhythmen und sozial verträglicher Zeiten als öffentliches Gut und Feld politischer Gestaltung anzuerkennen. Zum anderen besteht die Herausforderung der Entschleunigung darin, die sozial-metabolische Basis von Ökonomie und Gesellschaft langfristig wieder auf ein Solarenergiesystem (→ Energiewende) zu orientieren.

Dagmar Vinz

Zum Weiterlesen

Sennett, Richard (1998): Der flexible Mensch. Die Kultur des neuen Kapitalismus, Berlin.

Sieferle, Rolf Peter (1997): Rückblick auf die Natur: eine Geschichte des Menschen und seiner Umwelt, München.

Vinz, Dagmar (2005): Zeiten der Nachhaltigkeit. Perspektiven für eine ökologische und geschlechtergerechte Zeitpolitik, Münster.

Equal pay

Der Begriff »Equal pay« (gleicher Lohn für gleiche Arbeit) ist ein evidentes Beispiel dafür, wie Konzepte eine erfolgreiche Aneignung und Umdeutung erfahren, um mit ihnen in den politischen Auseinandersetzungen Kritik an den bestehenden Verhältnissen zu bündeln. So ist »Equal pay«, eigentlich »Equal pay und equal treament« (gleicher Lohn und gleiche Bedingungen für gleiche Arbeit), in Deutschland zum Schlagwort für die Ablehnung der ausbeuterischen Verhältnisse der Leiharbeit geworden. Zugleich benennt der Begriff unmissverständlich die Forderung nach gleicher Bezahlung zwischen Stammbeschäftigten und angeheuerten Mietarbeitskräften.

Ursprünglich stammt der Begriff »Equal pay« aus dem Kampf um die gleiche Bezahlung für Männer und Frauen: 1963 wurde in den USA der *Equal Pay Act* verabschiedet. Er schreibt die gleiche Entlohnung für Männer und Frauen bei der Verrichtung substanziell gleicher Arbeit vor. Da Realität und Gesetzestext weiterhin deutlich auseinanderklafften, gründete sich 1979 in den USA das *National Committee on Pay Equity (NCPE)*, ein Zusammenschluss aus Frauenorganisationen, Gewerkschaften und Bürgerrechtsbewegungen. 1996 rief das NCPE aus Protest gegen die fortwährende Geschlechter-Lohnlücke zum ersten Equal-Pay-Day auf. Bereits 1966 traten rund 3.000 Arbeiterinnen einer nationalen Rüstungsfabrik im belgischen Herstal zwölf Wochen lang in den → Streik, um unter Berufung auf den Vertrag der Europäischen Wirtschaftsgemeinschaft von 1957 gleichen Lohn für gleiche Arbeit einzufordern. Mittlerweile wird der Equal-Pay-Day in etlichen europäischen Ländern begangen, seit 2008 auch in Deutschland.

Hierzulande wurde der Begriff »Equal pay« spätestens ab 2007 für die Forderung nach anderen Arbeitsverhältnissen in der Leiharbeit okkupiert. Maßgeblich daran beteiligt waren die Gewerkschaften ver.di und IG Metall. Sie schwenkten auf diesen Kurs mit Kampagnen und Protesttagen ein, nachdem die Anzahl der LeiharbeiterInnen ab 2005 mit den Hartz-Arbeitsmarktreformen deutlich anstieg und die CGZP (»Tarifgemeinschaft Christlicher Gewerkschaften für Zeitarbeit und Personalserviceagenturen«) ab 2003 den ersten von zahlreichen Dumpinglohntarifverträgen mit ArbeitgeberInnen abschloss.

Diese Entwicklungen waren nicht ohne das Zutun der DGB-Gewerkschaften eingetreten. Sie saßen mit am Tisch, als die rot-grüne Regierung die einschneidenden Hartz-Reformen formulierte, darunter die De-Regulierung der Leiharbeit. Machtlosigkeit, politischer Tauschhandel und Fehleinschätzungen führten dazu, dass die Gewerkschaften das ab dem Jahr 2003 neu gefasste

Arbeitnehmerüberlassungsgesetz (AÜG), das die Leiharbeit regelt, abnicken. Obwohl der darin formulierte Tarifvorbehalt zur Gründung gelber Gewerkschaften einlud: So wurde festgeschrieben, dass LeiharbeiterInnen nur dann ein Recht auf den gleichen Lohn wie Stammbeschäftigte haben, wenn kein anderslautender Tarifvertrag vorliegt.

Die Skandalisierung der Arbeitsbedingungen in der Leiharbeit durch Gewerkschaften und Beschäftigte wurde in den letzten Jahren von einem Teil der Medien mit vorangetrieben. Mit ersten Erfolgen: Mittlerweile sehen in repräsentativen Umfragen über 80% der Befragten Leiharbeit als Problem und Einfallstor für Lohndumping an. So hat die Losung »Equal pay« geholfen, der Kritik am rasanten Wachstum eines spezifischen Sektors prekärer Beschäftigung eine eingängige Forderung zur Seite zu stellen, die identifikatorischen Charakter hat und die Politik zumindest ansatzweise in Zugzwang brachte. Doch die erfolgten Änderungen am AÜG haben eher kosmetischen Charakter. Und auch wenn die IG Metall durch rund 1.200 »Besser-Vereinbarungen« auf betrieblicher Ebene finanziell mehr für LeiharbeiterInnen herausschlagen konnte, sind die meisten von »gleichem Lohn für gleiche Arbeit« noch weit entfernt. Und geradezu utopisch erscheinen hierzulande Entwicklungen wie in Namibia, wo Leiharbeit seit März 2009 verboten ist.

Doch die Stärke der unteilbaren Forderung »Equal pay« ist nicht ausgereizt. Dass ArbeitgeberInnen wegen der wachsenden Kritik an Leiharbeit langsam aber vermehrt auf WerkvertragsnehmerInnen zurückgreifen, ist ein ambivalenter Erfolg, der zeigt, dass eine Bewegung, die die verschärften Ausbeutungsbedingungen in der Lohnarbeit thematisiert, nicht umhin kommt, auch diese neuen Aneignungen von Arbeitskraft zu kritisieren – oder die wachsende Anzahl der 400-Euro-Minijobs. Angesichts anhaltender Wirtschaftsschwankungen und wachsender internationaler Konkurrenz um Exportmärkte drohen voll-flexibilisierte Arbeitskraftmodelle und Lohnsenkungen an Bedeutung zu gewinnen. Antworten darauf müssen nicht nur moderne Formen der Lohnsklaverei attackieren, sondern an allgemeine Perspektiven für → gute Arbeit anknüpfen.

Eva Völpel

Zum Weiterlesen

Förster, Andreas/Marcks, Holger (Hrsg.) (2011): Knecht zweier Herren. Zur Abschaffung der Leiharbeit, Münster.

Kampagnenseiten ver.di/IG Metall: www.hundertprozentich.de und www.gleichearbeitgleichesgeld.de

Schröder, Gerhard (2009): Fleißig, billig, schutzlos. Leiharbeiter in Deutschland, Köln.

Ernährungssouveränität

Ernährungssouveränität wird erstmals 1996 in einer Erklärung von Bauern- und Bäuerinnenorganisationen und NGOs anlässlich des Welternährungsgipfels in Rom erwähnt. Vor allem die internationale Organisation *La Via Campesina* entwickelt sie als Gegenkonzept zur industrialisierten und exportorientierten Landwirtschaft. Von Regierungen fordert Via Campesina, Ernährungssouveränität politisch umzusetzen, d.h. u.a. den heimischen Agrarsektor mit Zöllen vor Dumpingprodukten zu schützen. Venezuela, Senegal, Ecuador und Nepal haben sie zum Regierungsziel erklärt, in Mali und Bolivien fordern starke Kräfte eine Implementierung. In seinem Bericht von 2008 hebt außerdem der Weltagrarrat IAASTD die Bedeutung der Ernährungssouveränität für die Landwirtschaft und Ernährung hervor.

»Ernährungssouveränität ist das Recht der Völker auf gesunde und kulturell angepasste Nahrung, nachhaltig und unter Achtung der Umwelt hergestellt. Sie ist das Recht auf Schutz vor schädlicher Ernährung. Sie ist das Recht der Bevölkerung, ihre Ernährung und Landwirtschaft selbst zu bestimmen. Ernährungssouveränität stellt die Menschen, die Lebensmittel erzeugen, verteilen und konsumieren, ins Zentrum der Nahrungsmittelsysteme, nicht die Interessen der Märkte und transnationalen Konzerne«, heißt es in der »Nyeleni – Deklaration für Ernährungssouveränität«, die im Februar 2007 in Mali von 500 TeilnehmerInnen des ersten internationalen Forums zur Ernährungssouveränität verabschiedet wurde. Im Gegensatz zur Ernährungssicherheit, die auch mit der grünen Gentechnik erreicht werden soll, die auf Ertragsquantität und die finanzielle Verwertung fokussiert, umfasst die Ernährungssouveränität auch die Produktionsbedingungen, die ungleichen Tauschbedingungen auf internationaler Ebene und die Produktqualität. So wendet sich das Konzept »gegen Nahrungsmittelhilfe, die das Preisdumping versteckt, Gentechnik einschleust und neuen Kolonialismus schafft«.

Verfechter der Ernährungssouveränität sehen ihre Märkte durch Billigimporte zerstört; sehen, wie ihnen die Privatisierung von Ressourcen buchstäblich das Wasser abgräbt und machen die Erfahrung, dass sie zum Beispiel wegen internationaler Patentrechtsabkommen nicht mehr ihr eigenes Saatgut verwenden dürfen. Stattdessen melden Biotechnologiekonzerne immer wieder neue Patente auf Pflanzen an, deren genetischer Code dann sprichwörtlich in ihr »Eigentum« übergeht. Ernährungssouveränität weist jegliche Anwendung von Gentechnologie zurück und bewertet auch den Boom der so genannten »Bio«-Energie nicht als Chance, sondern als Bedrohung für die bäuerliche Existenz und eine menschenwürdige Ernährung, denn die Energiepflanzen werden in großflächigen Monokulturen, so genannten »grünen Wüsten« angebaut, unter Einsatz von Chemie und Gentechnik. Ernährungssouveränität richtet sich auch gegen die »Grüne Revolution«, die in den 1960er und 70er Jahren mithilfe von Kunstdünger, Pestiziden und Herbiziden kurzfristige Produktionssteigerungen erzielte, dann aber – wegen Schädlingsresistenzen, vergifteten Böden und Grundwasser – ihre zerstörerische Wirkung entfaltete. Diese Schäden und die Kosten, die entstehen, um sie wieder in den Griff zu bekommen, werden in den betriebswirtschaftlichen Kalkulationen der Agrarindustrie externalisiert, d.h. der Allgemeinheit in Rechnung gestellt. Die Ernährungssouveränität hingegen berücksichtigt die ökologischen Kosten mit – den Verbrauch von Grundwasser, die Vernutzung des Bodens, usw – und strebt eine »nachhaltige« Nutzung an.

Ernährungssouveränität steht gegen das globale Agrarkonzept der Welthandelsorganisation und das der großen, industrialisierten Agrarexportnationen. Sie ist eine Kampfansage an die westliche Agrarindustrie, ihre Verwertungs- und Profitinteressen auf dem Weltmarkt. Wasser, Saatgut und Land sollen von den Nahrungsmittelproduzenten frei genutzt werden können, dem Zugriff und der Kontrolle durch große Konzerne entzogen werden. Ob der Boden dann genossenschaftliches oder privates Eigentum der Kleinbauern ist, wird offengelassen. Ernährungssouveränität schließt die Interessen von abhängig Beschäftigten ein und fordert für LandarbeiterInnen »gerechte Löhne« und »annehmbare Arbeit«. Sie bewahrt und entwickelt dabei nicht nur die noch bestehenden bäuerlichen Versorgungsstrukturen, sondern stellt auch eine Option für Millionen SlumbewohnerInnen dar. Die brasilianische Landlosenbewegung MST z.B. führt Landbesetzungen auch mit SlumbewohnerInnen durch, um dort anschließend Landwirtschaft zu betreiben. Ernährungssouveränität wird als ein Schritt hin zur Dezentralisierung von Macht im Agrarsektor als Gegenpol zu den Zentralisierungsbestrebungen der Agrarpolitik im Rahmen der Globalisierung und als Reaktion auf die Verwerfungen der Urbanisierung und Industrialisierung betrachtet.

Gerhard Klas

Zum Weiterlesen

Aktionsbündnis Globale Landwirtschaft zum G8-Gipfel (2007): Widerstand ist fruchtbar – Analysen und Perspektiven für eine nicht-kapitalistische Landwirtschaft, Köln.

Bello, Walden (2010): Politik des Hungers, Hamburg/Berlin.

Choplin, Gérard/Strickner, Alexandra/Trouvé, Aurélie (Hrsg.) (2011): Ernährungssouveränität. Für eine andere Agrar- und Lebensmittelpolitik in Europa, Wien.

Pérez-Vitoria,, Silvia (2007): Bauern für die Zukunft, Zürich.

Exodus

Der Begriff des Exodus, wie er hier verwendet wird, ist vor mehr als 30 Jahren in den diskursiven und aktivistischen Strömungen der italienischen *Autonomia* und des → Post-Operaismus entstanden. Er bezeichnet eine aktive Bewegung der Verweigerung und des Abfallens, allerdings nicht in ein Außerhalb oder Jenseits bestehender Macht- und Herrschaftsverhältnisse. Exodus ist als politisch-theoretisches Konzept historisch nicht zu trennen von politischen Kämpfen.

Eine genealogische Linie des Exodus lässt sich in den 1970er Jahren aus dem Begriff der Fluchtlinie von Gilles Deleuze und Félix Guattari ziehen. Die Figur des Fliehens bezeichnet hier eine Bewegung der Desertion, ein Ausweichen aus dem Zwang von Entzweiung und Aufhebung, das über die Logik der Negation und der widerständigen Reaktion hinausreicht. Eine Fluchtlinie ist eine erfinderische Form der Offensive, die Möglichkeiten der Kritik und der Kämpfe eröffnet und erprobt, die im gesellschaftlichen Gefüge bisher nicht vorgesehen waren. Es geht dabei nie um ein individualistisches und voluntaristisches Verlassen gesellschaftlicher Verhältnisse, die sich doch in unseren Körpern, Beziehungen und Denkweisen manifestieren. Vielmehr bedeutet Fliehen eine Bewegung des Abfallens von den Verhältnissen, die darin nicht als alternativlos akzeptiert werden. Die Flucht ist mehr als eine negative Bewegung des Entziehens, sie besteht zugleich in der Erfindung neuer Waffen, von Strategien des Kampfes und der Neuzusammensetzung sozialer Gefüge.

Die Genealogie des → (post-)operaistischen Denkens ist ein wichtiger Strang jener Kämpfe, die sich im Italien der 1960er und 1970er Jahre entwickelten und die von den Arbeitskämpfen in den großen Fabriken über die außerinstitutionellen Kämpfe der Autonomia Operaia in eine sehr früh einsetzende theoretische und praktische Auseinandersetzung mit den noch heute andauernden Transformationen der kapitalistischen Produktionsweise mündeten. In diesen Erfahrungen der *Autonomia* war Flucht immer schon ein geläufiger Begriff, und zwar vor allem als Flucht aus den Fabriken. Als zentraler Ort von Produktion und Kämpfen wurde allerdings nicht mehr nur die Fabrik verstanden, sondern die Arbeit an der Gesellschaft, eine »diffus« gewordene Fabrik oder die »Stadt als Fabrik«.

In dem Buch *Empire* (2002) von Antonio Negri und Michael Hardt kommt ausgehend von historischen Migrationsbewegungen der migrantische Exodus in den Blick, vor allem als Aufkündigung der nationalstaatlichen Logik der Grenzen und im Sinne eines Rechts auf Bewegungsfreiheit. Neben diesem Exodus aus den Peripherien, die im globalen postfordistischen Regime unter neuen Ausbeutungsformen leiden, treten in den Büchern Hardts und Negris noch drei weitere Kategorien des Exodus in Erscheinung: die alte in der *Autonomia* entstandene Figur des Auszugs der ArbeiterInnen aus den Fabriken, damit auch aus den Normalarbeitsverhältnissen und patriarchalen Verhältnissen; das Abfallen vom Staat und der repräsentativen Demokratie als Exodus aus einer obsoleten Form der Regierung und des Regiertwerdens; und schließlich auch der Auszug aus den engen Grenzen des anthropologischen Schemas, das den Menschen zugleich als Mittelpunkt konzipiert und ihn in den Grenzen seines vergeschlechtlichten Körpers einschließen möchte.

Der in den 1970er Jahren wie Negri im italienischen Operaismus aktive Philosoph Paolo Virno entwickelt sein eigenes Exodus-Konzept schon sehr früh. Ausgehend von einem Bild, das schon Marx als Krise des kapitalistischen Akkumulationsprozesses beschreibt, der Desertion der ArbeiterInnen aus der Fabrik, versucht sich Virno an einer Interpretation der Schwierigkeiten der Implementierung des Kapitalismus in den USA. Niedrige Kosten für Landbesitz, ein scheinbar fast unerschöpfliches Reservoir an Land, eine Situation der Überfülle ermöglichten die massenhafte Flucht aus der Arbeit unter den Lohnherren. Virno zufolge sind der in den 1970er Jahren entstehende Kult der Mobilität, das Begehren, der Eindeutigkeit zu entfliehen, die Desertion aus der Fabrik Wiedergänger dieser frühen US-amerikanischen Krise des Kapitalismus.

Virnos Konzept eröffnet eine Seitenstraße, die noch nicht auf den politischen Karten verzeichnet ist, um genau jene Grammatik zu verändern, die die Auswahl aller denkbaren Wahlmöglichkeiten bestimmt: »Indem wir sekundären oder heterogenen Faktoren Vorrang geben, bewegen wir uns schrittweise weg von einem bestimmten Problem, nämlich der Frage: Unterwerfung oder Aufstand?, zu einem ganz anderen Problem: Wie können wir eine Bewegung des Abfallens verwirklichen und zugleich Formen der Selbstverwaltung erproben, die zuvor unvorstellbar waren?«

Isabell Lorey / Gerald Raunig

Zum Weiterlesen

Deleuze, Gilles/Guattari, Félix (1992): Tausend Plateaus, Berlin.

Hardt, Michael/Negri, Antonio (2002): Empire, Frankfurt a.M./New York.

Virno, Paolo (2010): Exodus, hrsg., eingel. und übers. von Klaus Neundlinger und Gerald Raunig, Wien.

Fair Trade

Der Ansatz von Fair Trade (»gerechter Handel«) beruht auf der Annahme, dass ungerechte Handelsbeziehungen (→ Gerechter Welthandel) eine wesentliche Ursache von Unterentwicklung sind. Die Verschlechterung der Terms of Trade, bei der Entwicklungsländer für ihre Primärgüter immer weniger an verarbeiteten Produkten aus den Industrieländern bekommen, führt demnach dazu, dass sie immer ärmer werden. Bildhaft gesprochen heißt das bspw., dass ein Kaffeebauer 1980 vier Kilogramm, 2002 aber zehn Kilogramm Kaffee verkaufen musste, um ein Schweizer Taschenmesser kaufen zu können. Das Machtgefälle innerhalb der Vertriebsketten kommt durch die Dominanz von wenigen Handelshäusern in den Industrieländern zustande und führt dazu, dass kleinbäuerliche ProduzentInnen oder PlantagenarbeiterInnen einen sehr geringen Anteil des Verkaufspreises erhalten.

Initiativen für gerechten Handel entstanden Anfang der 1970er Jahre im Rahmen der Solidaritätsbewegungen mit der so genannten Dritten Welt. Hunderte von Gruppen, oft aus kirchlichen Zusammenhängen, nahmen direkte Handelsbeziehungen mit lokalen ProduzentInnengruppen auf, um deren Produkte dann in (»Dritte«- oder »Eine«-)Welt-Läden zu verkaufen. Durch Ausschaltung der großen Handelsketten und über Solidaritätspreise sollten die ProduzentInnen eine »gerechte« Entlohnung erhalten und dadurch in die Lage versetzt werden, sich selbst zu »entwickeln«. Die Fairtrade-Bewegung war bewusst politisch ausgerichtet. Fairer Handel hat mittlerweile, gemessen an Umsatz und Anzahl der Beteiligten, einen Siegeszug angetreten. Um die 800 Welt-Läden verkaufen Fairtrade-Produkte in Deutschland (Österreich: 100; Schweiz: 300), der deutschlandweite Umsatz hat sich in den letzten sechs Jahren auf über 400 Millionen Euro vervierfacht. Der Boom ist vor allem auf die Entwicklung von Gütesiegeln bzw. Markenzeichen zurückzuführen. Fairtrade-Kaffee wird deutschlandweit auch in über 30.000 Supermärkten angeboten. Doch gerade das Erfolgsprodukt Kaffee zeigt auch klare Grenzen auf: Trotz seines Einzugs in die Supermärkte hat fair gehandelter Kaffee in Deutschland nur einen Marktanteil von 1,5%. An den grundlegenden Abhängigkeiten hat sich nichts geändert: So verloren Anfang des Jahrhunderts Hunderttausende von KaffeebäuerInnen ihre Existenz, weil aufgrund einer weltweiten Überproduktion durch zusätzliche Anbieter (v.a. aus Brasilien und Vietnam) und durch die Macht der fünf großen Kaffeekonzerne, die den Markt beherrschen, die Kaffeepreise für die ProduzentInnen auf den niedrigsten Stand seit 30 Jahren sanken. Inzwischen sind die Weltmarktpreise mithilfe der Nahrungsmittelspekulation wieder nach oben geklettert – nur die Kleinbauern und -bäuerinnen profitieren davon nicht. Eine Antwort auf das Nischenproblem sucht die Fairtrade-Bewegung in Kampagnen für → gerechten Welthandel, die insbesondere in der »Make Trade Fair«-Kampagne von Oxfam zum Ausdruck kommt. Nach der Maxime »Trade not Aid« setzt sich Oxfam für eine erfolgreiche Doha-Runde der WTO ein, bei der ein gerechter Marktzugang zu den Agrarmärkten des Nordens »Millionen aus der Armut heben« sollte. Die Kampagne löste heftige Debatten aus. Walden Bello warf Oxfam vor, die Handelsliberalisierungsagenda der WTO grundsätzlich zu akzeptieren, einem exportorientierten Entwicklungsmodell anzuhängen, das den KleinbäuerInnen des Südens schadet, und die Bewegung gegen die WTO zu spalten (→ De-Globalisierung).

Das Dilemma der Fairtrade-Bewegung wird in der Zusammenarbeit zwischen TRANSFAIR und dem Lidl-Konzern deutlich. Zwar werden so mehr Fairtrade-Produkte verkauft, die Initiative legitimiert aber gleichzeitig einen Protagonisten der kapitalistischen Globalisierung und zementiert somit strukturelle Ausbeutung im Welthandelssystem. Der Trend, die Fairtrade-Bewegung zu einer Lifestyle- und Konsumentscheidung von Besserverdienenden zu entpolitisieren, wird durch die Umarmung der Großkonzerne beschleunigt. Wenn Multis wie Starbucks auch fairen Kaffee anbieten, und Dole eine Produktsparte faire Bananen neben der normalen Ausbeutungsbanane (mal mit, mal ohne gewerkschaftliche Organisierung) stellt, dann verkommt die Fairtrade-Bewegung zu einem inhaltslosen Label. Auch im Bundestag wird Gepa-Kaffee getrunken, eine faire Handelspolitik betreibt er dadurch aber trotzdem nicht. Heute brauchen wir eine Rückbesinnung auf die emanzipatorische Sprengkraft, die im konkreten Projekt den Schrei gegen ein menschenverachtendes Handelssystem mit der Vision einer menschenwürdigen Alternative verband. Solidarisches Konsumieren alleine wird die Welt nicht verändern. Indem die vielen Initiativen der Fairtrade-Bewegung konkrete Produktkampagnen, Aufklärung und kritisches Unterrichtsmaterial mit ökonomischen Alternativen verbinden, können sie aber konkrete Schritte in Richtung einer besseren Welt aufzeigen und realisieren.

Oliver Pye

Zum Weiterlesen

Jaffee, Daniel (2007): Brewing justice. Fair trade coffee, sustainability, and survival, Berkeley.

Raynolds, Laura T./Murray, Douglas L./Wilkinson, John (2007): Fair trade. The challenges of transforming globalization. London/New York.

Schaber, Carole/van Dok, Geert (2006): Die Zukunft des Fairen Handels, Luzern.

Feminismus

Es gibt nicht den Feminismus, es gibt Feminismen. Ein Feminismus, der den Blick auf die Diskriminierung von Frauen richtet, setzt sich für Gleichstellung ein. Ein Feminismus, der Geschlechterkonstruktionen, das System von Zweigeschlechtlichkeit, Dualismen und Hetero-Normen betrachtet, betreibt politisch eher → queer-Politik – Gender Trouble! → Postkolonialer Feminismus kritisiert die Universalisierung von »Weißen«, westlichen Perspektiven und das Selbstverständnis der Sicht- und Lebensweisen aus dem Globalen Norden. Und kapitalismuskritischer Feminismus richtet den Blick auf die patriarchal-ökonomischen Verhältnisse und vertritt die These, dass es keine kapitalistische oder neoliberale ökonomische Hegemonie ohne die Herstellung ungleicher Geschlechterverhältnisse geben kann.

Über unterschiedliche Sichtweisen hinweg ist klar, dass die Alternative nicht allein im Blick auf die empirische Gruppe Frauen liegt. Feminismus als Gesellschaftskritik fragt, wie die Geschlechterverhältnisse kulturell, diskursiv, ökonomisch, politisch – institutionell und individuell – hergestellt werden und wie dadurch Herrschafts- und Machtverhältnisse, Stereotype und Zuschreibungen getragen und reproduziert werden. Ein wichtiger Vorschlag im Feminismus lautet, den »Standpunkt von Frauen« als Standpunkt eines kritischen Diskurses einzunehmen. Damit ist (zumeist) nicht der Standpunkt einer vermeintlich homogenen Gruppe Frauen gemeint, sondern ein Standpunkt, der die vielfältigen gesellschaftlichen Verhältnisse aus marginalisierten Positionen heraus in den Blick nimmt. Welche Praxen, welche Arbeiten, welche Fragen, Themen und Subjekte werden in den Verhältnissen unterdrückt? Welche Subjektpositionen und Subjekte werden gesellschaftlich ausgeblendet und zum Schweigen gebracht?

Feminismus als Alternative sucht nach nicht-identitären Positionen und strategischen Subjektpositionen, die Selbstverständnisse und Funktionsweisen von Normalitäten in Frage stellen und die damit verbundene Gewalt sichtbar machen. Feminismus nimmt so mögliche Kritikstandpunkte in einer Gesellschaft ein, in der z.B. die gesamte Palette der Daseinsfürsorge, der Sorge und der Bedürfnisorientierung (→ Care) für unwesentlich erklärt wird. Die Stärken des Feminismus liegen auch in dem Anspruch, Herrschaftsmechanismen verschränkt und auf mehreren Ebenen zu denken und ein »crossover« im Sinne einer transversalen Politik oder der theoretischen → Intersektionalität zu betreiben, die immer zumindest zwei Unterdrückungs- und Diskriminierungsrealitäten zugleich erfasst. Feminismus bietet Alternativen, weil hier immer wieder der Anspruch formuliert wird, Alltagsrealitäten mit Strukturanalysen zu verknüpfen, um zu verstehen, wie sich Herrschaft auch alltäglich reproduziert. Kritische Feminismen hinterfragen schließlich die herkömmlichen Wissens- und Erkenntnisformen und ihre Institutionen.

Feministische Widerstandspraxis ist vielfältig. Sie kann heißen, die Gefühle und Zeiten der Reproduktion, die Problematiken des Alltags, das Soziale zu einem Teil von Bewegung zu machen. So versuchen etwa die afrikanischen *Courts of Women*, Gefühle und Analyse, Erfahrungen und Wünsche zusammenzubringen: Poetry und Story-Telling schaffen Raum für den Schmerz über die Zerstörung der Verhältnisse. So entstehen Räume, um Trauer mit der Analyse und der Kritik neoliberaler Politiken zusammenzubringen. Die temporäre queer-Gruppe »Black-Laundry« demonstrierte am CSD in Israel: »There is no pride in the occupation« und die Bewegung gegen den Bombenabwurfplatz »Bombodrom« in Brandenburg bündelt ihren feministischen Widerstand in den Slogans »Jedes Ziel ist ein Zu Hause« und »Pink Point«. Ein Kommandoturm wurde pink gestrichen und verwies darauf, dass Militär immer auf bestimmten Männlichkeits- und Geschlechternormen basiert.

Feministischer Widerstand steht immer wieder vor der Herausforderung neue Thematisierungsformen zu finden. Gewalt gegen Frauen, sexualisierte Gewalt, Gewalt in Geschlechterverhältnissen bleiben Dauer-Themen. Die jüngste Reaktion auf die »ewige« Täter-Opfer-Verkehrung bei sexuellen Übergriffen waren die Slutwalks, die durch den offensiven Umgang mit dem Schlampen-»Titel« dem gesellschaftlichen Mythos widersprachen, dass Frauen selbst Schuld an Vergewaltigung hätten, wenn sie sich »wie Schlampen« kleiden. Feminismus zeigt Alternativen in Bewegungen und Formen: Strukturfragen in Alltagsfragen zu übersetzen, Herrschaft im Alltag zu erkennen und den Mut aufbringen, die eigenen Lebensrealitäten zu einem Teil von Bewegungen und Analysen zu machen. Die Frage nach Geschlecht ist kein »Extra-Thema«; sie ist eine erweiterte, alternative Suchbewegung nach den versteckten, untergründigen Mechanismen von Herrschaftsverhältnissen, Hegemonie und der Gewalt der Verhältnisse.

Ariane Brenssell

Zum Weiterlesen

Das Argument (2011): Care – eine feministische Kritik der politischen Ökonomie? Nr. 292, 3.

Hawthorne, Susan (2002): Wild politics, Melbourne.

Weltsozialforum Mumbai (2004): Feministische Perspektiven. Rosa Luxemburg Stiftung. DVD, Berlin.

Winker, Gabriele/Degele, Nina (2009): Intersektionalität. Zur Analyse Sozialer Ungleichheit. Bielefeld.

Feministische Ökonomie

Der archimedische Punkt feministischer Ökonomie ist die hierarchische Arbeitsteilung zwischen den Geschlechtern bzw. die unbezahlte Sorgearbeit und soziale Reproduktion, die weltweit überwiegend von Frauen unbezahlt geleistet werden. Seit den 1970er Jahren analysierten Feministinnen in kritischer Auseinandersetzung mit marxistischer Ökonomie »Hausarbeit« als eine »verschleierte Form produktiver Arbeit« und ihre gesellschaftliche Geringbewertung als die tragende Säule der geschlechtshierarchischen Arbeitsteilung. Während Selma James einen »Lohn für Hausarbeit« fordert, werteten die Bielefelder Soziologinnen Veronika Bennholdt-Thomsen, Maria Mies und Claudia von Werlhof die »Subsistenzproduktion« von Kleinbäuerinnen und Marginalisierten in der »Dritten Welt« und die Hausarbeit in der »Ersten Welt« zur Schlüsselkategorie einer noch nicht (vollständig) den kapitalistischen Produktionsverhältnissen unterworfenen Ökonomie auf.

Seit den 1980er Jahren entwickelten Entwicklungsökonominnen aus der Analyse von Strukturanpassungsprogrammen eine Kritik am »strategischen Schweigen« (I. Bakker) und dem »male bias« (D. Elson) der neoklassischen Ökonomie und neoliberaler Politiken. Diese beruhen auf dem perfiden Prinzip, einerseits die unbezahlte Sorgearbeit aus ökonomischen Wertkalkulationen auszublenden und die Interdependenzen zwischen marktvermittelter und nicht-marktvermittelter Arbeit zu ignorieren, andererseits die Reproduktionsarbeit, ohne die die Marktsphäre nicht funktionieren kann, als unendlich dehnbar zu unterstellen und sie sich anzueignen. In der neoklassischen Theorie und der marktwirtschaftlichen Praxis zählt nur die geld-entlohnte Arbeit als produktiv und wertschöpfend. Kinderbetreuung und der Wasserkreislauf der Natur gelten gleichermaßen als außerökonomisch, als Externalitäten. Diese Abspaltung ist eine Grundlage für die Funktionslogik und die Akkumulation der kapitalistischen Märkte.

Feministische Ökonomie nimmt das Ganze der Wirtschaft und alle Formen von Arbeit, bezahlte wie unbezahlte, Produktion wie Reproduktion oder Sorge als wertschöpfend und miteinander verschränkt in den Blick. Sie analysiert die gesamte Ökonomie als vergeschlechtlichte Prozesse, weil die soziale Ungleichheitskategorie Geschlecht tief in sie eingeschrieben ist. Märkte und makroökonomische Politiken funktionieren ebenso wenig geschlechtsneutral wie Haushalte. Feministische Ökonomie bricht den Mythos der Geschlechtsneutralität, mit dem ökonomische Modelle und Theorien, Statistiken und Politiken daherkommen, auf.

Ausgehend von Nancy Frasers Unterscheidung zwischen affirmativer und transformatorischer Politik lassen sich in der feministischen Ökonomie zwei strategisch unterschiedliche Perspektiven unterscheiden: ein Gleichstellungsansatz und ein systemkritischer Ansatz. Die emanzipatorischen Potenziale des liberalen Gleichheitsansatzes zielen auf → Umverteilung und Ausgleich von sozialen und Geschlechterungleichheiten innerhalb des Systems. Ein Fokus der vergangenen Jahre war Gleichstellung in unternehmerischen Führungspositionen und auf den Finanzmärkten und ein »Engendering« der Makroökonomie, z.B. von Handelspolitik mit der Überwindung geschlechtssegmentierter Märkte. Wichtige Instrumente dafür sind Zeitnutzungsstudien und Gender Budget-Initiativen, die geschlechtsspezifische Implikationen makroökonomischer Politiken offenlegen und eine geschlechtergerechte Revision von Einnahmen und Ausgaben öffentlicher Haushalte fordern.

Aus einer → intersektionalen, → globalisierungskritischen Perspektive sehen andere feministische Ökonominnen den neoliberalen Markt als ein System struktureller Sorg- und Verantwortungslosigkeit, das aus seinen sozialen und ökologischen Zusammenhängen entbettet ist, auf Ungleichheiten sowie auf der Externalisierung von Kosten und Risiken beruht. Die Marktlogik der Effizienz, Konkurrenz und Rentabilität liegt quer zur Handlungsrationalität von Sorge- und Subsistenzökonomien. Aus dieser Sicht ist eine Angleichung von Frauen an den gewinn- und geldorientierten homo oeconomicus zu hinterfragen. Es geht um einen Bruch mit dem marktförmigen Wachstumszwang zum Zweck des Renditemachens, der zu einer Übernutzung der Ressourcen und in eine Krise nach der anderen führt. Feministinnen fokussieren auch auf die sozialen und Reproduktionskrisen, von der Nahrungsmittelkrise bis zur Bildungs- und Beschäftigungskrise für Jugendliche und dem Pflegenotstand in Krankenhäusern. Dagegen setzen sie Prinzipien moralischen, auf Solidarität, → Commons und Suffizienz basierenden Wirtschaftens und Modelle einer Livelihood-Ökonomie in Ländern des Südens, einer regionalen Versorgungs-(caring), Schenk- oder → Umsonst-Ökonomie, jedenfalls Entwicklungspfade, die heterodoxe Denk- und Handlungsräume jenseits des neoklassischen und kapitalistischen Systems öffnen.

Christa Wichterich

Zum Weiterlesen

Brennan, Theresa (2003): Globalization and its Terrors. Daily Life in the West, London.
Elson, Diane (1991) (Hrsg.): Male Bias in the Development Process, Manchester.
Femina politica (2002): Schwerpunkt: Engendering der Makroökonomie, Nr.1.
www.iaffe.org (International Association of Feminist Economists)

Finanzmarktregulierung

Die große Finanzkrise, die 2008 begann, wird von der Mehrheit der westlichen Funktionseliten als die schwerste und folgenreichste seit der Weltwirtschaftskrise 1929 gedeutet. Der G20-Gipfel von Pittsburgh hat vor diesem Hintergrund 2009 ein Paket mit Reformvorschlägen formuliert. Diese umfassen: eine Verbesserung der Finanzaufsicht; eine grenzüberschreitende Regulierung von Finanzmarktakteuren, darunter der international systemrelevanten Institute; Verschärfung der Eigenkapitalanforderungen und Beschränkung von hebelverstärkten Geschäften; Einbeziehung des Schattenfinanzsektors (Hedgefonds, Steueroasen etc.) und des außerbörslichen Handels in die Regulierung; Regulierung von Derivaten, einschließlich Kreditausfallversicherungen; Regulierung der Rating-Agenturen und verbesserter Verbraucherschutz. Als zentral wurde die Effizienzsteigerung der internationalen Governance-Strukturen durch die Etablierung der G20 als führendem Forum internationaler Wirtschaftskooperation, Reformen bei IWF und Weltbank sowie die Etablierung eines multilateraler Fachgremiums, des *Financial Stability Board*, erachtet. Die Vorschläge greifen schwerwiegende Defizite des Finanzsystems auf, und ihre konsequente Umsetzung würde dessen Stabilität deutlich erhöhen. Finanzmarktstabilität ist ein öffentliches Gut, dessen Erhaltung und Stärkung auch aus emanzipatorischer Sicht wünschenswert ist.

Die Reformversuche wurden jedoch von Anfang an durch Druck der Finanzlobby und ihrer Vertretungen in Parteien und Regierungen verwässert oder gar blockiert. Der EU-Reformprozess verläuft noch schleppender. Hinzu kommt, dass mit der Beschränkung auf Stabilität bereits im Ansatz strukturelle Ursachen der Krise systematisch ausgeblendet werden.

Eine emanzipatorische Reformagenda müsste sich demgegenüber an folgenden Leitlinien orientieren: Der Finanzsektor muss drastisch schrumpfen, entflochten und seine Vorherrschaft gegenüber Realwirtschaft und Gesellschaft gebrochen werden. Die Dominanz spekulativer Geschäftsmodelle muss beendet werden (»das Kasino schließen«). Der Finanzkapitalismus als spezifische Variante kapitalistischer Entwicklung muss durch ein System abgelöst werden, in dem der Finanzsektor der sozial-ökologischen → Transformation von Wirtschaft und Gesellschaft dient. Die Erosion der Demokratie durch die Macht der Finanzmärkte muss umgekehrt und Finanzmärkte demokratischer Kontrolle unterworfen werden.

Um dies durchzusetzen, ist eine Kombination aufeinander abgestimmter, konkreter Schritte und Instrumente notwendig. Dazu gehören Transaktionssteuern und stark progressive Einkommens- und Vermögenssteuern. Sie reduzieren das Transaktionsvolumen, können Anreize für Finanzinvestitionen an den Bedürfnissen einer ökologischen Transformation der Realwirtschaft ausrichten und die ungerechte Verteilungsdynamik umkehren (→ Steuergerechtigkeit). Zudem müssen hochspekulative, besonders riskante und intransparente Praktiken und Institutionen verboten werden, darunter ungedeckte Leerverkäufe, Kreditausfallversicherungen, Rohstoffindexfonds und andere komplexe Derivate sowie Hedgefonds. Der Schattenbankensektor ist komplett aufzulösen. Außerdem muss die Einbeziehung des internationalen Rohstoffhandels (darunter die für die → Ernährungssouveränität wichtigen Nahrungsmittel) in die Praktiken des Finanzkapitalismus gestoppt werden, indem Banken und Fonds der Marktzugang verwehrt wird. Weitere Maßnahmen bestehen darin, Steueroasen zu schließen, das Bankgeheimnis gegenüber Aufsichtsbehörden – auch ausländischen – nicht gelten zu lassen und systemrelevante Finanzinstitutionen (»too big to fail«) so zu verkleinern, dass sie im Falle einer Insolvenz keine Dominoeffekte auslösen können. Durch Kapitalverkehrskontrollen ist eine selektive → Deglobalisierung der Finanzmärkte und deren Regionalisierung anzustreben, parallel dazu muss ein starker öffentlicher Bankensektor unter demokratischer Kontrolle entstehen, der zum Motor einer sozial-ökologischen Transformation wird. Private Rating-Agenturen sollten durch öffentlich-rechtliche Einrichtungen ersetzt werden. Die internationalen Ungleichgewichte der Handelsbilanz und die daraus resultierenden Zahlungsbilanzungleichgewichte mit ihrer schuldenerzeugenden Wirkung sind abzubauen, indem die interne Nachfrage für eine sozial-ökologische Entwicklung gesteigert wird. Die Marktabhängigkeit der öffentlichen Finanzen muss beendet und das Zentralbanksystem dementsprechend umgestaltet und in demokratische Kontrolle einbezogen werden. Die Rolle des US-Dollars als globaler Leitwährung ist durch eine neutrale Weltwährung auf Basis der Sonderziehungsrechte, wie sie beim IWF existieren, zu ersetzen. Es gibt also durchaus Alternativen zum Finanzmarktkapitalismus. Ihre Durchsetzung ist freilich politisch zu erkämpfen.

Peter Wahl

Zum Weiterlesen

Dullien Sebastian/Herr, Hans-Jörg (2011): Die EU-Finanzmarktreform. Berlin, Friedrich Ebert Stiftung.

Fisahn, Andreas (2011): Re-Regulierung der Finanzmärkte nach der Kernschmelze im Finanzsektor? Berlin, Rosa Luxemburg Stiftung.

Vogl, Joseph (2011): Das Gespenst des Kapitals, Zürich.

Freie Assoziation

Verweist der Begriff der »Assoziation« (von lat. sociare, »verbinden«) seit dem 19. Jahrhundert zunächst in einem generellen Sinne auf → zivilgesellschaftliche Organisationsformen wie Vereine und Genossenschaften, wird er im Zuge seiner Aufnahme in das Vokabular der Arbeiterbewegung als »Freie Assoziation« im unmittelbaren, mittelbaren und utopischen Sinne zu einem Kernbegriff der Organisationsfrage linker Politik. Bei Marx erhält der Begriff der Freien Assoziation seinen schillernden, die Fantasie anregenden utopischen Charakter, da Marx ihn als Chiffre für die → kommunistische Gesellschaft benutzt. Diese beschreibt Marx als »assoziierte Produktionsweise«, in der die kapitalistischen Klassengegensätze aufgehoben sind und der Staat – als Ausdruck derselben – zugunsten eines »Vereins freier Menschen« abgeschafft wird. Die so entstehende Freie Assoziation ermöglicht »die freie Entfaltung eines jeden« als »Bedingung für die freie Entfaltung aller«. Der Begriff der Freien Assoziation weist bei Marx gleichzeitig auf den unmittelbaren »freien« Zusammenschluss von ProletarierInnen, der es den im kapitalistischen Konkurrenzkampf gegeneinander gestellten Individuen ermöglichen soll, langfristige Formen → solidarischer Praxis einzuüben. In einem weiteren Schritt stellt die Freie Assoziation als → »Genossenschaft« für Marx eine mittelfristige Organisationsform im Übergang zum Kommunismus dar – und zwar in dem Maße, wie diese auf Gemeineigentum basiert und damit die kommunistische Gesellschaft in Teilen vorwegnimmt.

Die Brisanz des Konzepts steckt in seinem realpolitischen Spannungsverhältnis: Die Freie Assoziation ist zugleich das *wie* und das *wofür* man kämpft. In diesem Moment der Vorwegnahme überschreitet sie – als »kleine« Form politischer Organisation – sich allerdings selbst ständig in Richtung »großer« Politik. Da Freie Assoziation zugleich die *Form* ist, in der Menschen emanzipative Praktiken einüben, wie der *»Name«* einer noch zu erkämpfenden klassenlosen Gesellschaft, nehmen Diskussionen in und um die konkreten Formen und den Stellenwert an Schärfe zu. Dies galt schon für die »Internationale Arbeiter-Assoziation« (»Erste Internationale«, gegründet 1864), deren → marxistischer und → anarchistischer Flügel sich über die konkrete Ausformulierung eben dieser Frage entzweite: Sollte die »Assoziation« als zentralistische Dachorganisation von Arbeiterparteien oder als föderaler Zusammenschluss fungieren? Führt der mittelbare Weg zum Kommunismus über eine »Diktatur des Proletariats« oder über die Abschaffung jeglicher staatlicher Macht zugunsten einer Freien Assoziation? Und wie sähe diese Utopie am Ende konkret aus: staatlicher Zentralismus und Planwirtschaft oder Förderation selbstverwalteter Arbeiter-Assoziationen?

Auch heute noch bergen diese Konfliktlinien Stoff für Kontroversen: Wie sollte, v.a. aber wie *kann* sich eine → basisdemokratische antikapitalistische Linke heute organisieren? Die lange Geschichte linker, nicht-staatlicher Selbstorganisation (von autonomen Hausprojekten, über → Fair-Trade-Genossenschaften und Gütergemeinschaften bis hin zu wissenschaftlichen Netzwerken) kann hier Anregungen bieten. Im neoliberal eingefassten High-Tech-Kapitalismus haben sich die Bedingungen für die Freie Assoziation allerdings verändert: Als dezentrale Organisationsform steht die Freie Assoziation nun als divergente Form neben den ungleichen Leitbildern »Start-Up« und »Ich-AG«. Verweist ersteres auf die hegemoniale Form unternehmerischer Selbstorganisation, steht letzteres für den herrschaftlichen Zwang, sich in Zeiten der Privatisierung gesellschaftlicher Risiken das eigene Über-Leben »selbst zu organisieren«. Gleichwohl kann die Freie Assoziation auch heute noch als Inspirationsquelle für ein kritisches Nachdenken über eine klassenlose Gesellschaft und den Weg dorthin dienen. Dabei besteht das grundsätzliche Problem, sich als alternative Organisationsform zu Staat und Markt unter dem widersprüchlichen Druck eben dieser Verhältnisse etablieren zu müssen. Diese stehen nicht »außerhalb« alternativer Selbstorganisation, sondern durchziehen als gesellschaftliche Handlungsgrundlage die Mitglieder und damit die Freie Assoziation selber. Dennoch (oder gerade deswegen) bleibt der unscharfe Impuls der Freien Assoziation hochrelevant: sich in »*dis*soziativen Zeiten« (Wolf-Dieter Narr) einen Freiraum zu erkämpfen, in dem die anvisierte Utopie eines ›Vereins freier Menschen‹ ein Stück weit vorweggenommen werden kann. Das Einüben von Basisdemokratie, Solidarität und → Kooperation, von gegenseitigem Verständnis für die individuellen Ambivalenzen zwischen Selbstorganisation und Sicherheitsbedürfnissen, gegenseitiger Unterstützung und → Solidarischer Ökonomie bleibt unter allen Bedingungen Grundlage linker Politik.

Lars Bretthauer / Daniel von Fromberg

Zum Weiterlesen

Marx, Karl/Engels, Friedrich (1959/1972): Marx-Engels-Werke, Bde. 4 und 23, Berlin.
Haug, Wolfgang Fritz (2001): Assoziation, in: Historisch-Kritisches Wörterbuch des Marxismus, Bd.1, Hamburg.
Abendroth, Wolfgang (1965): Sozialgeschichte der europäischen Arbeiterbewegung, Frankfurt a.M.
www.reflect-online.org

Freiheit

Freiheit ist das zentrale Leitmotiv der Aufklärung, das im Schlachtruf der Französischen Revolution an erster Stelle genannt wird: »Freiheit, Gleichheit, Brüderlichkeit«. Bestimmend für das Verständnis dieser Freiheit sind immer noch die liberal-individualistischen Konzeptionen der Aufklärung, die exemplarisch von Kant definiert wurde: »Das angeborene Recht ist nur ein einziges. Freiheit (Unabhängigkeit von eines anderen nötigender Willkür), sofern sie mit jedes anderen Freiheit nach einem allgemeinen Gesetz zusammen bestehen kann.« Freiheit ist zunächst die individuelle Unabhängigkeit des Einzelnen, seine Unabhängigkeit vom Willen, den Befehlen und der Autorität anderer. So wird auch heute noch das allgemeine Freiheitsrecht in Art. 2 GG interpretiert. Freiheit ist das Recht, zu tun oder zu lassen, was ich will. Aber natürlich wird diese weite Freiheit eingeschränkt, nämlich durch die Freiheit der anderen, die, so auch Kant, durch allgemeine Gesetze bestimmt werden muss. Die Freiheits- oder Rechtssphären werden gegeneinander abgegrenzt, damit die Freiheit des einen nicht mit Gewalt gegen andere durchgesetzt wird. Innerhalb dieser rechtlich definierten Sphäre kann das Individuum tun und lassen, was es will.

Freiheit wird zunächst jedem Individuum in gleichem Maße zugeschrieben – das war der Fortschritt der Aufklärung. Und es ist die eingeforderte Freiheit, die in der Beschränkung der Staatsgewalt ihre emanzipatorische Seite hat. Sie bleibt aber individuell und der Mensch vereinzelt als eine auf sich gestellte, nur durch Grenzziehungen mit anderen in Kontakt tretende Persönlichkeit. Freiheit wird beschränkt auf das Recht, in Ruhe gelassen zu werden. Das beschränkt die Macht des Staates, legt dem repressiven und überwachenden Staat rechtliche Fesseln an. Aber die gesellschaftlichen Zwänge, die nicht aus der Machtausübung des Staates resultieren, bleiben außen vor. So ist dieser Begriff der Freiheit von Beginn verwoben mit seiner wirtschaftsliberalen Seite, d.h. er steht Pate für die Gewerbefreiheit oder Freiheit des Unternehmens. Freiheit wird reduziert, sie hat allen kritischen Impetus der liberalen Freiheitsrechte verloren und fungiert als Kampfbegriff gegen jede auf Gleichheit und Solidarität angelegte Politik. In dieser eingeschränkten Form schlägt sie um in Unfreiheit, in das Diktat der ökonomischen Gesetzmäßigkeiten des Marktes und Wettbewerbs, der nicht nur die Individuen, sondern auch die Gesellschaft und den Staat gleichschaltet, d.h. als Unternehmen konzipiert etwa in »Ich-AGs« oder dem Konzern BRD. Daneben entsteht eine Scheinfreiheit der Konsumwelt, über die Leo Kofler sagt: »Die Aufhebung von Tabus schafft eine Scheinfreiheit, die wiederum zu Schuldgefühlen führt. Und dieses Schuldgefühl ist schließlich Ursache für eine freiwillige Anpassung an die Spießermoral.«

Freiheit muss nicht begrenzt werden auf das atomisierte Individuum. Ein kurzer Blick auf die gegenwärtige Gesellschaft zeigt: Es steht nicht gut um das »Tun und lassen können, was man will«. Die Einzelnen sind in der Wahrnehmung ihrer Freiheit gefesselt von ökonomischen Notwendigkeiten, gesellschaftlichen Konventionen und faktischen Beschränkungen. Das lässt sich mit Marx auch so beschreiben: »Sowie nämlich die Arbeit verteilt zu werden anfängt, hat jeder einen bestimmten ausschließlichen Kreis der Tätigkeit, der ihm aufgedrängt wird, aus dem er nicht heraus kann; er ist Jäger, Fischer oder Hirt oder kritischer Kritiker und muss es bleiben, wenn er nicht die Mittel zum Leben verlieren will ...« Die sozialen Verhältnisse treten den Individuen als außer ihnen liegender Zwang gegenüber und werden auch von der Gesellschaft keineswegs kontrolliert oder aus freiem Willen produziert – sie reproduzieren sich als stummer Zwang jenseits des kollektiven Willens. Die liberale Freiheit des Individuums ist nur eine halbierte Freiheit. Wirkliche Freiheit kann nur gedacht werden als → Emanzipation der gesamten Gesellschaft, als bewusste Selbstorganisation der Gesellschaft, in der die Gesellschaft auch die Voraussetzungen der eigenen Reproduktion demokratisch bestimmt und damit alle Verhältnisse umwirft, in denen der Mensch ein »erniedrigtes, ein geknechtetes, ein verlassenes, ein verächtliches Wesen« (Bloch) ist. In einer solchen Gesellschaft ist Freiheit nicht nur negativ bestimmt, sondern sie lässt sich positiv bestimmen als: »Möglichst Viele haben möglichst viele Möglichkeiten, das zu tun, was sie wollen.« Die Entfaltung der Persönlichkeit geschieht nicht gegen, sondern mit anderen und in Gesellschaft. Freiheit widerspricht hier nicht der → Gleichheit, wie die Neoliberalen gebetsmühlenartig behaupten, sondern beide sind eine sich wechselseitig bedingende Voraussetzung. Es ist die Freiheit zur Differenz, die erst entstehen kann, wenn gleiche Bedingungen geschaffen werden, diese Differenz zu entwickeln und auszuleben.

Andreas Fisahn

Zum Weiterlesen

Kofler, Leo (2000): Zur Kritik bürgerlicher Freiheit, Hamburg.
Bloch, Ernst (1977): Naturrecht und menschliche Würde, Frankfurt a.M.
Marx, Karl/Engels, Friedrich (1956ff): Die deutsche Ideologie, MEW Bd. 3, S. 11, Berlin.
Fisahn, Andreas (2007): Auf dem Weg in den Sicherheitsstaat, in: Sozialismus 7-8, S. 4.

Freiraum

In den neuen → Sozialen Bewegungen entwickelte sich das Konzept des Freiraums zu einem zentralen Bestandteil der politischen Praxis. In vieler Hinsicht waren die AkteurInnen vom Anspruch getrieben, auch die → Alltagskultur zu verändern und dabei über die früher vorherrschenden engen Politikkonzepte hinauszugehen. Die Suche nach neuen → Lebensformen stellte dabei ein zentrales Anliegen dar, das sich u.a. in alternativen ökonomischen, zwischenmenschlichen, politischen und ökologischen Ansätzen äußerte. In vielerlei Hinsicht entsprach dies der Idee eines → radikalen Reformismus. Jene neue Praxen setzten jedoch stärker als bisher die Schaffung alternativer sozialer und auch physisch existierender Räume voraus, die meist → basisdemokratisch von den NutzerInnen organisiert und erhalten werden sollten. So entstanden etwa im → Feminismus der zweiten Frauenbewegung die Forderung nach Frauen- und Lesbenräumen und im Kontext der Ökologiebewegung diverse Projektwerkstätten. Freiraum war jedoch auch Ziel und Praxis zahlreicher → Proteste, Freiraum kann in zwei wesentlichen Bedeutungsperspektiven verstanden werden, die in enger Verbindung mit einem positiven oder negativen Verständnis von → Freiheit stehen. Einerseits kann mit Freiraum der Aspekt der Freiheit des Tuns verbunden werden. Als solches verstanden sind Freiräume v.a. Orte des Experimentierens, der Offenheit für neue Umgangsformen und der radikalen Subversion bestehender Sozialisierungsmuster. Freiheit wird hier – ähnlich wie es vielfach im → Anarchismus der Fall ist – als Fehlen von Normierung und Herrschaft verstanden. In dieser Perspektive sind Freiräume auch als Versuch der unmittelbaren → Aneignung zu verstehen – Ziel ist es, Ressourcen nutzbar zu machen und einem aktiven Bewegungsverständnis folgend neue Räume zu erschließen. Die meisten Freiräume heben diesen Aspekt irgendwann in ihrer Entwicklung hervor, da er im engeren Sinne einem Muster politischer → Anerkennung folgt.

Andererseits ergibt sich aus dieser offenen Definition des Freiraums regelmäßig eine Konfliktlage, die mit der ungleichen Verteilung von Chancen zu tun hat: Da die gegenwärtige Gesellschaft von zahlreichen Herrschaftsachsen durchzogen ist, kann es keine → Gleichheit der Freiheit(en) geben. Im Gegenteil fühlen sich viele Menschen durch Handlungen anderer derartig eingeschränkt, dass für sie v.a. eine »negative« Freiheitsdefinition eine Rolle spielt: Freiräume sollen in dieser Interpretation frei sein von als unterdrückerisch wahrgenommenen Handlungsmustern. In linken Szenen hat es sich diesbezüglich vielfach eingebürgert, einen gewissen Katalog an »Antis« (z.B. Antisexismus, Antirassismus, Antinationalismus) einzufordern, der Räume frei von den so benannten Herrschaftsmomenten machen soll. Diese Interpretation des Freiraums kann Nähe zur Idee eines Schutzraumes aufweisen, der Betroffenen von Gewalt Platz (Freiheit von Gewalt) geben möchte.

Im Konzept »Freiraum« kondensieren sich derart Stärke und Schwierigkeit der Basisbewegungen. Sowohl die Forderung als auch die reale Umsetzung von Freiräumen stellen emanzipatorische AkteurInnen vor scheinbar unüberwindbare Widersprüche: Während eine grundlegende Veränderung der sozialen Interaktionsmuster hin zu einer → freien Assoziation angestrebt wird (»positive« Freiraum-Definition), treten in der Realität der Freiräume beständig unauflösliche Widersprüche auf, welche auf die gesellschaftliche Immanenz aller emanzipatorischen Politiken verweisen (»negative« Freiraum-Definition). Freiräume werden also zugleich angestrebt, sind aber nie »wirklich« zu haben. Gewissermaßen spiegelt dies eine Dialektik, welche die gesamte Geschichte der Linken durchzieht und im Spannungsfeld zwischen »Immanenz« und »Transzendenz« angesiedelt ist. Die Stärke von Freiraum ist es gerade, dass sich diese alte Opposition in der realen, alltäglichen Praxis aktualisiert. Abstrakte systemische Widersprüche – wie etwa jene der → Kritik der Politischen Ökonomie – werden auf unmittelbare Lern- und Entwicklungsprozesse – z.B. in Freiräumen der → Umsonstökonomie – heruntergebrochen. Perspektivisch ist es für das Konzept des Freiraums jedoch wichtig, dass der gewonnene Erfahrungsschatz nicht nur auf einer ganz unmittelbaren Ebene der Basispraxen verbleibt, denn dort läuft er Gefahr, schlussendlich doch in einem (individualisierten) Alltagsleben zu versickern. Das Bewegungswissen von Freiraum sollte deshalb beständig mit komplexeren gesellschaftlichen Organisationsebenen in Verbindung gebracht werden, was theoretische und praktische Vermittlungsarbeit mit anderen emanzipatorischen Praxen voraussetzt.

Elmar Flatschart

Zum Weiterlesen

Kulturrisse (2007/2), (Frei-)Räume, http://kulturrisse.at/ausgaben/022007

Frieden

Der Wunsch, in Frieden zu leben, ist den Menschen eigen, seit sie in organisierten Gesellschaften leben. Frieden meint ein verträgliches und gesichertes Zusammenleben von Menschen, innerhalb sozialer Gruppen und zwischen ihnen. Im Verhältnis zwischen großen Gruppen, Gesellschaften und Staaten ist Frieden das Gegenteil von *Krieg*. Seit es (auf-)geschriebene Geschichte gibt, erscheint sie als Geschichte von Kriegen – um Macht, Territorien, Ressourcen oder auch Glaubenssätze; Friedenszeiten dagegen eher als Unterbrechung zwischen den Kriegen. Frieden ist bewusst zu schaffen und mit einer Ordnung des Rechts verknüpft. Die Behauptung, es gäbe eine angeborene Disposition des Menschen zu Gewalt und Aggression, ist unhaltbar. Gruppenaggressionen zur Destruktion des Gegners sind stets anerzogen, Feinde werden zu Nicht-Menschen erklärt.

Das Römische Reich ging davon aus, dass seine Kriege »gerecht« seien (bella iusta), weil die *Pax Romana*, der vom Reich der erreichbaren Welt oktroyierte Friede, die natürliche Ordnung sei. Deshalb war jeder Krieg gegen das Imperium ein »ungerechter« Krieg (bella iniusta), was die Herren des Reichs zu den drastischsten Maßnahmen ermächtigte: Am Ende wurde das einst reiche Karthago dem Erdboden gleichgemacht. Die Idee des gerechten Krieges zog sich durch das christliche Mittelalter, nun im Namen Gottes. Da bei der Konstruktion eines »gerechten Krieges« die Ermessensgründe sich jeweils gegenseitig ausschließen bzw. in die Willkür des Kriegsherrn gegeben sind, schlug Kant in seiner berühmten Schrift *Zum ewigen Frieden* vor, eine internationale Rechtsordnung zu schaffen, die den Frieden sichert. »Kein Staat soll sich in die Verfassung und Regierung eines andern Staates gewalttätig einmischen.«

Dieses Herangehen wurde Grundlage der UNO-Charta von 1945 (→ Völkerrecht). Dort heißt es in Artikel 1, dass es Ziel der Vereinten Nationen ist, »den Weltfrieden und die internationale Sicherheit aufrechtzuerhalten«. Im Kalten Krieg konnte die Friedenssicherung durch die UNO nicht so funktionieren, wie sie institutionell vorgesehen war. Dennoch wurde das Prinzip der *friedlichen Koexistenz* realisiert, wonach das friedliche Nebeneinander von Staaten unterschiedlicher Gesellschaftsordnungen gegenseitig anerkannt wurde; das trug zur Verfriedlichung des Ost-West-Konflikts bei. Zugleich setzte sich die Auffassung durch, dass politische, soziale und kulturelle → Menschenrechte eine Einheit bilden. Mit der *Responsibility to Protect* (Schutzverantwortung, kurz: R2P) wird derzeit versucht, unter dem Vorwand des Schutzes der Menschenrechte das Prinzip der Nichteinmischung wieder auszuhebeln und den »gerechten Krieg« gegen tatsächliche oder angebliche Gewaltherrscher wieder in das Belieben von Machtpolitik zu stellen. Der libysche Krieg des Westens (2011) war Ausdruck dessen.

Das Ende des Kalten Krieges brachte keine Ära des Friedens, wie 1989/1990 vielfach erhofft, sondern ein neues Zeitalter der Intervention und imperialer Kriege. Die USA und ihre Verbündeten haben Krieg wieder zu einem »normalen« Mittel der Politik gemacht. Die weltweiten Rüstungsausgaben lagen im Jahr 2010 bei über 1.600 Milliarden US-Dollar; im Falle der USA mehr als eine Verdopplung innerhalb eines Jahrzehnts. Die weltweiten Rüstungsausgaben liegen um ein Drittel höher als am Ende des Kalten Krieges. Über 60% dieser Ausgaben entfallen auf die NATO. Globalisierung und Krieg sind zwei Seiten einer Medaille. Die »Neue Weltordnung«, die Präsident Bush Senior mit dem Golfkrieg Anfang der 1990er Jahre postulierte, zielte auf die Verfügung über Rohstoffe, vor allem Erdöl und Erdgas, und die Kontrolle über strategische Räume. Mit den Kriegen gegen Jugoslawien, Afghanistan, Irak und Libyen wurde diese Linie fortgesetzt. Es droht nun der Krieg gegen den Iran. Nach dem Scheitern des Westens in Irak und Afghanistan hat Präsident Barack Obama auf eine Effektivierung der Kriegsführungsfähigkeit der USA gesetzt. Die qualitative Aufrüstung wird fortgesetzt, die strategische Ausrichtung wird nun gegen China konzentriert.

Frieden ist Ziel und Strategie zugleich. Es geht um die Wiederherstellung der BürgerInnen- und Freiheitsrechte im Innern und um eine internationale Ordnung auf der Grundlage der Herrschaft des Rechts, wie es in der UNO-Charta angelegt ist, anstelle des »Rechts des Stärkeren«. Internationale Politik muss wieder zu entmilitarisiert, friedliche Konfliktlösungen durchgesetzt und ausländische Besatzungstruppen abgezogen werden. Mehr Mittel sind für die weltweite Bekämpfung von Armut, Hunger und vermeidbaren Krankheiten sowie zum Schutz der Umwelt nötig, die nur durch Abrüstung freizusetzen sind. Friedenserziehung muss dazu beitragen, ein humanistisches Menschenbild zu befördern und die Schablonen der Entmenschlichung der »Feinde« aufzulösen. Die äußere Friedensfähigkeit des Staates und der Gesellschaft hat ihre innere Friedensfähigkeit zur Voraussetzung.

Erhard Crome

Zum Weiterlesen

Bundesausschuss Friedensratschlag: www.friedensratschlag.de
Crome, Erhard (2011): Der libysche Krieg des Westens, Berlin.
Informationsstelle Militarisierung e.V. (IMI): www.imi-online.de

Gegen-Hegemonie

Der Begriff der Gegen-Hegemonie soll dazu beitragen, dass → emanzipatorische Bewegungen strategische Perspektiven entwickeln. Herrschaft wird dabei nicht nur auf ihre Zwangselemente hin betrachtet, sondern die mehr oder weniger konsensuale Einbindung der Beherrschten in gesellschaftliche Entwicklungen berücksichtigt. Antonio Gramsci nannte diesen Herrschaftstypus Hegemonie. Hegemonie als Zusammenhang politischer, ökonomischer und sozio-kultureller Verhältnisse entsteht durch die Strategien und Projekte der herrschenden Kräfte, die wiederum untereinander Bündnisse schließen und Ausgleich schaffen müssen. Hegemonie wird zudem über selektive Kompromisse mit den Beherrschten und ihren vielfältigen Organisationen entlang unterschiedlicher Konfliktlinien geschaffen (was mitunter massive Ausgrenzungen nicht ausschließt). Kompromisse und Kräfteverhältnisse werden unter Umständen auf Dauer gestellt. Der Staat – auch über lokale und internationale Staatsapparate – ist ein wichtiges Terrain dieser herrschaftsförmigen Absicherung. Dennoch gibt es keinen privilegierten Ansatzpunkt – etwa den Staat – emanzipatorischen Handelns.

Mit dem Begriff der Gegen-Hegemonie sollen strategische Elemente der pluralen emanzipatorischen AkteurInnen – emanzipatorische Bewegungen und Verbände, linke Parteien, linke Strömungen in Gewerkschaften, kritische WissenschaftlerInnen und PublizistInnen – stärker berücksichtigt werden. Dabei handelt es sich nicht nur um die »großen« Entscheidungen wie etwa neue Arbeitsmarktgesetze oder Kriege auf der einen Seite oder sichtbare → Protestmobilisierungen auf der anderen Seite, sondern auch um die vielen alltäglichen, oft nicht sichtbaren Machtkonstellationen.

Damit können Ansatzpunkte in den aktuellen kritischen Analysen und emanzipatorischen Bewegungen benannt werden. Erstens impliziert eine gegen-hegemoniale Perspektive, sorgfältig die herrschaftlichen Strategien zu analysieren. Das Sichtbarmachen von Macht und Herrschaft ist häufig ein erster Ansatzpunkt zu ihrer Veränderung. Zweitens tendiert die Kritik der herrschenden Globalisierung zu einem problematischen »Oben-Unten«-Schema, demzufolge neoliberal-imperiale Herrschaft von mächtigen PolitikerInnen, BürokratInnen oder ManagerInnen vorangetrieben wird. Dass die kritisierten und zu verändernden Verhältnisse von vielen Menschen zumindest passiv hingenommen werden, wird häufig übergangen. Drittens sind theoretisch angeleitete Diagnosen aktueller Entwicklungen und historischer Erfahrungen wichtig für die Entwicklung praktischer Alternativen. Wissen um die gesellschaftlichen Verhältnisse entsteht nicht nur theoretisch, sondern auch in konkreten Konflikten und gepaart mit spezifischen Erfahrungen. Gleichwohl ist es wichtig, diese Erfahrungen in übergreifende Konstellationen einordnen zu können. Gesellschaft verändernde AkteurInnen müssen sich der (In-)Stabilität herrschender – auch subjektiver und diskursiver – Strukturen, Kräftekonstellationen und Prozesse immer wieder vergewissern, um eigene Strategien zu entwickeln. Gegen-hegemoniale Perspektiven und Praktiken erachten viertens emanzipatorische, wenig institutionalisierte → soziale Bewegungen und Bündnisse als zentral. Sie berücksichtigen aber durchaus institutionelle Strukturen und Praxen etwa in Betrieben und öffentlicher Verwaltung, Schulen und Hochschulen, die teilweise »von innen heraus« verändert werden müssen. Deren Veränderung ist nicht nur Ergebnis sozialer Bewegungen, sondern beispielsweise auch von Dissens innerhalb der Institutionen oder versuchten Antworten auf Probleme.

Die strategische Dimension von Auseinandersetzungen wieder stärker zu machen, könnte verhindern, dass emanzipatorische Bewegungen sich zuvorderst an den Agenden der herrschenden Kräfte orientieren: Einen G8-Gipfel im eigenen Land oder ein zu verhinderndes Gesetz. Diese konkreten Anlässe sind wichtig, sollten aber aus einer gegen-hegemonialen Perspektive um eigene – diskutierte und reflektierte – Agenden ergänzt werden. Eine dringende Aufgabe besteht darin, gegen-hegemoniale Perspektiven und Praxen zu internationalisieren. Das bedeutet nicht nur die Stärkung internationaler Bündnisse und Kampagnen. Die imperiale Lebensweise basiert auf einer für viele – herrschende, aber auch beherrschte – Menschen in den Gesellschaften des Globalen Nordens materiell und kulturell vorteilhaften Einbindung in die internationale Arbeitsteilung. Diese Tatsache wird aktuell von linken Parteien, Gewerkschaften und auch von großen Teilen der Bewegungen kaum thematisiert. Wie dies in Bildungs-, Lern- und Organisierungsprozessen, mit pointierten Forderungen und internationalen Bündnissen, durch harte Konflikte und tief greifende institutionelle Veränderungen hindurch erreicht wird, ist noch offen.

Ulrich Brand

Zum Weiterlesen

Brand, Ulrich (2005): Gegen-Hegemonie. Perspektiven globalisierungskritischer Strategien, Hamburg.

Gramsci, Antonio (1991ff.): Gefängnishefte, hrsg. von Bochmann, Klaus/Haug, Wolfgang-Fritz, Hamburg/Berlin.

Opratko, Benjamin (2012): Hegemonie. Politische Theorie nach Antonio Gramsci, Münster.

Gegenöffentlichkeit

Welche Rolle hat die Nutzung des Internets und neuer sozialer Medien (Twitter, Facebook etc.) für die im Dezember 2010 beginnende Serie von → Revolutionen in Nordafrika und im Nahen und Mittleren Osten gespielt? Wie entscheidend war der Beitrag des Hacker-Netzwerks Anonymous zum Start der → Occupy-Bewegung? Werden sich Regierungen und Konzerne durchsetzen in ihrem Bemühen, das Internet zu kontrollieren, unter anderem mit dem ACTA-Abkommen und dem massiven Angriff auf Wikileaks und Tauschplattformen? Öffentlichkeit ist in neuer Weise zum Feld zugespitzter Auseinandersetzungen geworden. Das Wort von den »Informationskriegen« (info wars) macht die Runde. Dabei wird auch deutlich: Unterdrückte Informationen zu verbreiten, ist der leichtere Teil von Gegenöffentlichkeit; andere Sichtweisen zu vermitteln als die herrschenden, ist der schwierigere.

Öffentlichkeit ist eine Funktion von Macht. Wer kontrolliert oder beeinflusst, welche Informationen getauscht, welche Darstellungen gegeben und welche Fragen gestellt werden, der kontrolliert oder beeinflusst auch Handeln. Öffentlichkeit ist daher immer umkämpft. Das gilt in jeder Gruppe, Institution oder Gesellschaft. Gegenöffentlichkeit entsteht als eine spontane Praxis, »hinter vorgehaltener Hand«. Aber sie kann auch eine hochorganisierte Form von Gegenmacht sein, in der eigene Medien produziert und genutzt werden, oder in der gezielt auf die herrschende Öffentlichkeit eingewirkt, sie unterlaufen und verändert wird.

Die 1960er und 70er Jahre waren berauscht von der Idee des »Gegen«. Man machte Gegenöffentlichkeit, Gegeninformation, Gegenmacht usw. Eine Fülle von »eigenen Medien« entstand. Die neuen → sozialen Bewegungen, der → Feminismus der zweiten Frauenbewegung, die vielen Gruppierungen und Strömungen der Neuen Linken und die unzähligen kulturellen Gruppen und Initiativen stützten sich dabei auch auf die technischen Umwälzungen. Die Herstellung von eigenen Druckveröffentlichungen wie auch die Produktion von Radiosendungen wurde immer einfacher und billiger. Seit den 1990er Jahren verschafften die neuen, mit dem Internet verbundenen Technologien Gegenöffentlichkeit enorme Möglichkeiten zur globalen Kommunikation, zur Aufhebung der alten Gegenüberstellung von SenderIn und EmpfängerIn zugunsten interaktiver, netzwerkförmiger Strukturen usw. Indymedia wurde zu einem ersten zentralen Projekt globaler Gegenöffentlichkeit.

Der strukturelle Vorsprung der herrschenden Medien besteht jedoch nicht nur in Geld, Macht und Kontrolle. Er besteht auch in der langfristig erworbenen Fähigkeit, die Vielfalt der alltäglichen Erfahrungen aufzugreifen und passende Handlungsmöglichkeiten anzubieten, wobei diese oft schlicht den Wunsch nach Passivität bedienen. Die herrschende Meinung zur Finanzkrise durch Gegenöffentlichkeit anzugreifen, ist schwierig. Immer häufiger läuft reine Gegeninformation ins Leere, weil es an Handlungsalternativen fehlt. Seit den 1980er Jahren gibt die herrschende Politik gern zu, dass es schlecht steht um die Welt – nur um sich gleichzeitig als mächtigster Problemlöser zu präsentieren.

Rückblickend erscheint die Vorstellung, die sich die APO der 1960er Jahre von Gegenöffentlichkeit machte, als stark beeinflusst von der bürgerlichen Konzeption der einen, wahren, repräsentativen Öffentlichkeit, die Bedingung für vernünftige Entscheidungen ist. Stattdessen gibt es eine Vielzahl von Öffentlichkeiten, Öffentlichkeit ist immer eine soziale Produktion, und auch Gegenöffentlichkeit muss sich den Machtstrukturen, Ausgrenzungen und blinden Flecken stellen, die sie selbst hervorbringt. In Internet und medialen Netzwerken tritt die »Aufmerksamkeitsökonomie« als Machtfaktor neben die Strukturen von Eigentum. Beide sind jedoch von Ressourcen und Fähigkeiten abhängig. Rasse, Klasse und Geschlecht strukturieren auch die Möglichkeiten, sich die neuen Medien anzueignen und sie für eigene Interessen zu nutzen. Gegenöffentlichkeit muss sich auch daran messen lassen, ob sie diese Spiegelung oder gar Verstärkung von vorhandenen Ungleichheiten aufbricht.

Anders zu sein, andere Menschen und Gruppen zu Wort kommen zu lassen, andere Menschen und Gruppen anzusprechen, nichtkommerziell und demokratisch kontrolliert zu sein und kritisch auf die herrschende Öffentlichkeit einzuwirken und diese zu verändern: All das sind Ansprüche von Gegenöffentlichkeit. Sie handelt nicht nur von Medien und Nischen, sondern auch von einer demokratischen Sprache, von nicht-elitären Organisationsformen, von populären sozialen und kulturellen Räumen. Die Aufgabenstellung von Gegenöffentlichkeit aber bleibt dieselbe, wie Günter Eich sie beschrieben hat: »Seid Sand, nicht das Öl im Getriebe der Welt!«

Christoph Spehr

Zum Weiterlesen

Oy, Gottfried (2001): Die Gemeinschaft der Lüge. Medien- und Öffentlichkeitskritik sozialer Bewegungen in der Bundesrepublik, Münster.

Norton, Quinn (2012): 2011 – The Year Anonymous Took on Cops, Dictators and Existential Dread. In: Wired, www.wired.com

Spehr, Christoph (2001): Gegenöffentlichkeit. In: Historisch-kritisches Wörterbuch des Marxismus, Bd. 5, Hamburg.

Genossenschaften

Genossenschaften sind selbstverwaltete Unternehmen und Betriebe, sie befinden sich im Gemeineigentum ihrer Mitglieder. Sie können sich an Normen und Zielen einer → solidarischen Ökonomie orientieren. Bis heute sind sie Unternehmen, die sich auf Märkten, in Konkurrenz mit anderen, nicht-genossenschaftlichen Unternehmen zu behaupten versuchen. In manchen Ländern sind Genossenschaften Teil eines mitunter beträchtlichen »dritten Sektors«, gelegentlich dominieren sie ganze Branchen und Regionen (z.B. die landwirtschaftlichen Genossenschaften in der Emilia Romagna oder der Genossenschafts-Komplex Mondragón im spanischen Baskenland).

Genossenschaften sind eine Erfindung der ArbeiterInnenbewegung, entstanden als organisierte wirtschaftliche Selbsthilfe und -verteidigung gegen einige Formen der Ausbeutung und Unterdrückung. Kleine (Konsum-)Genossenschaften wurden in den 1820er Jahren gegründet, ohne das Ziel einer umfassenden Wirtschaftsreform. Produktionsgenossenschaften folgten (oft durch die Übernahme von Pleiteunternehmen durch die Beschäftigten), später kamen Kreditgenossenschaften, Wohnungsbaugenossenschaften und Versicherungsvereine hinzu; schließlich entstanden Zusammenschlüsse der Genossenschaften, die wiederum Gemeinschaftsunternehmen für alle Mitglieder aufbauten (Schulen, Einkaufsgenossenschaften, Transportgenossenschaften, Planungs- und Ingenieurbüros, Forschungs- und Entwicklungsbüros). In Krisenzeiten entstehen regelmäßig neue Genossenschaften zur Selbsthilfe. Ebenso können kleine Selbständige (Bauern, Handwerker) Genossenschaften gründen, um sich gegen den ökonomischen Druck des großen Handelskapitals, der Banken oder der Industrie zu wehren.

Alle Genossenschaften beruhen auf dem Prinzip der Identität von EigentümerInnen und ArbeiterInnen bzw. im Fall der Konsumgenossenschaften von Eigentümern und Kunden/Konsumenten. JedeR GenossIn hat einen (im Prinzip) gleichen Anteil am Unternehmen, ist also ebenso MiteigentümerIn wie MitarbeiterIn. Darauf beruht das ebenso elementare Prinzip der Selbstverwaltung: Alle GenossInnen sind am Management, an den wichtigen Unternehmensentscheidungen in gleicher Weise beteiligt; die ManagerInnen, die DirektorInnen werden von den GenossInnen bestimmt, gewählt und abgewählt. JedeR GenossIn hat im Prinzip einen gleich großen Anteil an der Genossenschaft und gleiches Stimm- und Mitbestimmungsrecht bei allen Entscheidungen. Genossenschaften bleiben im Gemeineigentum aller GenossInnen, jedeR kann aus der Genossenschaft ausscheiden, aber keineR kann Genossenschaftsanteile kaufen oder verkaufen. Genossenschaften sind offen für neue GenossInnen oder sollten es sein. Denn die Genossenschaft verändert ihren Charakter, sobald sie LohnarbeiterInnen anheuert, statt sie als neue GenossInnen aufzunehmen.

Franz Oppenheimer formulierte 1896 das so genannte Transformationsgesetz der Genossenschaften (»Oppenheimersches Gesetz«), wonach Genossenschaften auf längere Sicht entweder bankrottgehen oder sich in gewöhnliche kapitalistische Unternehmen verwandeln. Die Genossenschaftsbewegung hielt dagegen, dass Überlebens- und Wachstumsstrategien sehr wohl erfolgreich sein können, wenn Genossenschaften sich zusammenschließen und den Sektor der solidarischen Ökonomie durch Neugründungen erweitern. Sind Genossenschaften im Kapitalismus also lebensfähig? Empirisch spricht alles dafür. Denn die Behauptungen der Neoklassik sind falsch: Gewinne werden in der Regel nicht ausgeschüttet, sondern im eigenen Unternehmen investiert, die Arbeitseinkommen sind in der Regel niedriger, Lohn- und Gehaltsunterschiede weit geringer als in vergleichbaren kapitalistischen Privatunternehmen. Arbeitsproduktivität, Qualität und die Innovationsfähigkeit nehmen keineswegs ab, die Arbeitszufriedenheit ist deutlich höher und die Fluktuation weit niedriger. Große Genossenschaften, die mit vielen anderen Genossenschaften kooperieren können, scheinen auch in großen Krisen außerordentlich widerstandsfähig zu sein.

In der → sozialistischen und → anarchistischen Tradition werden Genossenschaften als Schule der wirtschaftlichen Selbstverwaltung und Keimzelle der solidarischen, demokratisch organisierten Wirtschaft betrachtet. Als Element einer langfristig angelegten Transformationsstrategie spielen Genossenschaften in vielen kapitalismuskritischen Bewegungen eine Rolle. Um als Vorbilder, als lebende Beispiele einer anderen Arbeits- und Wirtschaftsweise dienen zu können, brauchen sie jedoch mehr: Formen der alltäglichen Selbstverwaltung und kollektiven, demokratisch organisierten Selbstbestimmung im Betrieb, am Arbeitsplatz, beim Einkaufen, beim Sparen und Investieren, die – um die Marxsche Formel zu gebrauchen – im alltäglichen Kapitalismus der Gegenwart »über sich hinausweisen«.

Michael R. Krätke

Zum Weiterlesen

Altvater, Elmar/Sekler, Nicola (Hrsg.) (2006): Solidarische Ökonomie, Hamburg.
Novy, Klaus/Prinz, Michael (1985): Illustrierte Geschichte der Genossenschaften. Berlin/Bonn.
Pelizzari, Alessandro/Petrioli, Alexis (2001): »Genossenschaft«, in: Historisch-Kritisches Wörterbuch des Marxismus, Band 5, Hamburg.

Gerechter Welthandel

Arbeitsteilung ist Grundlage menschlichen Wohlstands, denn Spezialisierung führt zu effizienterem Arbeiten. Doch die einzelnen Tätigkeiten werden nicht gleich wertgeschätzt. Um den Faktor 1.000 unterscheidet sich das Entgelt für Putzen und für Finanzmarktdeals. Zudem kann nicht frei zwischen den Tätigkeiten gewechselt werden. Auch die Kinder der Putzfrau haben kaum Chancen, jemals als Finanzspekulanten tätig zu werden. In der globalen Arbeitsteilung entscheiden Geschlecht, Hautfarbe und Geburtsland maßgeblich darüber, auf welcher Hierarchiestufe die jeweilige Person eingeordnet wird.

Unter ÖkonomInnen findet Ricardos Theorie der komparativen Kosten breite Anerkennung. Diese besagt, dass internationale Arbeitsteilung (und damit Handel) selbst für solche Länder von Vorteil ist, die alle Güter zu höheren Kosten als die anderen Länder herstellen. Sie müssen sich nur auf die Produktion jener Güter spezialisieren, die sie vergleichsweise (komparativ) am günstigsten herstellen können. Diese Ökonomen übersehen jedoch beharrlich, dass ein einzelnes Land, bevor es sich optimal spezialisiert hat, durch wettbewerbsstärkere Länder wirtschaftlich geschwächt werden kann. Aber selbst wenn es marktgerecht spezialisiert ist, kann es langfristig im Wettbewerb scheitern. Denn nicht jede Spezialisierung wirkt sich positiv aus. Ein Land, das sich beispielsweise auf wenige Agrarprodukte spezialisiert, versäumt es, wichtige Erfahrungen auf Gebieten des industriellen Fortschritts zu sammeln, worauf bereits Friedrich List im Jahre 1841 aufmerksam gemacht hat. Marx betonte neben dem Aspekt der Entfremdung durch Arbeitsteilung noch die Gefahr der misslingenden Koordination. Gerade der grenzüberschreitende Austausch erfolgt fast ausschließlich marktförmig. Aufgrund der am Markt vorherrschenden dezentralen Entscheidungen über Produktion und Konsumtion können Angebot und Nachfrage krisenhaft auseinanderklaffen. Ökologisch ist Arbeitsteilung zweifach problematisch. Erstens entkoppelt sie Verursachung und Betroffenheit von Umweltschäden. Zweitens vermehrt sie den Transport von Gütern, der nicht nur endliche Ressourcen verbraucht, sondern auch das klimaschädliche CO_2 ausstößt.

Die vielstimmige Kritik am heutigen Welthandelsystem greift auf diese Argumente zurück, doch was sind die Alternativen? Der radikalste Vorschlag einer Bioregion setzt auf biologisch vom Weltmarkt abgekoppelte Kleinräume. Für einige Regionen bzw. Warengruppen dürfte dies sinnvoll sein, doch insgesamt ist die → solidarische Ökonomie nicht verallgemeinerbar. Erstens stehen Spezialisierungsgewinne in Gefahr und zweitens ist eine Abkehr vom Weltmarkt mit hohen Anpassungskosten verbunden. Selbst der »ökologische Fußabtritt« muss nicht kleiner ausfallen. Der CO_2-Ausstoß neuseeländischen Lammfleischs beträgt trotz 11.000 »food miles« aufgrund günstigerer Futterbedingungen nur ein Viertel von dem des englischen Fleischs.

Vielversprechender erscheint, das Regelwerk des Welthandels nach entwicklungspolitischen, sozialen und ökologischen Prinzipien auszurichten. Durch stärkere Öffnung der reichen Märkte für Produkte aus armen Märkten, durch Einschränkung des Patentrechts (das die starken, zuerst gekommenen Wettbewerber schützt) und durch Ausgleichsfonds als Puffer gegen Preisschwankungen auf den Rohstoffmärkten könnte das Entwicklungsgefälle verringert werden. Sozialklauseln in Handelsverträgen könnten verhindern, dass der Wettbewerb auf Kosten völkerrechtlich verbindlicher Arbeiterrechte ausgetragen wird. Zugleich sollten, finanziert durch progressive Steuern, die GlobalisierungsverliererInnen innerstaatlich besser entschädigt werden, was allerdings ohne Einschränkung der Finanzmärkte nur begrenzt möglich sein wird (→ Finanzmarktregulierung). Die Transportkosten sollten die ökologischen Kosten widerspiegeln, bspw. durch eine Steuer auf den CO_2-Ausstoß. Die Warenherstellung sollte ökologischen Mindeststandards genügen, und die ökologischen Kosten sollten sichtbar vermerkt werden.

Solche oder ähnliche Reformen setzen eine → Demokratisierung des Handelsregimes voraus, und zwar sowohl im Verhältnis der Länder zueinander als auch innerstaatlich. Derzeit entscheidet vornehmlich die Kaufkraft, die die reichen Länder am Verhandlungstisch eindeutig begünstigt. Die Parlamente sind bei Verhandlungen meist außen vor. Kurzfristig geht es darum, sowohl den Trend zu bilateralen Verhandlungen, der eindeutig die kaufkraftärmeren Länder benachteiligt, als auch weitere Liberalisierungen aufzuhalten, die die öffentlichen Dienste bedrohen.

Christoph Scherrer

Zum Weiterlesen

Informationsbrief Weltwirtschaft & Entwicklung (erscheint monatlich)

Krajewski, Markus (2011): Public services in bilateral free trade agreements of the EU, http://papers.ssrn.com/sol3/papers.cfm?abstract_id=1964288.

Passadakis, Alexis J. (2006): Keine Tränen für Doha. Die Anti-Entwicklungsrunde der WTO vor dem Aus? Zeit für Alternativen, Berlin, WEED.

Scherrer, Christoph/Hänlein, Andreas (Hrsg.) (2012): Sozialkapitel in Handelsabkommen. Begründungen und Vorschläge aus juristischer, ökonomischer und politologischer Sicht, Baden-Baden.

Thayer, Robert (2003): LifePlace: Bioregional Thought and Practice, Berkeley/Los Angeles.

Geschlechterdemokratie

Eigentlich ist der Begriff Geschlechterdemokratie ein Unwort, bedeutet doch Demokratie Volksherrschaft. »Geschlechter-Volksherrschaft« mutet als unsinnige Doppelung an. Doch der sperrige Begriff wurde zu Beginn der 1990er Jahre in die → feministische Diskussion eingeführt, um die Geschlechterungleichheit in westlichen repräsentativen Demokratien zu kritisieren und ein anderes Konzept von Demokratie vorzuschlagen.

Die feministische Politikwissenschaft hatte seit den 1980er Jahren mit historisch-systematischen Überlegungen sowie in empirischen Studien herausgearbeitet, dass repräsentative Demokratien geschlechterexklusiv sind. Frauen sind trotz formal gleicher politischer Rechte in staatlichen Entscheidungsgremien quantitativ wie auch qualitativ unterrepräsentiert. Das bedeutet auch, dass geschlechtergerechte staatliche Politiken und damit das Handeln »für Frauen« in der repräsentativen Parteiendemokratie keinesfalls garantiert sind. Repräsentative Demokratien sind deshalb eher als »Androkratien«, als Männerherrschaft zu bezeichnen.

Aus einer Geschlechterperspektive ist daher zu bezweifeln, dass es in liberalen Demokratien einen vergangenen »Augenblick der Demokratie« gegeben hat, der die Bezeichnung Demokratie im Sinne von Selbstbestimmung und Autonomie aller BürgerInnen verdient hätte, wie dies Colin Crouch mit der populären These der »Postdemokratie« nahelegt. Vielmehr kennzeichnet die als »postdemokratisch« bezeichnete Konstellation schon immer die Situation von Frauen, nämlich ihren weitgehenden Ausschluss aus politischen Entscheidungen und die Negierung ihrer Interessen.

Geschlechterdemokratie ist darüber hinaus ein strategischer Kampfbegriff in der Auseinandersetzung um Geschlechtergerechtigkeit, um die Erweiterung von → Partizipationschancen, um adäquate Repräsentation sowie um die stärkere Berücksichtigung der Interessen von Frauen durch politische Entscheidungsorgane. Das Konzept impliziert einen Perspektivenwechsel: Nicht allein der Frauenausschluss, sondern die Männerbezogenheit repräsentativer Demokratie wird kritisiert, um so auch Männer zu Akteuren einer geschlechtergerechten Gestaltung von Gesellschaft zu machen.

In der deutschsprachigen Geschlechterforschung wurde das Konzept sehr kontrovers diskutiert. Kritisiert wurde vor allem die Vernachlässigung von gesellschaftlichen Differenzen wie Klassenzugehörigkeit, Sexualität und Ethnizität wegen der Fokussierung auf Zweigeschlechtlichkeit. Vor allem berge der Begriff eine affirmative Haltung gegenüber den Verfahren repräsentativer Demokratie und damit die Gefahr einer schleichenden Aushöhlung feministisch-emanzipatorischer Strategien.

In den letzten Jahren ist es ruhiger geworden um den Begriff Geschlechterdemokratie. Gleichwohl erscheint es lohnenswert, das Konzept → radikal-reformerisch im Kontext aktueller Krisen repräsentativer Demokratie neu zu verorten und den Utopie-Gehalt des Konzepts zu präzisieren: Geschlechterdemokratie zielt auf politische Institutionen, Prozesse und Normen, die die Interessen von Männern und Frauen anerkennen und realisieren. Eine solch demokratische Verfasstheit kann darüber hinaus Denk- und Handlungsräume öffnen, um Geschlecht über zweigeschlechtliche Vorstellungen hinaus als von weiteren Ungleichheitsstrukturen wie Klasse oder Ethnizität durchzogene Kategorie zu begreifen und Maßnahmen gegen Ungleichheit zu institutionalisieren. Die Steigerung der quantitativen Repräsentation von Frauen in politischen Entscheidungspositionen muss mit Strategien verknüpft werden, die feministisches Handeln »für Frauen« auch außerhalb staatlicher Institutionen verortet. Repräsentative Demokratien brauchen öffentliche Räume der Diskussion über »Fraueninteressen«, da es »die« Interessen von Frauen nicht gibt. Sie benötigen politische Formen, die der Tatsache Rechnung tragen, dass Interessen im Kontext antagonistischer Kräfteverhältnisse entstehen und dass die interdependente Kategorie Geschlecht sich erst in diesem Ringen konstituiert. Geschlechterdemokratie ist dann Metapher für einen erweiterten Demokratiebegriff, der diese nicht nur als Verfahren der Entscheidungs- und Mehrheitsfindung begreift, sondern als Lebensweise auf der Basis der Geschlechtergleichheit. Demokratie umfasst dann auch die Umverteilung von Ressourcen zwischen den Geschlechtern. Ein demokratischer Geschlechtervertrag muss auf Gerechtigkeit bei der Verteilung von gesellschaftlich notwendiger Sorgearbeit und von Erwerbsarbeit zielen. Nur die Ermächtigung zur Politik – die Verfügung über Zeit und ökonomische Ressourcen – ermöglicht politische Selbstbestimmung. Geschlechterdemokratie stellt so patriarchale Strukturen, Institutionen und Subjektivierungsweisen fundamental in Frage.

Birgit Sauer

Zum Weiterlesen

femina politica (2002): Sonderheft »Geschlechterdemokratie – ein neues feministisches Leitbild?«, 2.

Holland-Cunz, Barbara (2004): Demokratie – StaatsbürgerInnenschaft – Partizipation, in: Rosenberger, Sieglinde/Sauer, Birgit (Hrsg.): Politikwissenschaft und Geschlecht. Konzepte – Verknüpfungen – Perspektiven. Wien, S. 127-148.

Gewerkschaftliche Autonomie

Um wirksam für politische Alternativen eintreten zu können, wird von Teilen der Gewerkschaften eine grundlegende Neubestimmung ihres politischen Selbstverständnisses eingefordert, bei der die »Rückgewinnung« gewerkschaftlicher Autonomie im Zentrum steht. Hinter dem Begriff verbirgt sich die Aufforderung an die Gewerkschaften, sich auf die eigene Stärke zu besinnen und durch die Mobilisierung der Beschäftigten autonome Durchsetzungsmacht zu entwickeln. Es geht um die Kritik an der Einbindung der Gewerkschaften in die betrieblichen und gesellschaftlichen Wettbewerbsbündnisse, die sich in den 1990er Jahren als eine neue Politikarena etabliert haben. Aus heutiger Sicht erscheint es offensichtlich, dass diese den gewerkschaftlichen Legitimationsverlust eher vergrößert haben.

Dementsprechend stehen die Gewerkschaften vor der Aufgabe, neue Formen politischer Einflussnahme zu entwickeln. Hierbei kann zum Teil an die traditionelle linke Korporatismuskritik angeknüpft werden, die bereits in den 1960er und 1970er Jahren die korporatistische Einbindung als gewerkschaftlichen »Autonomieverlust« thematisiert hat. Es geht aber auch um das Verhältnis von Gewerkschaften und Sozialdemokratie. Obwohl gerade in Deutschland mit dem Prinzip der Einheitsgewerkschaft die parteipolitische Unabhängigkeit zum Selbstverständnis der Gewerkschaften gehört, so existierte faktisch lange eine Art »privilegierte Partnerschaft« (Hans-Jürgen Urban) mit der SPD. In den letzten Jahren hat sich das Verhältnis angesichts der Dominanz »neu-sozialdemokratischer« Politikkonzepte – wie etwa die Orientierung an der »Neuen Mitte« oder an einem »Dritten Weg« – jedoch grundlegend gewandelt.

Mit dem Verlust eines »natürlichen« Partners auf der politischen Bühne sind die Gewerkschaften nun gezwungen, vermehrt selbst das politische Mandat wahrzunehmen. Sowohl der Bedeutungsverlust korporatistischer Arrangements als auch der Wandel im Verhältnis zur Sozialdemokratie machen neue Handlungsstrategien erforderlich. Als Beispiel eines neuen autonomen Politiktypus erfreut sich hierbei das ursprünglich aus den USA kommende Konzept des → Social Movement Unionism auch in Deutschland einer immer größeren Beliebtheit. Bei diesem Konzept geht es darum, dass Gewerkschaften von anderen → sozialen Bewegungen lernen und die gewerkschaftliche Durchsetzungsmacht durch gezielte → Bündnisse mit anderen sozialen Organisationen und Bewegungen vergrößert wird. Bei aller notwendigen Öffnung in den gesellschaftspolitischen Raum können Gewerkschaften jedoch weder zu einer universellen BürgerInnenorganisation noch zu einer Art Ersatzpartei werden. Entscheidend bleibt die politische Verzahnung von betrieblicher und gesellschaftspolitischer Ebene. Dabei verkennt eine Entgegensetzung von gewerkschaftlicher Autonomie und institutioneller Einbindung die komplexen Formen gewerkschaftlicher Machtentfaltung. Insgesamt können – in Anlehnung an Klaus Dörre – drei Quellen gewerkschaftlicher Macht unterschieden werden. Die erste Quelle liegt in der Entwicklung von »Organisationsmacht«. Ausgehend von den Betrieben müssen Gewerkschaften über eine kritische Masse von Mitgliedern verfügen, die sie in die Lage versetzt, Arbeitskampfmaßnahmen durchzuführen und damit ihre Konfliktfähigkeit unter Beweis zu stellen. Angesichts rückläufiger Mitgliederzahlen sind die Gewerkschaften in vielen Bereichen empfindlich geschwächt worden. Die Debatte um gewerkschaftliche Autonomie muss demnach stets die real existierende Organisationsmacht im Blickfeld haben, um nicht in voluntaristischen Appellen zu verpuffen. Die zweite Quelle ergibt sich aus der jeweils konkreten Stellung der Beschäftigten im kapitalistischen Produktionsprozess. Die hieraus erwachsende »strukturelle Macht« umfasst zwei Dimensionen: Zum einen wird die politische Durchsetzungsmacht unmittelbar durch die Höhe der Arbeitslosigkeit beeinflusst. Zum anderen bietet das spezifische Tätigkeits- und Qualifikationsprofil einzelnen Beschäftigtengruppen ein mehr oder weniger großes Druckpotenzial. Der Grad an struktureller Macht markiert zugleich die Grenzen gewerkschaftlicher Autonomie. Schließlich verfügen die Gewerkschaften über ein erhebliches Maß an »institutioneller Macht«. Institutionen sind hierbei Ausdruck historischer Klassenkompromisse, in denen gesellschaftliche Kräfteverhältnisse politisch und rechtlich fixiert werden. Eine institutionelle Einbindung steht daher nicht notwendig gewerkschaftlicher Autonomie entgegen, sondern bildet oft ein wichtiges Medium zur Durchsetzung gewerkschaftlicher Interessen. Die Frage der gewerkschaftlichen Autonomie ist demnach primär keine institutionelle, sondern eine inhaltliche Frage.

Thorsten Schulten

Zum Weiterlesen

Deppe, Frank (1979): Autonomie und Integration. Materialien zur Gewerkschaftsanalyse, Marburg.

Dörre, Klaus (2007): Gewerkschaften und die kapitalistische Landnahme: Niedergang oder strategische Wahl?, in: Heinrich Geiselberger (Hrsg.): Und jetzt? Politik, Protest und Propaganda, Frankfurt a.M., S. 53-78.

Urban, Hans-Jürgen (2005): Gewerkschaften als konstruktiver Vetospieler, in: Forschungsjournal Neue Soziale Bewegungen, Bd. 18, Nr. 2, S. 44-60.

Gleichheit

Prominent wurde der Begriff der Gleichheit in der Trias »Freiheit, Gleichheit, Brüderlichkeit« der Französischen Revolution. Bezog sich Gleichheit hier auf politische Forderungen nach gleicher politischer und sozialer Teilhabe, hat sich der Begriff seine sozial-transformative Kraft bis heute bewahrt. Von → sozialen Bewegungen wie der Arbeiter- und der Frauenbewegung wurde gleiche Teilhabe an politischen und sozialen StaatsbürgerInnenrechten seit dem 19. Jahrhundert politisch eingefordert.

Gleichheit bezieht sich als Rechtsbegriff auf die Beziehung von zwei zu vergleichenden Personen oder Gegenständen in Bezug auf ein Drittes, das *tertium comparationis*, und meint immer ein soziales Verhältnis. Deshalb ist es von großer Relevanz, welche gesellschaftlichen Bereiche dem Vergleich zugrunde gelegt werden bzw. an welchem Maßstab Gleichheit gemessen wird. In der politischen Theorie wird zwischen normativer, formal-rechtlicher und materieller Gleichheit unterschieden. Das *normative* Ziel der Gleichheit in westlichen Demokratien wurde hauptsächlich von den neuzeitlichen Vertragstheoretikern geprägt. In deren Naturrechtstradition sind alle Menschen von Natur aus frei und gleich. Jedoch bildet diese Vorstellung sich nicht in der Wirklichkeit ab, sondern muss immer erst hergestellt werden. Der *formal-rechtliche* Begriff von politischer, d.h. staatsbürgerlicher Gleichheit blendet jedoch die faktische soziale Ungleichheit aus – beispielsweise jene zwischen Frauen und Männern –, da Gleichheit im Staat an formal gleichen Partizipationsmöglichkeiten, Chancengleichheit und Mitbestimmung festgemacht wird. So wird das normative Ziel demokratischer Gleichheit mit der Institutionalisierung der Staatsbürgerschaft realisiert. *Materielle* Gleichheit im Sinne der Abschaffung von sozialer Ungleichheit wird damit noch nicht verwirklicht, da formal rechtliche Gleichheit nicht per se die historisch entstandenen sozialen Ungleichheiten, die sich in die politischen Institutionen des Staates eingeschrieben haben, verändern können.

Historisch liegt diesem Verständnis ein Widerspruch vertragstheoretischer Prämissen zugrunde. Deutlich wird das etwa an der gesellschaftlich konstruierten und institutionalisierten Ungleichheit zwischen Frauen und Männern: Das universalistische Prinzip der Gleichheit von Natur aus beinhaltete nicht das Grundrecht auf → Freiheit und Gleichheit und abstrahierte von körperlichen Unterschieden zwischen Männern in der Öffentlichkeit, aber nicht von körperlichen Unterschieden zwischen Männern und Frauen in der Privatsphäre. Frauen wurde aufgrund ihrer Prokreativität, ihrer vermeintlichen körperlichen Schwächen und weiblichen Eigenschaften Vernunft abgesprochen. Sie erhielten so nur verminderte Rechte, Verträge abzuschließen und in der politischen Öffentlichkeit aktiv zu partizipieren. Der Unterschied zwischen natürlicher Gleichheit als vorrechtlicher Norm im Naturrecht und der gesellschaftlich institutionalisierten Rechtsnorm wird hier deutlich. Denn in der rechtlichen Umsetzung abstrahiert das positive Recht von jeglichen Unterschieden, die als angenommene »natürliche« Faktoren – wie etwa die Kategorie Geschlecht – gelten.

Die Konstruktion von Geschlecht und auch die der Klassenunterschiede aufgrund von Besitzeigentum können so nicht mehr rechtlich erfasst werden. Der politische Ausschluss von Frauen aus der öffentlichen Sphäre und ihre marginalisierte soziale Position wurden historisch durch die normative Gleichheitskonzeption der Vertragstheoretiker politisch legitimiert und tradieren sich teilweise bis in die Gegenwart. Geschlecht wurde wie Klassenzugehörigkeit zu einem Strukturmerkmal moderner westlicher Demokratien und stellt bis heute eine politische Herausforderung an moderne Gleichheitsvorstellungen dar.

Seine systemtransformierende Bedeutung trägt der Gleichheitsbegriff qua Definition in sich. So lässt sich mit der Forderung nach Gleichheit auf eine Vielzahl politischer Forderungen rekurrieren, die sich in aktuellen Debatten niederschlagen: Von der → feministischen Forderung nach gleichem Lohn für gleiche und gleichwertige Arbeit (→ Equal pay) bis hin zu der Forderung nach einem → Grundeinkommen für alle. Entscheidend dabei bleibt, wie Gleichheit inhaltlich definiert wird, wer oder was als ungleich gilt und auf welche gesellschaftlichen Bereiche Gleichheit rekurriert. Somit bleibt die Forderung nach Gleichheit ein politisch umkämpftes Terrain und Utopie, da theoretisch immer wieder neue Personengruppen ihre alternativen Forderungen nach gleicher politischer und sozialer Teilhabe formulieren können.

Stefanie Wöhl

Zum Weiterlesen

Fraser, Nancy (1996): Öffentlichkeit neu denken. Ein Beitrag zur Kritik real existierender Demokratie, in: Scheich, Elvira (Hrsg.): Vermittelte Weiblichkeit. Feministische Wissenschafts- und Gesellschaftskritik, Hamburg.

Gerhard, Ute (1990): Gleichheit ohne Angleichung. Frauen im Recht, München.

Wilde, Gabriele (1995): Geschlecht und das Prinzip der Ungleichheit. Zur Problematik der Gleichheit in demokratietheoretischen Ansätzen, in: Kreisky, Eva/Sauer, Birgit (Hrsg.): Feministische Standpunkte in der Politikwissenschaft. Eine Einführung, Frankfurt a.M./New York.

Globale Soziale Rechte

Der Diskurs um Globale Soziale Rechte war ursprünglich eine Reaktion darauf, dass eine andere Welt zwar offensichtlich möglich war, in ihrer Möglichkeit aber unbestimmt blieb. Viele AktivistInnen versuchten, konkreter zu fassen, wie sie denn aussehen könnte. Das geschah teilweise sehr konkret (Sicherung materieller Bedürfnisse durch ein globales bedingungsloses → Grundeinkommen, Bewegungsfreiheit, intakte Umwelt etc.) und umfasste dann in der Regel die traditionellen → Menschenrechte. Es war aber auch viel allgemeiner ein Ausgangspunkt, um das Gemeinsame von Denk- und Kampfbewegungen in den Blick zu nehmen, also die Frage zu stellen, wo wir gemeinsam ankämen, wenn alle unsere Einzelkämpfe erfolgreich wären. Es gibt also einen eher praktischen und einen eher theoretischen Aspekt; was ein globales soziales Recht genau sein soll, ist nicht festgelegt, sondern kontrovers diskutierbar.

Von der theoretischen Seite her muss die Idee der Globalen Sozialen Rechte sich mit den Menschenrechten auseinandersetzen und Rechenschaft darüber ablegen, was sie mehr umfasst als diese. Menschen wollen und sollen nicht Objekt Dritter sein, Menschsein beginnt mit der Existenz. Menschenrecht muss sich also niemand verdienen und kann niemand verlieren. Globale Soziale Rechte sind so verstanden kein Widerspruch zu Menschenrechten. Dennoch betonte die linke Kritik immer deren defizitäre Seite: Da sie als Abwehrrechte gegen den Staat entstanden, genauer gesagt als Abwehrrechte des Bürgers (in seiner männlichen und singulären Form) gegen den Zugriff des Staates auf sein Eigentum, könnten sie ihrem selbstformulierten Anspruch nicht gerecht werden, gleiche → Freiheit für alle zu ermöglichen. Obwohl das stimmt, kann genau dieser Widerspruch zwischen Anspruch und Wirklichkeit menschenrechtlicher gesellschaftlicher Zustände fruchtbar werden, wenn er sich als Anspruch auf Entfaltungsrechte artikuliert.

Als Vermittlung zwischen theoretischer und praktischer Ebene muss sich ein Konzept Globaler Sozialer Rechte der Frage nach seinen eigenen Durchsetzungsbedingungen stellen. Über die universelle Geltung der Menschenrechte (was einem Menschen zusteht, muss allen zustehen) hinaus kommt die gesellschaftliche Gesamtheit in den Blick. Der Anspruch auf ein gutes Leben für alle verträgt sich nicht mit einer realen Welt, in der Möglichkeiten und Macht, Reichtum und Teilhabe, Ressourcenverbrauch und Rechte extrem ungleich verteilt sind. Deshalb gehen Globale Soziale Rechte weit über das hinaus, was im Deutschen das Adjektiv »sozial« bezeichnet. Sie schließen ökologische Fragen ebenso ein wie Fragen der Demokratie (→ Demokratisierung) oder der Bewegungsfreiheit. Globale Soziale Rechte stellen Herrschaftsverhältnisse generell in Frage, seien sie wirtschaftlich, patriarchal, rassistisch oder sonst wie begründet. Sie unterscheiden sich von den traditionellen Menschenrechten dadurch, dass sie eng mit zumindest versuchten Praxen der → Aneignung verbunden sind. Diese Praxen sind der ursprünglichen Verteidigung des Eigentums durch die Bürger gar nicht so unähnlich, die ihre eigenen, unmittelbaren Interessen meinten, wenn sie von »Recht« sprachen. Der Formalisierungsprozess des Rechts verdeckt diese Haltung bestenfalls oberflächlich. Aneignung findet hier und jetzt statt, während die links-traditionelle Kritik an den Menschenrechten diese faktisch auf den Umbruch der → Revolution verlegte: Vorher waren die Menschenrechte defizitär, hinterher verwirklicht.

Praktisch geht es bei Globalen Sozialen Rechten darum, die konkreten Güter und Dienstleistungen tatsächlich zu bekommen, die für ein gutes Leben notwendig sind, und nicht nur ein Recht darauf zu haben. Diese Aneignungsprozesse geschehen z.B., wenn Menschen sich durch Migration des »Recht« nehmen, da zu sein, wo sie nicht sein dürften, oder wenn Landlose Land oder Wohnungslose Häuser in Besitz nehmen. Aneignungspraxen können durchaus auch legal sein, etwa beim Wirtschaften in → Solidarischer Ökonomie, oder sich in eher symbolischen Kämpfen, etwa für mehr Nutzungsmöglichkeiten, ausdrücken. Auch ganz individuelle Verhaltensweisen sind denkbar, wie beim Krankfeiern oder der Nutzung der Infrastruktur des Arbeitgebers für private Bedürfnisse.

Adressat der Menschenrechte war der Nationalstaat, von ihm wurden sie eingefordert und schließlich auch garantiert. Im globalen Kapitalismus sind Staaten zwar nicht machtlos und irrelevant, aber auch nicht die allein zentralen Akteure. Globale Soziale Rechte müssen demgegenüber einen noch nicht existenten globalen Adressaten vorwegnehmen und könnten somit die Form sein, in der die Verhältnisse schon gedacht werden müssen, ehe sie praktisch in Frage gestellt werden können.

Werner Rätz

Zum Weiterlesen

Seibert, Thomas (2007): Globale Soziale Rechte und der Prozess ihrer Aneignung, www.medico-international.de/aktiv/20070227_g8bericht.asp

Kritischer Bewegungsdiskurs, Globale Soziale Rechte versus Neoliberalismus, www.bewegungsdiskurs.de

Baer, Willi/Dellwo, Karl-Heinz (Hrsg.) (2010): Attac. Gipfelstürmer und Straßenkämpfer, Hamburg.

Globalisierungskritik

Globalisierungskritik und die sie tragende globalisierungskritische Bewegung nahmen in Folge einer neuen Phase kapitalistischer Entwicklung seit den 1990er Jahren ihren Anfang und hatten ihren vorläufigen Höhepunkt um die Jahrtausendwende. Die anfänglich zentralen Slogans sind über Jahre wirkungsmächtig geblieben: »Globalisierung ist kein Schicksal« und »Eine andere Welt ist möglich« weisen eine vermeintliche Sachzwanglogik zurück und heben hervor, dass Alternativen zur derzeitigen Wirtschafts- und Gesellschaftsordnung existieren und machbar sind. »Die Welt ist keine Ware« greift die zunehmende Inwertsetzung zahlreicher Lebensbereiche durch Privatisierung, Liberalisierung und Deregulierung an. Ansatzpunkte der Kritik sind vertiefte gesellschaftliche Spaltungen, vermehrte Umweltzerstörung und Verlust demokratischer Gestaltungsspielräume sowie der wachsende Einfluss transnationaler Konzerne und internationaler Wirtschaftsorganisationen wie Weltbank, IWF und WTO. Globalisierungskritik umfasst systemtransformierende Positionen, stellt aber auch konkrete Forderungen, etwa nach einer Regulierung des »entfesselten Kapitalismus« und der Finanzmärkte, um neoliberale Restrukturierungen abzuwehren (→ Finanzmarktregulierung). Neben antikapitalistischen Gruppen umfasst die globalisierungskritische Bewegung auch Spektren, die keine klare Position zum Kapitalismus einnehmen oder explizit auf eine Strategie der Reform setzen. Der Begriff der »Globalisierungsgegner« dient vor allem der Diffamierung und fungiert nur selten als Eigenbezeichnung. Während rechte Globalisierungskritik die Bedeutung nationaler Identität hervorhebt, gehört zum Selbstverständnis emanzipatorischer Globalisierungskritik ein positiver Bezug auf die Globalisierung → sozialer Rechte und → Protestbewegungen.

Globalisierungskritik bietet viele Anknüpfungspunkte für die Entwicklung von Alternativen. Was sie zum Novum machte, war die Zusammenführung unterschiedlicher politischer Traditionen und Spektren – ArbeiterInnenbewegung, neue → soziale Bewegungen, Nord-Süd-Solidaritätsarbeit – durch Begriffe wie »globale → Solidarität«, → »globale soziale Rechte« oder → »ökologische Gerechtigkeit«. Die Entwicklung von Alternativen ist dabei eher durch Suchprozesse und praktische Auseinandersetzungen geprägt als durch konkrete Vorstellungen einer »anderen Welt«. Zudem sind organisatorische Alternativen entstanden: Die globalisierungskritische Bewegung zeichnet sich durch weitgehend → basisdemokratische, → bündnisorientierte und internationale Netzwerke aus. Neben zahlreichen autonomen, lokalen Gruppen umfasst sie breite und diverse Vernetzungsforen wie Attac, Vía Campesina, People's Global Action, Internetplattformen wie »gipfelsoli«, NGOs wie Focus on the Global South oder die → Occupy-Proteste. Typische Organisationsformen sind → Sozialforen oder Gipfelproteste, in denen über Erfahrungsaustausch, Bildungsarbeit und Aktionstrainings inhaltliche Alternativen und neue Protestformen erarbeitet werden.

Ein Beispiel für praktische Globalisierungskritik ist die globale Wasserbewegung. Typisch ist sie, weil sie erstens die Auswirkungen und Ursachen der Privatisierung und Kommerzialisierung der Wasserversorgung in Nord und Süd thematisiert, zweitens unterschiedliche Spektren (umwelt- und entwicklungspolitische Verbände, Gewerkschaften, indigene Bevölkerung etc.) national und international zusammenführt und drittens neben Abwehrkämpfen gegen konkrete Privatisierungsvorhaben oder die Politik bestimmter Institutionen (Weltbank, Weltwasserforum) auch → Aneignungskämpfe für eine demokratische und bedürfnisorientierte Wasserversorgung umfasst. Mit dem (zunächst) erfolgreichen »Wasserkrieg« von Cochabamba verfügt die Wasserbewegung zudem über einen symbolträchtigen positiven Bezugspunkt.

Eine Stärke der Globalisierungskritik ist ihre Praxisnähe und das Anknüpfen an konkrete politische Kämpfe. Das sehr breite inhaltliche Dach der Globalisierungskritik ermöglicht spektrenübergreifende Bündnisse und die Niedrigschwelligkeit vieler politischer Aktivitäten. Andererseits mangelt es der globalisierungskritischen Bewegung jedoch zum Teil an vertiefter – auch theoretischer – Auseinandersetzung und Reflexion. So besteht bei vielen Beteiligten häufig nur ein vages und intuitives Verständnis der Rolle von Markt und Staat, Herrschaft oder strategischen Optionen.

Die Finanz- und Wirtschaftskrise seit dem Jahr 2008 bestätigte viele Warnungen globalisierungskritischer Bewegungen, sodass einige konkrete Forderungen wie die Finanztransaktionssteuer mittlerweile breit getragen werden. Die Akteure der → Occupy-Bewegung versuchen seit 2011 die Kritik am internationalen Finanzkapitalismus wieder vermehrt in das Zentrum gesellschaftlicher Auseinandersetzungen zu rücken und verhelfen damit auch der Globalisierungskritik zu neuem Aufschwung.

Christina Deckwirth

Zum Weiterlesen

Bello, Walden (2005): De-Globalisierung, Hamburg.

Buchholz, Christine/Karrass, Anne/Nachtwey, Oliver (2002): Unsere Welt ist keine Ware. Handbuch für Globalisierungskritiker, Köln.

Klein, Naomi (2001): No Logo! Der Kampf der Global Players um Marktmacht, München.

Grundeinkommen I

Die Idee des bedingungslosen garantierten Grundeinkommens (auch als Existenzgeld bezeichnet) ist klar und einfach: Alle sollen unabhängig von allen persönlichen und sozialen Umständen und Verhältnissen periodisch vom Gemeinwesen eine Summe erhalten, die ein Leben ohne ökonomische Sorgen in Würde und Anteilhabe möglich macht. So wie es formuliert ist, ist es auch gedacht, z.B. lautet die Antwort auf die Frage »Sollen es auch Nicht-StaatsbürgerInnen erhalten?« selbstverständlich »ja«. Das Grundeinkommen hat nichts mit Sozialhilfe oder Bekämpfung der Armut zu tun (obwohl Armut sehr wirkungsvoll verhindert werden würde), sondern ist exakt das Gegenteil. Arbeitslosenunterstützung, Hartz IV (ALG II), Sozialhilfe und Mindestsicherung sind immer an ein ganzes Bündel von Auflagen und Bedingungen gebunden, die für die EmpfängerInnen oftmals eine rigide Zeit- und Raumordnung bedeuten. So dürfen BezieherInnen von Hartz IV oder der Arbeitslosenunterstützung nicht ohne Weiteres ihren Wohnort verlassen oder bestimmten Tätigkeiten nachgehen, die sie selbst für sinnvoll erachten. Dagegen steht das Grundeinkommen unter dem Vorzeichen der absoluten Bedingungslosigkeit.

Alternativ zu diesen Zwängen will das Grundeinkommen das Prinzip »In Freiheit tätig sein« ökonomisch ermöglichen und absichern. Alle sollen frei wählen können, wann, wo und in welchem Ausmaß sie welche Tätigkeit ausüben, egal ob es sich um die gesellschaftlich anerkannte und entlohnte Lohn- und Erwerbsarbeit handelt oder um eine der zahllosen unbezahlten und oft weniger anerkannten Tätigkeiten (wie etwa Haus- oder Pflegearbeit), ohne die unser Alltagsleben nicht funktionieren würde. Ohne diese Arbeit gäbe es die vielen wichtigen und bereichernden Aktivitäten in der Kultur, Kunst, Wissenschaft bis hin zu politischem und sozialem Engagement nicht. Diese Tätigkeiten machen in allen Gesellschaften ein Mehrfaches der im offiziellen ökonomischen Sektor geleisteten Arbeitsstunden aus. Zudem können diese weder oder nur teilweise vom Staat organisiert und kostenlos zur Verfügung gestellt, noch in vollem Umfang in Lohn- und Erwerbsarbeit überführt werden. Keine andere Maßnahme entlastet das Individuum so radikal und umfassend vom Kampf ums Dasein und ermöglicht ihm die freie Wahl seiner Aktivitäten wie das Grundeinkommen.

Obwohl sich Linke, MarxistInnen, Feministinnen, GewerkschafterInnen, TheologInnen, Liberale, AnthroposophInnen und AnarchistInnen für das Grundeinkommen einsetzen, ist das Grundeinkommen keine genuin linke, marxistische, feministische, liberale oder anarchistische Idee. Zuordnungsversuche erfolgen in der Regel aus polemischen und denunziatorischen Gründen. Tatsächlich ist die Konzeption des Grundeinkommens engstens mit der gesellschaftlichen und ökonomischen Entwicklung verbunden, auf die traditionelle politische Strömungen oft nur sehr unzureichende Antworten geben können. Nicht zufällig begann ab Ende der 1970er und zu Beginn der 1980er Jahre, als die bisherige Nachkriegsordnung neoliberal umgewälzt wurde, das Interesse daran rasant zu steigen. Die Erfahrungen mit den neuen prekären Arbeitsformen, mit dem Umbau des Sozialstaates zum so genannten Workfare-State sowie andere Entwicklungen laufen schließlich allesamt darauf hinaus, für weniger Geld und mit weniger sozialer Sicherheit mehr und unter schlechteren Bedingungen arbeiten zu müssen.

Das Grundeinkommen will tatsächliche Selbstbestimmung und Autonomie verwirklichen helfen, und zwar primär auf ökonomischem, materiellem Gebiet. Ob und in wieweit eine Einführung des Grundeinkommens die Autonomie auch in anderen Bereichen, etwa im Geschlechterverhältnis, fördert, ist eine Frage der Emanzipation in diesem Bereich. Die ökonomische Absicherung ist oftmals keine hinreichende, jedoch in jedem Falle förderliche Bedingung der → Emanzipation. Das Grundeinkommen ermöglicht einen ersten Schritt in Richtung der Überwindung der kapitalistischen Verhältnisse. Die Kerninstitution des Kapitalismus, die Lohn- und Erwerbsarbeit, wird dadurch zwar nicht überwunden, doch massiv relativiert. Für manche ist das Grundeinkommen zu radikal. Diesen KritikerInnen geht es um ein Zurück in die Vollbeschäftigung, im Gegensatz zu den 1970er Jahren jedoch diesmal mit massiver Integration weiblicher Arbeitskräfte. Anderen hingegen ist das Grundeinkommen zu wenig radikal. Unter der sofortigen Überwindung des Geldes und des Eigentums dürfe es nicht gehen. Dass die Forderung des Grundeinkommens mit den herrschenden Verhältnissen kompatibel ist, diese jedoch zugleich sanft in Frage stellt, halte ich für einen der größten Vorteile dieser Idee. Das Grundeinkommen öffnet das Tor zu einer nachkapitalistischen Welt, beruhend auf individueller Selbstbestimmung.

Karl Reitter

Zum Weiterlesen

Allex, Anne/Rein, Harald (Hrsg.) (2011): Den Maschinen die Arbeit… uns das Vergnügen! Beiträge zum Existenzgeld, Neu-Ulm.

Exner, Andreas/Rätz, Werner/Zenker, Birgit (Hrsg.) (2007): Grundeinkommen. Soziale Sicherheit ohne Arbeit, Wien.

Reitter, Karl (2012): Bedingungsloses Grundeinkommen – Intro, Wien.

Grundeinkommen II

Die Idee eines allgemeinen bedingungslosen Grundeinkommens (BGE) existiert seit langem. Zu Recht hält Philippe Van Parijs fest: »Der eigentliche Grundgedanke selbst reicht mindestens zwei Jahrhunderte zurück, wird allerdings erst seit kurzem wirklich ernsthaft diskutiert.« Sowohl im konservativ-liberalen als auch im linken politischen Spektrum ist das BGE zu einem Patentrezept für die Behebung von grundlegenden Fehlentwicklungen und Entfremdungsphänomenen in der spätkapitalistischen Gesellschaft aufgewertet worden.

Der Grund: Die Polarisierung der Einkommen hat in den letzten Jahren zugenommen. Schon vor dem Ausbruch der Großen Krise 2007/08 herrschte bei großen Teilen der Bevölkerung der Eindruck einer zunehmenden sozialen Spaltung vor. Drei Viertel erwarten, dass die sozialen Unterschiede wachsen, zwei Drittel, dass immer mehr nicht mehr mithalten können. Und sie haben Recht: Millionen BürgerInnen sind auf das untere Netz von Sozialtransfers angewiesen. Ihre Existenzsicherung ist in ein bürokratisches und repressives System der Anspruchskontrolle eingebunden. Die Sozialverbände kritisieren die Ausstattung als unzureichend; die Defizite tauchen in regelmäßigen Abständen in den Medien auf. Gleichwohl: Es gibt in den kapitalistischen Industrieländern einen Überfluss, der eine Mindestversorgung möglich macht. Ständig produzieren wir mehr Güter und Dienstleistungen. Dafür werden immer weniger Arbeitskräfte gebraucht. Mittlerweile sind die »Überflüssigen« in eine Masse von Langzeitarbeitslosen verwandelt worden. Statt den Überschuss an Gütern allen zugänglich zu machen, besteht am Zugang zur Teilhabe ein Flaschenhals. Die AnhängerInnen des BGE wollen die BürgerInnen aus der Sackgasse einer repressiv-erniedrigenden Armutsverwaltung herausholen. Der Arbeitszwang soll aufgehoben und die Möglichkeit geschaffen werden, bei Sicherung der existenziellen Grundbedürfnisse sinnvollen Tätigkeiten nachzugehen. Das Grundeinkommen soll jedoch mehr sein als ein Instrument der Versorgung wegrationalisierter ArbeitnehmerInnen.

Das Gegenargument: Diese Konzeption sei ökonomisch naiv, weil ausgeblendet wird, dass das Volkseinkommen jährlich neu geschaffen werden muss. Selbst wenn zur Gegenfinanzierung mittlere und höhere Einkommen hoch besteuert werden, würde ein Großteil des jährlichen Volkseinkommens gesellschaftlich umverteilt. Das Arbeitsangebot würde markant zurückgehen, die Arbeitsethik würde sich ändern, das Anspruchsdenken an die Gesellschaft würde verfestigt und letztlich würde die Schattenökonomie gefördert.

Erklärtermaßen will die Mehrheit der VerfechterInnen des BGE keine Transformation der auf dem Gegensatz von Lohnarbeit und Kapital basierten Gesellschaften. Die Unterschiede in der Verteilung des Reichtums bleiben demzufolge bestehen. Mit dem BGE werden die Strukturen des Wertschöpfungs- und Verwertungsprozesses nicht verändert: Zeitverteilung und Strukturen entfremdeter Lohnarbeit. Auch die sozialen Ungleichheiten in den der Produktion nachgeordneten Gesellschaftssphären (Bildung, Gesundheit, Freizeit, Kultur, Politik) bleiben bestehen.

Kann es eine Verständigung zwischen den AnhängerInnen eines BGE und VerfechterInnen einer umfassenden Veränderung von Lohnarbeit und Demokratisierung der Wirtschaft geben? Diese müsste eine Kombination von unbürokratischer, existenzsichernder Grundsicherung und Maßnahmen zur Bekämpfung sozialer Ungleichheit sein – mit dem Ziel, die konkrete Situation der Betroffenen zu verbessern und immer auch die »ausgegrenzten« Bevölkerungsteile an der Lösung zu beteiligen. Die Bedürftigkeitsprüfung verletzt massiv die Würde und das Bürgerbewusstsein der Betroffenen – und die Höhe der Sozialtransfers liegt unter dem sozial-kulturellen Existenzminimum.

Ein bedarfsunabhängiges Grundeinkommen bleibt in letzter Konsequenz eine radikale Fassung etatistischer Sozialpolitik, es handelt sich nicht um eine Systemkorrektur. Die Finanzkrise unterstreicht, dass wir einen veränderten Ordnungsrahmen für die Produktions- und Arbeitsprozesse durchsetzen müssen. Mit einem BGE werden die real existierenden Strukturen der gesamtgesellschaftlichen Wertschöpfung samt der darin eingeschlossenen Strukturen von Entfremdung und Widersprüchen ausgeblendet, die bedrohlichen Tendenzen der Prekarisierung und die Verstärkung von autoritären Einstellungen rücken in den Hintergrund. Die dauerhaft aus dem Reproduktionsprozesses Herausgedrängten müssen stattdessen durch eine nicht diskriminierende Grundsicherung geschützt werden und zugleich an der gesellschaftlichen Entwicklung der Arbeit teilhaben.

Joachim Bischoff

Zum Weiterlesen

BIEN-Schweiz (Hrsg.): Die Finanzierung eines bedingungslosen Grundeinkommens. Zürich 2010.

Neuendorff, Hartmut/Peter, Gerd/ Wolf, Frieder O. (Hrsg.): Arbeit und Freiheit im Widerspruch? Bedingungsloses Grundeinkommen – ein Modell im Meinungsstreit. Hamburg 2009.

Werner, Götz W./Goehler, Adrienne: 1000 Euro für jeden. Freiheit. Gleichheit. Grundeinkommen. Berlin 2010.

Gute Arbeit

Erwerbsarbeit stellt den zentralen Bezugspunkt der Gewerkschaften dar. Arbeit zu erhalten, zu fördern und »human« zu gestalten, gehörte seit jeher zum Kern ihres Selbstverständnisses. Arbeitspolitik mit der Aufgabe der Regulierung war deshalb immer ein wichtiges Handlungsfeld, auch wenn es oft durch andere Prioritäten überlagert wurde. So können etwa die 1990er Jahre als arbeitspolitisch »verlorenes Jahrzehnt« bezeichnet werden, da Beschäftigungs- und Einkommenssicherung alle Ansätze qualitativer Arbeitsgestaltung verdrängt haben. Gleichzeitig wurden in den Unternehmen vielfach humanisierungspolitische Erfolge aus den 1970er und 1980er Jahren rückgängig gemacht. Insofern haben sich gegenüber der Zeit, als die Humanisierung der Arbeit ein weithin akzeptiertes Projekt war, die Grundkonstellationen verändert: Kurzfristige Orientierung von Unternehmen sowie Standort- und Kostensenkungswettbewerb lassen vielerorts die Qualität der Arbeit zu einer Restgröße schrumpfen. Hinzu kommt: Eine finanzmarktorientierte Unternehmens- und Leistungssteuerung hat nicht nur gute Arbeit unter Druck gesetzt, sondern selbst erheblich zur »Jahrhundertkrise« des Finanzmarktkapitalismus 2008/09 beigetragen.

Gegen einen Mainstream, der unter dem Slogan »Hauptsache Arbeit« für eine Deregulierung von gesetzlichen Schutzniveaus eintritt, hat die IG Metall seit 2003 eine Initiative Gute Arbeit gestartet, um »ein arbeitspolitisches, Einzelthemen integrierendes Reformkonzept für eine moderne, humane Arbeitswelt zu entwickeln«. Eine solche konkrete Utopie einer »guten Arbeit« könnte auch heute, allem Wertewandel zum Trotz, weitreichende Ausstrahlungskraft erzeugen. Dabei kann an den Erfahrungen der alten Humanisierungspolitik angeknüpft werden. Allerdings erfordern die neuen Rahmenbedingungen neue Akzente und Inhalte. Die Initiative Gute Arbeit zielt darauf, sowohl die betriebliche Alltagsgestaltung von Arbeitsbedingungen erneut ins Zentrum zu rücken als auch die Qualität der Arbeit zu einem gesellschaftspolitischen Thema zu machen. Insofern geht es um die Re-Politisierung eines Handlungsfeldes. Das Profil enthält dabei mehrere Dimensionen: Gute Arbeit ist zuallererst ein *Widerstandskonzept*. Es gilt, schlechter Arbeit Grenzen zu setzen und Widerstandslinien aufzubauen, um die Anpassungsspirale von Standards guter Arbeit nach unten zu stoppen. Dies bedeutet in erster Linie, einen Kampf gegen weitere Arbeitszeitverlängerung und die Ausweitung von prekären Jobs zu führen (→ Entprekarisierung). Gute Arbeit ist darüber hinaus auch eine *Interven-*

tionschance, um in zentralen Feldern der Gestaltung von Arbeitsbedingungen vor allem betriebspolitisch handlungsfähig zu werden und eigene Konzepte einzubringen. Gute Arbeit ist aber auch ein *Zukunftskonzept*, das in einer Situation der Defensive die Ansprüche und Interessen der Beschäftigten an guter Arbeit stärkt und ihre soziale Fantasie auch in einer Widerstandssituation freisetzen hilft. Es ist damit auch anschlussfähig für weitergehende Aspekte der Ökologisierung und → Demokratisierung der Arbeit.

Während schon in der zurückliegenden Wirtschafts- und Finanzkrise die Grenzen einer Ökonomie der Maßlosigkeit und Anzeichen einer Überforderung der Menschen sichtbar wurden, hat sich der arbeitspolitische Problemdruck in der anschließenden Aufschwungphase noch verschärft. Dieser kommt insbesondere in weiterer Prekarisierung der Arbeit und zunehmender Leistungsverdichtung zum Ausdruck. Der Kampf um Gesundheit und gute Arbeit wird somit zu einem wichtigen Konfliktfeld, in dem erhebliche Widerstandspotenziale gegen die Zumutungen einer Shareholder-Ökonomie liegen.

Dies erfordert einen arbeitspolitischen Strategieansatz, der neben der Förderung von Innovationen die Folgen für Gesundheit und Qualität der Arbeit systematisch bearbeitet und einen nachhaltigen Umgang mit der menschlichen Arbeit einfordert. In einem solchen arbeitskraftorientierten Ansatz wird betriebliche Wettbewerbsfähigkeit zwar als Handlungsparameter auf profitgesteuerten Märkten anerkannt, jedoch nicht zum zentralen Strategieziel erhoben. Stattdessen rücken die Arbeitskraft- und Subjektinteressen der Beschäftigten und die Stärkung von Humanisierungsstandards ins Zentrum. Die Kernansprüche der Beschäftigten zu stärken und ihre Sicht auf die Qualität der gegenwärtigen Arbeitsbedingungen ins Blickfeld zu nehmen, ist Anliegen des ab 2007 jährlich repräsentativ erhobenen DGB-Indexes Gute Arbeit. Mit diesem Instrument ist es gelungen, Arbeitspolitik als ein wichtiges Arbeitsfeld der gesamten Gewerkschaftsbewegung erneut zu etablieren (www.dgb-index-gute-arbeit.de).

Klaus Pickshaus

Zum Weiterlesen

IG Metall Projekt Gute Arbeit (Hrsg.) (2007): Handbuch »Gute Arbeit«, Hamburg.

Pickshaus, Klaus/Urban, Hans-Jürgen (2009): Gute Arbeit als Strategie – Perspektiven gewerkschaftlicher Arbeitspolitik, in: Schröder, Lothar/Urban, Hans-Jürgen (Hrsg.): Gute Arbeit – Ausgabe 2009, Frankfurt, S. 95-112.

Pickshaus, Klaus/Urban, Hans-Jürgen (2011): Das Nach-Krisen-Szenario: Beschäftigungspolitische Entspannung und arbeitspolitische Problemzuspitzung? in: Schröder, Lothar/Urban, Hans-Jürgen (Hrsg.): Gute Arbeit – Ausgabe 2011, Frankfurt, S. 21-39.

Informationelle Selbstbestimmung

Der Begriff »Informationelle Selbstbestimmung« geht auf ein Urteil des Bundesverfassungsgerichts im Jahre 1983 zurück. Er drückt das Recht aus, grundsätzlich über die Preisgabe und Verwendung eigener personenbezogener Daten zu bestimmen. Im Zuge des Volkszählungsurteils befand das Gericht, dass Personen einschätzen können müssen, welche Informationen über ihr Verhalten gespeichert und vorrätig gehalten werden. Informationelle Selbstbestimmung ist ebenso wie das 25 Jahre später formulierte »Grundrecht auf digitale Intimsphäre« eine Grundlage individueller Handlungsfreiheit. Statt das Verhalten im vorauseilenden Gehorsam vor der Überwachung durch »Big Brother« anzupassen, soll dem Individuum ein selbstbestimmtes Mitwirken am Gemeinwohl ermöglicht werden.

Die verschärfte Politik der inneren Sicherheit, die zunehmende Digitalisierung aller Lebensbereiche und das Internet gefährden die informationelle Selbstbestimmung. Staatliche Schnüffelsoftware, die Vorratsdatenspeicherung von Telekommunikationsdaten und biometrische Ausweisdokumente sind Gegenstand politischer Kämpfe. Konflikte gibt es auch mit Unternehmen, die ihre Mitarbeiter_innen ausspähen, oder deren Geschäftsmodell darauf basiert, umfangreiche Datensätze ihrer Kund_innen anzulegen. Neben Alter oder Geschlecht lassen sich etwa Freundesnetzwerke, die Inhalte von E-Mails und das Surf- und Suchverhalten für zielgenaue Werbung oder zur Überprüfung der Kreditwürdigkeit auswerten. Besonders bedroht ist die informationelle Selbstbestimmung schließlich, wenn staatliche Behörden auf die Datenbestände privater Unternehmen zugreifen können.

Diskretion und Datenschutz gelten allgemein als Mittel der Wahl, um die informationelle Selbstbestimmung zu verteidigen. Es wird jedoch zunehmend in Frage gestellt, ob sie im digitalen Zeitalter noch wirksam sind. Wenn ein Großteil der Kommunikation in digitalisierter Form durchgeführt wird, Smartphones mit Sensoren ausgerüstet sind und verbesserte Verknüpfungsalgorithmen die Konnektivität der Daten steigern, könne niemand mehr kontrollieren, welche Informationen sich in Zukunft aus den Daten von heute generieren lassen. Daran anschließend entzündet sich eine über die Internetöffentlichkeit hinaus wahrgenommene Debatte um die normative Bewertung dieses Kontrollverlustes. Vertreter_innen der »Post-Privacy«-Utopie kritisieren den Datenschutz dafür, Daten als knappes Gut und Privateigentum zu betrachten und damit auf Verknappung und Kontrolle von Information zu setzen. Neben technischen und juristischen Strategien setze er auf eine strenge Datenschutzmoral, die den Zwang zur Konformität fördere und Individualität und Nonkonformismus in den Bereich der Privatsphäre verbanne. Die gesellschaftliche Funktion der Privatsphäre wird von »Post-Privacy« grundsätzlich in Frage gestellt. Dagegen wird der freie Fluss der Informationen gefordert, der identitäre Einengung und die Idee des planbaren Menschen ins Wanken bringe. Diskriminierung werde so der Boden unter den Füßen weggezogen.

Post-Privacy steht für eine technikdeterministisch begründete Transformation bürgerlich-liberaler Identitätslogik, verfängt sich dabei aber in futuristischen Vorstellungen einer post-humanitären Gesellschaft oder verbündet sich mit Interessen, die Datenschutz in erster Linie als Innovationshemmnis und Standortnachteil begreifen. Offen bleibt, unter welchen Bedingungen die Freisetzung der Datenströme in kapitalistischen und von Dominanzverhältnissen geprägten Gesellschaften zu emanzipativen Effekten führen kann. Diskriminierung wird zwar mitgedacht, ihr wird aber einseitig mit der Strategie des »Outing« begegnet, für die Marginalisierte die Verantwortung tragen und möglicherweise Sanktionen hinnehmen müssen. Dass die Fähigkeit zur Datenkontrolle genauso wie die Ressourcen, die zur Auswertung von Daten nötig sind, ungleich verteilt sind, wird dabei nicht systematisch in Betracht gezogen. Es hilft jedoch auch nicht weiter, sich in paternalistischem Technikskeptizismus zu üben und dabei staatliche Grundrechtseinschnitte mit dem Verweis auf freiwillig angelegte Internet-Profile zu relativieren. Es muss stattdessen um die Frage gehen, unter welchen Bedingungen Menschen selbstbestimmt mit ihren Daten umgehen können. Neben einem Recht auf Anonymität und Pseudonyme, Verschlüsselung und → Open Source geht es dabei vor allem auch um das dafür notwendige Wissen und die Gestaltung zugänglicher Tools. Software sollte so gestaltet werden, dass Nutzer_innen einschätzen können, was mit ihren Daten passiert. Behörden und Unternehmen müssen dazu gebracht werden, ihre eigenen Praxen transparent und nachvollziehbar zu machen. Das, was mit unseren Daten passiert, muss in vielerlei Hinsicht erst einmal besprechbar werden. Informationelle Selbstbestimmung heißt heute, Privacy als Praxis neu zu erfinden.

Kathrin Ganz

Zum Weiterlesen

Heller, Christian (2011): Post Privacy. Prima leben ohne Privatsphäre, München.

Kurz, Constanze/Rieger, Frank (2011): Die Datenfresser. Wie Internetfirmen und der Staat sich unsere persönlichen Daten einverleiben und wie wir die Kontrolle darüber zurückerlangen, Frankfurt a.M.

Internationalismus

Internationalismus ist die Grundbedingung einer → solidarischen, also linken Politik. Er beinhaltet ein emphatisches »Für alle!« und resultiert aus der Einsicht, dass der globalen imperialen Ordnung, die strukturell – vermittelt über Institutionen wie WTO (Welthandelsorganisation), IWF (Internationaler Währungsfonds) und Weltbank, NATO, Europäische Union u.a. – auf Ausgrenzung und auf die Ausbeutung von Mensch und Natur zielt, eine internationalistische, auf Gerechtigkeit zielende Politik entgegengestellt werden muss. Der Internationalismus öffnet den Horizont auf die globalen Kämpfe und ist somit ein Mittel gegen Versuche, diese Kämpfe nationalistisch, eurozentristisch oder rassistisch einzuhegen.

Der Internationalismus entstand im 19. Jahrhundert mit der Herausbildung des industriellen Kapitalismus und eines kapitalistischen Weltmarktes. Indem die industrielle Bourgeoisie den Weltmarkt herstellt, lässt sie kein anderes Band zwischen Mensch und Mensch übrig als das »nackte Interesse«, davon waren Marx und Engels überzeugt. Deshalb müsse der Kampf der Arbeiterklasse seinem Inhalt nach international sein, auch wenn er es seiner Form nach noch nicht ist. Der Internationalismus der Arbeiterbewegung stand immer in einem Spannungsverhältnis zur je nationalen Politik von Parteien und Gewerkschaften. Offenkundig wurde dies am Vorabend des Ersten Weltkrieges, als sich in fast allen Ländern die nationalistischen, den Kriegskurs des je eigenen Staates unterstützenden Kräfte in den Arbeiterparteien auf breiter Front durchsetzten.

Der Internationalismus war ein wesentlicher Bestandteil der Neuen Linken seit den 1960er Jahren: Vietnam, Kuba, Chile, Nicaragua oder El Salvador. Die Person und die Schriften Che Guevaras (»Schaffen wir zwei, drei, viele Vietnams«) prägten politische Generationen. Einen bedeutenden Einfluss hatten aber auch christliche Strömungen, die sich an der lateinamerikanischen → Befreiungstheologie orientierten. So wichtig dieser Internationalismus auch war, so lassen sich seine Defizite nicht leugnen: Er ist durch einen Antiimperialismus gekennzeichnet, der den historischen Faschismus nach dem Zweiten Weltkrieg räumlich in die USA verschob und die Differenz zu diesem einebnete; er orientierte sich stark am Vorbild des heroischen Kämpfers (Che Guevara); er ging einher mit einer Flucht vor der politischen Realität im eigenen Land und romantisierte die Objekte der Solidarität.

Die Formen internationaler Solidarität waren vielfältig. Sie reichten von der publizistischen und finanziellen Unterstützung, dem Schmuggel von

Unterlagen und Waffen, der Unterstützung von Deserteuren, bis hin zum Einsatz von Zehntausenden von ArbeitsbrigadistInnen in der Nicaragua-Solidarität. Höhepunkt in der Geschichte des Internationalismus war der Spanische Bürgerkrieg, in dem ca. 45.000 internationale BrigadistInnen gegen Franco und die faschistischen Verbündeten kämpften.

Mit dem Systembruch von 1989 und dem Ende des Kalten Krieges setzten viele Hoffnungen in eine am Konsens orientierte Politik der Global Governance. Dabei sollten die NGOs als Repräsentanten der Zivilgesellschaft eine zentrale Rolle spielen. Als diese Hoffnungen an der neoliberalen Politik der kapitalistisch-imperialen Staaten scheiterten, führte dies ab 1999 mit den Mobilisierungen von Seattle und Genua (2001) zu einer Rehabilitierung des → Protests und einer neuen internationalistischen Bewegung, die die globalen Herrschaftsverhältnisse wieder stärker thematisierte. Einen starken Einfluss übte die zapatistische Bewegung aus. Den Internationalismus verstand diese Bewegung nicht als ein Endziel, sondern als Ausgangspunkt. Auf den → Weltsozialforen und den kontinentalen Foren (→ Sozialforen) bündelten sich die Proteste. In der Form der Organisierung besteht ein zentraler Unterschied zu früheren Bewegungen: Zielte der frühere Internationalismus auf Vereinheitlichung und Vereinigung der Vielen, also auf Identität – zumindest als Endziel –, ist der Ausgangspunkt der jetzigen Bewegung die Anerkennung der Differenz. Ein neuer Internationalismus kann heute nur noch als widersprüchlicher Prozess verstanden werden, der deshalb in sich selbst plural und demokratisch organisiert werden muss.

Die Existenz dieser Bewegung hat die Hegemonie des Neoliberalismus unterminiert. Da die imperialen Staaten an der Aufrechterhaltung der sie begünstigenden globalen Ordnung interessiert sind, werden sich die jetzt schon manifesten Konflikte (Kampf um natürliche Ressourcen wie Öl und Wasser, Erstarken nationalistischer, rassistischer und fundamentalistischer Strömungen) verschärfen. Dass in dem bevorstehenden »Verwandlungszeitraum« (Wallerstein) das Lager von »Seattle und Genua« an Bedeutung gewinnen wird – davon ist auszugehen.

Josef Moe Hierlmeier (†)

Zum Weiterlesen

Balsen, Werner/Rössel, Karl (1986): Hoch die Internationale Solidarität. Zur Geschichte der Dritte Welt-Bewegung in der Bundesrepublik, Köln.

BUKO (Hrsg.) (2003): radikal global. Bausteine für eine internationalistische Linke, Berlin.

Hierlmeier, Josef Moe (2006): Internationalismus. Eine Einführung in seine Ideengeschichte – von den Anfängen bis zur Gegenwart, 2. erw. Aufl., Stuttgart.

Intersektionalität

Die Einsicht, dass Unterdrückung entlang mehrerer Kategorien zugleich verläuft, führte Kimberlé Crenshaw 1988 dazu, den Begriff »intersectionality« einzuführen. Dieser geht über den »triple oppression«-Ansatz hinaus, da er nicht nur die Gleichzeitigkeit, sondern auch die Überkreuzungen und Überlagerung mehrerer Macht- und Herrschaftsachsen begreifbar machen möchte. Der Begriff umspannt drei Dimensionen. Erstens macht er deutlich, dass Gesellschaft nicht nur auf einer Herrschafts- und Machtstruktur, sondern auf mehreren, miteinander verwobenen, basiert: Moderne, westliche Gesellschaften sind zugleich bürgerlich, androzentrisch, rassistisch und heteronormativ, und diese Ungleichheitsstrukturen stützen sich wechselseitig. Indem Ungleichheitsstrukturen weder als additiv noch als voneinander ableitbar begriffen werden, kann das jeweils Spezifische bei gleichzeitiger Verbindung zu anderen Strukturkategorien sichtbar gemacht werden. Sexismus ist ebenso wenig Ausdruck von Klassenherrschaft wie von Rassismus oder umgekehrt, vielmehr ist das historisch spezifische Zusammenwirken gesellschaftlicher Strukturkategorien Effekt von politischer Regulierung. Zweitens rekurriert der Begriff darauf, dass Subjektivität entlang mehrerer Kategorien ausgebildet wird. Das rückt die Gleichzeitigkeit von Subalternität und Dominanz in der Subjektkonstitution in den Blick. Drittens ist der Ansatz relevant für politisches Handeln. Aus der Geschichte der → sozialen Bewegungen lässt sich lernen, dass die Nichtberücksichtigung von Intersektionalität zur Reproduktion bestehender Macht- und Herrschaftsverhältnisse auch innerhalb linker Bewegungen führt. Radikale Gesellschaftskritik muss daher die Verbindung von verschiedenen Achsen von Ungleichheit und Herrschaft adressieren.

Mittlerweile stellt der Ansatz der Intersektionalität nicht nur im angloamerikanischen Sprachraum, sondern auch im deutschsprachigen Raum einen wichtigen Bestandteil gesellschaftstheoretischer Debatten dar. *Wie* allerdings das Ineinandergreifen von Klasse, Geschlecht, race, Sexualität, ability, Religion etc. theoretisch zu fassen ist, wird gegenwärtig lebendig diskutiert. Anders als der Intersektionalitätsansatz problematisiert der Interdependenzansatz hier die Vorstellung von voneinander unabhängigen Kategorien, die sich an bestimmten Kreuzungen (»intersections«) überschneiden, und betont aus einer dekonstruktivistischen Perspektive, dass Kategorien selbst interdependent sind. Statt nach Überschneidungen *zwischen* abgeschlossenen Kategorien zu fragen, stellt der Interdependenzansatz die inhärente Verwobenheit der Kategorien selbst heraus: Die westliche, moderne Vorstellung von Geschlecht ist *intrinsisch* verknüpft mit Heteronormativität, westlichen, modernen Vorstellungen von *race* und der kapitalistischen Produktionsweise.

Deutlicher als die mittlerweile oftmals stark akademisierte und nur noch wenig politisierte Intersektionalitätsforschung betont der Interdependenzansatz auch wieder vermehrt den Anspruch, theoretische Analysen und politische Kritik zu verbinden. Die Notwendigkeit der Sichtbarmachung der eigenen Sprecher_innenposition stellt hier einen wichtigen Aspekt dar.

Neben diesen theoretischen Herausforderungen gibt es auch politisch noch einiges zu tun, wenn die Verknüpfung von vielfältigen Unterdrückungs- und Machtmechanismen integraler Teil von sozialen Bewegungen werden soll und für die Aufhebung von zugleich klassenspezifischen, vergeschlechtlichten, sexualisierten und rassifizierten Formen, in denen Individuen zu Subjekten werden und die sie auf bestimmte hierarchische Identitäten festlegen, gekämpft wird. Für diesen Weg wird es auch notwendig sein, das Konzept aus den Ursprungszusammenhängen der feministisch-antirassistischen Forschungen und Bewegungen stärker auszuweiten: So gibt es zwar mittlerweile sowohl theoretisch als auch politisch viel Aktivität um das Zusammenwirken von Geschlecht, race und Sexualität, die Kategorie der Klasse bleibt aber zumeist schwächer integriert. Die Herausforderung, diese Leerstelle theoretisch und politisch zu schließen, wäre auch eine bedeutsame Zusammenführung antikapitalistischer mit → feministischen, → queeren und antirassistischen Kämpfen. Denn es gilt immer noch, die vom Combahee River Collective geäußerten Zweifel zu entkräften: »Wir sind nicht überzeugt, … dass eine sozialistische Revolution, die nicht auch eine feministische und antirassistische Revolution ist, unsere Befreiung erreichen kann.«

Gundula Ludwig

Zum Weiterlesen

Crenshaw, Kimberlé (1991): Mapping the Margins: Intersectionality, Identity Politics and Violence Against Women of Color, in: Stanford Law Review, Vol. 43, No. 6, S. 1241-1299.

Knapp, Gudrun-Axeli/Wetterer, Angelika (Hrsg.) (2003): Achsen der Differenz. Gesellschaftstheorie und feministische Kritik II, Münster.

Walgenbach, Katharina/Dietze, Gabriele/Hornscheidt, Antje/Palm, Kerstin (2007): Gender als interdependente Kategorie. Neue Perspektiven auf Intersektionalität, Diversität und Heterogenität, Opladen.

Interventionismus

Interventionen sind Eingriffe in den Wirtschaftsprozess oder seinen Ordnungsrahmen, die unerwünschte Folgen bzw. strukturelle Defizite der Marktwirtschaft beseitigen oder aber bestimmte politische Ziele verwirklichen sollen. Träger dieser Maßnahmen ist in der Regel der Staat, der über seine Institutionen interveniert. Insbesondere im Prozess wirtschaftlicher Entwicklung und in Krisen waren und sind staatliche Interventionen unabdingbar. Deshalb ist die Idee von einer interventionsfreien Ökonomie ein rein theoretisches Konstrukt. Selbst eine »freie« Marktwirtschaft bedarf zur Aufrechterhaltung ihrer Funktionsfähigkeit stets staatlicher Interventionen.

Seit den wirtschaftlichen Krisen der 1870er Jahre wurde in Deutschland (wie in anderen Industrieländern) über Ziel, Zweck und Ausmaß wirtschaftlicher Interventionen diskutiert. Da es zunächst an einer geschlossenen Konzeption staatlicher Eingriffe mangelte, wurde von einem punktuellen Interventionismus gesprochen. Vor allem neoliberale Kritiker wie die Vertreter der Freiburger Schule, allen voran Walter Eucken, prägten in den 1930er Jahren den negativ konnotierten Begriff des Interventionismus. Danach bedienen staatliche Eingriffe politisch motivierte Sonderinteressen, die den marktwirtschaftlichen Wettbewerb behindern würden und so negative Folge für das Wohlstandniveau hätten. Mit dem in den 1930er Jahren entstandenen → Keynesianismus lag erstmals eine Theorie vor, die eine systematische Legitimation für wirtschaftspolitische Interventionen entwickelt hat. Keynes ging im Unterschied zur Neoklassik und dem sich formierenden Neoliberalismus von der prinzipiellen Instabilität des Kapitalismus aus und entwickelte die Grundlagen für eine Wirtschaftspolitik der langfristigen Stabilisierung.

Neben der allgemeinen Frage nach dem Sinn staatlicher Interventionen ist in der wirtschaftspolitischen Debatte vor allen Dingen die Richtung strittig. Während ordnungspolitische Eingriffe zur Stabilisierung der Marktwirtschaft auch in der orthodoxen Ökonomie Zustimmung finden, kritisieren die Vertreter der (neo-)liberalen Wirtschaftstheorie radikal alle Eingriffe in den marktwirtschaftlichen Prozess selbst, gerade im Hinblick auf die Korrektur von marktwirtschaftlichen Verteilungsergebnissen. Zu diesem Zweck unterscheiden sie marktkonforme (zur Sicherung der »Rahmenbedingungen«) von -inkonformen Interventionen (die den Marktmechanismus außer Kraft setzen) – eine Differenzierung, die allerdings theoretisch, methodisch und praktisch große Defizite aufweist. Weitgehend unstrittig ist dagegen die Beachtung der Interdependenz von Interventionen, was bedeutet, die Auswirkungen einzelner Maßnahmen auf andere Handlungsfelder in Wirtschaft und Gesellschaft zu beachten.

Die grundsätzliche Notwendigkeit von Interventionen in das Wirtschaftssystem kann nicht ernsthaft bestritten werden, z.B. wenn es um den Erhalt der natürlichen Lebensgrundlagen geht. Selbst die Konzeption eines Minimalstaats kommt nicht ohne staatliche Eingriffe aus, denn die notwendige Rechtsstaatlichkeit, allgemeine Sicherheit oder ein Minimum an öffentlicher Infrastruktur sind die Voraussetzungen einer funktionsfähigen Marktwirtschaft. Dennoch ist der Konflikt über Richtung und Intensität wirtschaftspolitischer Interventionen eine – oftmals ideologisch aufgeladene – Grundsatzfrage der Wirtschaftswissenschaft geblieben.

Im Kontext politischer und ökonomischer Alternativen ist der Begriff Interventionismus aufgrund seiner inhaltlichen Unschärfen nur bedingt hilfreich. Für eine emanzipatorische Perspektive reicht es nicht, die Notwendigkeit staatlicher Eingriffe gegen marktradikale Illusionisten zu verteidigen. Das zeigen die Interventionen in Folge der Finanz- und Wirtschaftskrise seit 2008, die zwar kurzfristig stabilisierend wirken konnten, aber die Deregulierung der internationalen Finanzmärkte weitgehend unangetastet gelassen haben (→ Finanzmarktregulierung). Notwendig ist eine Debatte über Möglichkeiten und Grenzen eines global ausgerichteten, gesellschaftspolitisch eingebetteten Keynesianismus. Auch die Frage einer geplanten Ökonomie, die sich am Kriterium der Vernunft und an gesamtgesellschaftlichen Interessen im Rahmen einer gerechten Weltwirtschaftsordnung orientiert, gehört auf die Agenda. Dazu bedarf es einer kritischen wie differenzierten Analyse der Erfahrungen zentralistischer Staatsplanung, deren autoritäre und ineffektive Züge keine Perspektive für emanzipatorische Politik darstellen können. Es gilt, eine Vorstellung von geplanter Intervention zu entwickeln, die einerseits demokratisch organisiert ist und andererseits den gesellschaftlichen wie ökonomischen Anforderungen gerecht wird.

Ralf Ptak

Zum Weiterlesen

Keynes, John Maynard (1926/1985): Das Ende des Laissez-Faire – Ideen zu einer Verbindung von Privat- und Gemeinwirtschaft, in: Mattfeldt, Harald: Keynes. Kommentierte Werkauswahl, Hamburg, S. 96-116.

Ptak, Ralf (2010): Neoliberalismus zwischen Dynamisierung und Stabilisierung. Zur Flexibilität eines marktradikalen Projekts in der Krise, in: Ötsch, Walter u.a. (Hrsg.): Krise! Welche Krise?, Marburg, S. 125-146.

Röpke, Wilhelm (1929): Staatsinterventionismus, in: Handwörterbuch der Staatswissenschaften, 4. Aufl., Jena, S. 861-882.

Kapitalismuskritik

Die kapitalistische Globalisierung kenne Gewinner und Verlierer, heißt es. Zeit für Kapitalismuskritik? Unsinn! Die Menschheit ist mit dem System insgesamt gut gefahren und der »Wohlstand der Nationen« sei so hoch wie nie zuvor: Seit mehr als zwei Jahrhunderten gibt es jahresdurchschnittliche Wachstumsraten von 2% und mehr, das hat es in der Menschheitsgeschichte vor dem Kapitalismus nie gegeben. Da ist die ebenfalls wachsende Ungleichheit der Einkommen, Vermögen und Lebenschancen zwischen den Gewinnern und Verlierern zu verschmerzen.

So könnte es noch lange weitergehen und es ginge dann nur um eine mehr oder weniger gerechte Verteilung des produzierten Reichtums. Doch keine Bäume wachsen in den Himmel. Daher sind der Inwertsetzung, also der Verwandlung natürlicher Ressourcen in Werte, Grenzen gesetzt, zumal die kapitalistischen Gesellschaften nur wenige Ressourcen, die sie für die Inganghaltung des Akkumulationsprozesses benötigen, selbst produzieren können. Allenfalls gilt dies für immaterielle Ressourcen wie die Qualifikation der Arbeitskraft oder manche technologische Entwicklung, nicht aber für mineralische und agrarische Rohstoffe und vor allem nicht für die fossilen Energieträger – das sind heute vor allem Erdöl und Erdgas. Ohne sie würde die Kapitalakkumulation zusammenbrechen. Wenn man sich, wie zu Beginn des fossilen Zeitalters vor gut 150 Jahren, fern von den Ressourcengrenzen befindet, brauchen diese einen nicht zu kümmern. Wenn der Höhepunkt der Ölförderung (»Peak oil«) aber kurz bevorsteht, muss jede Kapitalismusanalyse den gesellschaftlichen → Naturverhältnissen Rechnung tragen. Für die Kapitalismuskritik wird spätestens dann der von Karl Marx als »Springpunkt« bezeichnete Doppelcharakter des Wirtschaftens bedeutsam: Dass die stofflich-natürliche Dimension der in Wert gesetzten Ressourcen auch im Prozess der kapitalistischen Akkumulation bedeutsam bleibt.

Auch endogene Widersprüche der Akkumulation stellen sich als Entwicklungsgrenzen dar. Denn die Verluste der VerliererInnen und die Gewinne der GewinnerInnen der kapitalistischen Globalisierung lassen sich nicht einfach saldieren. Die GewinnerInnen sind Geldvermögensbesitzer, reiche Kapitalisten, kaufkräftige KonsumentInnen. VerliererInnen sind viele derjenigen, die von ihrer Arbeit abhängig sind, um ein passables Einkommen zu erzielen. Das verweist nicht nur auf ein Verteilungs- und Gerechtigkeitsproblem. Denn ihre Konsumtionskraft reicht periodisch nicht aus, um die Produkte der stets größer werdenden Produktionskraft aufkaufen zu können.

Die periodische Krise der kapitalistischen Produktionsweise wird offenkundig: Die Kapitalakkumulation stockt, weil die kaufkräftige Nachfrage fehlt, und mit ihr das Wachstum. Kapital wird vernichtet, dabei gehen viele Arbeitsplätze und damit die Lebenschancen vieler Menschen verloren. Die Einkommen sinken, die Staatseinnahmen auch. Die Krise erfasst auch die Finanzmärkte. Sie lässt sich nicht mehr eingrenzen, und wenn dies versucht wird, erlaubt die immer weiter reichende Liberalisierung der Finanzmärkte die Erfindung immer abenteuerlicherer Finanzinnovationen. Mit diesen können sich »Finanzinvestoren« selbst in der Krise hohe Renditen sichern, auf Kosten ganzer Bevölkerungsschichten und Länder, die in die Armut abgedrängt werden. Akkumulation des Kapitals erfolgt dann nicht mehr durch Produktion eines (relativen) Mehrwerts, sondern durch Enteignung.

Würde das System krisenfrei and anstandslos funktionieren, gäbe es gar keinen Anlass für Kritik und daher auch keinen Grund, sich Gedanken über Alternativen zum Kapitalismus zu machen. Die Krisen der Gesellschaftsformation sind es also, die die intellektuelle und praktische Kritik provozieren. Worauf muss diese vor allem zielen? Darauf, dass sich der Kapitalismus an sich selbst bemisst und andere Kriterien als Rendite, Profitabilität und Akkumulations- oder Wachstumsrate nicht akzeptiert. Erstens bringt der Akkumulationsprozess aus seiner eigenen widersprüchlichen Dynamik periodische Krisen hervor. Weder → keynesianische, antizyklische Interventionspolitik hat diese verhindern oder eindämmen können, noch – und erst recht nicht – neoliberales Vertrauen auf die »grundsätzliche Stabilität des privaten Sektors«. Zweitens tendiert der Kapitalismus dazu, die Ressourcen der Akkumulation zu übernutzen, in erster Linie die menschliche Arbeitskraft. Zu ihrem Schutz ist der moderne → Sozialstaat erkämpft worden, der nun in der »neoliberalen Konterrevolution« mehr und mehr abgeschafft wird, um die Ausbeutung ungehindert steigern zu können. Aber auch die Reproduktionsbedingungen der äußeren Natur werden systematisch missachtet. Die Ressourcen werden bis zur Neige ausgebeutet und die Senken der globalen Natur bis zum Zusammenbruch von Ökosystemen, wie des globalen Klimasystems, übernutzt.

Elmar Altvater

Zum Weiterlesen

Altvater, Elmar (2005): Das Ende des Kapitalismus, wie wir ihn kennen. Eine radikale Kapitalismuskritik, Münster.

Harvey, David (2003): Der neue Imperialismus, Hamburg.

Koch, Claus (1995): Die Gier des Marktes, München.

Marx, Karl: Das Kapital, Band 1-3, Marx-Engels-Werke, Band 23-25.

Keynesianismus

Keynesianismus ist ein Sammelbegriff für wirtschaftstheoretische und -politische Konzepte, die sich auf die Arbeiten von John Maynard Keynes (1883-1946) stützen. Hintergrund waren die Erfahrungen der Weltwirtschaftskrise sowie des Versagens der damals vorherrschenden Wirtschaftstheorie und -politik, sie zu erklären und wirksam zu bekämpfen. Die beiden wesentlichen Botschaften lauten: Kapitalistische Marktwirtschaften sind instabil und sie können durch staatlich-politische Intervention stabilisiert werden.

Wesentliche neue Erkenntnisse der Keynes'schen Theorie betreffen erstens die zentrale Rolle der *gesamtwirtschaftlichen Nachfrage:* Im Gegensatz zur neoklassischen Theorie ging Keynes davon aus, dass eine kapitalistische Wirtschaft nicht heraus sich aus zu Vollbeschäftigung tendiert, die über Lohnanpassungen am Arbeitsmarkt hergestellt werde. Entscheidend für die Höhe der Beschäftigung ist viel mehr die Nachfrage nach Gütern und Dienstleistungen. Statt in einer Rezession die Löhne zu senken, ist es daher wichtig, die Nachfragelücke durch höhere private und öffentliche Nachfrage zu schließen. Zweitens die zentrale Rolle der *Unsicherheit und unsicherer Erwartungen*, unter denen Unternehmen und Haushalte ihre wirtschaftlichen Entscheidungen über Investitionen bzw. Konsum oder Sparen (Bildung von Finanzvermögen) treffen. Diese Unsicherheit fördert die Spekulation auf den Finanzmärkten und kann die Wirtschaft destabilisieren. Drittens die *langfristigen Stagnationstendenzen* kapitalistischer Systeme. Keynes hat schon 1941 drei Phasen der langfristigen Entwicklung der Industrieländer nach dem Zweiten Weltkrieg prognostiziert. Die erste sei durch Kapitalmangel, die zweite durch ein ungefähres Gleichgewicht zwischen Angebot an und Nachfrage nach Kapital und die dritte dadurch gekennzeichnet, dass auf der einen Seite wegen steigender Einkommen das Sparen zunehme, während auf der anderen Seite die rentablen Investitionsmöglichkeiten abnehmen. Um diesen Stagnationstendenzen entgegenzuwirken, bedürfe es eines höheren privaten Konsums, einer »Sozialisierung der Investitionen« und einer Verkürzung der individuellen Arbeitszeiten. Keine ökonomische Langfristprognose für die zweite Hälfte des vergangenen Jahrhunderts ist von derartiger Treffgenauigkeit gewesen. Und schließlich viertens die *Notwendigkeit internationaler währungspolitischer Kooperation* zur Vermeidung globaler (Finanz-)Krisen und daraus eskalierender zwischenstaatlicher Konflikte. Keynes schlug auf der Konferenz von Bretton Woods (1944) ein System vor, das feste Wechselkurse sowie politische Interventionen zur

Herstellung ausgeglichener Leistungsbilanzen – unter anderem durch die Besteuerung langfristiger Überschüsse! – vorsah. Die seit Mitte der 1970er Jahre zunehmende Polarisierung in der Weltwirtschaft demonstriert die unverminderte Aktualität des Grundgedankens dieser Vorschläge gegen die entfesselte Weltmarktkonkurrenz.

Keynesianische, nachfrageorientierte Wirtschaftspolitik wurde nach dem Zweiten Weltkrieg in vielen Ländern erfolgreich praktiziert. In der Bundesrepublik hat sie dazu beigetragen, die Rezession von 1966/67 schnell zu überwinden. Ab Ende der 1960er Jahre verdrängte die neoklassische theoretische Konterrevolution die Keynes'sche Revolution des ökonomischen Denkens. Mit dem Staatsstreich in Chile sowie der Demontage des Systems von Bretton Woods im Jahre 1973 begann der Siegeszug neoliberaler Wirtschaftspolitik. Linke Kritik am Keynesianismus bezieht sich in der Regel auf die ökologische Blindheit sowie auf die Fixierung auf Wirtschaftswachstum. Die erste Kritik ist durch eine mehr auf stoffliche und regionale Strukturen achtende Politik heilbar. Die zweite ist für die Langfristperspektive unzutreffend: Keynes hat mehr öffentliche Investitionen und → Arbeitszeitverkürzung ausdrücklich als notwendige und wünschenswerte Zukunftsperspektiven des Kapitalismus angesehen.

Das Potenzial Keynes'scher Theorie für die Kritik am Neoliberalismus und die Entwicklung von Alternativen hierzu ist nach wie vor groß. Zentrale Aspekte eines modernen Keynesianismus betreffen neben der Konjunktursteuerung die Stabilisierung und Kontrolle der Finanzmärkte, präzise Vorstellungen über eine Sozialisierung der Investitionen und neue internationale Kooperation (Global Governance). Entscheidend für eine solche Weiterentwicklung ist die Betonung wirtschaftsdemokratischer und sozialstaatlicher Strukturen, die einer möglichen Fehlentwicklung des Keynesianismus in autoritäre Staatsstrukturen und -tätigkeiten entgegentritt. In diesem Zusammenhang müsste dann auch ein gravierender Mangel der Theorie überwunden werden: Die fehlende Auseinandersetzung mit den Macht-, Klassen- und Kräfteverhältnissen kapitalistischer Gesellschaften.

Jörg Huffschmid (†)

Zum Weiterlesen

Keynes, John Maynard (1983 [1936]): Allgemeine Theorie der Beschäftigung, des Zinses und des Geldes, 6. Auflage, Berlin.
Ders. (1928): Wirtschaftliche Möglichkeiten für unsere Enkelkinder, in: Reuter 2007, S. 135-147.
Ders. (1941): Das Langzeitproblem der Vollbeschäftigung, in: Norbert Reuter, s.u., S. 159-164.
Reuter, Norbert (2007): Wachstumseuphorie und Verteilungsrealität, Marburg.
www.keynes-gesellschaft.de

Kirche von unten

Kirche von unten ist ein junger Begriff. Seine Wurzeln reichen jedoch, nach dem Zeugnis der Bibel im 13. Jh. v.u.Z., bis zur Entstehung des Volkes Israel. In einer Schwächezeit der ägyptischen und hethitischen Großreiche und ihrer Satelliten, der Stadtkönigtümer in Kanaan, schlossen sich aus Ägypten befreite hebräische Zwangsarbeiterfamilien, Kleinviehnomaden, aus Fronarbeit befreite Bauern und aramäische MigrantInnen zusammen und besiedelten das Hochland des heutigen Palästina. Sie organisierten sich weitgehend egalitär und in Familiensolidarität in bewusstem Gegensatz zu den vorherrschenden hierarchischen politisch-ökonomischen Systemen der Zeit.

Diese Erinnerung hält sich auch durch gegen Tendenzen des entstehenden Königtums (ab ca. 1000 v.u.Z.) und der Einführung einer neuen Ökonomie, die auf Eigentum, Zins und Geld aufbaut (seit dem 8. Jh. v.u.Z.) und die Gesellschaft in Reiche und Arme spaltet. Träger des Widerspruchs sind Propheten und Bauernbewegungen, die Rechtsreformen erwirken. Auch gegen neue Großreiche (Assyrien, Babylonien, Persien und die Hellenistisch-römischen Imperien) wird die Kontrastgesellschaft so weit wie möglich verteidigt. Die Alternativperspektive heißt seit dem Buch Daniel »Reich Gottes«, von Jesus von Nazareth ins Zentrum gerückt als »Gottes herrschaftsfreie Ordnung mit menschlichem Gesicht«. Paulus nimmt sie auf als »ekklesia«, als neue Gemeinschaft, in der es keine Hierarchie unter den Völkern, keine Herren und Sklaven und keine Herrschaft der Männer über die Frauen gibt: »Da ist nicht jüdisch noch griechisch, da ist nicht versklavt noch frei, da ist nicht männlich und weiblich: denn alle seid ihr einzig-einig im Messias Jesus.« (Gal 3,28) Biblisch gesehen ist also christliche Kirche nur Kirche, wenn sie Kirche »von unten« und in → Solidarität mit denen »unten« ist.

Diese Alternativperspektive wird seit den Kaisern Konstantin und Theodosius (4. Jh. u.Z.) mit der Anpassung der Kirche an das Römische Reich weitgehend aufgegeben. Auch die Mehrheit der reformatorischen Kirchen, ursprünglich ein Impuls »von unten«, passte sich zunehmend an die Obrigkeiten an. Erst im 20. Jahrhundert werden verschiedene Versuche sichtbar, den biblischen Ansatz wiederzuentdecken und das »konstantinische Zeitalter« zu überwinden. Zentral dafür ist die entstehende ökumenische Bewegung. In Deutschland führt der Kampf gegen die Anpassung der Kirche an den Nationalsozialismus zu Ansätzen einer »Kirche von unten«. Vor allem Dietrich Bonhoeffer kritisiert scharf die Ansiedlung der Kirchen an den »privilegierten Orten« und fordert dazu auf, in der Nachfolge Jesu an dem Mit-

Leiden Gottes in dieser Welt teilzunehmen und die Geschichte »von unten« zu betrachten und mit zu gestalten.

Diese Impulse werden u.a. in den → Befreiungstheologien aufgenommen – vor allem in Lateinamerika. Dabei spielt auch das 2. Vatikanische Konzil eine wichtige Rolle für die Wiedergewinnung biblischer Perspektiven. Konkreter Ausdruck dafür sind die besonders in Brasilien entstehenden Basisgemeinden. Aber auch in Deutschland gelingt es unter dem Eindruck der StudentInnenbewegung zwischen 1969 und 1973 u.a. den Deutschen Evangelischen Kirchentag zu einem »Kirchentag von unten« umzugestalten. Weil die Römisch-Katholische Kirche Ähnliches nicht zulässt, spaltet sich vom Katholikentag ein sich selbst organisierender »Katholikentag von unten« ab. Es entstehen die »Initiative Kirche von unten«, die Zeitschrift »Publik-Forum« und auf europäischer Ebene »Wir sind Kirche«. Im Ökumenischen Rat der Kirchen (ÖRK) werden in den 1970er Jahren das Konzept der »just, participatory, sustainable society« (JPSS) und in den 1980er Jahren der »konziliare Prozess gegenseitiger Verpflichtung für Gerechtigkeit, → Frieden und Bewahrung der Schöpfung« (JPIC) entwickelt. In diesem Zusammenhang entstehen in Deutschland die »Ökumenischen Netze«, die sich 2006 zu dem »Ökumenischen Netz in Deutschland« (ÖNiD) zusammenschließen. Hier steht die → solidarische Ökonomie im Vordergrund. Aus den verschiedenen ökumenischen Basisgruppen auf europäischer Ebene bildet sich 1990 »Kairos Europa – unterwegs zu einem Europa für Gerechtigkeit«, das zusammen mit WEED 2000 das »Netzwerk zur demokratischen Kontrolle der Finanzmärkte«, später umbenannt in Attac Deutschland, gründet. Die ökumenischen Initiativen zielen darauf, die Kirchen in ihren verschiedenen Sozialgestalten von unten zu durchsäuern und zu Widerstand und Alternativen in Bündnissen mit → sozialen Bewegungen zu ermutigen und zu befähigen – damit eine andere Welt, wie schon in der Bibel verheißen, möglich und wirklich wird.

Ulrich Duchrow

Zum Weiterlesen

Duchrow, Ulrich (1997): Alternativen zur kapitalistischen Weltwirtschaft – Biblische Erinnerung und politische Ansätze zur Überwindung einer lebensbedrohenden Ökonomie, Gütersloh.

Duchrow, Ulrich/Bianchi, Reinhold/Krüger, Rene/Petracca, Vincenzo (2006): Solidarisch Mensch werden. Psychische und soziale Destruktion im Neoliberalismus – Wege zu ihrer Überwindung, Hamburg.

Kairos Europa (1997): Europäisches Kairos-Dokument, www.kairoseuropa.de/fix/Kairosdok%20dt.doc.

Klassenkämpfe

»Die Geschichte aller bisherigen Gesellschaft ist die Geschichte von Klassenkämpfen.« Marx und Engels haben im *Kommunistischen Manifest* mit dieser Formulierung auch den Grundstein für das Denken von historischen Alternativen gelegt: Sie werden in Konflikten entweder durchgesetzt, in reformistische Strategien transformiert oder unterdrückt.

Tatsächlich sind ökonomische Krisen selten Zeiten auflodernder »Klassenkämpfe von unten« und somit »revolutionäre Zeiten«. Die subalternen Klassen werden in die Defensive gedrängt. Denn tatsächlich stellen ökonomische Krisen keine Bestandsgefährdung der kapitalistischen Produktionsweise dar, sondern sind integraler Bestandteil ihrer Reproduktion. Sie fungieren so als Momente der Regeneration politischer Macht des Kapitals, indem es gelingt, die Kosten der Krisenbewältigung auf die Subalternen abzuwälzen.

In »großen Krisen« aber ist eine Krisenüberwindung durch die bestehenden Formen ökonomischer Regulation nicht mehr möglich. So in den Krisen der 1930er und der 1970er Jahre. Erstere, als Durchsetzungskrise der beginnenden fordistischen Massenproduktion, zimmerte einen krisenpolitischen Handlungskorridor, der eine Regulation effektiver Nachfrage erzwang. In den USA konnte im *New Deal* die zunehmende Militanz der Klassenkämpfe gebrochen und reformistisch als so genannter keynesianischer Klassenkompromiss, dessen ökonomischer Kern die Kopplung von Lohn- und Produktivitätsfortschritten war, in Bahnen gelenkt werden, die mit der Reproduktion der Massenproduktion kompatibel wurden. In Europa dominierte im europäischen Faschismus eine Kopplung aus Zerschlagung der ArbeiterInnenbewegung und Rüstungskeynesianismus. In der Nachkriegsordnung aber verorteten sich schließlich alle Klassenkämpfe der entwickelten kapitalistischen Länder innerhalb des keynesianischen Klassenkompromisses.

Völlig anders die Krisenwirklichkeit der 1970er Jahre. Infolge nachlassender Dynamik fordistischer Produktion auf der einen und durch Vollbeschäftigung gestärkter Beleg- und Gewerkschaften auf der anderen Seite, die seit Ende der 1960er Jahre Lohnzuwächse weit über den Produktivitätsfortschritten erkämpften, trat der Kapitalismus in eine Rentabilitätskrise. Und obwohl die Organe der ArbeiterInnenbewegung gestärkt in die Krise traten, wurden sukzessive Krisenregulierungen durchgesetzt, die dem Kapital über Privatisierung öffentlicher Güter und Deregulierung der Finanzmärkte neue Anlagesphären erschlossen oder durch Schwächung der Gewerkschaften industrielle Profitabilität rekonstruierten.

Beide Krisen verbindet, dass zum Zeitpunkt ihres Ausbruchs, 1929 und 1974/75, nicht bereits diejenigen Formen der Klassenkämpfe parat standen, die die neuen ökonomischen Regulationen schließlich konstituierten. Auch die Krise seit 2007 trat ein, ohne dass die Kämpfe, aus denen eine Krisenüberwindung resultieren könnte, bereits entwickelt wären. Antonio Gramsci hat eine solche Situation bereits für das Europa der 1930er Jahre beschrieben, in dem »verhindert wird, dass die Elemente der Lösung sich mit der nötigen Geschwindigkeit entwickeln; wer herrscht, kann die Krise nicht lösen, hat aber die Macht (zu verhindern), dass andere sie lösen, das heißt hat nur die Macht, die Krise selbst zu verlängern«. Eine Aussage von dramatischer Aktualität. Die zu beobachtende restaurative Krisenpolitik, für die die Krise als überwunden gilt, wenn der Zustand von vor der Krise wiederhergestellt ist, verlagert lediglich die Krisen, löst sie aber nicht: von den Finanzmärkten, über die so genannte Realökonomie und die Staatshaushalte, in die Währung und die europäische Integration – und wieder zurück.

Wie alle »großen Krisen« war auch die jüngste Krise des Kapitalismus das Ergebnis der *spezifischen* Widersprüche der ihr vorausgehenden Phase ökonomischer Prosperität: Einer gigantischen Umverteilung von Macht und Reichtum von unten nach oben, aus der sich spekulative Blasen immer neu speisen konnten; der Entwicklung massiver weltwirtschaftlicher Ungleichgewichte und Exportabhängigkeiten, die nur über private oder öffentliche Verschuldung vor dem Eklat bewahrt werden können. Eine wirkliche Krisenüberwindung erfordert daher einen Umbau des gesamten, auf weltweiter Arbeitsteilung basierenden Produktionsmodells. Ein solcher Umbau kann nicht technokratisch, auf der Grundlage bestehender politischer Formen durchgesetzt werden. Eine neuartige Regulationsweise setzt Klassenkämpfe voraus, die sich nicht mehr innerhalb der eingeschliffenen Praxen bewegen. Ein neues »Klassenprojekt von unten« aber, das in der Lage wäre, den sich in der Krise verstreut entfaltenden Widerstand zu bündeln, steht noch aus. Erstmals nach über 150 Jahren scheint jedoch die ökonomische Krisenüberwindung unentwirrbar mit der »Systemfrage« verknüpft.

Bernd Röttger

Zum Weiterlesen

Dörre, Klaus (2010): Landnahme und soziale Klassen. Zur Relevanz sekundärer Ausbeutung, in: Thien, Hans-Günter (Hrsg.): Klassen im Postfordismus, Münster, S. 113-151.

Lipietz, Alain (1985): Akkumulation, Krisen und Auswege aus der Krise: Einige methodische Überlegungen zum Begriff der Regulation, in: Prokla 58, S. 109-137.

Röttger, Bernd (2011): Neogramscanische Krisenanalysen?, in: Opratko/Braunmüller (Hrsg.): Gramsci global, Hamburg, S. 106-124.

Klimagerechtigkeit

Die Atmosphäre ist ein globales öffentliches Gut, das allen Menschen gehört und folglich von allen Menschen gleichermaßen als »Deponie« für klimaschädliche Emissionen genutzt werden kann. Soweit die normative Grundaussage. Alleine die G8-Staaten haben mit ihrem Anteil von ca. 13% an der Weltbevölkerung den satten Anteil von nahezu 50% an den weltweiten CO_2-Emissionen. Grundsätzlich gilt, je ärmer ein Land, desto weniger CO_2-Emissionen werden ausgestoßen. Noch deutlicher wird die ungleiche Nutzung der Atmosphäre, wenn die Pro-Kopf-Emissionen betrachtet werden. In den ärmsten Ländern wie Tansania werden nur rund 0,1 Tonnen, in Deutschland rund 10 und in den USA rund 20 Tonnen CO_2 pro Kopf und Jahr emittiert. Wenn über Fragen globaler Gerechtigkeit beim Klimaschutz geredet wird, müssen neben der quantitativen Seite ungleicher Emissionsniveaus vor allem deren qualitative Bedeutungen berücksichtigt werden. Dann rücken die »Luxusemissionen« reicher und die »Überlebensemissionen« armer Bevölkerungsgruppen in den Blick, wie auch die unterschiedlichen Möglichkeiten, sich an die Auswirkungen des Klimawandels anzupassen. Darüber hinaus müssen die Möglichkeiten der → Partizipation, die klimapolitischen Entscheidungsverfahren wie auch die marktwirtschaftlichen Instrumente unter Gerechtigkeitskriterien betrachtet werden. Wie müsste aus einer solchen Perspektive die Klimapolitik gestaltet sein, die Klimagerechtigkeit und damit verbunden Verteilungs- und Verfahrensgerechtigkeit zum Ziel hat?

In der internationalen Klimapolitik wird mit dem Konzept der »Klimagerechtigkeit« zunächst, wie in der Klimarahmenkonvention von 1994, die Lösung der Klimakrise verstanden, bei der die Lasten und Kosten dieser Politik »gerecht« verteilt werden. Mit dem Kyoto-Protokoll wurde beschlossen, die Emissionen der Industrieländer um 5,2% zwischen 1990 und 2012 zu reduzieren. Doch das Abkommen ist blind gegenüber Gerechtigkeitsfragen, die über die einfache Unterscheidung zwischen Industrie- und Entwicklungsländer hinausreichen. Dies zeigt sich unter anderem an den viel zu geringen Reduktionsverpflichtungen der Industrieländer.

Dieses zwischenstaatliche Gerechtigkeitsprinzip wurde im Laufe der Jahre erweitert. Klimapolitik – so die nun vorherrschende Meinung – ist dann gerecht, wenn sie das Ziel verfolgt, dass sich die Pro-Kopf-Emissionen auf möglichst geringem Niveau angleichen. Industrieländer müssten durch eine *green economy* die Emissionen pro Kopf deutlich senken, die Entwicklungsländer dürften durch ein nachhaltiges Wachstum moderat zulegen. Auch wenn in diesem erweiterten Verständnis Grundsätze liberaler Gerechtigkeitsprinzipien erkennbar sind, greift dieses Verständnis zu kurz. Denn mit der Forderung nach einer individuell gleichen und gerechten Lasten- sowie Nutzenverteilung des Gemeinschaftsgutes Atmosphäre wird einem Denkmuster gefolgt, in dem Ansätze der Nicht-Verschmutzung und der nicht-marktförmigen Bearbeitung der Klimakrise unberücksichtigt bleiben. Stattdessen wird die hegemonial gewordene Prämisse der Moderne gefestigt, dass gesellschaftliche Entwicklung in Entwicklungs- wie Industrieländern mit der effizienteren Nutzung fossiler Energieträger – also der Verschmutzung der Atmosphäre –, mit globalem Standortwettbewerb und weltwirtschaftlichem Wachstum einhergehen muss.

An diese Kritik knüpfen soziale Bewegungen an, die sich in ihren Praktiken und Kämpfen auf einen erweiterten, gesellschaftskritischen Begriff von Klimagerechtigkeit *(climate justice)* beziehen und hierunter neben ökologischer und sozialer Verteilungs- und Verfahrensgerechtigkeit (→ soziale Gerechtigkeit) auch die Gerechtigkeit zwischen Geschlechtern fassen. Beispiele hierfür sind die Netzwerke *Climate Justice Now!* und *Climate Justice Action*. Die Gleichheit aller Menschen unabhängig von Herkunft, Geschlecht, Einkommen, sozialem Status wird zum Ausgangspunkt jeder Klimapolitik.

Für sozial benachteiligte Bevölkerungsgruppen ist Klimagerechtigkeit mit der Forderung nach gesellschaftlicher Teilhabe verbunden. Klimapolitik ist dann aber nicht nur eine staatliche Aufgabe zur internationalen Bewirtschaftung der Deponie für Treibhausgase. Sie muss in einem umfassenderen, demokratischen Sinne die Verwirklichung der politischen, sozialen und physischen → Menschenrechte zum Ziel haben. Diese einzulösen, muss eine das kapitalistische System transformierende Bedeutung erlangen. Klimagerecht sind die Beendigung des fossilen Energiezeitalters, die Etablierung dezentraler und erneuerbarer Energiesysteme, die emanzipatorische Gestaltung von Reduktions- und Anpassungspolitiken sowie die umfassende Beseitigung globaler Ungleichheiten.

Achim Brunnengräber / Kristina Dietz

Zum Weiterlesen

Brand, Ulrich/Bullard, Nicola/Lander, Edgardo/Mueller, Tadzio (Hrsg.) (2009): Contours of Climate Justice. Ideas for shaping new climate and energy politics. Uppsala, Critical Currents, No.6.

Brunnengräber, Achim (Hrsg.) (2011): Zivilisierung des Klimaregimes. NGOs und soziale Bewegungen als Akteure der nationalen, europäischen und internationalen Politik, Wiesbaden.

Dietz, Kristina (2011): Der Klimawandel als Demokratiefrage. Sozial-ökologische und politische Dimensionen von Vulnerabilität in Nicaragua und Tansania. Münster.

Kommunikationsguerilla

Kommunikationsguerilla ist eine Theorie und Praxis subversiver Kommunikation, die sich von klassischen Konzepten der → Gegenöffentlichkeit, aber auch von den »eigenen« Medien der Binnenkommunikation → sozialer Bewegungen unterscheidet – nicht nur im Hinblick auf die Formen politischer Artikulation, sondern auch in der darin immanenten Weltsicht. Während traditionelle, an der Aufklärung orientierte »Gegeninformation« nach wie vor auf eine Expertisenstrategie und auf die Kraft des besseren Arguments vertraut, stellt sich die Kommunikationsguerilla in radikaler Weise der Frage: »Warum hört mir keine/r zu?« Wo Netzwerke wie Attac mit wissenschaftlichem Beirat auf akademisch begründete Kritik als politisches Projekt vertrauen, insistieren Kommunikationsguerillas auf eine simple Erkenntnis: Nur weil ich die Wahrheit sage, brauchen mir die Leute noch lange nicht zu glauben.

Einer der Stichwortgeber hierfür war Umberto Eco mit seiner Kritik an einem verkürzten aufklärerischen Sender-Empfänger-Kommunikationsmodell und seiner Erkenntnis, dass es nicht genüge, Sendestationen zu besetzen, sondern ebenso darauf ankomme, mit in der ersten Reihe im Publikum zu sitzen, um den Modus der Rezeption zu beeinflussen. Sein Vorschlag für eine »semiologische Guerilla« beeinflusste das Konzept der Kommunikationsguerilla entscheidend. Neben Ansätzen der 1968er Spaßguerilla und den italienischen *Indiani Metropolitani* (Stadtindianer) der 1970er Jahre sind auch die zahlreichen Praktiken des *Culture Jamming* (USA), Situationismus, Dadaismus oder die Spontis in die Ausarbeitung des Konzeptes eingeflossen.

Kommunikationsguerilla geht davon aus, dass die gesellschaftlichen Verhältnisse zwar sozial konstruiert sind, in der alltäglichen Kommunikation wie im → Alltagsverstand der Individuen aber als quasi naturgegeben erscheinen. Es geht darum, diese Selbstverständlichkeit von Machtverhältnissen, sozialer Ungleichheit oder gesellschaftlicher Ausgrenzung anzugreifen und ihre vermeintliche Normalität in Frage zu stellen. Hierzu analysiert Kommunikationsguerilla die kulturelle Grammatik der Machtbeziehungen, die Art und Weise, wie sie in alltägliche Handlungsmuster, Sprechweisen und Kommunikationsformen eingeschrieben sind. Dieses Wissen macht Kommunikationsguerilla in einem subversiven Sinne produktiv, indem sie Repräsentationen erzeugt, die im Sinne der hegemonialen kulturellen Grammatik dysfunktional wirken, also Irritationen und Unbehagen erzeugen. Wo der Schleier der Selbstverständlichkeit zerrissen ist, so die Grundidee, werden die Absurditäten und Widersprüche der kapitalistischen Gesellschaftsformationen sichtbar und damit angreifbar.

Hierbei bedient sich die Kommunikationsguerilla der Camouflage und des Fakes. Sie operiert nicht offen als Propaganda- oder Agitationseinheit oder versucht gar, eine letzte Schlacht zu gewinnen. Vielmehr bewegen sich die Kommunikationsguerilleras wie »semiotische Heckenschützen« im Dschungel der Zeichen, verbreiten im Namen und mit der Stimme ihrer Gegner verfremdete und ins Absurde verzerrte Botschaften. Ihre Überzeugung ist, dass die »beste Subversion« darin liegt, die »Codes zu entstellen, statt sie zu zerstören« (Roland Barthes). Im Unterschied zu Satire und Parodie agieren die Kommunikationsguerillas dabei nicht im geschützten Raum einer Kleinkunstbühne, Comedyshow oder Satirezeitschrift, sondern tragen die Auseinandersetzung in den gesellschaftlichen Alltag.

In diesem Sinne ist Kommunikationsguerilla keine »große Politik«, keine »Frühjahrsoffensive« und auch keine Kampagne. Sie funktioniert oft am besten in einzelnen oder als Abfolge mehrerer kleiner Aktionen. Sie ist Mikropolitik, angebunden an den Alltag ihrer Akteurinnen, und ihre Aktionen speisen sich aus dem Blick auf alltägliche Ohnmachtsituationen, in denen gesellschaftliche Machtverhältnisse lokal zum Ausdruck kommen. Durch diesen kritischen Blick entfaltet sie eine politische Praxis, die Handlungsmöglichkeiten eröffnen und zum Handeln ermächtigen möchte.

Kommunikationsguerilla ist ein Frontalangriff auf die herrschenden Verhältnisse – auch wenn dieser Angriff eher einer Folge von Nadelstichen gleichen mag. Im postfordistischen kognitiven Kapitalismus ist die Fähigkeit zur Analyse und zum Gebrauch von Zeichen bzw. Symbolen und die Technologie zu deren Verbreitung nicht nur Teil des Arbeitsalltags immer größerer Teile der Bevölkerung (durch ihre immaterielle oder mentale Arbeit), sondern sie prägt zunehmend auch die Freizeitpraktiken. Imageproduktion, symbolische Repräsentation, Affekterzeugung rücken in das Zentrum der Wertschöpfung. Images, also Zeichen und Symbole, sind nicht mehr nur variables, sondern avancieren zugleich in fixes Kapital. Wer eine verkürzte → Kapitalismuskritik vermeiden will, muss genau hier ins Kapitalverhältnis eingreifen. Kommunikationsguerilla ist in diesem Sinne auf der Höhe der Zeit.

autonome a.f.r.i.k.a.-gruppe

Zum Weiterlesen

autonome a.f.r.i.k.a.-gruppe/Blissett, Luther/Brünzels, Sonja (2002): Handbuch der Kommunikationsguerilla. Hamburg/Berlin/Göttingen.

http://kommunikationsguerilla.twoday.net

Kommunismus

Zum Kommunismus (lat. *communis*, gemeinsam) kursieren drei Gemeinplätze: Er sei neben dem Faschismus das zweite »totalitäre System« des 20. Jahrhunderts, seine Zeit sei abgelaufen, und seine Wirkungsmacht habe sich nur einem säkularisierten »messianischen Heilsversprechen« verdankt. Der erste Gemeinplatz ist so wahr, wie er falsch ist, den zweiten werden die sozialen Kämpfe als Irrtum erweisen, und der dritte birgt eine Wahrheit, die zu entfalten bleibt. Gemeinplatz eins und drei werden oft zusammen vorgetragen und verbinden einen vulgären Atheismus mit einer letztendlichen Zustimmung zu den herrschenden Zuständen.

Richtig ist, dass sich der Kommunismus messianisch mit der Erwartung einer völligen Umwälzung (lat. *revolutio*) der Geschichte und des Beginns einer ganz anderen Geschichte verbindet. Deshalb verwundert auch nicht, dass er jüdisch-christliche Quellen hat und sich mit der Französischen → Revolution als *utopischer* Kommunismus herausbildet. Richtig ist aber auch, dass der Kommunismus im Denken Karl Marx' eine radikale Wendung nimmt. Marx hat den Kommunismus zwar auch messianisch, doch nicht als Utopie gedacht. So heißt es in der *Deutschen Ideologie* (1846): »Der Kommunismus ist für uns nicht ein Zustand, der hergestellt werden soll, ein Ideal, wonach die Wirklichkeit sich zu richten haben wird. Wir nennen Kommunismus die wirkliche Bewegung, welche den jetzigen Zustand aufhebt. Die Bedingungen dieser Bewegung ergeben sich aus der jetzt bestehenden Voraussetzung.«

Der Kommunismus ist also die hier und heute stattfindende Bewegung der Umwälzung selbst, die das *Manifest der kommunistischen Partei* (1848) deshalb auch »eine unter unseren Augen vor sich gehende Bewegung« nennt. Dem entspricht, dass die »theoretischen Sätze der Kommunisten« nicht von »Weltverbesserern« erfunden werden, sondern »allgemeine Ausdrücke tatsächlicher Verhältnisse eines existierenden → Klassenkampfs« sind: eben der »wirklichen Bewegung«, als die der Kommunismus das Bestehende »aufhebt«. Dabei verbindet der Kommunismus die in sozialen Kämpfen praktisch vollzogene Umwälzung aller Verhältnisse mit der theoretischen Anstrengung, diesen Kämpfen »allgemein«, das heißt in richtiger, wahrer und wahrhaftiger Weise Ausdruck zu verleihen. Das in dieser Verbindung geborgene messianische Versprechen liegt darin, dass das Proletariat, das heißt die Menge der vom Privatbesitz an Produktionsmitteln Ausgeschlossenen, im Vollzug der kommunistischen Bewegung die herrschenden Produktionsverhältnisse beseitigt und an die Stelle »der alten bürgerlichen Gesellschaft mit ihren Klassen und Klassengegensätzen eine Assoziation« tritt, »worin die freie Entwicklung eines jeden die Bedingung für die freie Entwicklung aller ist« – in dieser Folge, nicht umgekehrt!

Die Voraussetzung der Bewährung dieses Versprechens wird im Weltweit-Werden der Klassengesellschaft selbst hervorgebracht und besteht darin, dass die Menge der vom Privatbesitz an Produktionsmitteln Ausgeschlossenen zur weltgesellschaftlichen Mehrheit wird. Damit die Menge als diese Mehrheit dann auch in die weltweiten Kämpfe gegen diese Gesellschaft eintritt, wird ihr im *Manifest* abverlangt, ihren »nationalen Charakter abgestreift« zu haben, sich von den Bindungen ihrer familiären, ethnischen, religiösen und Klassenherkünfte, von der »gesellschaftlichen Geltung« der »Geschlechts- und Altersunterschiede« und allen anderen bürgerlichen Ideologien zu lösen und in dieser radikalen *Eigentumslosigkeit* zur »vereinigten Aktion« zusammenzufinden.

Bezieht man die theoretischen Sätze des *Manifests* auf die Gegenwart, kann gesagt werden, dass die Möglichkeitsbedingung des Kommunismus, das Weltweit-Werden der vom Privateigentum an Produktionsmitteln ausgeschlossenen und aus allen Bindungen frei gesetzten Menge, tatsächlich die konstante Tendenz der globalisierten Klassengesellschaft darstellt. Nur wird sie machtvoller von Gegentendenzen gekreuzt als viele KommunistInnen angenommen haben. In diesem Missverhältnis, wenn auch nicht nur dort, wurzelt auch der ungeheuerliche Terror, der von KommunistInnen im Namen des Kommunismus verübt wurde. Seiner haben sie seither immer und unverstellt eingedenk zu sein. Ihre praktische und theoretische Aufgabe ist aber auch deshalb *im Prinzip* noch immer die im *Manifest* entworfene: in den sich gegenseitig brechenden wie sich verstärkenden Tendenzen der sozialen Kämpfe die zu bestimmen und zu verstärken, in denen der Kommunismus, d.h. »die selbständige Bewegung der ungeheuren Mehrzahl im Interesse der ungeheuren Mehrzahl«, also die kommunistische Menge, radikal *bindungslos* wird, um sich dem messianischen Versprechen ihrer eigenen Möglichkeit zu öffnen, also messianisch zu werden.

Thomas Seibert

Zum Weiterlesen

Derrida, Jacques (1995): Marx' Gespenster. Der Staat der Schuld, die Trauerarbeit und die neue Internationale, Frankfurt a.M.

Hardt, Michael/Negri, Antonio (2000): Empire. Die neue Weltordnung, Frankfurt a.M.

Dies. (2004): Multitude. Krieg und Demokratie im Empire, Frankfurt a.M.

Seibert, Thomas (2009): Krise und Ereignis. 27 Thesen zum Kommunismus, Hamburg.

Kooperation

Das menschliche Tun, das allen gesellschaftlichen Bereichen zugrunde liegt und das Menschen in – wie auch immer – vermittelte (re-)produktive Beziehungen zueinander setzt, nennt man Kooperation. Sie bezeichnet zunächst die fundamentale Ebene des tatsächlichen materiellen Lebensprozesses der Naturaneignung, in dem Menschen gemeinsam arbeiten, kommunizieren und in direkter oder indirekter Weise die Arbeit und Erfahrungen anderer aufgreifen. Für Klaus Türk ist Kooperation nicht als Austauschprozess einzelner und etwa an Nutzenmaximierung orientierter Individuen zu denken. Als vorexistente Sozialität übersteige Kooperation das produktive Arbeiten jedes Einzelnen, sei immer schon da und als solche erst Bedingung der Möglichkeit von Individualität. Kooperativ sind Menschen unter anderem im Haushalt, bei der Kindererziehung, im kapitalistischen Unternehmen, beim Denken, Schreiben, ja sogar in kriegerischen Auseinandersetzungen.

Kooperation ist stets vermittelt über historisch unterschiedliche gesellschaftliche Formationen und als solche nicht machtfrei. »Die sporadische Anwendung der Kooperation auf großem Maßstab in der antiken Welt, dem Mittelalter und den modernen Kolonien beruht auf unmittelbaren Herrschafts- und Knechtschaftsverhältnissen, zumeist auf der Sklaverei. Die kapitalistische Form setzt dagegen von vornherein den freien Lohnarbeiter voraus, der seine Arbeitskraft dem Kapital verkauft.« (Marx) Karl Marx verwendet den Begriff der Kooperation zunächst zur Bestimmung der Produktivkraft und der Produktion des relativen Mehrwerts im unmittelbaren Produktionsprozess. Auch wenn dadurch andere gesellschaftliche Bereiche tendenziell vernachlässigt werden, so verweist Marx doch auf ein entscheidendes Problem: In der kapitalistischen Produktion *erscheint* das Kapital und nicht die Kooperation (neben der Teilung der Arbeit und der Maschinerie) als Produktivkraft, da die Einheit der kooperierenden ArbeiterInnen als »Gesamtarbeiter« im Kapital begründet liegt. Es reduziert die einzelne Arbeitskraft auf die Verrichtung von Teilfunktionen, die außerhalb des Fabrikregimes meist nutzlos sind. Dass ArbeiterInnen hier produktiv zusammenwirken, erscheint folglich als Resultat des Kapitals, nicht aber des eigenständig entwickelten »Gattungsvermögens«.

Bei der Analyse der »erzwungenen« Kooperation in kapitalistischen Unternehmen und allen anderen hierarchischen Organisationen gilt es jedoch nicht nur die Verschleierung der Produktivkraft zu erkennen, sondern auch ihren Stellenwert im Rahmen der Widersetzlichkeit der ArbeiterInnen. Kaum ein brauchbares Arbeitsergebnis kommt zustande, gelingt es den ArbeiterInnen nicht, das Regelwerk und die Normen der formalen Organisation zu verletzen und eigensinnig auf informell-kooperative Weise zu handeln. Verweigern sie diese widersetzliche Kooperation, wie etwa bei der Widerstandsform »Dienst nach Vorschrift«, treten Irrationalität und Despotismus der kapitalistischen Produktion offen zutage. Diese autonomen kooperativen »Experimente« sind demnach beides zugleich: Grundlage der Erfüllung des vom Kapital vorgegebenen Plans *und* Basis von immer wieder aufkeimenden Arbeitskämpfen. → Wilde Streiks oder Fabrikbesetzungen sind aber nicht als Resultat spontaner oder anarchistischer Arbeiterunruhen zu betrachten, sondern vielmehr als planvoll-egalitäre Koordinierung kooperativer Akteure. Hier wird auch das Moment der → basisdemokratischen Entscheidungsfindung deutlich. Cornelius Castoriadis geht sogar soweit zu sagen, dass sich über die Anordnung der kapitalistisch-bürokratischen Organisation eine spezifische Form der selbstbestimmten Kooperation einstellt, die an sich Keimform einer alternativen Kooperationsweise ist oder, um mit Marx zu sprechen, eine Durchgangsstation der revolutionären Vereinigung durch Assoziation (→ Freie Assoziation).

Im Anschluss an Christoph Spehr, der zwischen »erzwungener« und »freier« Kooperation unterscheidet, wäre zu fragen, wie viel »freie« oder selbstbestimmte Kooperation in den Bereichen der erzwungenen Kooperation immer schon präsent ist. Welche politischen Möglichkeiten gibt es, die in den Bereichen der »erzwungenen« Kooperation keimhaft anwesende »freie« Kooperation weiter zu entfalten? Denn es zeigt sich, dass die Versuche, »freie« Kooperation weitgreifend zu realisieren, wie etwa historisch in der → Rätebewegung, aber auch bei den Zapatistas oder den weltweiten Fabrikbesetzungen, häufig zum Ausgangpunkt konkrete Arbeitskämpfe hatten und gerade dadurch einen enormen gesellschaftlichen Ausstrahlungseffekt.

Peter Scheiffele

Zum Weiterlesen

Castoriadis, Cornelius (1988): On the Content of Socialism, III: The Workers' Struggle against the Organization of the Capitalist Enterprise, in: ders.: Political and Social Writings, Vol. 2, S. 155-192.

Marx, Karl (1962): Das Kapital, MEW 23, Berlin, S. 341-355.

Spehr, Christoph (2005): Freie Kooperation, in: Kurswechsel, 1, S. 58-63.

Türk, Klaus (1995): Organisation und Ko-Operation, in: ders.: Die Organisation der Welt. Herrschaft durch Organisation in der modernen Gesellschaft, Opladen, S. 93-112.

Kritik der politischen Ökonomie

Mit diesem Ausdruck bezeichnete Marx sein Vorhaben, durch Analyse der kapitalistischen Produktionsweise deren Funktionieren zu enthüllen und zugleich die ökonomische Wissenschaft, die diese Produktionsweise rechtfertigt, grundsätzlich zu kritisieren. Die Gestalt einer sozialistischen oder kommunistischen Gesellschaft sollte nicht aufgrund abstrakter Prinzipien bloß behauptet werden, vielmehr sollte die Kritik des Bestehenden und der Nachweis bereits existierender Potenziale die Umrisse einer nach-kapitalistischen Gesellschaft liefern.

Bereits der junge, von der Philosophie Feuerbachs beeinflusste Marx beabsichtigte eine »Kritik der Nationalökonomie und Politik«. In den »Pariser Manuskripten« entwickelte er 1844 seine »Entfremdungstheorie«: Der Mensch ist im Kapitalismus von seinem eigenen, menschlichen Wesen entfremdet. Mit den »Thesen über Feuerbach« und der »Deutschen Ideologie« von 1845 kritisierte Marx jedoch solche Vorstellungen. Abstrakte philosophische Konstruktionen sollten jetzt durch die empirische Untersuchung der gesellschaftlichen Verhältnisse ersetzt werden. Dabei stützte sich Marx zunächst noch auf die bürgerliche politische Ökonomie. Eine wirkliche »Kritik der politischen Ökonomie« entwickelt Marx erst später, sie ist der Inhalt seines Hauptwerks »Das Kapital« (1867). Dort zeigt er die dem Kapital immanenten zerstörerischen und krisenhaften Tendenzen auf: Kapitalistische Entwicklung erfolgt notwendigerweise auf Kosten von Mensch und Natur.

Der destruktive Charakter der kapitalistischen Ökonomie resultiert nicht aus der »Gier« der Kapitalisten, er verdankt sich vielmehr den im Kapitalismus herrschenden Sachzwängen. Daher geht es Marx nicht um eine Kritik der Kapitalisten, sondern des Kapitalismus. Im Unterschied zu vorkapitalistischen Gesellschaftsformen dominieren im Kapitalismus nicht *persönliche* Herrschafts- und Abhängigkeitsverhältnisse, sondern *sachliche*: Marktpreise, Profitraten, Zinssätze, Aktienkurse erzwingen ein bestimmtes Handeln, sofern die Einzelnen ökonomisch überleben wollen. Die »Versachlichung« der gesellschaftlichen Beziehungen bezeichnete Marx als »Fetischismus«. Die Menschen stehen unter der Herrschaft der von ihnen selbst geschaffenen Sachen.

Im kapitalistischen Alltagsbewusstsein wie auch in der ökonomischen Theorie erscheint dieser Zustand als »natürlich« und im Grunde unveränderlich. Dass kapitalistische Verhältnisse eine historisch spezifische und somit veränderliche Form menschlicher Vergesellschaftung sind, wird dabei mehr oder weniger unkenntlich. Mit seiner Kritik der ökonomischen Kategorien zerstört Marx diesen Schein der Natürlichkeit, sodass eine grundsätzliche gesellschaftliche Alternative denkbar (und nicht nur wünschbar) wird. In seiner frühen Phase, auf der Grundlage einer unzureichenden Kritik der Ökonomie sah Marx diese Alternative vor allem in der Aufhebung des Privateigentums (so im »Kommunistischen Manifest« von 1848). Ausgehend von der danach entwickelten Kritik der politischen Ökonomie ist allerdings klar, dass die Veränderung von Eigentumsverhältnissen allein noch keine Alternative zum Kapitalismus bietet. Deshalb betonte Marx später, dass mit der sachlichen Logik von Ware, Geld und Kapital gebrochen werden muss. Der im Markt verselbständigte gesellschaftliche Zusammenhang müsse wieder unter die Kontrolle der Produzenten gebracht werden. Der »Verein freier Menschen«, von dem Marx im »Kapital« spricht (MEW 23, 92f.), arbeitet daher nicht nur mit gemeinschaftlichen Produktionsmitteln, vor allem verausgaben die Mitglieder dieses Vereins ihre Arbeitskräfte als eine gemeinsame gesellschaftliche Arbeitskraft. Es ist weder die Sachgesetzlichkeit des Marktes noch eine zentrale Planbehörde, es sind die Menschen selbst, die – nachdem sie sich die Zumutungen des Kapitalismus nicht mehr gefallen lassen – ihre Arbeitskräfte koordinieren und sich über die Ziele und Methoden der Produktion verständigen müssen. Diese gesamtgesellschaftliche Koordination ist nicht nur die Antwort auf den krisenhaften und zerstörerischen Verlauf der kapitalistischen Produktionsweise. Auch die innerhalb des Kapitalismus entwickelten Produktivkräfte, vor allem die Verbindung von Wissenschaft und Produktion, erfordern immer stärker eine solche Koordination.

Damit wird eine Produktionsweise möglich, die einer neuen gesellschaftlichen Logik wie auch anderen Zielen folgt. An die Stelle der anonymen Herrschaft der Sachzwänge tritt die bewusste Auseinandersetzung über die Methoden und Ziele der Produktion und deren gesellschaftliche Koordination; an die Stelle der Jagd nach immer höheren Profiten, bei der Mensch und Natur immer weiter zerstört werden, tritt die Orientierung an den Bedürfnissen und Wünschen der Menschen, die jetzt als Konsumenten *und* Produzenten entscheiden können, was sie anstreben wollen.

Michael Heinrich

Zum Weiterlesen

Becker, Jens/Brakemeier, Heinz (Hrsg.) (2004): Vereinigung freier Individuen, Hamburg.
Heinrich, Michael (2011): Kritik der politischen Ökonomie. Eine Einführung. Stuttgart.
Marx, Karl (1962ff.): Das Kapital. Kritik der politischen Ökonomie, 3 Bände, MEW 23-25, Berlin.

Kritische Geschichtspolitik

Kritische Geschichtspolitik beruht auf der Annahme, dass die historische Analyse der Gesellschaft dazu beitragen kann, Ausbeutung, Unterdrückung und Herrschaft in der Gegenwart zu überwinden. Es geht ihr um die Geschichte als Ort von Subjekten, die nach Selbstbestimmung und → Emanzipation strebten, und sie bemüht sich, durch Forschung und öffentliche Intervention dieses Anliegen in der Gegenwart zu unterstützen.

Die AkteurInnen kritischer geschichtspolitischer Interventionen sind ebenso vielfältig wie die Felder und Praktiken ihres Engagements. Sie thematisieren ausgeblendete Facetten der Geschichte und marginalisierte Perspektiven – z.B. durch selbstorganisierte Gedenkstättenarbeit, ZeitzeugInnengespräche, Demonstrationen, Interventionen in den öffentlichen Raum (durch »wilde« Straßenumbenennungen, das Anbringen von Gedenktafeln oder alternative Stadtführungen), eigene historische Forschungen, Öffentlichkeitsarbeit oder auch durch den Kampf für die Aufklärung vergangener Menschenrechtsverbrechen. Die Initiativen widmen sich beispielsweise der Aufarbeitung des Nationalsozialismus oder des Kolonialismus, der Erinnerung an die Geschichte/n des Widerstands, der ArbeiterInnenbewegung oder des Feminismus.

Auf einer grundlegenden Ebene kann kritische Geschichtspolitik dazu dienen, die hegemoniale Darstellung der Vergangenheit zu hinterfragen und so deren Funktionalisierung für die Gegenwart zu kritisieren.

Hegemoniale Geschichtspolitik dagegen stellt die Vergangenheit in den Dienst der Gegenwart und trägt so zur Legitimation gegenwärtiger Machtverhältnisse bei. Sie liefert den ideologischen »Kitt« für kollektive Identitäten, etwa die der Nation: Durch Mythenbildung und Traditionsstiftung wird die Gegenwart als zwangsläufiges Ergebnis der Vergangenheit ausgegeben und so als »natürlich« präsentiert. Diese Art von Geschichtspolitik arbeitet notwendigerweise mit historischen Mythen, in denen Widersprüche und gesellschaftliche Kämpfe ausgeblendet, Heldengeschichten konstruiert und historische Alternativen sowie »Störmomente« verdrängt werden. Geschichte wird hier aus einer spezifischen Perspektive erzählt, die weiß, männlich, bürgerlich und westlich geprägt ist, andere Perspektiven werden marginalisiert. Vor diesem Hintergrund ist Geschichtspolitik als ein wichtiges Feld zur Herstellung von bürgerlicher Hegemonie anzusehen. Kritische Geschichtspolitik (sowohl durch → kritische Wissenschaft als auch durch Geschichtsschreibung »von unten«) ist somit als Teil eines Kampfes um → Gegen-Hegemonie zu verstehen. Kritische Geschichtswissenschaft zeigt die Leerstellen hegemonialer Geschichtsschreibung und zugleich die Möglichkeiten emanzipatorischer Bemühungen auf – kritische Geschichtspolitik kann diese Erkenntnisse in den öffentlichen Raum und weite Teile der Gesellschaft tragen.

Kritische Geschichtspolitik und -schreibung kann sich auf zahlreiche Traditionslinien kritischer Beschäftigung mit Geschichte berufen, die bis ins 19. Jahrhundert zurückgehen und sich in der zweiten Hälfte des 20. Jahrhunderts ausdifferenzierten. Hier zu nennen sind insbesondere die englische Geschichtsschreibung »von unten« (Edward P. Thompson), die Sozialgeschichte der BRD der 1960er und 1970er Jahre, die »Grabe, wo du stehst«-Bewegung der Geschichtswerkstätten, Stadtteilgeschichtsprojekte und Betriebsgeschichte der 1980er Jahre sowie zahlreiche feministische, autonome und postkoloniale Einflüsse. Methodisch relevant für kritische Geschichtsschreibung sind dabei insbesondere die Hinwendung zur Alltagsgeschichte sowie der Ansatz der »oral history« und die Etablierung von ZeitzeugInnenschaft als Quelle, vor allem für das Aufzeigen historisch marginalisierter Perspektiven.

Kritische Geschichtspolitik betrachtet Geschichte als einen von gesellschaftlichen Subjekten gestalteten Prozess und im »Licht der nicht verwirklichten Möglichkeiten« (Herbert Marcuse) – das heißt, Geschichte wird als Fundus von Erfahrungen im Kampf um Befreiung genutzt. Damit kann kritische Geschichtspolitik auch eigene Identitätsangebote oder Traditionen für emanzipatorische Bewegungen zur Verfügung stellen und so als Mittel der Selbstermächtigung und Stärkung von Handlungsfähigkeit fungieren – wobei sie jedoch selbst Gefahr laufen kann, in eine homogenisierende und instrumentalisierende Lesart der Vergangenheit zu verfallen. Deshalb ist für kritische Geschichtspolitik eine fortlaufende selbstkritische Positionierung notwendig, bei der die eigene gesellschaftliche Verortung sowie mögliche Leerstellen reflektiert werden – etwa in Bezug auf Geschlecht, Klasse oder *race*.

AutorInnenKollektiv Loukanikos

Zum Weiterlesen

Ehalt, Hubert Ch. (1984): Geschichte von unten. Umgang mit Geschichte zwischen Wissenschaft, politischer Bildung und politischer Aktivierung, in: ders. (Hrsg.): Geschichte von unten. Fragestellungen, Methoden und Projekte einer Geschichte des Alltags, Wien u.a., S. 11-41.

Fischer, Henning/Fuhrman, Uwe/König, Jana/Steffen, Elisabeth/Sträter, Till (Hrsg.) (2012): Zwischen Ignoranz und Inszenierung. Die Bedeutung von Mythos und Geschichte für die Gegenwart der Nation, Münster.

Hüttner, Bernd/Oy, Gottfried/Schepers, Norbert (Hrsg.) (2005): Vorwärts und viel vergessen. Beiträge zur Geschichte und Geschichtsschreibung neuer sozialer Bewegungen, Neu-Ulm.

Kritische Not- und Entwicklungshilfe

Der Begriff beschreibt ein Konzept, das Helfen als Teil von politischem Handeln zur nachhaltigen Überwindung von Not und Unmündigkeit betrachtet. Mit einem auf Ursachen bezogenen Ansatz grenzt sich die Kritische Not- und Entwicklungshilfe von anderen Hilfskonzepten ab, die Notlagen von Menschen mit zumeist von außen übergestülpten Mitteln abmildern, ohne die langfristige Wirkung dieser Eingriffe in den jeweiligen gesellschaftlichen Kontexten zu berücksichtigen. Gewollt oder ungewollt trägt diese »schnelle Hilfe« vielfach zur Stabilisierung von (welt-)gesellschaftlichen Verhältnissen bei, die Not und Abhängigkeit systematisch produzieren.

Grundlegend für Kritische Hilfe ist die beständige Reflexion sowohl der Beziehungen, die zwischen Hilfsbedürftigen und Hilfsbereiten bestehen, als auch der politischen, sozialen und kulturellen Umstände, unter denen Hilfe geleistet wird. Bekanntlich gehört zu den Eigentümlichkeiten von Hilfe auch deren Doppelcharakter. Einerseits ist Hilfe in Not ein Gebot von Menschlichkeit, von dem das existenzielle Überleben abhängen kann; andererseits trägt Hilfe zum Erhalt jener Umstände bei, die Not erst entstehen lassen. Indem Hilfe für die »Reparatur« von Systemfehlern sorgt, hilft sie auch bei der Überwindung politischer Legitimationsdefizite. Auf solche Ambivalenzen reagiert Kritische Nothilfe mit dem Versuch, bestehende Hilfsangebote zugleich zu verteidigen, zu kritisieren und zu überwinden. So notwendig es beispielsweise ist, die weitere Aushöhlung von Sozialhilfe zu verhindern, so sehr gilt es, den autoritären Charakter von Sozialhilfe zurückzuweisen und auf ihre Umwandlung in ein ausreichend bemessenes → Grundeinkommen zu drängen.

Einigkeit herrscht über die moralisch-ethischen Grundlagen des Helfens. Auch die Kritische Hilfe fußt auf individueller Hilfsbereitschaft, doch ist sie zugleich um die Schaffung von gesellschaftlichen Übereinkünften bemüht, die einen Rechtsanspruch auf Beistand in Not sichern. Ein solches Hilfsverständnis gründet u.a. auf der »Internationalen Konvention über wirtschaftliche, soziale und kulturelle Rechte der Menschen« aus dem Jahr 1966. Darin verpflichten sich die Vertragstaaten zur Verwirklichung u.a. des Rechts auf soziale Sicherung und auf ein Leben frei von Hunger. Im geltenden Völkerrecht ist das Bemühen um Überwindung von Not somit ein Rechtsanspruch, der allerdings immer weniger gewährleistet wird. Als Konsequenz neoliberaler Globalisierungsstrategien und der damit einhergehenden Krise nationalstaatlicher Politik steht die bürgerrechtliche Absicherung der → Menschenrechte, das »Recht, Rechte zu haben« (Hannah Arendt), überall, nicht nur im globalen Süden, unter Druck. Deutlich wird, dass unter globalisierten Verhältnissen die Verwirklichung der → sozialen Rechte nur noch gelingt, wenn diese global ausgedehnt werden. Ausdehnung meint dabei die Schaffung und Umsetzung eines Bündels von internationalen Verträgen, die für sozialen Ausgleich und damit auch für die Befreiung aus Not und Abhängigkeit sorgen.

So ist zur Bekämpfung der globalen Gesundheitskatastrophe ein System von völkerrechtlich geregelten Ausgleichsfinanzierungen denkbar, durch das wohlhabende Länder für die Gesundheitsbedürfnisse der ärmeren aufkommen. Ein solches System würde das Prinzip gemeinsamer Risikoteilung, das den Kern von → solidarischen Krankenversicherungen bildet, aufgreifen und internationalisieren. Beistand in Notlagen wäre dann weder vom Wohlverhalten der Hilfsbedürftigen, noch von eigennützigen Überlegungen der Helfenden und auch nicht von medialen Konjunkturen abhängig. Kritische Hilfe pocht auf die Idee einer anderen, einer besseren Welt. Sie wendet sich gegen die neoliberale Tendenz der Entpolitisierung des Politischen, in deren Folge heute auch das Helfen auf ein technisch-pragmatisches Zupacken reduziert werden soll. Mit der Vorstellung einer unpolitischen, rein humanitären Hilfe aber wird das Paradox der Hilfe nur größer. Je unkritischer Hilfe ist, desto größer wird die Gefahr ihrer Instrumentalisierung für Zwecke, die nicht mehr auf Überwindung von Not und Abhängigkeit zielen. »Die Trennung zwischen Humanitärem und Politischem, die wir heute erleben, ist die extremste Phase der Entfernung zwischen den Menschenrechten und den Bürgerrechten. Letztlich können die humanitären Organisationen, die heute mehr und mehr zu den übernationalen Organen aufrücken, das menschliche Leben nur noch in der Figur des nackten Lebens erfassen und unterhalten deshalb gegen ihre Absicht eine geheime Solidarität mit den Kräften, die sie bekämpfen sollten.« (Giorgio Agamben) Kritische Not- und Entwicklungshilfe dagegen interveniert auf Seiten Not leidender Menschen und bezieht Stellung gegenüber jener strukturellen Gewalt, die für die Bedürftigkeit von Menschen verantwortlich ist.

Thomas Gebauer

Zum Weiterlesen

Agamben, Giorgio (2002): Homo Sacer, Frankfurt a.M.

Arendt, Hannah (1949): Es gibt nur ein einziges Menschenrecht, in: Sternberger, Dolf (Hrsg.): Die Wandlung IV, Heidelberg, S. 754-770.

medico international (Hrsg.) (2003): Macht und Ohnmacht von Hilfe, Konferenzdokumentation in medico-report 25, Frankfurt a.M.

Kritische Wissenschaft

Kritische Theorie lassen wir üblicherweise mit Karl Marx beginnen. Sie ist damit auch die Fortsetzung von bürgerlichem Wissen über Staat und Gesellschaft. Die Philosophie der Aufklärung wird hier fortgeschrieben, zugleich aber vom Kopf auf die Füße gestellt. Kritik heißt seit Kant, Hegel und Marx die selbstreflexive Analyse der Bedingung der Möglichkeit einer Erscheinung. Die Erscheinungen, um die es geht, sind herrschaftlich geprägt. Das Zentrum von kritischer Wissenschaft ist die Analyse von Herrschaft. Wissenschaft findet wie alle intellektuelle Produktion unter den Bedingungen von Kulturindustrie statt – das ist die Form, in der Herrschaft als Waren- und Verwaltungsförmigkeit über die Produktion, Anwendung und Verbreitung von gesellschaftlichem Wissen ausgeübt wird. Kritische Wissenschaft weist sich dadurch aus, dass sie diese kulturindustrielle Herrschaft reflektiert. Auch Kritik als Widerständigkeit gegen diese Herrschaft entsteht gesellschaftlich, kann also aus den Herrschafts-Zusammenhängen nicht austreten – macht sie aber reflexiv mit zum Gegenstand der Analyse in allen inhaltlichen Bereichen.

Die materielle Voraussetzung für eine solche Position des Widerstands war historisch die bürgerliche Autonomie der Denker. Später wurde intellektueller Widerstand von der Arbeiterbewegung, der proletarischen Frauenbewegung und von den bürgerlichen Renegaten getragen, deren sozialer Ort die Bohème war. Mäzenatentum, Journalismus, Schriftstellerei und unternehmerische Tätigkeit (ihrer Väter) haben den bürgerlichen Dissidenten, den Töchtern und Söhnen finanzielle Unabhängigkeit gegeben. In Deutschland war die Aufklärung eine Professoren-Aufklärung, und auch später hat zu verschiedenen Zeiten, darunter seit den 1970er Jahren, die Universität kritische Wissenschaft ermöglicht.

In der gegenwärtigen »Wissensgesellschaft« werden diese Bereiche, in denen sich bisher Widerstand, Kritik und Reflexivität organisieren konnten, zu instrumentalisieren gesucht. »Wissensgesellschaft« heißt, dass die Produktion von Wissen bewusst und gezielt nach Imperativen der Verkäuflichkeit geschehen soll. Kritische Wissenschaft verliert also etwas von ihrer materiellen Basis. Schon bei Horkheimer und Adorno war ein unproblematischer Bezug auf die Arbeiterbewegung nicht mehr möglich – das gilt heute umso mehr. Andererseits hat der Niedergang der Arbeiterbewegung eine Vielzahl von → sozialen Bewegungen freigesetzt, die damit nicht mehr dieser Orthodoxie in Politik und Denken unterworfen sind. Auch kulturindustriell sind neue Möglichkeiten der Koordination und → Kooperation, auch der Veröffentlichung und Diskussion entstanden, die für widerständiges Denken genutzt werden können. Kritik an der »Wissensökonomie« wird sich gegen die Rationalisierung von Intellektualität wenden: So wie schon im Fordismus die Wissenskomponente von Handarbeit wegrationalisiert und in die Maschinen und die Arbeitsorganisation verlegt wurde, so geschieht das jetzt der Wissensarbeit. Der PC ist das Medium dafür. Positiv gewendet geht es darum, für einzelne Bereiche, etwa für Sozialpolitik, auszubuchstabieren, welche der gegenwärtigen Produktionsweise entsprechenden Organisationsformen denkbar sind und sinnvoll wären. »Intellektuellenpolitik« ist das Stichwort dafür.

Kritische Wissenschaft kann die gesellschaftlichen Widersprüche aufzeigen und die uneingelösten Versprechen explizieren. Auch wenn kritische Wissenschaft keine »Blaupausen« für Realpolitik liefern wird und kann, auch nicht für die Politik der ihr nahestehenden Bewegungen, so kann sie doch ihre Erkenntnisse und ihre Ideen zum Weiterdenken anbieten, gerade weil sie selbst keine Interessen durchsetzen will. Kritische Wissenschaft verstanden als Intellektuellenpolitik kann sich der »allgemeinen« Interessen annehmen. Die »GegenexpertInnen« der Öko-Bewegung, die Überläufer aus den Naturwissenschaften der Anti-AKW-Bewegung, die Hausarbeitsdebatte in der Frauenbewegung sind einige wenige Beispiele dafür.

Es versteht sich, dass Universitäten nicht die einzigen Orte von kritischer Wissenschaft sind. Daran wird auch die letzte Universitätsreform nichts ändern. Diese mag »kritischen WissenschaftlerInnen«, die von ihrer Arbeit leben wollen, das Leben erschweren. Als Reflexion der Bedingungen, unter denen wir unser Leben betreiben, als Analyse der Erfahrungen, die wir in verschiedenen sozialen Positionen machen, als Beitrag zum gesellschaftlichen Fortschritt, lässt sich kritische Wissenschaft auch anders organisieren. Kritische Wissenschaft heißt die selbstreflexive Beobachtung von Gesellschaft – nicht mehr und nicht weniger, und die kann und wird auch außerhalb der Universitäten stattfinden.

Christine Resch

Zum Weiterlesen

Demirović, Alex (Hrsg.) (2003): Modelle kritischer Gesellschaftstheorie. Traditionen und Perspektiven der Kritischen Theorie, Stuttgart/Weimar.

Resch, Christine (2005): Berater-Kapitalismus oder Wissensgesellschaft? Zur Kritik der neoliberalen Produktionsweise, Münster.

Steinert, Heinz (2007): Das Verhängnis der Gesellschaft und das Glück der Erkenntnis. Dialektik der Aufklärung als Forschungsprogramm, Münster.

Lebensformen

Wer den Begriff Lebensformen heute benutzt, spricht meist darüber, wie Menschen ihre (Liebes-)Beziehungen gestalten, wie sie wohnen und wie Kinder aufwachsen. Diese alltäglichen Reproduktionsverhältnisse als politisches Terrain zu artikulieren, widerspricht einem linken Politikverständnis, wie es bis in die 1960er Jahre vorherrschte und auch heute teilweise noch prägend für → soziale Bewegungen ist. Zugleich reproduzieren heutige Kämpfe um die → Anerkennung aller Lebensweisen bisweilen die bürgerliche Vorstellung, es würde sich hierbei um rein private Angelegenheiten handeln, in denen – unabhängig von sonstigen gesellschaftlichen Herrschaftsverhältnissen – individuelle → Freiheit herrschen könne.

Bis in die 1960er Jahre war sichtbare Gesellschaftskritik stark von einer marxistisch-leninistischen Weltauffassung geprägt. Herrschaftsanalysen bezogen sich vor allem auf das Verhältnis zwischen Kapital und Arbeit innerhalb von Produktionsprozessen. Zugleich ging man von der zentralen Bedeutung der Partei aus, der man sich zugunsten des entfernten Ziels einer besseren Gesellschaft unterzuordnen hatte. Die Suche nach neuen kollektiven Lebensformen war hierzu im doppelten Sinne alternativ: Sie thematisierte Herrschaft als Disziplinierung und Vereinzelung des Menschen, die dieser durch patriarchale Kleinfamilie, durch Sexualnormen und sinnentleerten Konsum erlebte. Und sie beinhaltete die Idee, dass Widerstand auch bedeutet, Möglichkeiten eines nicht-entfremdeten, lustbetonten gemeinschaftlichen Lebens innerhalb der jetzigen Gesellschaft konkret erfahrbar zu machen. Praktisch führte dies zu sehr unterschiedlichen Praxen, die vom Marihuana-Rauchen als politischem Programm bis zu Selbstversorgungs-Kommunen, städtischen Gemeinschaftshäusern und vielem anderen mehr reichten. Das Verhältnis zwischen Alternativbewegungen und umfassender Herrschafts- und → Kapitalismuskritik war dabei immer umstritten.

Wesentliches Moment der Erneuerung des Verhältnisses von Alltagspraxen (→ Alltagskultur) und Gesellschaftskritik war die Entwicklung der zweiten Frauenbewegung (→ Feminismus). Ein Ausgangspunkt war hier die Kritik, dass weibliche Persönlichkeit auf die Rolle als Hausfrau reduziert wurde. Der Ausschluss von Frauen aus fast allen gesellschaftlichen Prozessen, der damit einherging, galt als konstituierend für kapitalistische Verhältnisse. Alternative Lebensformen beinhalteten vor diesem Hintergrund nicht nur Versuche, enthierarchisierte Liebes- und Sexualitätsformen und Geschlechter- und Generationenbeziehungen zu entwickeln. Vielmehr waren auch

Frauenzentren, Frauenmusikfestivals und -demonstrationen, ja überhaupt alle Formen, in denen Frauen sich öffentlich kollektiv artikulierten, gleichzeitig Protest gegen gesellschaftliche Herrschaftsverhältnisse *und* massenhafte individuelle Entdeckung neuer Lebensformen.

Vom heutigen Standpunkt aus ist festzustellen, dass die Normen und Disziplinierungstechniken, zu denen Bewegungen der 1960er und 1970er Jahre Alternativen suchten, einer fordistischen Gesellschaftsformation entsprangen. Sie waren Teil der Regulierung einer Gesellschaft, die auf Massenproduktion und -konsum setzte und den Arbeitenden (in Fabrik und Zuhause) einen stark rationalisierten und vereinheitlichten Alltag aufpresste. In der gegenwärtigen Form des Kapitalismus beruht Profitproduktion im Unterschied hierzu stark auf kleinräumiger, sich ständig verändernder Produktion von Gütern und vor allem Dienstleistungen. Die Erschließung immer neuer Absatzmärkte und eine entsprechende Produktion von Bedürfnissen ist konstitutives Moment dieser Produktionsweise.

In diesem Kontext erweist es sich als ein Einfallstor für die Hegemonie neoliberaler Regulierungsweisen, wenn sich Vorstellungen von Freiheit und Selbstverwirklichung auf die individuelle Ausgestaltung der Lebensweise konzentrieren und diese von einer umfassenden Gesellschaftskritik abtrennen. Die flexible Produktionsweise setzt voraus, dass sich die Arbeitenden schnell und motiviert in neue Zusammenhänge einarbeiten können. Zugleich wird die Absicherung der Reproduktion immer weiter individualisiert. Die partielle Anerkennung von Lebensweisen fern der heterosexuellen Kleinfamilie steht hierzu nicht grundsätzlich im Widerspruch. Sofern sie die marktorientierte Handlungsfähigkeit der Einzelnen fördern und selbstorganisierte Alternativen zur gesellschaftlichen Verantwortung für Hilfebedürftige (Kinder, Kranke, Alte, Gestresste) entwickeln, können sie erwünscht sein. Gleichzeitig beruht auch diese Produktionsweise auf der Abwertung aller Tätigkeiten, die nicht effizient gestaltbar sind. Dies wird durch geschlechtsspezifische und rassistische Zuschreibungen und Ausgrenzungen legitimiert. In diesem Widerspruch wird sich jede künftige Politik der Lebensformen entfalten.

Iris Nowak

Zum Weiterlesen

Dalla Costa, Mariarosa (1973): Die Frauen und der Umsturz der Gesellschaft, in: Selma James (Hrsg.): Die Macht der Frauen und der Umsturz der Gesellschaft, Berlin.

Groß, Melanie/Winker, Gabriele (Hrsg.) (2007): Queer-/Feministische Kritiken neoliberaler Verhältnisse, Münster.

Kraushaar, Wolfgang (Hrsg.) (1978): Autonomie oder Getto? Kontroversen über die Alternativbewegung, Frankfurt a.M.

Marxismus I

Marxismus umfasst alle Praktiken, die in den letzten 150 Jahren positiv oder weiterführend auf das Werk von Karl Marx sowie AutorInnen und AktivistInnen in Anschluss an Marx Bezug genommen haben. Er bildet den wohl wirkmächtigsten grenzüberschreitenden Referenzpunkt für intellektuelles und politisches Handeln im »kurzen 20. Jahrhundert« (Hobsbawm) von 1918 bis 1989. Umso größer ist der Kontrast zu seiner relativen Bedeutungslosigkeit seit den 1990er Jahren. Marxismus ist stets im Plural zu denken und lässt sich nicht auf *eine* Doktrin reduzieren. Plural ist er auch in Bezug auf seine Wirkweisen, als eigene Wissensform, in der sich intellektuell-wissenschaftliche, ideologisch-politische und alltäglich-populare Praktiken überschneiden.

Ausgangspunkt des Denkens von Marx bildet die soziale Reproduktion der menschlichen Gesellschaft durch Arbeit (im weitesten Sinne und in Interaktion mit der physischen Umwelt). In Marx' Analysen treten dabei unterschiedliche Züge hervor: ein radikal-humanistischer Zug, der die Verheißung umfassender menschlicher Befreiung in den Mittelpunkt rückt; ein praxeologisch-akteurszentrierter, in welchem die Möglichkeit zum selbsttätigen menschlichen Handeln hervorgehoben wird; sowie ein struktural-logischer, der gesellschaftliche Determinationen durch historische und ökonomische Bewegungsgesetze beleuchtet. Die umfassendste Analyse legte Marx zur Spezifik der politischen Ökonomie des Kapitalismus vor.

Die Entwicklung des Marxismus wird in unterschiedliche Phasen eingeteilt. Erstens das Leben und Werk von Marx und Friedrich Engels. Zweitens die Zeit der Zweiten Internationale (1889-1914), in der sich unter der Vorherrschaft großer sozialdemokratischer Arbeiterparteien eine erste marxistische Orthodoxie herausbildete. In dieser wurde der Marxismus zu einer naturgesetzlich grundierten deterministischen Lehre von der Unvermeidlichkeit des → Sozialismus. Drittens eine Phase nach der Oktoberrevolution bzw. der Dritten Internationale (1919-1943). Im Gefolge der Oktoberrevolution kam mit Lenin, Trotzki, Gramsci und anderen ein ausdrücklich »politizistischer Marxismus« zur Geltung, dem es stark um gesellschaftliche Kräfteverhältnisse und die Chancen für politisches Handeln ging. Die Stalinisierung der Sowjetunion und der kommunistischen Bewegungen brachte unter dem Etikett »Marxismus-Leninismus« dagegen eine beinahe vollständige Verödung des Marxismus. Viertens führte die Drangsalierung des Marxismus durch Stalinismus und Faschismus dazu, dass sich marxistische Diskussionen ab Ende der 1920er Jahre tendenziell von politischen und ökonomischen Fragen ab- und philosophischen Belangen zuwandten. Dieser Rückzug aus der politischen Praxis wurde von Perry Anderson mit dem Begriff »Westlicher Marxismus« beschrieben. Fünftens eine Phase der Rekonstruktion und Pluralisierung des Marxismus nach dem Zweiten Weltkrieg: Die Zahl der Staatsprojekte, die sich grundlegend auf den Marxismus beriefen, erhöhte sich stark, die Dekolonisierung nahm umfassend Anleihen beim Marxismus. Auch die in allen Weltregionen spürbaren Erschütterungen von »1968« fußten in hohem Maße auf Neuaneignungen des Marxismus. Im akademischen Bereich kam es in den human- und sozialwissenschaftlichen Disziplinen zur wachsenden Rezeption des Marxismus, Anfang der 1970er Jahre gab er vielerorts an den Universitäten sogar den Ton an. Zugleich differenzierte und pluralisierte sich der Marxismus in immer mehr intellektuelle und politische Strömungen.

Ab Mitte der 1980er Jahre geriet der Marxismus in verschiedenen Weltregionen immer stärker in die Krise. Während der Zusammenbruch des »realen Sozialismus« 1989 diese Krise auf der politischen Ebene beglaubigte, verlor der Marxismus auch intellektuell immer stärker an Anziehungskraft: Der Fokus auf die industrielle Arbeiterklasse als zentralem politischen Subjekt schien den Veränderungen in der Arbeitswelt der reichen Länder nicht mehr gemäß; im → Feminismus wurde der Marxismus als geschlechtsblind kritisiert, in Lesbian-Gay-Bisexual-Trans-Bewegungen als heteronorm, in den Diskussionen um → Postkolonialismus als eurozentrisch. Zugleich erfuhr der Marxismus in verschiedenen Weltregionen weiterhin eine aktive Fortschreibung: politisch in Teilen Lateinamerikas oder der Antiglobalisierungsbewegung, akademisch insbesondere in den angelsächsischen Ländern.

Auch heute noch sind Marx sowie marxanschlüssiges Denken und Handeln unentbehrliche Quellen. Der Marxismus bleibt das einzige der großen Paradigmata, das grundsätzlich von der Möglichkeit einer nach-kapitalistischen Gesellschaft ausgeht. Dies ist analytisch eine unschätzbare Ressource. Vielstimmigkeit und Widersprüchlichkeit des Marxismus machen ihn darüber hinaus zu einem elastischen und anpassungsoffenen Bezugspunkt. An ihm führt kein Weg vorbei.

David Mayer

Zum Weiterlesen

Anderson, Perry (1978): Über den westlichen Marxismus, Frankfurt a.M.

Bidet, Jacques/Kouvelakis, Stathis (Hrsg.) (2008): Critical Companion to Contemporary Marxism, Leiden/Boston.

Hobsbawm, Eric J. (2011): How to Change the World: Tales of Marx and Marxism, London.

Haug, Wolfgang u. a. (Hrsg.) (1994ff.): Historisch-Kritisches Wörterbuch des Marxismus, Hamburg.

Marxismus II

»Je ne suis pas marxiste« – »ich bin kein Marxist«, erklärte Karl Marx seinem Schwiegersohn Paul Lafargue (MEW 35, 388). Geholfen hat es nichts. Bereits Ende des 19. Jahrhunderts etablierte sich ein sozialdemokratischer »Marxismus«, der sich vor allem auf Engels' »Anti-Dühring« stützte, eine Kritik an Eugen Dühring, dessen philosophische Auffassungen in den 1870er Jahren in weiten Teilen der Sozialdemokratie Zuspruch fanden. Engels' Kritik legte damit unbeabsichtigt die Grundlage einer umfassenden »marxistischen Weltanschauung«. Diese Weltanschauung befriedigte das Bedürfnis der sozialdemokratischen ArbeiterInnen nach geistiger Orientierung und lieferte der Partei ein Propagandainstrument. Karl Kautsky wurde zum wichtigsten Vertreter dieses frühen »Marxismus«. Mit seiner Betonung der unausweichlichen »historischen Gesetze« rechtfertigte dieser Marxismus die abwartende Politik der SPD vor dem Ersten Weltkrieg – »Bloß keine revolutionäre Ungeduld, die geschichtliche Entwicklung ist sowieso auf unserer Seite.« Doch blieb diese Haltung nicht unwidersprochen, Rosa Luxemburg vertrat einen aktivistischen Marxismus: Nur aufgrund der Lernprozesse, die das Proletariat in seinen Kämpfen durchmacht, könne es fähig werden, seine Emanzipation zu erreichen.

Nach dem Ersten Weltkrieg, der die Spaltung der Arbeiterbewegung in einen sozialdemokratischen und einen kommunistischen Flügel brachte, integrierten sich die sozialdemokratischen Parteien immer stärker in das kapitalistische System. Die revolutionäre Überwindung des Kapitalismus wurde zugunsten seiner schrittweisen reformistischen Umgestaltung aufgegeben. Nach dem Zweiten Weltkrieg wurde der Kapitalismus von der Sozialdemokratie nicht mehr grundsätzlich in Frage gestellt, er sollte lediglich sozialstaatlich abgefedert werden, den Marxismus brauchten sie jetzt nicht mehr. Die kommunistischen Parteien, die an der Überwindung des Kapitalismus festhielten, orientierten sich am politischen und ökonomischen System der Sowjetunion. Dort hatten die von Lenin geführten »Bolschewiki« die Staatsmacht erobert und sie mithilfe eines zunehmend autoritärer werdenden Herrschaftssystems verteidigt. Nach einer kurzen marktwirtschaftlichen Phase in den 1920er Jahren wurde eine zentrale Planwirtschaft eingeführt. Die politische und ökonomische Macht war jetzt in den Händen einer autoritär regierenden Partei konzentriert, die während der Herrschaft Stalins extrem repressiv und mörderisch agierte. Der Marxismus war nach Lenins Tod zum »Marxismus-Leninismus« erweitert worden: einer allumfassenden Weltanschauung, die auf alle philosophischen, historischen und ökonomischen Fragen die Antwort liefern sollte. Dieser »ML« diente als Rechtfertigungsideologie für die Politik der kommunistischen Parteien: Seine angebliche Wissenschaftlichkeit sollte die Entscheidungen der Staats- und Parteiführung legitimieren, zugleich beanspruchte die Partei das Interpretationsmonopol des »ML«, sodass ihr niemand widersprechen konnte. Schnell wurde dieser Marxismus zu einer Sammlung von sterilen, für eine Analyse unbrauchbaren Formeln.

Gegen die sozialdemokratische Verabschiedung des Marxismus wie gegen dessen marxistisch-leninistische Dogmatisierung gab es seit den 1920er Jahren immer wieder kritische marxistische Stimmen wie den frühen Georg Lukács, Karl Korsch, Anton Pannekoek oder Antonio Gramsci. Auch Walter Benjamin, Ernst Bloch und die frühe Frankfurter Schule bemühten sich in einem gewissen Sinne um die Erneuerung des Marxismus. Seit den 1960er Jahren haben kritische Marxismen, die den dogmatischen und herrschaftslegitimierenden Charakter des parteioffiziellen Marxismus kritisierten, zahlenmäßig und von der geografischen Verbreitung her enorm zugenommen: Man findet sie nicht nur in den kapitalistischen Metropolen des Nordens, sondern auch in den Ländern des Globalen Südens. Neben produktiven Ansätzen, die auf eine wirkliche → Emanzipation zielen, die nicht stellvertretend durch Parteien oder Regierungen erreicht werden kann, existieren nach wie vor viele marxistische Sekten und Kleinparteien, die den autoritär-dogmatischen Marxismus fortsetzen. Zum Teil diente bei der Propagierung eines »kritischen«, »undogmatischen« Marxismus die Bezeichnung als »Marxismus« lediglich dazu, den positiven Bezug auf die Marxschen Analysen hervorzuheben. Sofern dieser kritische Marxismus aber als »System« (als wirklicher -ismus) verstanden wird, ist auch er mit dem Problem des Übergangs von Wissenschaft in dogmatische Weltanschauung, die auf unbezweifelbaren Grundlagen ruht, konfrontiert. Marx jedenfalls wehrte sich vehement gegen die Unterstellung, ein »sozialistisches System« aufgestellt zu haben (MEW 19: 357). Ihm ging es nicht um die Formulierung eines weltanschaulichen Systems, sondern um eine Emanzipation befördernde wissenschaftliche Kritik, die → »Kritik der politischen Ökonomie«.

Michael Heinrich

Zum Weiterlesen

Elbe, Ingo (2006): Zwischen Marx, Marxismus und Marxismen – Lesarten der marxschen Theorie, in: Hoff, Jan u.a. (Hrsg.): Das Kapital neu lesen, Münster, S. 52-71.

Fetscher, Iring (1967): Karl Marx und der Marxismus, München.

Vranicki, Predrag (1983): Geschichte des Marxismus, Frankfurt a.M.

Menschenrechte

Anzeichen dafür gab es, seitdem Menschen auf Erden hausen. Menschenrechte, die für Menschen unabhängig von sonstigen Besonderheiten gelten sollen, sind erst Ende des 18. Jahrhunderts erklärt worden. Bevor die USA revolutionär gegründet wurden, in der Virginia Bill of Rights (1776): »Alle Menschen sind gleich geboren ...« Beim Auftakt der Französischen Revolution (1789) wurde die Trikolore gehisst: »Freiheit, Gleichheit, Brüderlichkeit«. Die Legitimität der Sklaverei wurde grundsätzlich bestritten. Die Menschenrechte wurden vorstaatlich begründet. Sie sollten allen Menschen zu eigen und unabhängig davon sein, ob bestehende Herrschaften oder die Menschen sie wahrnehmen, denen sie gelten. Im Geist der Aufklärung wurde jedes Individuum zuerst als eine Person vorgestellt, die sich selbst bestimmt. »Der Mensch ist frei geboren« (Jean-Jacques Rousseau). Der Ausdruck »Recht« im Wort »Menschen-Recht« darf nicht mit staatlich gesetztem Recht verwechselt werden. Menschenrechte bezeichnen allen Menschen nötige Bedürfnisse, Entwicklungschancen, Notwendigkeiten. Im Bild menschenrechtlicher Verwirklichung: »Die Ekstase des aufrechten Gangs« (Ernst Bloch). Sie können jedoch fehlen, verweigert oder unterdrückt werden. Der zweite Satz Rousseaus hebt darum den Stachel hervor. Er steckt herrschaftskritisch im Kern der Menschenrechte: »Aber er lebt in Ketten.«

Zusammen mit den ersten Verfassungen wurden die Menschenrechte im Laufe des 19. Jahrhunderts, nach den Erfahrungen der beiden Weltkriege und terroristischer Regime wie dem deutschen Nationalsozialismus und der stalinistischen Sowjetunion, zum Kernwert. Das gilt vor allem für die Menschen und ihre Bewegungen, die die eigene und die allgemeine → Emanzipation von fremd verschuldeter Unmündigkeit und Hunger betreiben. Darum war es in der kurzen Atempause nach dem Zweiten Weltkrieg möglich, die Vereinten Nationen zu gründen. Ihr Kernauftrag: Allen Kriegen ihre staatliche Legitimation zu nehmen. Formen verbindlicher Friedensstiftung sind zu schaffen. Die »Allgemeine Erklärung der Menschenrechte«, 1948 von der UN abgegeben, ist bis heute das Fundament aller weiteren Erklärungen. Wie alle allgemeinen Ansprüche sind die Menschenrechte umstritten. Wichtig ist es, die Gründe dafür zu kennen. Was Menschenrechte sein und wie man sie gebrauchen soll, versteht sich nie von selbst. Jede und jeder, die und der die Menschenrechte als eigene Herzens- und Verstandessache ernst nimmt, ist darum gehalten, einen eigenen Begriff zu bilden und eine eigene Praxis zu finden – in der Auseinandersetzung mit der Tradition und gegenwärtigen Praktiken.

Ist man sich dessen bewusst, dann gibt es kein politisches Engagement, das freier machte, als für die → Freiheit und → Gleichheit der anderen gleich der eigenen einzutreten. Nach Rosa Luxemburgs großem Wort: »Freiheit ist immer die Freiheit des anders Denkenden« und der anders Lebenden.

Im Ende des 18. Jahrhunderts allgemein verkündeten Anspruch auf Menschenrechte wurden diese jedoch eng verstanden, als »individuelle Abwehrrechte«. Vorausgesetzt wurde, dass die Menschen ihre »Rechte« samt den nötigen materiell-sozialen Bedingungen schon hätten, als komme es nur darauf an, staatliche Eingriffe abzuwehren. Eine Reihe von Beschränkungen der Menschenrechte wurde vorausgesetzt. Dies »rächt« sich bis heute. Menschenrechte galten nur im politisch organisierten Gemeinwesen, dem verfassten Staat, nicht gleicherweise in der privat und selbstregulativ qua Markt verstandenen Ökonomie. Ihre ersten Verkünder und (neo-)liberalen Nachfolger kümmerte nicht, dass Gleichheit und Freiheit materieller und politisch-organisatorischer Voraussetzungen bedürfen. Nicht alle sind Besitz- und Bildungsbürger. Was nützt es, Selbstbestimmung zu verkünden, wenn ich in den Institutionen, die mein Leben bestimmen, nicht kompetent mitwirken kann? Die Menschenrechte als Schlagworte besaßen lange eine Klassenbasis. Und sie tun es heute global ungleich verschärft. Wie selbstverständlich waren die Frauen nicht manngleich vorgesehen. Darum bedarf es fortgesetzter Kämpfe bis heute, Frauen nicht abstrakt allgemein, sondern konkret zu ihren gleichrangigen Rechten zu verhelfen. Noch länger bedurfte es, zu begreifen – und hier besteht der umfangreichste Veränderungsbedarf –, dass Menschenrechte nicht primär »westlich« bestimmt werden dürfen. Dass sie mit kollektiven Rechten verbunden werden müssen; dass afrikanische, asiatische und indigene Kulturen zu berücksichtigen sind; dass an erster Stelle Minderheiten ihrer Rechte bedürfen. Menschenrechtlich verstanden schlösse sich so der Kreis vom klassenbürgerlich männlichen Anfang zu den globalen gleichfreien Bedingungen heute. Die Universalität der Menschenrechte wird nur wahrgenommen, wenn die Rechte jeder Person in ihrem historisch eigenen Kontext beachtet werden. Sonst besteht die Gefahr, dass Menschenrechte zu (kapital-)herrschaftlich interessierten »humanitären Interventionen«, zu Krieg umgelogen werden. Menschenrechte ernst nehmen heißt, dauernd für ihren Begriff und ihre Praxis zu kämpfen.

Wolf-Dieter Narr

Zum Weiterlesen

Narr, Wolf-Dieter (2012): Trotzdem Menschenrechte, Köln.

Migrant_innenstreik

Migrantische Kämpfe verfügen über eine lange und zu weiten Teilen unsichtbare Geschichte: Störungen, Aktionen, → Proteste, Kämpfe und Organisierung von Migrant_innen waren und sind sowohl im Betrieb als auch im Alltag präsent und verorten sich in Auseinandersetzungen und Forderungen nach sozialen, politischen und kulturellen Rechten wie z.B. Wohnen oder gleichberechtigtem Zugang zu sozialer Infrastruktur. Im deutschsprachigen Raum nach 1945 nehmen sie die Form → wilder Streiks, Mietstreiks, Wohnheim- und Kindergeldkampagnen sowie selbstorganisierter Zentren an. Neben dem breiter rezipierten wilden Streik bei Ford im Jahr 1973, der von Migrant_innen initiiert, vom Betriebsrat der IG Metall jedoch abgelehnt wurde, gibt es mehrere Beispiele für Bleibe(rechts)- und Arbeitsstreiks. Spannende Kapitel sind etwa der Bleiberechtskampf der koreanischen Krankenschwestern in Deutschland im Jahr 1978 oder der Streik bei der A. Pierburg AG in Neuss 1969/70, der durch den Protest migrantischer Frauen gegen Diskriminierung beim Wohnen initiiert wurde und an dem sie mit eigenen Aktionen beteiligt waren. Diese Arbeitskämpfe thematisierten sowohl Arbeitsbedingungen als auch die spezifischen Machtverhältnisse, mit denen Frauen in der Migration konfrontiert sind. Als Arbeitnehmer_innen müssen Migrant_innen nicht nur den Kampf mit den Arbeitgeber_innen führen, sondern sind zugleich auch mit der drohenden Illegalisierung durch den Staat konfrontiert. Konkret waren bei dem genannten Streik in Neuss neben der Unternehmensleitung Vertreter_innen der Polizeidirektion, Angehörige des Werkschutzes, Beamt_innen des Regierungspräsidenten, Staatsanwälte und Kriminalbeamt_innen bei den Verhandlungen präsent. In den migrantischen Streiks der früheren 1970er werden somit nicht nur konkrete Forderungen an die Betriebe formuliert, sondern es zeigen sich in ihnen Konzepte von Leben und Arbeit, die thematisch bereits auf zukünftige Kämpfe verweisen.

Unter dem Begriff »Migrant_innenstreik« nehmen antirassistische Politisierungen und Mobilisierungen neue Formen des sozialen Protests an. Die konkrete Initiative für einen Migrant_innenstreik in den USA im Jahr 2006 geht auf die Proteste und Mobilisierungen gegen die Gesetzgebung des »Border Protection, Anti-terrorism, and Illegal Immigration Control Act of 2005« zurück. Die Kämpfe richten sich gegen massive Verschärfungen von Asyl- und Einwanderungsgesetzen, die insbesondere die Lage von Menschen mit prekären oder ohne Aufenthaltspapieren enorm verschlechtern. In zahlreichen Städten der USA beteiligen sich bis zu drei Millionen Menschen in einem breiten Bündnis von legalisierten und illegalisierten Migrant_innen, anderen antirassistischen Aktivist_innen und Gewerkschaften an Kundgebungen und Demos, Boykotten, Blockaden und Streiks. Im Anschluss an die Massenproteste in den USA wird diese Form der Mobilisierung ab 2009 von Migrant_innen und Aktivist_innen in Europa, vorerst in Paris, in Mailand, Bologna, Turin und verschiedenen italienischen Städten, einzelnen spanischen und griechischen Städten und ab 2011 auch in Wien übernommen: Der 1. März soll langfristig als Tag gegen Rassismus und für migrantischen Protest und Widerstand etabliert werden.

In Frankreich ruft im Jahr 2010 das Kollektiv »24h sans nous« (24 Stunden ohne uns) mit dem Slogan »ein Tag ohne Migrant_innen« zu einem Migrant_innengeneralstreik auf. Migrant_innen mit und ohne Papiere werden zu Arbeitsniederlegung und Konsumboykott mobilisiert, unterstützt von Gewerkschaften und Menschenrechtsvereinen. Die Mobilisierung rekurriert dabei unter anderem auf Arbeitskämpfe von Sans Papiers, die seit 2008 Streiks, Besetzungen und Straßenproteste initiiert haben, um die Legalisierung von lohnabhängig Beschäftigten zu erreichen. Auch in verschiedensten italienischen Städten wurde im selben Jahr »ein Tag ohne uns« mit Massenprotesten auf der Straße und Arbeitsniederlegungen in Betrieben organisiert.

Strukturelle Ausschlüsse von sozialen und politischen Rechten und diskriminierende Verhältnisse im Arbeitsmarkt sind Thema des »1. März/transnationaler Migrant_innenstreik« in Wien, dessen Initialzündung die Verweigerung des rassistischen Alltags nach einem neuerlichen Gewinn der radikalen Rechten bei den Wiener Landtagswahlen war. Ausgehend von der symbolischen Frage, was passieren würde, wenn Migrant_innen einen Tag lang nicht arbeiteten, nicht konsumierten, nicht am gesellschaftlichen Leben teilnähmen, soll sowohl eine Sichtbarmachung von Protest und Widerstand von Migrant_innen im Alltag erreicht werden als auch die Geschichte migrantischer Kämpfe sichtbar geschrieben und der öffentliche Raum antirassistisch besetzt werden. Die Betonung der Transnationalität im Aufruf zum 1. März meint einerseits die Erfahrungen von Migrant_innen als transnationale Akteur_innen (→ Transnationale Migration), andererseits zielt sie auf eine Vernetzung der Kämpfe ab.

1. März/Transnationaler Migrant_innenstreik Wien

Zum Weiterlesen
www.1maerz-streik.net
http://primomarzo2010.blogspot.com
http://globalmigrantsaction.org

Militante Untersuchung

Das Konzept der »Militanten Untersuchung« geht auf eine dissidente → marxistische Strömung in der italienischen Linken Anfang der 1960er Jahre zurück, die später als → Operaismus bekannt wurde. In den 1950er Jahren hatten die sozialistischen und kommunistischen Parteien und Gewerkschaften in Italien den Kontakt zur ArbeiterInnenklasse in den rationalisierten Großbetrieben der Massenproduktion verloren und ihre Politik auf das Ziel der Regierungsbeteiligung ausgerichtet. Die operaistische Strömung um die Zeitschriften *Quaderni Rossi* (1961-1965) und *Classe Operaia* (1964-1967) stellte ausgehend von einer neuen Aneignung der → Kritik der politischen Ökonomie von Marx die Zentralität der ArbeiterInnenklasse als Motor der Geschichte heraus und forderte zur Untersuchung der objektiven und subjektiven Situation in den Fabriken auf. »Untersuchung« war für sie keine linke Variante empirischer Sozialforschung, sondern eine von theoretischer Kritik geleitete Form der politischen Intervention mit dem Ziel der Organisierung des revolutionären → Klassenkampfs.

Diese neue Annäherung an die ArbeiterInnenklasse war zunächst inspiriert durch Methoden der aus den USA und Frankreich stammenden Industriesoziologie und Beschreibungen der alltäglichen Konfliktualität im Produktionsprozess, die von der französischen Gruppe um die Zeitschrift *Socialisme ou Barbarie* (1949-1967) als témoignages (Selbstzeugnisse) von ArbeiterInnen vorgelegt wurden. In scharfer Abgrenzung zu soziologischen Untersuchungsmethoden schlug Romano Alquati (1935-2010) auf einem Kongress der sozialistischen Partei zur Lage bei Fiat im Januar 1961 eine »conricerca« (wörtlich: »Mituntersuchung«) vor, in der die Intellektuellen gemeinsam mit ArbeiteraktivistInnen die Bedingungen und Kampfmöglichkeiten bei Fiat untersuchen sollten – mit dem Ziel, durch die politische Organisierung des Kampfes in der Fabrik schließlich zu einer »Selbstuntersuchung« der Arbeiterklasse zu kommen. Als einige Gruppen in Deutschland das Konzept der »conricerca« in den 1980er Jahren aufgriffen, wurde es als »militante Untersuchung« (im Sinne von → Militanz als aktivem Eingreifen) übersetzt, um es von mittlerweile etablierten soziologischen Methoden wie der »teilnehmenden Beobachtung« abzugrenzen.

Alquati betonte später, dass die »conricerca« kein fertiges methodisches Konzept war, sondern hypothetischen Charakter hatte – sie war die aktive Suche nach bereits vorhandenen informellen Oppositionskernen in den Fabriken, um zusammen mit ihnen den politischen Kampf gegen das Kapital aufzunehmen. In seiner Fetischkritik hatte Marx gezeigt, dass die verdinglichte Macht des Kapitals auf dem spezifischen gesellschaftlichen Charakter der Arbeit beruht: Die Produktivkraft, die aus der großen → Kooperation der ArbeiterInnen entspringt, stellt sich den politisch vereinzelten ArbeiterInnen gegenüber als Macht der toten Arbeit dar. Die Hypothese der Untersuchung bestand darin, dass sich diese Kollektivität der Lohnarbeit auch zur antagonistischen Kollektivität entwickelt. Die Methoden dieser Untersuchung zielten auf die Momente von Kollektivität und mussten vermeiden, durch soziologische Einzelbefragungen die für das Kapital funktionale Vereinzelung zu reproduzieren – neben Interviews und Gesprächsleitfäden gehörten daher auch Flugblätter, Zeitungen, Versammlungen, → Streiks usw. zu ihren Instrumenten. Durch die militante Untersuchung sollte perspektivisch der Gegensatz von forschenden Subjekten und untersuchten Objekten, von Intellektuellen und ArbeiterInnen, von Kadern und Basis aufgehoben werden. Sie war ein politisch-strategischer Vorschlag, der das leninistische Modell der Avantgardepartei überwinden und die Fähigkeit der Ausgebeuteten zur kollektiven Selbstbefreiung in den Mittelpunkt stellen sollte. Auch wenn es zu diesem Übergang von der »conricerca« zur »autoricerca« (Selbstuntersuchung) nie gekommen ist, gingen von diesem Konzept starke Impulse auf die politische Diskussion aus.

Das Konzept stößt heute wieder auf Interesse, weil sich die Zusammensetzung der Arbeiterklasse in den letzten dreißig Jahren durch die Umstrukturierung der Produktion, die Prekarisierung der Arbeitsverhältnisse (Leiharbeit, Befristungen, Teilzeitarbeit usw.) und einen steigenden Anteil illegalisierter MigrantInnen stark verändert hat und zugleich in der Linken nach nicht-hierarchischen und stärker horizontalen Formen der Organisierung und Intervention gesucht wird.

Christian Frings

Zum Weiterlesen

Alquati, Romano (1974): Klassenanalyse als Klassenkampf. Arbeiteruntersuchungen bei Fiat und Olivetti, hrsg. und eingeleitet von Wolfgang Rieland, Frankfurt a.M.; siehe auch die Einleitung von Alquati zur Neuherausgabe seiner Schriften von 1974: www.wildcat-www.de/thekla/06/t06alqua.htm.

arranca! (2008): Schwerpunkt: Militante Untersuchungen, Nr. 39, http://arranca.org/ausgabe/39.

Rieland, Wolfgang (1977): Autonomie und Organisation. Die Erneuerung der italienischen Arbeiterbewegung, Frankfurt a.M.

Wildcat (1995): Renaissance des Operaismus, in: Wildcat, Nr. 64/65, www.wildcat-www.de/wildcat/64/w64opera.htm.

Militanz

»In London kommt es 1910 erneut zu Ausschreitungen *militanter* Frauenrechtlerinnen.« – »*Militant* Music Group & Entertainment supports good quality music, from Hip-hop to Alternative Rock along with acting and comedy.« – »30.000 Hyundai-Arbeiter ... setzen neben Gabelstaplern und Bulldozern auch Sandstrahlgeräte ein. Bei den *militanten* Auseinandersetzungen werden die Konzernzentrale und das Rathaus verwüstet.« – »Die Sit-ins in nach Rassen getrennten Institutionen führten zur *militant*-gewaltlosen Konfrontation mit Rassisten [und] prägten einen Stil gewaltloser *Militanz*.« – »Massenschlachtungen wegen Maul- und Klauenseuche 2001: Bauer Vellacott hört längst nicht mehr hin: Wir müssen *militanter* werden und selbst für unsere Rechte kämpfen.« – »Die Hafenarbeiter weigerten sich, Kriegsgüter für Indochina zu verladen, und eine *Militante* stoppte einen Zug mit Waffen, indem sie sich auf die Eisenbahngleise legte.« – »Die *militante* Gruppe war ... durch die von ihr mitinitiierte *Militanz*debatte bekannt geworden. ... Allerdings wird der Gruppe nicht nur das Abfassen von *militanten* Texten angelastet.«

Diese zufälligen Fundstellen im Netz zu militanten Frauen, militanten Stahlarbeitern, militanten Bauern, militanten Schienenblockaden, militant-gewaltlosen Konfrontationen, militanten Sit-ins, militanter »good quality music«, militanter Gruppe sowie militanten Texten zeigt, dass der Versuch, die vorkommende Verwendung von »Militanz« und »militant« inhaltlich einzugrenzen, keinen Erfolg haben wird.

Militanz ist einer jener auf- und anregend klingenden Begriffe, die gerade wegen ihrer ungenauen Definition in politischen Auseinandersetzungen propagandistisch und interessengeleitet verwendet werden. In deutschsprachigen Mainstream-Medien ist Militanz ein Synonym für möglicherweise (»gewaltbereit«) oder tatsächlich gegen Polizeieinsätze und Bankenfassaden vorgehende DemonstrantInnen, konkreter: für Steine werfende Vermummte des »Schwarzen Blocks«. Da schwingt der Begriff »Terrorismus« mit. Hinter dieser Lesart von Militanz steht das Interesse, staatliche Maßnahmen und ein »härteres Vorgehen« zu fordern und zu legitimieren – denn diese Militanz verstoße gegen das staatliche Gewaltmonopol und bedrohe den inneren Frieden. Dass Militanz tatsächlich über diese zugeschriebene Wirkung verfügt, wird von den gemeinten Linken auch so gesehen und unter Hinweis auf eine mit entsprechenden Demonstrationsbildern erzielbare Öffentlichkeitswirkung praktiziert und verteidigt. Dieses Verständnis von

(Straßen-)Militanz verlässt die enge Konnotierung von Militanz mit Gewalt allerdings kaum.

Militanz stammt von *militare* (lat.: als Soldat dienen), eine Bedeutung, die heute keine Rolle mehr spielt. Im romanischen und angelsächsischen Sprachraum ist »militant« viel weniger unbestimmt als im Deutschen, dort steht es für politisch Aktive bzw. für AktivistInnen von Organisationen und auch Parteien. Das Verhältnis zur Gewalt ist kein Kriterium für diese Zuschreibung von »militant«. Begriffe wie »linksradikal«, »radikal« und »autonom« haben ihren Sinn. Angesichts der individuellen und gesellschaftlichen Herausforderungen der neoliberalen Angriffe wirken sie jedoch etwas angestaubt und sind zu »besetzt«, um noch wirklich verbindend und mobilisierend wirken zu können. Entscheidend ist die Verbindung von militant und links. Erst »militant links« kann Individuen und Gruppen, Einstellungen und Praxen inhaltlich bezeichnen. »Links« beschriebe nach wie vor das Umwerfen aller Verhältnisse, in denen Menschen unterdrückt und erniedrigt werden, und Militanz die persönliche Einstellung, bei der die/der Einzelne trotz des Risikos persönlicher Konsequenzen ein aus dieser linken Überzeugung gespeistes Handeln anstrebt. Militante Linke sind so verstanden das bewusste Gegenteil von Opportunisten, Funktionären, Sexisten, Faschisten und Ausbeutern. Militante linke Organisationen wären freiwillige Kollektive, die ihre Politik selbstverantwortlich, reflektiert, entschieden und offensiv betreiben, da ihre Militanten sich als »ganze Person« zur Realisierung ihrer Überzeugungen einbringen.

Generell würde die Praxis von linken Militanten und ihren Organisationen auf der Einsicht beruhen, dass zur Veränderung der Welt verbindlicher und hartnäckiger Einsatz nötig ist. Bei solchen Militanten bestimmt die Politik die Mittel und ihre Diskussionen sind ein ständiges Praxiskorrektiv – und ihre Praxis ein Lernprozess. Militanz wäre weder ein auf Gewalt noch auf Gewaltlosigkeit, sondern auf politische Effizienz und Zielgerichtetheit ausgelegter Weg. Im Unterschied zu unreflektierter und struktureller Gewalt, aber auch zu akademischer Sterilität, würde linke Militanz als Resultat aus militantem Wünschen und militanten Handeln das Versprechen auf individuelle und gesellschaftliche → Emanzipation enthalten.

Klaus Viehmann

Zum Weiterlesen

Fritz, Thomas (2001): Militanz als Strategie, www.sopos.org/aufsaetze/3b9919a8ac56b/1.phtml#fritz

Viehmann, Klaus (2003): Einmal Knast und zurück, http://einstellung.so36.net/de/knast

Mindestlöhne

Hinter der Kontroverse um die Einführung existenzsichernder Mindestlöhne verbirgt sich eine strategische Grundfrage. Das neoliberale Credo fordert die Ausweitung des Niedriglohnbereichs, größere Einkommensspreizung am Arbeitsmarkt und mehr soziale Ungleichheit. Dies ist eine zerstörerische Strategie, weil über Lohn- und Sozialdumping reguläre und sozial abgesicherte Arbeitsplätze durch schlecht bezahlte, oft prekäre Beschäftigungsverhältnisse ersetzt werden. Aktuelle Zahlen belegen, dass sich der Niedriglohnsektor in Deutschland seit Jahren ausgebreitet hat und auf hohem Niveau verharrt. Durch die anhaltend hohe Arbeitslosigkeit und die Einführung der Hartz-Gesetze geriet das Lohnniveau extrem unter Druck. So müssen Arbeitslose jeden Job bis zur Grenze der Sittenwidrigkeit annehmen, also eine Entlohnung akzeptieren, die bis zu 30% unter dem Tarifniveau liegen kann. Rund fünf Millionen Beschäftigte arbeiten in Deutschland zu Löhnen, die weniger als 8,50 Euro pro Stunde betragen, die meisten davon Frauen. So gibt es derzeit rund 1,34 Mio. Menschen, die wegen niedriger Löhne auf ergänzende Sozialtransfers angewiesen sind. Von diesen so genannten Hartz IV-AufstockerInnen arbeiten rund 320.000 Menschen sogar in Vollzeit.

Um Armutslöhne zu bekämpfen, sind – wenn möglich – tarifvertragliche Lösungen vorzuziehen und durch gesetzliche Maßnahmen abzusichern. In manchen Branchen lässt sich ein tariflicher Mindeststandard erheblich besser durchsetzen als die reine Existenzsicherung. Entscheidend ist, dass tarifvertraglich vereinbarte Mindestlöhne für alle Arbeitgeber und Beschäftigten verbindlich gelten. Arbeitgeber dürfen sich Mindestlöhnen beispielsweise nicht durch den Austritt aus dem Arbeitgeberverband entziehen können. Deshalb müssen solche Tarifverträge allgemeinverbindlich erklärt werden. Der schnellste und einfachste Weg hierzu wäre die Ausweitung des Arbeitnehmer-Entsendegesetzes auf alle Branchen. Bis jetzt gilt dieses Gesetz nur für einzelne Branchen, am längsten – seit 1996 – in der Baubranche. Aufgrund der massiven Erschwernisse, die im Koalitionsvertrag zwischen CDU/CSU und FDP festgelegt wurden, aber auch aufgrund der kritischen Haltung der Bundesvereinigung Deutscher Arbeitgeberverbände im Tarifausschuss gegenüber der Einführung von Mindestlöhnen sind in Bezug auf die Allgemeinverbindlicherklärung im Ganzen Erleichterungen dringend notwendig.

Tarifvertragliche Lösungen haben jedoch ihre Grenzen und können einen gesetzlichen Mindestlohn nicht ersetzen. Die Gewerkschaften haben nicht in allen Bereichen die Gestaltungsmacht, Tarife über eine armutsfeste Lohnhöhe abzuschließen, auch weil die weißen Flecken in der Tariflandschaft rasant zunehmen. Durch die Verbandsflucht der Arbeitgeber fielen im Jahr 2010 in Westdeutschland nur noch rund 36% der Betriebe unter die Tarifbindung, in Ostdeutschland waren es rund 20%. Immer mehr ArbeitnehmerInnen sind also »tariflos« und damit meist zu schlechteren Bedingungen beschäftigt als Beschäftigte in tarifgebundenen Unternehmen.

Dass die Einführung eines flächendeckenden gesetzlichen Mindestlohns von 8,50 Euro nicht nur GeringverdienerInnen helfen würde, sondern auch Staatshaushalt und Sozialkassen entlasten würde, ist das Ergebnis einer von der Friedrich Ebert Stiftung in Auftrag gegebenen Studie. Danach würden 5 Mio. Beschäftigte von dem gesetzlichen Mindestlohn profitieren und 2,67 Milliarden Euro zusätzlich an Einkommenssteuer in den Staatshaushalt fließen. Die Renten-, Kranken-, Pflege- und Arbeitslosenversicherungen würden zusätzlich 2,68 Milliarden Euro erhalten. Sozialleistungen wie Wohngeld, Kindergeldzuschläge und ALG II würden um 1,7 Milliarden Euro sinken. Aufgrund der höheren Entgelte im Niedriglohnbereich würde sich der Konsum um 0,7 Milliarden Euro steigern, was wiederum zu höherer Umsatzsteuer und zusätzlichen Jobs führen würde.

In Europa haben 20 von 27 Mitgliedsländern einen gesetzlichen Mindestlohn, ohne dass sich daraus Hinweise auf eine negative Beschäftigungswirkung ableiten ließen. Ein Blick über die deutschen Grenzen in vergleichbare europäische Nachbarländer zeigt, dass Mindestlöhne dort nicht nur gängige Praxis sind, sondern sogar über dem vom DGB geforderten Einstiegs-Niveau von 8,50 Euro liegen – und der Ökonomie offenbar nicht »die Luft zum Atmen« nehmen. Sie betragen in Luxemburg 10,16 Euro, in Frankreich 9,00 Euro, in den Niederlanden 8,74 Euro und in Belgien 8,58 Euro pro Stunde.

Die Mindestlohn-Debatte bleibt eine gesellschaftspolitische Grundfrage. Für Gewerkschaften steht im Mittelpunkt, dass die Menschen sowohl von ihrer Arbeit als auch von ihrer späteren Rente würdevoll leben können. Letztlich geht es aber auch darum, dass prekäre Arbeits- und Lebensverhältnisse, Armut und Perspektivlosigkeit die Grundlagen der Demokratie destabilisieren und diese dauerhaft gefährden.

Annelie Buntenbach/Claus Matecki

Zum Weiterlesen

Bosch, Gerhard/Weinkopf, Claudia (2006): Gesetzliche Mindestlöhne auch in Deutschland? Berlin, Friedrich-Ebert-Stiftung.

Schulten, Thorsten/Bispinck, Reinhard/Schäfer, Claus (Hrsg.) (2006): Mindestlöhne in Europa, Hamburg.

Mosaiklinke

Der Begriff Mosaiklinke bezeichnet eine Metapher der politischen Rhetorik. Er zielt auf die theoretische Begründung und politische Beförderung eines gesellschaftlichen Akteurs, der seine Kernaufgabe in der Regulierung und Transformierung des globalisierten Finanzmarkt-Kapitalismus sieht. Als heterogener Kollektivakteur umfasst er diverse Organisationen, Initiativen und Bewegungen, die unter Wahrung eigener Identitäten gemeinsam an Projekten der Korrektur und Beseitigung finanzmarktkapitalistischer Deformationen arbeiten. Dabei akzeptiert die Mosaik-Metapher, dass auch kapitalistische Gesellschaften Prozessen der sozialen Differenzierung unterliegen, aus denen eigensinnige soziale Kontexte hervorgehen. Diese lassen sich im Anschluss an Pierre Bourdieu als soziale Felder fassen, die als relativ autonome soziale Welten innerhalb der Welt der Gesamtgesellschaft existieren. Dabei enthalten soziale Felder eigene Bewertungskriterien und Machtstrukturen und stellen Kampffelder zur Veränderung der internen Kräfteverhältnisse dar. Zugleich werden die feldinternen Entwicklungen durch die Dynamik der finanzmarktkapitalistischen Akkumulation geprägt, die die Imperative des kapitalistischen Verwertungsprozesses in die Felder und damit in nahezu alle Gesellschaftssphären hineinträgt.

Die Mosaiklinke kann als eine Assoziation von Feldakteuren begriffen werden, die auf die progressive Veränderung in ihren Feldern hinzuwirken haben, um feldübergreifende Handlungsmacht gegenüber den finanzmarktkapitalistischen Zwängen zu ermöglichen. Dabei sind sie nicht nur in spezifische Akteurskonstellationen und Logiken ihrer Handlungskontexte eingebunden. Zugleich haben die Gesellschaften des entwickelten Kapitalismus einen Grad an Komplexität erreicht, in dem kein Akteur a priori feldübergreifende Handlungskompetenz reklamieren kann. Daher setzt eine wirkungsmächtige Mosaiklinke kooperative Strategieorientierungen unter den Akteuren voraus. Das gilt etwa für die Gewerkschaften. In Deutschland konnten sie in der Akutphase der großen Krise des Finanzmarkt-Kapitalismus im Rahmen krisenkorporatistischer Arrangements ansehnliche Defensiverfolge bei der Wahrung der Einkommens- und Arbeitsplatzinteressen ihrer Mitglieder erringen. Weitergehende Forderungen – etwa nach wirtschaftdemokratischen Interventionen – scheiterten vor allem an fehlenden Machtressourcen und krisenkorporatistischen Konsenszwängen. Ein relevanter Beitrag der Gewerkschaften zur Beförderung einer gesellschaftlichen Mosaiklinken dürfte ohne ein Selbstverständnis als autonome Interessenvertretung der abhängigen Arbeit (→ gewerkschaftliche Autonomie) und eine Strategie der machtpolitischen Revitalisierung nicht realisierbar sein.

Auch andere potenzielle Mosaikakteure müssen Rollenverständnisse und Politikvorstellungen auf ihre mosaiklinke Eignung prüfen und gegebenenfalls erneuern. Sollen staatliche Interventionsmedien wie Recht, Geld und Normen für eine progressive Transformation des Finanzmarkt-Kapitalismus nutzbar gemacht werden, müssen in den politischen Arenen entsprechende Mehrheiten entstehen. Dabei sind die Parteien gefordert, in den politischen Entscheidungsverfahren eine Oppositionsrolle gegenüber den finanzmarktkapitalistischen Zumutungen wahrzunehmen und zugleich Impulse aus der Gesellschaft aufnehmen, um sie mit Erfahrungen, Kompetenzen und Ressourcen aus der parlamentarischen Arbeit zu verbinden und in Reforminitiativen und Transformationsprojekte einzubinden. Schließlich bedürfen traditionelle Vorstellungen von der Rolle kapitalismuskritischer Intellektueller der Erneuerung. Im mosaiklinken Formierungsprozess besteht die Schlüsselfunktion intellektueller Tätigkeit im Aufspüren und strategischen Bearbeiten jener transformatorischen Projekte, die auf die Korrektur und Transformierung des Finanzmarkt-Kapitalismus zielen und die kollektive Handlungsfähigkeit zwischen den mosaiklinken Feldakteuren befördern. Dies erfordert ein Rollenverständnis als integrativer Intellektueller.

Auch die Mosaiklinke steht vor der Notwendigkeit, die Grenzen der nationalstaatlichen Arenen zu überwinden. Das gilt bereits mit Blick auf Europa mit seinen fragmentierten Öffentlichkeiten, Organisationen und Politiken. Eine transnationale Politik gegen die neoliberale Krisenpolitik und für ein neues öko-soziales Entwicklungsmodell in Europa könnte hier defragmentierend wirken. Eine solche Politik könnte zur Herausbildung einer europäischen Gegenöffentlichkeit und damit zu einem »europäischen Demos« beitragen, ohne den Demokratiefortschritte in Europa nicht erreichbar sein dürften. Für eine europäische Mosaiklinke liegen hier zentrale Aufgaben. Auch sie hätte sich der Aufgabe einer Veränderung der Machtverhältnisse in den Nationalstaaten zu stellen, um die dortigen Reformpolitiken zu europaweiten Transformationsprojekten zu bündeln.

Hans-Jürgen Urban

Zum Weiterlesen

Candeias, Mario (2010): Von der fragmentierten Linken zum Mosaik, in: Luxemburg, 3, S. 6-17.

Urban, Hans-Jürgen (2009): Die Mosaiklinke. Vom Aufbruch der Gewerkschaften zur Erneuerung der Bewegung, in: Blätter für deutsche und internationale Politik, 5, S. 71-78.

Urban, Hans-Jürgen (2010): Lob der Kapitalismuskritik. Warum der Kapitalismus eine starke Mosaiklinke braucht, in: Luxemburg, 3, S. 18-29.

Multitude

Mit der Veröffentlichung von *Empire* (2000) durch Michael Hardt und Antonio Negri ist der Begriff »Multitude« in der gegenwärtigen politischen Debatte zentral geworden. Die Autoren analysieren darin die Geburt einer neuen Geografie der Macht, die Überwindung der Zentralität der Nationalstaaten und die Herausbildung einer globalen Form der Souveränität ohne Zentrum und Grenzen. Demnach bestimmt der globale Markt eine neue Logik und Struktur einer neuen souveränen Macht, die die Welt regiert. Die Souveränität setzt sich aus nationalen und supranationalen Organismen zusammen, die von einer einzigen Logik der Macht verbunden sind. Diese globale Souveränität nennen sie Empire, das politische Subjekt, das dem Empire entgegentritt, Multitude. Sie ist die Gesamtheit der Ausgebeuteten und Unterjochten, die den unmittelbaren Gegensatz zum Empire darstellen.

Hardt und Negri arbeiten mit der Entgegensetzung der Begriffe »Multitude« und »Volk«, die sich auf Hobbes und Spinoza zurückführen lässt. Hobbes gibt dem Begriff eine negative Konnotation: Die Multitude steht dem Volk gegenüber und ist ein Hindernis für die Einheit des Staates. Spinoza hingegen sieht in der Multitude eine Form der sozialen und politischen Existenz der Vielen und der Träger der bürgerlichen Freiheit. Negri und Hardt geben eine zumindest originelle Interpretation Spinozas: Sie weiten den Begriff aus, indem sie gleichzeitig mit dem Begriff »Vielfalt« von Deleuze und dem Begriff »Biopolitik« von Foucault arbeiten. In den Schriften *Multitude* (2004) und *Common Wealth* (2010) arbeiten sie diese Überlegung weiter aus.

Die Multitude wird innerhalb des Empire geboren und tritt ihm als eine überwältigende Macht entgegen. Ihre revolutionäre Natur und ihre Kämpfe hindern das Empire daran, ein neues juristisches System zu konstituieren, das der neuen Realität der Globalisierung adäquat wäre. Die Multitude ist nicht einfach das Ergebnis einer undifferenzierten Mischung von Völkern und Nationen, »sie ist vielmehr die singuläre Macht *eines neuen Staates*«. Wie aber werden die Aktionen der Multitude politisch? Laut Hardt und Negri wird die Wirkung der Multitude politisch, wenn sie sich direkt und mit einem adäquaten Bewusstsein mit den repressiven Maßnahmen des Empire auseinandersetzt. Die Multitude ist ein »neues Proletariat«, das eine konstituierende Macht hat. Das Proletariat umfasst dabei alle, deren Arbeit vom Kapital ausgebeutet wird. Hingegen ist die industrielle Arbeiterklasse nur ein partieller Moment in der Geschichte des Proletariats. Die Kämpfe für das Recht auf globale Bürgerschaft, für das Recht auf ein bedingungsloses

→ Grundeinkommen, für das Recht auf Wiederaneignung des Wissens stellen die ersten Schritte des Kampfs der Multitude dar. Die Multitude ist daher: 1) Eine kooperierende Gruppe von Singularitäten, die als solche weder mit dem Volk noch mit der Masse identisch sind. 2) Ein Klassenbegriff, weil sie die Gesamtheit aller von der Produktionsweise des Empire Ausgebeuteten ist. 3) Ein Begriff der Potenz, weil die Singularitäten, woraus sie besteht, sich ausbreiten, bis sie zu einer Art »General Intellect« werden.

In der biopolitischen Produktion, die nach Hardt/Negri die industrielle Produktion ersetzt, werden in erster Linie Subjektivitäten produziert und nicht die Objekte zur Befriedigung von Bedürfnissen wie in der Warenproduktion. Demnach sind das wichtigste politische Feld die Kämpfe zur Kontrolle und Autonomie der Produktion der Subjektivitäten. »Die Multitude konstituiert sich selbst, indem sie im Gemeinsamen die einzelnen Subjektivitäten zusammensetzt, die aus diesem Prozess hervorgehen.«

Die Multitude kann weder im Sinne des klassischen politischen Denkens erklärt noch repräsentiert werden: Sie ist eine inkommensurable Vielzahl. Wenn das Volk als eine Einheit repräsentiert wird, ist die Multitude nicht repräsentierbar, weil sie ein aktiver sozialer Akteur, eine Vielzahl ist, die wirkt. Ihre Kämpfe brechen die traditionellen Muster des politischen Konflikts und verweisen auf neue und unbestimmbare Formen. Multitude hat viele Diskussionen provoziert. Sowohl theoretisch als auch politisch ist der Begriff umstritten. Umstritten ist auch das zentrale Moment der Analyse von Hardt und Negri, wonach sich die Organisation der Produktion grundsätzlich verändert hätte. Statt von der »Fabrikarbeit« sei sie jetzt durch »immaterielle Arbeit« bzw. »biopolitische Produktion« bestimmt. Innerhalb dieser neuen Art der Produktion könne die Multitude den gemeinschaftlichen Reichtum auf eine ganz andere Art und Weise produzieren. Hier stellen sich viele Fragen, allen voran, ob die so genannte immaterielle Produktion unmittelbar eine neue Qualität und eine neue Form der → Vergesellschaftung mit sich bringt.

Antonella Muzzupappa

Zum Weiterlesen

Atzert, Thomas/Müller, Jost (Hrsg.) (2007): Immaterielle Arbeit und imperiale Souveränität. Analysen und Diskussionen zu Empire, Münster.

Hardt, Michael/Negri Antonio (2010): Common Wealth. Das Ende des Eigentums, Frankfurt a.M./New York.

Dies. (2002): Empire. Die neue Weltordnung, Frankfurt a.M./New York.

Dies. (2004): Multitudo. Krieg und Demokratie im Empire, Frankfurt a.M./New York.

Virno, Paolo (2005): Grammatik der Multitude: Untersuchungen zu gegenwärtigen Lebensformen, Berlin.

Nachhaltigkeit

Nachhaltigkeit ist ein sperriger Begriff, um den gerungen und gestritten wird. In der deutschen Sprache ist er allenfalls als Adjektiv zu Hause und bezeichnet etwas von langer Auswirkung, beispielsweise einen nachhaltigen Eindruck. Nachhaltigkeit ist als praktische Antwort auf historische Krisensituationen wirksam geworden. Ihre Ursprünge liegen in der Waldwirtschaft und der Holzkrise im 17. Jahrhundert. Aufgrund des maßlosen Abholzens der Wälder waren die Verfügung über den Rohstoff Holz und die Funktionsfähigkeit der Produktionsstätte Wald gefährdet. Nachhaltigkeit birgt damit eine quantitative und eine qualitative Dimension. Quantitativ soll nicht mehr Holz geschlagen werden als nachwachsen kann. Qualitativ geht es um Bodenqualität, um die Qualität von Wasser und von Luft.

Die neuere Ausformulierung geschah 1987 im so genannten Brundtland-Bericht, der im Kontext der Armutskrise in den Ländern des Globalen Südens und der globalen ökologischen Krise im Auftrag der UNO entstand. Nachhaltigkeit wird hier nicht als Zustand, sondern als Prozess gefasst – als Nachhaltige Entwicklung. Nachhaltig oder zukunftsfähig ist eine Entwicklung dann, wenn die Bedürfnisse der heutigen Generation befriedigt werden, ohne die Bedürfnisbefriedigung der künftigen Generationen sowie deren Wahl ihres eigenen Lebensstiles zu gefährden. Diese Maxime verträgt sich nicht mit rücksichtslosem Ressourcenverbrauch und irreversibler Umweltbelastung. Hier werden Grenzen formuliert, die kapitalistischen Gesellschaften per se fremd sind. Allerdings wird zugleich Rücksicht auf den Status quo genommen, indem versucht wird, Nachhaltigkeit und Entwicklung zu einem wachstumskonformen Konzept zu kombinieren.

Das Süd-Frauennetzwerk DAWN plädiert stattdessen für »Sustained Livelihood«. Damit ist zum einen die nachhaltige Sicherung der Lebensgrundlagen und zum anderen die nachhaltige Erwirtschaftung des Lebensunterhalts oder des zum Leben Notwendigen gemeint. Während Entwicklung als Makrostrategie mit ressourcenintensivem Wachstum vereinbar erscheint, setzt Livelihood an den lokalen Lebensbedingungen, Alltagserfahrungen und der → Alltagskultur an, insbesondere von Frauen. Nachhaltigkeit wird aus dieser Perspektive nicht von oben verordnet, sondern von unten ausgehandelt. Sustained Livelihood verweist auf sichere Lebensgrundlagen anstelle von effizienterer Naturbeherrschung (→ Naturverhältnisse).

Nachhaltigkeit steht also einerseits für die Ökologisierung des Vorhandenen: wachstumsbasierte ökologische Modernisierung durch technische

Innovationen, Effizienzsteigerung, Recycling. Andererseits geht es um grundlegende Veränderungen als Voraussetzung für das Erreichen von Nachhaltigkeit: ökologischer Strukturwandel, tief greifende strukturelle Veränderungen von Wirtschaft und Gesellschaft v.a. in den Industrieländern. Die Wirtschaftswissenschaftlerin Christiane Busch-Lüty bestand darauf, dass Nachhaltigkeit sich in keinerlei statischer Zielsetzung erschöpft, sondern in Bewegung bleibt und zum Widerspruch einlädt. Der Begrenzungstheoretiker Dennis Meadows hat 2011 in der Enquete-Kommission »Wachstum Wohlstand Lebenswelt« die Ansicht geäußert, für eine nachhaltige Entwicklung sei es heute zu spät. Der Klimawandel erfordere, den Umweltverbrauch friedlich, gerecht und ohne weitere Schädigung zu reduzieren, d.h. die Resilienz von Gesellschaften mithilfe von ausreichend Puffer für Engpässe, effizienten Verbrauch und redundante Systeme zu erhöhen. Doch auch und möglicherweise gerade eine Gesellschaft im Klimawandel braucht Visionen und Alternativen.

Nachhaltigkeit fordert das ökonomische Denken heraus. Sie gemahnt an die nicht-marktförmig erbrachten Leistungen (wie die Produktivität der Natur und die reproduktiven Arbeiten von Frauen), die von der Wirtschaft zwar implizit vorausgesetzt, aber nicht bewertet werden (→ feministische Ökonomie). Nachhaltigkeit widerspricht der herrschenden Einteilung von produktiv und reproduktiv und erfordert, diese beiden in ein nicht-hierarchisches Verhältnis zu setzen. Nachhaltigkeit fordert auch das politische Denken heraus. Sie wirft die Frage nach einem neuen Politiktypus auf (etwa lokale Aushandlungsdemokratie) und verweist auf die demokratiepolitische Herausforderung dezentraler Steuerung. Sie gemahnt daran, dass die Befreiung aus dem Naturzusammenhang einen herrschaftlichen Schatten hat: Die Kolonialisierung und Ausbeutung dessen, was zum anderen der Gesellschaft (Natur, andere Völker) und zum anderen der Politik (die »privaten« Sorgearbeiten, insbesondere von Frauen) erklärt wird. Nachhaltigkeit ist insofern nicht Alternative an sich. Aber sie weist über das Vorhandene hinaus auf ein zu Erreichendes.

Uta von Winterfeld

Zum Weiterlesen

Brand, Karl-Werner (Hrsg.) (2002): Politik der Nachhaltigkeit. Voraussetzungen, Probleme, Chancen – eine kritische Diskussion, Berlin.

Steurer, Reinhard/Trattnigg, Rita (Hrsg.) (2010): Nachhaltigkeit regieren, München.

Wichterich, Christa (2002): Sichere Lebensgrundlagen statt effizienterer Naturbeherrschung – Das Konzept nachhaltiger Entwicklung aus feministischer Sicht, in: Görg, Christoph/Brand Ulrich (Hrsg.): Mythen globalen Umweltmanagements, Münster, S. 72-92.

Naturverhältnisse

Walter Benjamin machte im Angesicht des heraufziehenden Faschismus auf ein Manko im Verständnis menschlicher → Emanzipation aufmerksam. Demnach würden allein die »Fortschritte der Naturbeherrschung«, nicht aber deren destruktive Konsequenzen gesehen und damit die fundamentale Rolle der Naturverhältnisse in der gesellschaftlichen Entwicklung unterschätzt. Die »Dialektik der Aufklärung« von Horkheimer und Adorno schließt an diese Diagnose an. Ihr zufolge ist es die »falsche Alternative« zwischen einer Unterwerfung der Gesellschaft unter die Natur oder der Beherrschung von Natur durch die Gesellschaft, die eine wirkliche Emanzipation bislang verhindert habe. Eine Perspektive auf eine vernünftige Einrichtung der Gesellschaft, menschliche Emanzipation im emphatischen Sinne, eröffne sich jedoch erst jenseits dieser fatalen Logik, nämlich in der bewussten *Gestaltung* der Naturverhältnisse. Diese Diagnose hat nichts von ihrer Aktualität eingebüßt, sie offenbart in Zeiten der globalen ökologischen Krise ihre volle Brisanz. Dabei hat die Idee einer Unterordnung der Gesellschaft unter die »Gesetze der Natur« inzwischen an Boden verloren: Ein »Zurück zur Natur« vermag angesichts des Ausmaßes, in dem Natur inzwischen durch gesellschaftliche Praktiken umgestaltet wurde, keine angemessene Orientierung mehr zu liefern. Aber auch die zweite Seite der »falschen Alternative«, die Perfektionierung der Naturbeherrschung, hat auf den ersten Blick viel von ihrer Überzeugungskraft eingebüßt. Trotzdem ist sie, wenn auch umkämpft, immer noch vorherrschend. Hinter den vielfältigen sozial-ökologischen Konfliktfronten steht die Frage nach Alternativen jenseits der Naturbeherrschung.

Die Zweifel an der Perfektionierung der Naturbeherrschung sind vielfältig, und nicht alle haben eine systemkritische Stoßrichtung. Gleichwohl eröffnen sie Denkräume, um Alternativen zu entwickeln. So hat inzwischen der Glaube an eine vollständige Berechenbarkeit der Natur an Plausibilität verloren. Heute geht man eher davon aus, dass mit jedem neuen Fortschritt der Wissenschaft auch das Nicht-Wissen steigt, eine vollständige Kontrolle der biophysikalischen Umwelt also niemals zu erreichen sein wird. Doch selbst dieser Zweifel kann für immer bessere Prognoseverfahren und für eine Strategie »reflexiver Naturbeherrschung« nutzbar gemacht werden, die auch die negativen Nebenfolgen einzuplanen versucht. Für Alternativen jenseits der Naturbeherrschung ist es vielmehr entscheidend, die gesellschaftlichen Machtverhältnisse zu thematisieren. Können Alternativen zur herrschenden → Vergesellschaftung der Natur gedacht und umgesetzt werden oder wird die ökologische Krise nur auf eine neue Stufe gehoben? Dies zeigt sich heute z.B. bei den Strategien zur Bewältigung des globalen Klimawandels. Längst ist klar, dass dieser schon Realität ist und nur noch sein Ausmaß begrenzt werden kann. Seine Folgen sind höchst unterschiedlich für verschiedene Regionen und soziale Gruppen (→ Klimagerechtigkeit). Ökologische Verwundbarkeiten potenzieren soziale Ungleichheiten, in den Überschwemmungsgebieten Bangladeshs wie in den Trockengebieten Afrikas. Manche Gegenstrategien verstärken diese Tendenzen sogar noch. So hat die Strategie, fossile Kraftstoffe durch Kraftstoffe aus nachwachsenden Rohstoffen zu ersetzen, fatale Konsequenzen. Weil dadurch einerseits Nahrungsmittel wie Mais, Soja oder Zuckerrohr verfeuert werden, steigen die Preise für Grundnahrungsmittel in einigen Ländern schon heute dramatisch an. Anderseits werden für manche Ausgangsstoffe wie Palmöl und Zuckerrohr in Indonesien, Malaysia und Brasilien Regenwälder abgeholzt. Dies trägt nicht nur zur Erosion der biologischen Vielfalt bei, sondern ist auch im Hinblick auf die Abschwächung des Klimawandels kontraproduktiv.

Kritische NGOs und Basisbewegungen fordern daher vehement ein Verbot dieser Agrarkraftstoffe und ein Öko-Label für nachwachsende Rohstoffe. Doch ob sich diese Kritik zu einer alternativen Gestaltung der Naturverhältnisse weiterentwickeln wird, die Biomasse im vernünftigen Rahmen nutzt, hängt letztlich von den globalen Interessenlagen und Machtverhältnissen ab. Der Hype um die Energie aus Biomasse hat seinen Grund in den Verwertungsstrategien einiger Konzerne, der Landbesitzer und sie unterstützender Regierungen. Damit verbunden ist die Weigerung, die global dominante Form gesellschaftlicher Naturverhältnisse, den westlichen Lebens- und Konsumstil einschließlich seiner energetischen und stofflichen Grundlagen, zur Disposition zu stellen. Übrig bleiben daher nur technische Optionen wie die Produktion von Agrarkraftstoffen, und die laufen auf eine Steigerung der Naturbeherrschung hinaus. Die Suche nach Alternativen in der Gestaltung der Naturverhältnisse führt dagegen zu der Frage, in welcher Natur wir leben wollen – und in die Konfrontation mit globalen Machtverhältnissen.

Christoph Görg

Zum Weiterlesen

Brand, Ulrich/Wissen, Markus (2011): Die Regulation der ökologischen Krise, in: Österreichische Zeitschrift für Soziologie, Vol. 36, Nr. 2, S. 12-34.

Görg, Christoph (2003). Regulation der Naturverhältnisse, Münster.

Horkheimer, Max/Adorno, Theodor W. (1987): Dialektik der Aufklärung. Philosophische Fragmente, in: Horkheimer, Max: Gesammelte Schriften, Bd. 5, Frankfurt a.M.

Neo-Desarrollismo

Neo-Desarrollismo (Desarrollo = Entwicklung) ist die Aktualisierung lateinamerikanischen Entwicklungsdenkens der Nachkriegsjahrzehnte. Im Desarrollismo der 1940er bis 1970er Jahre lag der Schwerpunkt der Protektion beim Außenhandel, um so die Wirtschaft weniger abhängig zu machen und einen Übergang von einer auf den Agro-Export orientierten zu einer industrialisierten Ökonomie zu erleichtern. Der Neo-Desarrollismo hingegen setzt den Akzent bei der Kontrolle des Kapitalverkehrs. Hierüber soll eine Stabilisierung des Wachstumsweges erreicht und »autonome Politiken für Vollbeschäftigung und soziale Gerechtigkeit« ermöglicht werden. Eine graduelle Liberalisierung des Warenhandels sei hingegen möglich.

Die Notwendigkeit von Kapitalverkehrskontrollen wird von allen Neo-DesarrollistInnen betont. Kurzfristige Zu- und Abflüsse von Kapital haben zu starken Schwankungen der Wechselkurse, Finanzkrisen und makroökonomischer Instabilität geführt. Freier Kapitalverkehr eröffnet dem Kapital zudem eine Exit-Option gegenüber aus seiner Sicht unerwünschter Wirtschaftspolitik. Kapitalflucht kann progressive Wirtschaftspolitik unterminieren. Daher sind Kapitalverkehrskontrollen von strategischer Bedeutung für eine alternative Wirtschaftspolitik. Äußere Verwundbarkeit hängt aber auch mit Warenhandel zusammen. In diesem Punkt ist die Sichtweise der Neo-DesarrollistInnen weniger einheitlich. So betonen sowohl die brasilianischen ÖkonomInnen um João Siscú als auch die südafrikanischen ÖkonomInnen der Macroeconomic Research Group die Notwendigkeit, die externe Konkurrenzfähigkeit der Industrie zu stärken und den industriellen Export zu fördern. Andere lateinamerikanische ÖkonomInnen und SozialwissenschaftlerInnen wie Alberto Acosta, Rafael Correa oder Eduardo Gudynas verweisen hingegen auf die zentrale Rolle des Zollschutzes bei erfolgreicher Industrialisierung sowohl in den Ländern des Zentrums als auch der Peripherie.

Auf jeden Fall soll der Entwicklungsschwerpunkt in der Binnenökonomie liegen, mit Schwerpunkt auf der Stärkung der Massennachfrage und der Schaffung grundlegender Infrastruktur. Während ein Großteil der Neo-DesarrollistInnen in Kategorien eines Wachstumsimperativs (mit sozialen Implikationen) und der Wettbewerbsfähigkeit denkt, ist für eine Minderheit der Industrialisierungsprozess sozial und ökologisch zu konditionieren. So soll sich, laut Gudynas, die Industrialisierung primär auf Güter des Grundbedarfs beziehen und sich im Rahmen strikt definierter Parameter der ökologischen Tragfähigkeit bewegen.

Es geht um die Formulierung eines autonomen und demokratischen Entwicklungsprojektes, damit stehen sie in enger Verbindung mit der Konzeption der → Deglobalisierung. Der Staat hat eine zentrale initiierende und regulierende Rolle. Ihr Politikverständnis ist jedoch deutlich weniger technokratisch als jenes der DesarrollistInnen der Nachkriegsjahrzehnte. Ihre Vorstellungen über eine → Demokratisierung der Wirtschaftspolitik und die Bildung gesellschaftlicher Allianzen zur Durchsetzung von Alternativkonzeptionen ist allerdings deutlich weniger ausgearbeitet als die Stoßrichtung der Wirtschaftspolitik. Während es den BrasilianerInnen um João Siscú um die Formulierung eines nationalen Entwicklungsprojektes geht, hält Gudynas aus der Sicht eines kleinen Landes autonome Entwicklung nur im Rahmen eines regionalen Integrationsprojektes für möglich.

Bei den Neo-DesarrollistInnen handelt es sich um Intellektuelle aus dem Umfeld von sozialen Bewegungen, Gewerkschaften und Linksparteien. Nach der schweren Krise, die aus der ultra-liberalen Politik der 1970er bis 1990er Jahre resultierte, haben sie an Resonanz gewonnen. Elemente aus dem Diskurs des Neo-Desarrollismo haben ansatzweise Eingang in Programmatik und Praxis der Wirtschaftspolitik von (Mitte-)Links-Regierungen gefunden. Das gilt am deutlichsten für Brasilien, wo die Bemühungen in der Industriepolitik zum Teil durch die Aufwertung des Real, die durch hohe Kapitalzuflüsse bedingt ist, wieder zunichte gemacht werden. Die hohe Volatilität bei den Kapitalflüssen und die immer wieder auftretenden starken Aufwertungstendenzen des Real haben die brasilianische Regierung in der aktuellen globalen Krise zu verstärkten Kapitalverkehrskontrollen veranlasst. Diese Tendenz ist auch in einigen anderen Ländern des Südens festzustellen. Im Bereich der wirtschaftlichen Spezialisierung allerdings war in den südamerikanischen Ländern mit progressiven Regierungen in den letzten Jahren eine Tendenz zu einer faktisch und zuweilen auch programmatisch verstärkten Orientierung auf den Rohstoffexport festzustellen. Diese könnte allerdings durch eine erneute Verschärfung der Krise in den kapitalistischen Zentrumsländern in Frage gestellt werden.

Joachim Becker

Zum Weiterlesen

Bresser, Pereira/Carlos, Luiz (2010): Globalization and Competition. Why Some Emergent Countries Succeed while Others Fall Behind, Cambridge.

Gudynas, Eduardo (2011): Neo-Extraktivismus und Ausgleichsmechanismen der progressiven südamerikanischen Regierungen, in: Kurswechsel, 3, S. 69-80.

Siscú, João/Paula, Luiz Fernando de/Michel, Renaut (Hrsg.) (2005): Novo-Desenvolvimentismo. Um projeto nacional de crescimento como eqüiedade social, Barueri/Rio de Janeiro.

Occupy

Bereits in den Jahren 2009 und 2010 wurde offensichtlich, dass die dominanten Strategien der Krisenbearbeitung auf globaler Ebene darauf ausgerichtet sind, die neoliberale, finanzmarktdominierte Entwicklungsweise des Kapitalismus mit aller Macht aufrechtzuerhalten. Die Krisenkosten wurden vergesellschaftet, Banken und andere Finanzmarktakteure mit unvorstellbaren Geldsummen subventioniert und die Finanz- und Wirtschaftskrise so zu einer Staatsschuldenkrise umgewandelt. Die Krisenpolitiken können die Gefahr einer neuen Finanzkrise nicht bannen, zugleich sind sie offen gegen die Mehrheit der Bevölkerung gerichtet und werden zunehmend »post-demokratisch« oder offen autoritär durchgesetzt.

In dieser historischen Konstellation der globalen austeritätspolitischen Wende traten 2011 neue → Protestbewegungen auf. Inspiriert von der politischen Dynamik der Aufstände in Nordafrika breitete sich zunächst, im Mai 2011, die Bewegung der Indignad@s in Spanien aus; im September begann mit der Besetzung des Zuccotti-Parks und der Losung »Occupy Wall Street!« in New York die Occupy-Bewegung, die sich bald auf über einhundert US-amerikanische Städte ausweitete. Sie führte am 15. Oktober zu einem weltweiten Aktionstag und ermunterte gegen Jahresende sogar im autoritären Russland Menschen, gegen die feisten Machteliten aufzubegehren.

Wenn die spanische und später die Occupy-Bewegung dafür kritisiert wurden, dass sie nicht mit klaren Forderungen an die Öffentlichkeit traten, so gilt zu bedenken, dass es sich zuvorderst um Proteste gegen die herrschenden *Formen* von Politik handelt. Die Menschen fühlen sich von der öffentlichen Politik ausgeschlossen, in der es weitgehend um die Verteidigung von Privilegien geht. Die sich auf öffentlichen Plätzen oder Boulevards in Madrid, Tel Aviv, New York oder Moskau Versammelnden gehen einer politischen Intuition nach, dass von der offiziellen Politik nicht viel zu erwarten ist.

Kennzeichen dieser neuen Bewegungen ist auch das Zusammenspiel von »Netz und Straße«. Der *Occupy-Modus von Politik* setzt auf die eher spontane Schaffung öffentlicher Räume, in der die Message für die Medien der Akt der Besetzung selbst, der → zivile Ungehorsam und das solidarische Zusammenleben ist, sowie eine radikale Kritik der repräsentativen Politik. Neue Kommunikationstechnologien geben einer Präsenz im öffentlichen Raum besondere Dynamik und die Selbstvergewisserung, dass hier Geschichte gemacht wird. Das Handlungsrepertoire wurde dabei um das Campen auf öffentlichen Plätzen erweitert. »Yes, we camp!« wurde zu einer ironischen

Bezeichnung für eine neue Form der Öffentlichkeit. Die sich in der Occupy-Bewegung engagierenden Menschen erarbeiten Erfahrungen und durchlaufen Lernprozesse, die das »Unpolitische« überwinden. Ob sich darin emanzipatorische Inhalte und solidarische Strategien durchsetzen, ist keinesfalls ausgemacht. In einzelnen Städten und Ländern hat Occupy zum Teil skurrile Formen angenommen und sich als anziehend auch für reaktionäre Kräfte erwiesen. Das kritisch-solidarische Moment, das viele Engagierte teilen, wird sich in den einzelnen Ländern, Regionen und Städten durchsetzen, oder aber Occupy wird verschwinden oder verschroben-marginal bleiben.

Im Zentrum der Occupy-Dynamik steht die Artikulation sozialer Wut über massive soziale Ungleichheit, die durch Jahrzehnte neoliberaler Politik verursacht, durch die Krise seit 2008 verschärft und durch die Krisenpolitik der letzten Jahre auf Dauer gestellt wurde. Die obszöne Konzentration und Verschränkung von politischer, ökonomischer und medialer Macht in den Händen weniger wird im Slogan »We are the 99 Percent« skandalisiert, die herrschenden Formen von Politik und Öffentlichkeit als Teil des Problems benannt. Damit wird auch eine implizite oder explizite Kritik an linken Politikformen geübt, die mit guten Argumenten und im Gespräch mit den Eliten versuchen, etwas zu bewegen. Die weitere Entwicklung wird auch davon abhängen, ob das wechselseitige Misstrauen zwischen den Bewegungen und institutionalisierten AkteurInnen der pluralen Linken in ein kritisch-solidarisches Miteinander überführt werden kann. Die Einsicht, dass politische Analysen und Forderungen, Strategien und politische Führung wichtig sind, war schließlich Ergebnis der Erfahrungen des letzten großen Protestzyklus der → globalisierungskritischen Bewegung.

Zumindest kurzfristig ist es den Occupy-AktivistInnen gelungen, Kritik am Neoliberalismus, die teilweise bis zum selbstbewussten Antikapitalismus reicht, in medialen und öffentlichen Diskursen präsent zu machen. Die Proteste artikulierten weit verbreitete, aber meist vereinzelte Wut und Empörung und übersetzten sie in kollektive Aktivität. Sie sind somit Teil einer wirklichen Bewegung, die dazu beiträgt, den → »Alltagsverstand kritisch zu machen« (Gramsci).

Ulrich Brand / Benjamin Opratko

Zum Weiterlesen

Solty, Ingar (2011): Die Occupy-Bewegung in den USA, in: Z. Zeitschrift marxistische Erneuerung, Nr. 88, S. 8-17.

transversal (2011): #occupy and assemble, 10/2011, http://eipcp.net/transversal/1011.

Young, Ethan (2011): Occupy Wall Street öffnet politische Räume für die US-Linke, in: Luxemburg, 4, S. 140-145.

Öffentliche, Das

Nur auf den ersten Blick ist das Öffentliche kein verbreiteter Begriff und wird daher oftmals mit Öffentlichkeit und somit dem Raum des Medialen identifiziert. Tatsächlich aber werden sehr unterschiedliche Sachverhalte mit dem Beiwort »öffentlich« versehen: öffentliche Güter, öffentliche Daseinsvorsorge, → öffentliches Eigentum, öffentliche Beschäftigung, öffentlicher Sektor oder öffentlicher Dienst, öffentliche Gewalt, öffentliches Interesse, öffentliche Räume, öffentliches Leben oder Teilhabe der Öffentlichkeit an Entscheidungen. Der Begriff wird ersichtlich häufig synonym mit Staat oder Staatlichkeit verwandt. In einer Zeit, wo das Staatswesen mehr denn je »in der Weise des Privateigentums tätig« ist, wie Marx einst über den Staat in Preußen formulierte, liegen Assoziationen an autoritäre oder bürokratische Gebilde nahe. Das Öffentliche ist jedoch zugleich ein Brückenbegriff und schlägt einen Bogen zur → Zivilgesellschaft – nur so ergeben Begriffe wie öffentliche Räume, öffentliche Meinung, öffentliches Interesse oder öffentliches Leben eigenen Sinn. Das Öffentliche hat in seiner vielhundertjährigen Geschichte mindestens vier starke Bedeutungsgehalte aufgerufen und bis heute tradiert:

Erstens: Es meint das *Nicht-Geheime, Zugängliche und Transparente*, woraus sich eine weitere Bedeutung ergab: Was öffentlich ist, ist auch wahr und damit auch gerecht, wo es nichts zu verbergen gibt, geht es mit rechten Dingen zu.

Zweitens: Seit dem 17. Jahrhundert klagt es die Orientierung auf das *Gemeinwohl* (das allgemeine Interesse) ein, (»öffentliches Wohl«, »öffentlicher Nutzen«, »öffentliche Sicherheit«, »öffentliche Ordnung«). Das Öffentliche wird also mit einer positiv konnotierten Gemeinwohlorientierung und einem Bezug auf die »salus publica« (die gute Ordnung) verbunden.

Drittens: Im folgenden Jahrhundert begann das »Öffentliche« auch für *Staatlichkeit* zu stehen und als Gegenbegriff etablierte sich das »Private«.

Viertens: Endlich meint das Öffentliche dann auch als *»Öffentlichkeit«* Publizität, das Publikum und die medial vermittelte öffentliche Meinung.

In der Gegenwart hat kein anderer Begriff eine vergleichbare Nutzungsvielfalt aufzuweisen, die versucht, gegenüber dem neoliberalen Kult des Privaten und den Politiken der Privatisierung eine Differenz auf Augenhöhe aufzumachen, ohne dabei die gewaltigen und gewaltsamen Abgründe des tiefen Staates aus dem Blick zu verlieren. Im Unterschied zum Privaten meint das Öffentliche einen Diskussions- und Handlungsraum (eine Beziehung, ein

Verhältnis) zwischen Akteuren, bei dem es über das Private und Individuelle hinaus auf das Andere und letztlich das Allgemeine und das Gemeinsame ankommt. Es steht für einen Bezug, in dem nicht nur die individuellen oder privaten Interessen, sondern auch die der anderen verfolgt werden, somit ein gesellschaftlich Gemeinsames bzw. Allgemeines durch Teilhaberschaft zugänglich werden und entstehen kann. Wie sich nun allerdings die sozialen und politischen Qualitäten des Öffentlichen ausbilden, hängt von gesellschaftlichen Kämpfen, Kräftekonstellationen und den dabei ins Spiel gebrachten Projekten, Strategien und Politiken des Öffentlichen ab. Ein progressives Projekt des Öffentlichen müsste auszeichnen bzw. bezwecken die → *Demokratisierung* von Herrschaft, indem es vorweg für Transparenz, Zugänglichkeit, offenen und öffentlichen Diskurs und gegen Geheimhaltung steht, die Beförderung politischer, ökonomischer wie sozialer → *Gleichheit* durch eine Priorisierung von Gemeinwohlorientierung zu Lasten dominierender Sonderinteressen, eine Öffnung von Wegen zur *Individualität* durch Teilhabegerechtigkeit bei elementaren Lebensbedingungen.

Es geht also um konkrete Wirkungen und Nutzeffekte, an denen ein alternatives Konzept des Öffentlichen erkannt und zu messen wäre: Eigentums- und Sozialbeziehungen, Unternehmen, Güter, Räume oder Maßnahmen der Daseinsvorsorge, der Kommunikation, der öffentlichen Gewalt oder politischen Entscheidungen müssten so gestaltet werden, dass sie durch ihre Ausrichtung und Orientierung auf allgemeine Interessen (Gemeinwohlorientierung) die Ungleichheit der Verteilung von Ressourcen in der Gesellschaft und der politischen Güter (Teilhabe, Zugang) mindern, systematisch Zugänge zu ihnen öffnen und ihr Arrangement demokratisieren, also auch verallgemeinern. Ein solches etatistische Verkürzungen vermeidendes politisches Projekt des Öffentlichen verbindet konzeptionell und praktisch Verhältnisse (öffentliches Eigentum, öffentliche Beschäftigung, politische Teilhabe an öffentlichen Entscheidungen), ihre erbrachten Gebrauchswerte (öffentliche Güter und öffentliche Dienste), verschiedene Operationsweisen im Medium der Öffentlichkeit (in Sonderheit Kommunikation, → Kooperation, Publizität) und ihre Territorien oder Orte (öffentliche Räume) miteinander.

Rainer Rilling

Zum Weiterlesen

Rilling, Rainer (2009): Plädoyer für das Öffentliche, in: Candeias, Mario/Rilling, Rainer/Weise, Katharina (Hrsg.): Krise der Privatisierung. Rückkehr des Öffentlichen, Berlin, S. 175-190.

Öffentliche Dienstleistungen

Unter Öffentlichen Dienstleistungen versteht man soziale Absicherungs- und Grundversorgungsbereiche wie Kranken- und Rentenversicherung, Bildung, öffentlicher Verkehr, Wasserversorgung, Gas, Strom, Telefon und Post. Häufig wird für diese Leistungen auch der Begriff Daseinsvorsorge verwendet, der jedoch der paternalistischen Tradition des wilhelminischen Wohlfahrtsstaates entspringt und häufig mit sozialer Kontrolle und Disziplinierung assoziiert wird. Dagegen sind Öffentliche Dienstleistungen im Sinne des »service public«, der in der französischen Tradition der Aufklärung steht, ein Grundrecht aller BürgerInnen. Ihre Erbringung ist aus dieser Perspektive Verpflichtung des Staates.

Im Vokabular neoliberaler Institutionen und Diskurse kommt der Begriff Öffentliche Dienstleistungen nicht vor. In ihrer Logik sollen der Markt und das Gewinnstreben zum dominierenden Organisationsprinzip von Wirtschaft und Gesellschaft werden. Daher stehen die seit Ende des Zweiten Weltkriegs im Wesentlichen öffentlich und nationalstaatlich erbrachten Leistungen zunehmend unter Liberalisierungs-, Privatisierungs- und Deregulierungsdruck, was zu weitgehenden Veränderungen bei der Bereitstellung dieser Dienstleistungen führte. Insbesondere wurden öffentliche Unternehmen zurückgedrängt und die Rolle des Staates primär als Regulator und nicht als Erbringer öffentlicher Dienstleistungen definiert. Angesichts des steigenden Widerstands auf lokaler und nationaler Ebene gerieten der Rückzug des Staates und die damit einhergehenden Privatisierungen Mitte der 2000er Jahre ins Stocken. Im Kontext der aktuellen Weltwirtschafts- und Schuldenkrise und der Austeritätspolitiken in Europa und den USA haben Privatisierungsdruck und Einsparungen bei Öffentlichen Dienstleistungen aber wieder deutlich zugenommen, auf europäischer Ebene sollen sie nun gar mittels »Schuldenbremsen« und »Fiskalpakt« in Verfassungsrang abgesichert werden.

Die EU hat durch die Vertiefung des Binnenmarktes seit den späten 1980er Jahren und die Ausdehnung des Wettbewerbsrechts auf immer mehr Wirtschaftsbereiche die Kommerzialisierung öffentlicher Dienstleistungen vorangetrieben. Zwar wird von Europäischer Kommission und Rat die Wichtigkeit der »Dienstleistungen von allgemeinem Interesse« betont, jedoch überwiegt die Wettbewerbsagenda im Binnenmarkt und setzt die verbleibenden öffentlichen Unternehmen in Konkurrenz zu privaten Anbietern. Damit werden diese angehalten, ähnlich wie private, profitorientierte Unternehmen zu agieren, und die Gemeinwohlorientierung wird zurückgedrängt.

International spielt das Dienstleistungsabkommen (GATS) der Welthandelsorganisation (WTO), das die Liberalisierung und Ökonomisierung aller Dienstleistungen zum Ziel hat, eine zentrale Rolle. Daneben knüpfen Weltbank und Internationaler Währungsfonds im Kontext von Finanzkrisen die Kreditvergabe an Bedingungen. Diese beinhalten in der Regel die Verpflichtung zu Sparprogrammen, was insbesondere in den 1980er und 1990er Jahren in Entwicklungsländern zum Abbau von öffentlichen Dienstleistungen beitrug. Im Kontext der aktuellen Krise verordnet der IWF gemeinsam mit der Europäischen Kommission ähnliche Programme in Griechenland, Portugal, Spanien, Irland, Italien und mittelosteuropäischen Ländern.

Auch wenn die Bereitstellung von Dienstleistungen durch öffentliche Träger nicht immer reibungslos erfolgt – etwa bezüglich der Qualität der Dienstleistungen oder der fehlenden Mitsprachemöglichkeiten –, ist das Konzept Öffentlicher Dienstleistungen ein zentraler Bestandteil emanzipatorischer Politik, denn sie sind ein Fundament demokratischer Teilhabe an gesellschaftlichen Prozessen. Es ist aber nicht damit getan, gegen Liberalisierungen, Privatisierungen und Einsparungen einzutreten. Auch die konkrete Erbringung Öffentlicher Dienstleistungen muss verändert werden, damit sie ihr emanzipatorisches Potenzial entfalten können. Drei Aspekte sollten hier besondere Beachtung finden: Erstens muss in einem gesellschaftlich-politischen Aushandlungsprozess festgelegt werden, welche Leistungen öffentlich erbracht werden sollen. Diese Bereiche sollen nicht als Ausnahme vom Markt definiert werden, sondern als eigene Bereiche, wo nicht Gewinnstreben, sondern gemeinnützige und gesamtgesellschaftliche Ziele im Vordergrund stehen. Zweitens müssen öffentliche Dienstleistungen → demokratisiert werden. Zentral ist, dass NutzerInnen und Beschäftigte bei der Gestaltung Öffentlicher Dienstleistungen mitentscheiden. Drittens benötigen Öffentliche Dienstleistungen Ressourcen und dürfen nicht finanziell ausgetrocknet werden. In ständig reicher werdenden Volkswirtschaften bestehen entsprechende Handlungsspielräume – auch im Kontext der aktuellen Krise – beispielsweise über die Herstellung von → Steuergerechtigkeit.

Cornelia Staritz/Leonhard Plank

Zum Weiterlesen

Bieling, Hans-Jürgen/Brandt, Torsten/Schulten, Thorsten (2008): Privatisierung öffentlicher Dienstleistungen, Schwerpunktheft, WSI-Mitteilungen Ausgabe 10.

Deckwirth, Christina (2010): Vom Binnenmarkt zum Weltmarkt: Die Liberalisierung und Globalisierung des europäischen Dienstleistungssektors, Münster.

Huffschmid, Jörg/Eißel, Dieter u.a. (2004): Öffentliche Finanzen: gerecht gestalten!, AttacBasisText 10, Hamburg.

Öffentliches Eigentum

Der Ruf nach »Vater Staat« ist im Schatten der Verwerfungen an den internationalen Kapitalmärkten auf fruchtbaren Boden gefallen. Weltweit sichern sich Regierungen Beteiligungen an den einstigen Leuchttürmen der Finanzwelt – an Goldman Sachs und JP Morgan in New York, an der Royal Bank of Scotland und der Lloyds Banking Group in London, an der Hypo Real Estate Holding und der Commerzbank in München bzw. Frankfurt am Main.

Einmal mehr zeigt sich, dass Eigentumsverhältnisse das Scheidewasser einer Gesellschaft bilden. Sie legen fest, wer über was im Rahmen der rechtlichen, ökonomischen und ggf. religiösen Regeln eines Sozialsystems verfügen kann bzw. darf. Gegenstand der Staats-, Rechts- und Sozialphilosophie sind Besitz und Eigentum aber auch, weil die diesbezügliche Verfügungsgewalt soziale Beziehungen stiftet, verhindert, hierarchisiert oder jedenfalls beeinflusst. Um die Eigentumsverhältnisse so auszugestalten, dass privatwirtschaftlichen Gewinninteressen Einhalt geboten wird, muss der Staat nicht nur als Dompteur auftreten, sondern auch eigene Angebote schaffen: in Gestalt → öffentlicher Dienstleistungen und Güter, mit denen der gesamtgesellschaftlich erwirtschaftete Reichtum allen Bevölkerungsschichten zugutekommt, nicht nur den Kapitalanlegern.

Die Beantwortung der Frage, in welcher Relation öffentliches und privates Eigentum zueinander stehen (sollen), ist von Bedeutung, da Eigentum sowohl aus- als auch einschließend wirken kann. Während Privateigentum nach der geltenden Zivilrechtsordnung eine Ausschlussbefugnis gegenüber Dritten beinhaltet und damit zugleich Schutz vor staatlicher Willkür bietet, stellt sich die Sachlage bei öffentlichem Eigentum genau gegensätzlich dar: Öffentliche Güter und Dienstleistungen unterliegen einem politisch zu bestimmenden Zugriff und erlauben die Teilhabe *aller* BürgerInnen. Sie wirken »integrativ« und egalisierend, weil Menschen sie nicht wie private Güter in Abhängigkeit von ihrer Kaufkraft als KonsumentInnen erwerben, sondern in Ausübung ihres politischen Rechts als StaatsbürgerInnen nutzen.

Die wachsende Kluft zwischen Arm und Reich zeigt, dass die Akkumulation von Privateigentum nur für wenige die ersehnte → Freiheit bringt, während die Mehrheit der Bevölkerung »unfreier« wird. Wenn etwa das Bahn- und das Bildungswesen nicht mehr solidarisch finanziert, sondern den Gesetzen des Marktes unterworfen werden, wächst die Gruppe derjenigen, die »auf der Strecke bleiben«. Jedes Jahr könnten Millionen Menschen in Afrika vor dem Tod bewahrt werden, wenn die Patente für (über-)lebenswichtige Arzneimittel gelockert und als öffentliche Güter für die Produktion von Nachahmermedikamenten, so genannten Generika, zur Verfügung stünden.

Ein gemischtwirtschaftliches System mit einem bedeutenden öffentlichen Sektor wird aber auch dann gebraucht, wenn die Kapitalrentabilität die Renditeerwartungen der Privatinvestoren unterschreitet, sodass diese keine Investitionen tätigen. Betrifft die »privatwirtschaftliche Abstinenz« nämlich Sektoren wie das Gesundheits-, Verkehrs- oder Bildungswesen, muss der Staat im Interesse seiner BürgerInnen tätig werden: Entweder indem strikte Auflagen zur Wahrung der öffentlichen Daseinsvorsorge ausgesprochen und umgesetzt werden (was sich regelmäßig als wenig wirkungsvoll erweist), oder indem Unternehmen in öffentlichem Eigentum diese Aufgaben wahrnehmen. Wie die verfehlten Geschäftspolitiken der Sparkassen und Landesbanken zeigen, bedarf es dazu aber nicht nur einer (Wieder-)Herstellung staatlicher Verfügungsrechte, sondern vor allem einer eindeutig definierten und demokratisch legitimierten Zielsetzung im Sinne der Gemeinwirtschaftlichkeit. Dies umfasst insbesondere die Bereitstellung preiswerter, flächendeckender und gleichwertiger Versorgungsangebote für jedermann. Aus diesem Grund haben zahlreiche Städte und Gemeinden begonnen, ihre an Private veräußerten Dienstleistungen zu → rekommunalisieren.

Da Eigentumsverhältnisse das Ergebnis politischer Entscheidungen darstellen, sollte stärker als bislang auf die Positivbeispiele staatlicher (Wirtschafts-) Tätigkeit Bezug und die gesellschaftlichen Aushandlungsprozesse Einfluss genommen werden. Allzu häufig wird die Debatte noch von konditionierten Reflexen (»Weg zur Knechtschaft«, »Staatssozialismus« »Kommandowirtschaft«) dominiert. (Links-)Alternative Konzepte müssen den grundgesetzlich verbrieften Anspruch aus Art. 14 Abs. 2 GG (»Eigentum verpflichtet. Sein Gebrauch soll zugleich dem Wohle der Allgemeinheit dienen.«) öffentlichkeitswirksamer herausstellen als bislang, damit sich ein Bewusstsein dafür entwickelt, dass öffentliche Güter und Dienstleistungen zentrale Ziele der Wirtschafts- und Sozialpolitik umfassen: die vergleichsweise preiswerte Gewährleistung der Versorgungssicherheit, die Sicherung von Beschäftigung und die Begrenzung sozialer Ungleichheiten.

Tim Engartner

Zum Weiterlesen

Altvater, Elmar (2003): Was passiert, wenn öffentliche Güter privatisiert werden?, in: Peripherie, Nr. 90/91, S. 171-201.

Engartner, Tim (2008): Privatisierung und Liberalisierung – Strategien zur Selbstentmachtung des öffentlichen Sektors, in: Butterwegge, Christoph/Lösch, Bettina/Ptak, Ralf (Hrsg.): Kritik des Neoliberalismus, Wiesbaden, S. 87-133.

Ökologische Gerechtigkeit

Der Begriff »ökologische Gerechtigkeit« stammt aus → sozialen Bewegungen, insbesondere Graswurzelbewegungen in den USA Anfang der 1980er Jahre. Dort wurde er als *Environmental Justice* ein Kampfbegriff, der zugleich das Ziel politischer Aktivitäten benennt und vor allem in der Tradition der US-amerikanischen Bürgerrechtsbewegung steht. Demnach sind Umweltveränderungen und -probleme wie Bodenerosion, Klimawandel und Sondermülldeponien keine sozial neutralen Fakten, die rein technisch lösbar wären, sondern untrennbar mit sozialen, politischen und ökonomischen Faktoren verbunden. Gleichzeitig sind sozio-politische Entscheidungen selten ökologisch neutral. Denn meistens sind Umweltbelastungen höchst ungleich auf die Menschen verteilt. Ökologische Gerechtigkeit umfasst daher neben ökologischen auch → feministische, antirassistische und antikapitalistische Praktiken und Forderungen. Die ungleichen Auswirkungen von Umweltveränderungen verstärken bereits existierende Ungleichheiten innerhalb einer Gesellschaft und zwischen Gesellschaften verschiedener Staaten. Die unterschiedlichen sozialen und ökonomischen Auswirkungen der Umweltveränderungen auf die verschiedenen Schichten einer Gesellschaft beeinflussen auch deren Machtstellungen zueinander. Das bedeutet nicht nur Armut für die einen und Reichtum für die anderen, sondern tendenziell auch die Kontrolle der einen über die andere Seite.

Im Gegensatz zum Begriff der »ökologischen Gleichheit« beinhaltet Ökologische Gerechtigkeit nicht nur die Forderung nach der gleichen Verteilung von Umweltproblemen. Vielmehr bezeichnet der Begriff bereits den Prozess der »Verteilung« als herrschaftsförmig, benennt Konflikte und Fragen betreffend den Zugang zu und die Aufteilung von Ressourcen und die politischen Rahmenbedingungen von Umweltveränderungen. Konflikte beispielsweise um genetische Ressourcen entstehen demnach nicht durch eine »natürliche« Ressourcenknappheit, sondern durch gesellschaftliche Regelungssysteme. Ökologische Gerechtigkeit bedeutet daher auch die Forderung nach Selbstbestimmung, nach → radikal demokratischer Partizipation sowie nach einer fairen Verteilung der globalen Ressourcen.

Ein radikales Verständnis von ökologischer Gerechtigkeit zielt also auf Systemtransformation. Dabei treten jedoch verschiedene Probleme auf. So wird der Begriff auch von manchen Parteien und staatlichen Stellen verwendet, allerdings mit anderer Bedeutung. Hier werden alle Menschen gleichermaßen verantwortlich für Umweltprobleme und deren soziale Folgen gemacht und behauptet, deren Lösung sei allein durch ökologische (→ nachhaltige) Modernisierung und ökologische Industriepolitik möglich. Einer solchen, verkürzten Interpretation, wie sie in Deutschland beispielsweise von Teilen des Umweltbundesamtes und des Bundesumweltministeriums vertreten wird, widersprechen emanzipatorische soziale Bewegungen. Weiterhin wird der Begriff seitens → sozialer Bewegungen bisweilen als anthropozentrisch kritisiert, da anderen Lebewesen keine Rechtspositionen eingeräumt werden. Problematisch ist schließlich der relativ unreflektierte Bezug auf den Gerechtigkeitsbegriff. Denn Gerechtigkeitsvorstellungen sind nicht objektiv gegeben, sondern Resultat von gesellschaftlichen Auseinandersetzungen (→ soziale Gerechtigkeit). Als gerecht gilt das, was sich innerhalb einer Gesellschaft als hegemoniales Verständnis von Gerechtigkeit durchsetzen konnte. Zudem gibt es in verschiedenen Kulturkreisen durchaus unterschiedliche Vorstellungen von ökologischer Gerechtigkeit. Das Verständnis sozialer Bewegungen von ökologischer Gerechtigkeit stellt vor allem dann die globalen Macht- und Herrschaftsverhältnisse in Frage, wenn die partikulare Forderung nach einem Leben in einer nicht gesundheitsgefährdenden Umwelt mit Forderungen nach → Anerkennung, Selbstbestimmung, Zugang zu Ressourcen, → Ernährungssouveränität und → Partizipation verbunden wird. Das Bemühen um Basisarbeit und → Basisdemokratie sowie um die Schaffung transparenter demokratischer Strukturen kennzeichnet die Bewegungen für ökologische Gerechtigkeit. Es wird gefragt, in wessen Interesse Umweltveränderungen toleriert oder verboten werden, zu wessen Vorteil und mit welchen sozialen und ökologischen Folgen. Vorherrschende gesellschaftliche → Naturverhältnisse und Gerechtigkeitsvorstellungen werden systematisch auf ihre *weißen*, kolonialen, patriarchalen, rassistischen und das (kapitalistische) System stärkenden Anteile untersucht und kritisiert. Die Herausforderung besteht heute darin, die lokal entstandenen Bewegungen, ihre Zusammenarbeit und Themenvielfalt zu globalisieren und einen ökologischen Gerechtigkeitsbegriff zu entwickeln, der die vorhandene Globalität von Umweltveränderungen mit den lokalen Naturverhältnissen zusammenbringt.

Gregor Kaiser/Joscha Wullweber

Zum Weiterlesen

Bryant, Raymond L./Bailey, Sinéad (1997): Third World Political Ecology, London/New York.

Bundeszentrale für politische Bildung (2007): Ökologische Gerechtigkeit. Aus Politik und Zeitgeschichte, 24.

Peet, Richard/Watts, Michael (Hrsg.) (2004): Liberation Ecologies. Environment, development, social movements, London/New York.

Ökosozialismus

Der Ökosozialismus ist eine politische Strömung, die auf einer grundlegenden Annahme beruht: Der Schutz des ökologischen Gleichgewichts der Erde ist unvereinbar mit der expansiven und destruktiven Logik des kapitalistischen Systems. Die globalen »EntscheidungsträgerInnen«, die durch die begrenzte und kurzsichtige Rationalität des Systems angetrieben und von den Imperativen des Wachstums und der Expansion besessen sind, vom Kampf um Marktanteile und Wettbewerbsfähigkeit; sie alle scheinen dem von Louis XIV. verkündeten Prinzip zu gehorchen: »Nach mir die Sintflut«.

Was also ist der Ökosozialismus? Es handelt sich um einen *radikalen* Vorschlag, der sich gegen die systemischen Ursachen der ökologischen Krise richtet und sich von den produktivistischen Spielarten des → Sozialismus des 21. Jahrhunderts ebenso unterscheidet wie von der Sozialdemokratie oder von ökologischen Strömungen, die sich mit dem kapitalistischen System arrangiert haben. Es ist ein radikaler Vorschlag, der nicht nur auf eine Transformation der Produktionsverhältnisse, des Produktionsapparats sowie der vorherrschenden Lebens- und Konsumweise zielt, sondern auf die Erschaffung eines neuen Zivilisationsparadigmas, das mit den Fundamenten der kapitalistisch-industriellen, okzidentalen, modernen Zivilisation bricht. Die zentrale Prämisse des Ökosozialismus ist, dass ein nicht-ökologischer Sozialismus in eine Sackgasse führt, ebenso wie eine nicht-sozialistische Ökologie unfähig ist, sich aktuellen Herausforderungen zu stellen.

Die Idee eines ökologischen Sozialismus – oder einer sozialistischen Ökologie – hat sich erst in den 1970er Jahren und in sehr verschiedenen Formen in den Schriften bestimmter Pioniere einer »roten und grünen« Reflexion entwickelt, z.B. in den Überlegungen von Manuel Sacristan (Spanien), Raymond Williams (England), André Gorz und Jean-Paul Déléage (Frankreich) und Barry Commoner (USA). Der Begriff »Ökosozialismus« war offensichtlich bis in die 1980er Jahre nicht in Verwendung, als mit der Partei Die Grünen in Deutschland eine linke Strömung auftauchte, die sich als »ökosozialistisch« bezeichnete; ihre wichtigsten Vertreter waren Rainer Trampert und Thomas Ebermann. In dieser Zeit erschien das Buch *Die Alternative* eines sozialistischen Dissidenten aus Ostdeutschland, Rudolf Bahro, der im Namen eines ökologischen Sozialismus eine radikale Kritik am sowjetischen und ostdeutschen Modell formulierte. In den 1980er Jahren entwickelte James O'Connor in Nordamerika seine Arbeiten in Hinblick auf einen ökologischen → Marxismus und gründete die Zeitschrift *Capitalism, Nature, Socialism.* Frieder Otto Wolf, zu dieser Zeit Europaabgeordneter sowie linke Führungsfigur der Partei Die Grünen in Deutschland, gab gemeinsam mit Pierre Juquin, einem ehemals führenden Kommunisten, der zum Vertreter rot-grüner Perspektiven konvertiert war, das Buch *Für eine grüne Alternative* in Europa heraus, eine Art europäisches ökosozialistisches Manifest.

2001 veröffentlichten Joel Kovel und Michael Löwy ein Manifest des Ökosozialismus, das als Gründungsdokument des Internationalen Ökosozialistischen Netzwerks (www.ecosocialistnetwork.org) in Paris im Jahr 2007 dienen sollte, und anlässlich des Weltsozialforums in Belém (Brasilien) fand die Deklaration von Belém, ein neues ökosozialistisches Manifest zum Thema der globalen Erwärmung, Verbreitung. Zu erwähnen sind auch die Arbeiten der Gruppe um John Bellamy Foster in der US-amerikanischen Zeitschrift *Monthly Review,* die sich auf eine ökologische Revolution mit einem sozialistischen Programm berufen; die Schriften der feministischen Ökosozialistinnen Ariel Salleh und Terisa Turner; die von den Ökosozialisten Ian Angus und Cy Gornik gestaltete Zeitschrift *Canadian Dimension;* die Überlegungen des Peruaners Hugo Blanco über das Verhältnis zwischen indigenen Bewegungen und Ökosozialismus; die Schriften des Philosophen Arno Münster; die ökosozialistischen Netzwerke in Brasilien und der Türkei, Konferenzen in China – die Liste ließe sich verlängern.

Der Ökosozialismus ist ein Projekt der Zukunft, eine radikale Utopie, ein Horizont des Möglichen, aber er erfordert auch – und untrennbar damit verbunden – Aktionen hier und jetzt, rund um konkrete und unmittelbare Ziele und Vorschläge. Die einzige Hoffnung für die Zukunft sind Mobilisierungen wie jene von Seattle 1999, bei der Übereinstimmungen zwischen UmweltschützerInnen und GewerkschaftlerInnen zu erkennen waren, ebenso wie die globalisierungskritische Bewegung; die Proteste von hunderttausenden Menschen in Kopenhagen 2009 rund um die Losung »Ändern wir das System, nicht das Klima«; oder die Weltkonferenz der Völker über Klimawandel und die Rechte von Mutter Erde in Cochabamba (Bolivien) im April 2010, auf der sich mehr als dreißigtausend Delegierte indigener, bäuerlicher und ökologischer Bewegungen aus der ganzen Welt versammelten.

Michael Löwy (Übersetzung: Veronika Duma)

Zum Weiterlesen

Bellamy Foster, John (2002): Ecology against Capitalism, New York.
Engert, Klaus (2010): Ökosozialismus – das geht!, Köln.
Kovel, Joel/Löwy, Michael (2001): An Ecosocialist Manifesto, http://ecosocialistnetwork.org.

Open Source

Freie Software bezeichnet Computerprogramme, deren Quellcode (der für Menschen lesbare Code) offenliegt. Im Gegensatz dazu wird bei proprietärer Software dieser Quellcode unter Verschluss gehalten. Während die Geheimhaltung des Quellcodes den Verwertungsinteressen von Unternehmen dient, soll Freie Software eine gemeinsame, offene Nutzung und Weiterentwicklung des Quellcodes ermöglichen.

Die Freie-Software-Bewegung entstand etwa Mitte der 1980er Jahre. Einer der Protagonisten, Richard Stallman, begann mit der Entwicklung eines freien Betriebssystems mit offenem Quellcode und entwarf die GPL (General Public License). Die GPL verhindert die private, ausschließende Aneignung von Quellcodes und schützt das Recht, ein Programm zweckungebunden zu nutzen, zu studieren, zu kopieren, zu verändern und zu verbreiten. Der Begriff »Free Software« und gerade seine deutsche Übersetzung »Freie Software« führte später häufig zur Annahme, Freie Software sei kostenlose Software. Zwar war (und ist) dieser Aspekt tatsächlich ein wichtiges Moment in diesem Zusammenhang. Stallman definierte die Freiheit von Software aber eher im Sinne der Freiheit des Geistes und der Wissenschaft.

Mit der Verbreitung des Internet wurden offene, kooperative Modelle der Software-Entwicklung populär und erlebten vor allem nach dem Erfolg des »freien« Betriebssystems Linux einen Boom. Dies lockte auch private Unternehmen an. In diesem Zusammenhang wurde schließlich beschlossen, anstelle des bisher üblichen Begriffs »Freie Software« den Begriff »Open Source« zu benutzen. »Open Source« sollte den gemeinsamen Nenner für all das bilden, was Freie Software charakterisiert, gleichzeitig aber »pragmatische« Ziele formulieren, die auch und gerade für die Industrie erstrebenswert wären. Argument für offene Quellcodes war nun nicht mehr in erster Linie die Freiheit des Geistes, sondern vor allem die größere Effizienz der Entwicklung und die bessere Qualität der Programme. Die Verwendung von »Open« statt »Frei« sollte zudem signalisieren, dass man keineswegs gegen eine Kommerzialisierung von auf diesem Weg entwickelter Software sei, sondern vielmehr »offen für alles«. Open Source Software wird produziert von EntwicklerInnen, die freiwillig und zu großen Teilen auch unentgeltlich daran arbeiten; die Produktion findet zumeist selbstorganisiert über das Internet statt, qualitativ hochwertige Produkte werden zum allgemeinen Gebrauch freigegeben und stehen quasi ubiquitär zur Verfügung. Ihre freie Zugänglichkeit scheint Open Source Software zunächst der kapitalistischen

Verwertungslogik zu entziehen. Schließlich ist im Kapitalismus das private, also ausschließende Eigentum an Produktionsmitteln und Arbeitsprodukten die Voraussetzung dafür, eine Ware verkaufen zu können. Soll Software als eigenständiges, einzelnes Produkt verkauft werden, so muss sie also künstlich verknappt werden, zentral mittels juristischer (z.B. Urheberrecht) und technologischer Instrumente (z.B. Kopierschutz). Doch auch wenn sich Open Source Software nicht so einfach verknappen lässt, fällt sie nicht automatisch aus der kapitalistischen Verwertungslogik. Genauso wenig bedrohlich waren (bislang) öffentliche Bibliotheken oder allgemein die Weitergabe von Wissen. Denn Open Source schafft leistungsfähige, hochwertige Software, und diese Produktivkraft kann anschließend von Unternehmen zur Produktion proprietärer Produkte – und Mehrwert – genutzt werden.

Zudem mag die Offenlegung von Wissen zwar Einzelkapitalen schaden, sie befördert aber die allgemeinen Produktionsbedingungen. Wenn VerfechterInnen von geistigen Eigentumsrechten das innovationsfördernde Potenzial privater Eigentumsrechte rühmen und BefürworterInnen von Open Source dagegen argumentieren, dass Offenheit und darauf gründende → Kooperation Fortschritt und Entwicklung generieren, dann haben beide Recht. Open Source Software ist ein aktuelles Beispiel für eine den Marktgesellschaften inhärente, permanente Spannung zwischen dem privaten Einschluss von Wissen und dem gesamtgesellschaftlichen Zugang dazu.

Die Produktionsweise von Open Source Software zeigt also, dass effiziente und effektive Produktion außerhalb der Marktzwänge möglich ist. Sie widerlegt damit die These der bürgerlichen ökonomischen Theorie, dass nur Privateigentum Anreiz für Produktivität, Effizienz und Innovation schaffen würde. Open Source ist jedoch nicht per se eine Alternative zur kapitalistischen Produktionsweise. Sie bildet nicht bereits den »Keim« einer künftigen kommunistischen Gesellschaft. Das emanzipative Potenzial von Open Source oder Freier Software liegt vielmehr in ihrer Funktion als Türoffner für Debatten über nicht-marktförmige Produktionsweisen, sie macht alternative Gesellschaftsformen sicht- und denkbar.

Sabine Nuss

Zum Weiterlesen

Nuss, Sabine (2006): Copyright & Copyriot. Aneignungskonflikte um geistiges Eigentum im informationellen Kapitalismus, Münster.

Open Source Jahrbücher 2004-2008, hrsg. am Fachbereich Informatik & Gesellschaft der Technischen Universität Berlin, www.opensourcejahrbuch.de.

www.keimform.de

http://nuss.in-berlin.de

Operaismus

Zwei Faktoren haben zur Entstehung des Operaismus beigetragen. Erstens die weitgehende Umstellung der industriellen Produktion auf Massenfertigung in den 1950/60er Jahren des »italienischen Wirtschaftswunders«, wodurch die traditionellen ArbeiterInnenvertretungen beträchtlich an politischem Einfluss in den Betrieben verloren. Vermehrt wurden junge, ungelernte und meist aus dem Süden Italiens kommende Arbeitskräfte eingestellt, die so gut wie nicht gewerkschaftlich organisiert waren. In der Nachkriegszeit hatten zweitens die traditionelle ArbeiterInnenbewegung und die Parteien der Linken aufgrund ihres Widerstands gegen den Faschismus weit über ihre Klientel hinaus politisches Vertrauen und Einfluss genossen. Ihre dadurch gewonnenen Machtpositionen wurden jedoch mit dem Ende des Stalin-Mythos und der Niederschlagung des Ungarnaufstandes in Frage gestellt. Nicht nur in Italien kam es zu einer tiefen politischen Krise der traditionellen ArbeiterInnenbewegung und der kommunistischen Parteien. Der Operaismus lässt sich als eine Antwort auf die damalige Krise der ArbeiterInnenbewegung verstehen.

Während die traditionellen → MarxistInnen in der Entwicklung der Produktivkräfte – also den technologischen Innovationen – grundsätzlich etwas Positives sahen und die Auffassung vertraten, dass diese auf der materiellen Ebene den → Sozialismus vorbereiteten und deshalb die kapitalistische Herrschaftsform politisch nur überwunden werden müsste, kamen die OperaistInnen zu gänzlich anderen Einsichten. Mario Tronti postulierte, man müsse bei der Analyse des Kapitalismus zuerst die ArbeiterInnen und ihr Verhalten in den Blick nehmen und dürfe nicht vom Kapital als Movens ausgehen. Raniero Panzieri thematisierte Technologie, Technik und Arbeitsorganisation als Ausdruck der sozialen (Macht-)Verhältnisse zwischen ArbeiterInnen und Unternehmen auf betrieblicher wie gesellschaftlicher Ebene. Für Empirie statt Ideologie steht die Methode der Mit-Untersuchung (*conricerca*): Die theoretischen Reflexionen über die Rolle technologischer Innovationen, der Arbeitsorganisation und der Arbeitsbedingungen bildeten die Hypothesen für zahlreiche empirische Untersuchungen z.B. bei Fiat in Turin oder Olivetti in Ivrea. So hoffte man, mehr über die veränderten Arbeitsbedingungen und das Verhalten der ArbeiterInnen herauszufinden. Deshalb sammelte man Selbstzeugnisse von ArbeiterInnen und interessierte sich auch für ihr soziales Leben außerhalb der Fabrik. In diesen Untersuchungsmethoden sah man ein Mittel zur Annäherung an die »wirkliche ArbeiterInnenklasse«.

Was ist aber unter Klassenzusammensetzung zu verstehen? In den operaistischen Debatten wurde zwischen der »technischen« und der »politischen Zusammensetzung« der ArbeiterInnenklasse unterschieden, wobei unter ersterer die Gesamtheit der sozio-professionellen Kenntnisse und die dazugehörige Kultur der Arbeit, unter zweiter die Gesamtheit der autonomen und klassenbewussten Verhaltensweisen sowie die dazu gehörige Kultur der → Rebellion verstanden wurde. In empirischen Untersuchungen wurde in einigen Branchen die Figur des hochqualifizierten Facharbeiters als Produkt der zweiten industriellen Revolution konturiert, der sich mit seiner Arbeit identifizierte und aufgrund seiner Qualifikationen den Produktionsprozess kontrollierte. Die Veränderungen des Produktionsprozesses, die sich mit den Begriffen Taylorismus und Fordismus am besten charakterisieren lassen, haben die Position des berufsstolzen Facharbeiters unterminiert. Der Arbeitertypus des (männlichen) Massenarbeiters war entstanden.

Der Operaismus gab auch der Geschichtsschreibung Impulse: Die Septemberstreiks von 1969 und die Streikbewegungen bis 1973 forderten in der Bundesrepublik eine gründliche Beschäftigung mit der Geschichte der ArbeiterInnenkämpfe außerhalb der traditionellen Organisationen geradezu heraus. Die Forderung, eine Geschichte der ArbeiterInnenkämpfe vom Standpunkt der ArbeiterInnen aus zu schreiben, war geboren. Die operaistische Methode → militanter Untersuchung schlug sich auch darin nieder, wie Intellektuelle und ArbeiterInnen – zumindest dem Anspruch nach – zusammenarbeiten wollten. Die italienischen OperaistInnen wollten nicht die »Führer« der Klasse sein, kein politischer Stand und auch keine »kleine Partei«. Sie versuchten, den Widerspruch auszuhalten, zwar einer politischen Theorie anzuhängen, aber gleichzeitig die traditionellen organisatorischen Modelle der ArbeiterInnenbewegung abzulehnen. Sich auf die handelnden AkteurInnen einzulassen, verlangt von den politischen, sozialen und intellektuellen Eliten, ihre Rolle zu reflektieren sowie Macht und Einfluss abzugeben.

Angelika Ebbinghaus

Zum Weiterlesen

Panzieri, Raniero (1972 [1961]): Über die kapitalistische Anwendung der Maschinerie im Spätkapitalismus, in: Pozzoli, Claudio (Hrsg.): Spätkapitalismus und Klassenkampf. Eine Auswahl aus den »Quaderni Rossi«, Frankfurt a.M., S. 14-32.

Tronti, Mario (1974 [1962]): Fabrik und Gesellschaft, in: Ders.: Arbeiter und Kapital, Frankfurt a.M., S. 17-40.

Wright, Steve (2005): Den Himmel stürmen. Eine Theoriegeschichte des Operaismus, Hamburg.

Parecon

Hinter dem Begriff »Parecon« (Participatory Economics) oder »partizipative Wirtschaft« verbirgt sich ein elaborierter Vorschlag für ein anarchistisches Wirtschaftssystem der beiden US-Amerikaner Michael Albert, Aktivist und Herausgeber (Zmagazine, South End Press), und dem kritischen Ökonomen Robert Hahnel. Beide publizieren seit Anfang der 1990er Jahre diesen Vorschlag (www.parecon.de).

Michael Albert will mit Parecon eine konkrete Alternative zum Kapitalismus vorlegen, ohne dabei die Fehler zentralstaatlicher Planwirtschaft im »real-existierenden → Sozialismus« zu wiederholen. Er will utopische Hoffnung und neue Vorstellungsräume ermöglichen. Parecon wird im Rahmen des → Weltsozialforums diskutiert und geht weiter als der bekanntere Vorschlag »Alternatives to Economic Globalization«. Albert überwindet die Dichotomie von Wettbewerbsmarkt und Zentralverwaltung. Der kapitalistische Markt ist nicht die beste Alternative, da er Natur und Gesellschaft zerstört (→ Naturverhältnisse). Er produziert Ungleichheiten und Widersprüchlichkeiten, Oligopole und Monopole dominieren. Zentralistische Planwirtschaften konzentrieren ebenso Macht in den Händen der Wirtschaftskoordinatoren. Beides ist daher defizitär. Parecon hingegen ist ein Wirtschaftssystem, in dem partizipativ und nicht hierarchisch in → Genossenschaften und → Räten von KonsumentInnen entschieden wird. Die fünf wesentlichen Elemente dieses Wirtschaftssystems sind partizipatorische Entscheidung, ausgeglichene Arbeitsfelder, lastenorientierte Entlohnung, ProduzentInnen- und KonsumentInnenversammlungen und das iterative Entscheidungsgremium.

Die Märkte werden partizipatorischer Planung untergeordnet. An Entscheidungen sollen alle davon Betroffenen partizipieren und demokratisch, am besten im Konsens, entscheiden. Zu den wichtigsten Gremien gehören die Produzenten- und KonsumentInnenversammlungen, die jeweils ihre Produktionsziele bzw. Konsumwünsche festlegen. Die Pläne werden aber nicht von einem zentralen Planungsbüro festgelegt, sondern ein so genanntes Iteratives Entscheidungsgremium (Iteration Facilitation Board) gleicht in einem mehrstufigen Verfahren die Produzenten- und Konsumentenpläne aufeinander ab und gibt Angebotmangel- und Nachfrageüberschüsse an die Versammlungen zurück, bis ein realistischer Konsens iterativ und dezentral gefunden ist.

Der Arbeitsmarkt ist kein Wettbewerbsmarkt. JedeR soll vergleichbare gute und schlechte Arbeitsinhalte nach Entscheidungskompetenz, Selbstentfaltung und körperlich-psychischer Belastung in »ausgeglichenen Arbeitsfeldern« (balanced job complex) erhalten. Wo dies nicht möglich ist, soll die Arbeitsstelle rotieren. Die Entlohnung erfolgt nur bedingt leistungsabhängig. Wer mehr Stunden arbeitet oder unangenehmere Arbeitsfelder übernimmt, erhält einen höheren Lohn. Die Ungleichheit bleibt gering, da Grundgüter an alle gleich verteilt werden.

Parecon hat Ähnlichkeiten mit anderen sozialistischen Wirtschaftsmodellen. Neben der erprobten Zentralverwaltung gibt es weitere antikapitalistische Modelle. Das elaborierteste Modell ist eine Verbindung aus → Genossenschaften, keynesianischer Makrosteuerung (→ Keynesianismus) und begrenzter Zentralplanung im »Dritten Weg« von Ota Šik. Im Ökofeminismus gibt es die Idee der »Subsistenzwirtschaft«. Realisierte Alternativen gibt es in der Kommune- und Genossenschaftsbewegung. Auch die Diskussionen und Praxen → Solidarischer Ökonomie setzen hier neue Impulse.

An diesen Vorschlägen und an Parecon gibt es viel Kritik. Planumsetzung und Kontrolle ohne Wettbewerbsmärkte erfordert eine hohe soziale Kontrolle der Akteure. Die schwachen Leistungsanreize durch fehlende Gewinne reduzieren nach bisherigem Erkenntnisstand und vielfacher Erfahrung den wirtschaftlichen Wohlstand. Die Anforderung an den einzelnen wie Eigeninitiative, Bildung oder → Solidarität sind sehr hoch. Arbeitsteilung und Berufsspezialisierung wird oft abgelehnt. Die politische und kulturelle Dimension alternativer Wirtschaftsmodelle fehlen und die Vorschläge sind daher zu ökonomistisch. Die Perspektiven einer realistischen Alternative und der schrittweisen politischen Umsetzung sind kaum bekannt. Eine breite Diskussion über das emanzipatorische Wirtschaftsmodell der partizipatorischen Ökonomie wäre in der globalisierungskritischen Bewegung wünschenswert, insbesondere in Verbindung mit anderen theoretischen Arbeiten und praktischen Erfahrungen.

Thomas Dürmeier

Zum Weiterlesen

Albert, Michael (2006): Parecon – Leben nach dem Kapitalismus, Frankfurt a.M.

Albert, Michael/Hahnel, Robin (1991): Looking Forward: Participatory Economics for the Twenty First Century, Boston, MA.

Mander, Jerry/Cavanough, John (2003): Eine andere Welt ist möglich: Alternativen zur Globalisierung, München.

Scheunemann, Egbert (1995): Ökologisch-humane Wirtschaftsdemokratie. Teil C: Ökologische Kritik am Industrialismus und sozialökologische Alternativen, Münster.

Šik, Ota (1979): Humane Wirtschaftsdemokratie: ein dritter Weg, Hamburg.

www.parecon.de

Partizipation

Funktionierende demokratische Systeme bedürfen der aktiven und → emanzipativen Gestaltung durch gesellschaftliche Kräfte. Der Begriff Partizipation umreißt diesen Anspruch an die Gesellschaft und gleichzeitig an das politische System. Allerdings wird der Begriff sehr unterschiedlich interpretiert und kann sich in vielerlei Formen ausdrücken: In politischer Einflussnahme in Parteien und politischen Organisationen, in → Protest und → zivilem Ungehorsam oder aber in verstärkter Teilhabe als Selbst- und Mitbestimmung in verschiedenen gesellschaftlichen Bereichen. Darüber hinaus unterscheiden sich die Partizipationsformen dadurch, dass sie direkt oder indirekt verfasst (wie Bürger-/Volksbegehren und -entscheid) oder nicht verfasst (wie Bürgerinitiativen, Runde Tische, Mediationsverfahren) sind, und dadurch, dass sie auf verschiedenen Ebenen des politischen Systems angesiedelt sind. Bei der Auseinandersetzung mit dem Begriff ist es sinnvoll, sowohl die Aktivitäten, Ziele als auch die Funktion der Partizipation in den Blick zu nehmen.

Hinsichtlich der Hinweise auf die *Aktivitäten* von Beteiligung finden sich zum einen repräsentative Bevölkerungsumfragen, die vor allem auf die organisierte Partizipation in Vereinen und Verbänden abzielen, zum anderen gibt es eine Vielzahl an Studien zu Protestereignissen und → sozialen Bewegungen. Insgesamt weisen die Ergebnisse aktueller Studien auf ein wachsendes, aber sich veränderndes politisches Partizipationsverhalten hin. Traditionelle und langfristige Formen der politischen Beteiligung (Parteien, Gewerkschaft etc.) werden zunehmend abgelehnt. Stattdessen findet eine Verlagerung zu projektorientierter und zeitlich befristeter Beteiligung statt. Außerdem wird Beteiligung zunehmend mit beschäftigungsrelevanten bzw. mit Arbeitsplatzoptionen verbunden.

Auch die *Ziele* der Beteiligung können sehr unterschiedlich sein: In Planung und Verwaltung kann die Partizipation dazu dienen, die inhaltliche Qualität einer Entscheidung zu verbessern, Akzeptanz zu schaffen oder auch die gesellschaftlichen, privaten und wirtschaftlichen Akteure zu eigenverantwortlichem Handeln zu motivieren. Andererseits gehören Protest und ziviler Ungehorsam zu wichtigen Ausdrucksformen, um spezifische Anliegen öffentlich zu machen und den politischen Entscheidungsprozess zu beeinflussen.

Eng verbunden mit den Zielen sind die *Funktionen*, die der Partizipation von den gesellschaftlichen Kräften und dem politischen System zugesprochen werden. Diese können ebenso vielfältig sein und stehen im Zusammenhang mit den übergeordneten ideologischen Werthaltungen.

Folgende Funktionen können unterschieden werden:
Problemerkennungsfunktion: Gesellschaftliche Gruppen bzw. Protest kann Probleme frühzeitig erkennen und diese öffentlich machen;
Legitimationsfunktion: Die Mitarbeit der gesellschaftlichen Gruppen kann die Legitimation einer Entscheidung erhöhen;
Effizienzfunktion: Widerstände in der Bevölkerung können frühzeitig erkannt und eingehegt werden;
Feigenblattfunktion: Die Beteiligung wird als Absicherung dessen herangezogen, was aus ganz anderen Motiven angestrebt wird;
Konfliktschlichtungsfunktion: Spezifische Partizipationsverfahren können helfen, verhärtete Fronten in einem Entscheidungsprozess aufzubrechen;
Kontrollfunktion: Gruppen können die Durchsetzung von Maßnahmen sowie das Verhalten von politischen Institutionen überwachen;
Emanzipationsfunktion: Teilhabe und Mitgestaltung des politischen Prozesses können die Handlungskompetenz und das Selbstbewusstsein der Menschen steigern. Außerdem werden in der Gesellschaft Lernprozesse in Gang gesetzt, die für eine demokratische Gesellschaft unerlässlich sind.

Allerdings wird mit der zunehmenden Verlagerung politischer Entscheidungen auf internationale und supranationale Institutionen die Möglichkeit einer breiten gesellschaftlichen Partizipation und der Einflussnahme von gesellschaftlichen Gruppen auf politische Entscheidungen immer geringer. Denn für die Arbeit auf transnationaler Ebene bedarf es weitaus größerer Ressourcen (finanzieller, fachspezifischer oder sprachlicher). So zeigt sich, dass auf europäischer und internationaler Ebene eher ressourcenstarke gesellschaftliche Gruppen an den Entscheidungsprozessen partizipieren. Zwar gibt es einige Versuche, diese Schieflage durch gezielte Förderung partizipativer Verfahren zu überwinden (zum Beispiel wurden europaweit so genannte *Citizen Juries* durchgeführt). Diese sind aber mehr Tropfen auf dem heißen Stein und haben darüber hinaus selten längerfristig angelegte gesellschaftliche → Emanizipationsprozesse zur Folge.

Heike Walk

Zum Weiterlesen

Kersting, Norbert (2008): Politische Beteiligung. Einführung in Instrumente politischer und gesellschaftlicher Partizipation, Wiesbaden.

Olk, Thomas/Klein, Ansgar/Hartnuß, Birger (2010): Engagementpolitik. Die Entwicklung der Zivilgesellschaft als politische Aufgabe, Wiesbaden.

Walk, Heike (2007): Partizipative Governance. Beteiligungsrechte und -formen im Mehrebenensystem der Klimapolitik, Wiesbaden.

Partizipativer Haushalt

Der Begriff partizipativer Haushalt beschreibt eine bestimmte Qualität von Haushaltspolitik sowie ein eigenes Verfahren bei der Aufstellung, Durchführung und Abrechnung eines (bisher meist kommunalen) Haushaltes, der dann auch als BürgerInnenhaushalt oder Beteiligungshaushalt bezeichnet wird. Diese Idee wurde erstmals in der südbrasilianischen Stadt Porto Alegre in eine praktische Alternative zu einer von Klientelismus und Korruption geprägten Kommunalpolitik umgesetzt.

Ziel ist eine radikale → Demokratisierung von politischen Entscheidungsprozessen. Partizipativer Haushalt bedeutet die direkte Einflussnahme von BürgerInnen auf die Aufstellung und Durchführung des Haushaltes. Dies schließt eine umfassende Information (»lesbarer Haushalt«), eine weitestgehende Transparenz und Zugänglichkeit aller mit dem Haushalt verbundenen Entscheidungsprozesse sowie die eigenständige Bewertung seiner Wirkungen durch die BürgerInnen gleichermaßen ein. BürgerInnen sollen dabei nicht etwa das Zahlenwerk des Haushalts problemlos lesen können oder einen eigenen Haushalt nach den Normen des Verwaltungsrechts schreiben. Ein partizipativer Haushalt beruht auf der Verbindung direkt- oder → basisdemokratischer Verfahren mit Formen der repräsentativen Demokratie. In einer selbstorganisierten Diskussion über die eigenen Vorstellungen der EinwohnerInnen zum Leben im Stadtteil, in der Kommune oder Region werden in einem solchen Beteiligungsprozess Anforderungen an die Haushaltspolitik formuliert. Damit wird auch die Frage nach den Anforderungen an öffentliche Leistungen in eine breite Öffentlichkeit gebracht. Privatisierung oder → Rekommunalisierung, aber auch die Arbeitsbedingungen im Öffentlichen Dienst können so thematisiert und politisiert werden. Die Verwaltung muss die Ergebnisse dieser Debatten in einen Haushalt übersetzen und PolitkerInnen müssen dazu eine Position beziehen.

Der partizipative Haushalt richtet sich ausdrücklich an die »Massen«, d.h. an die Bevölkerung und nicht an Parteien, Vereine oder Initiativen. Als Verfahren soll er der »Weisheit der Massen« Raum zur Entfaltung geben, soll im Prinzip keine Grenzen setzen, keine Richtungen von Diskussionen und Entscheidungen vorherbestimmen. Hierin liegt auch ein wesentlicher Unterschied zu anderen Beteiligungsverfahren, die in der Regel einen begrenzten Gegenstand haben, sich an eine Auswahl von BürgerInnen wenden, von der Verwaltung unmittelbar gesteuert werden und zeitlich begrenzt angelegt sind. Kein anderes Beteiligungsverfahren hat zudem den Haushalt als zentrales Moment politischer Steuerung und → Umverteilung zum Gegenstand. Partizipativer Haushalt bedeutet Beteiligung von Politik und Verwaltung an der Lösung der Probleme der EinwohnerInnen, nicht Beteiligung der EinwohnerInnen an der Lösung der Probleme von Politik und Verwaltung.

Die zentrale Form des Prozesses ist die EinwohnerInnenversammlung. Sie soll allen EinwohnerInnen zugänglich, das heißt barrierefrei in jeglichem Sinne sein. Entscheidend ist der Status als EinwohnerIn, nicht der Status als WahlberechtigteR. Auf den Versammlungen in den einzelnen Stadtteilen werden Vorschläge zur Aufstellung eines Haushaltes vorgebracht und diskutiert, dort informiert die Verwaltung über den Haushalt sowie über die durch die Kommune angebotenen Leistungen und legt gemeinsam mit PolitikerInnen Rechenschaft über die Realisierung von früheren Vorschlägen der EinwohnerInnen ab. Durch Befragungen, Broschüren, Internetportale usw. kann dieser Prozess unterstützt werden. Wichtig ist dabei aber vor allem das Gespräch unter den EinwohnerInnen selbst. So entstehen Listen von Aufgaben, die in den Haushalt aufgenommen werden sollen. Diese Aufgaben werden durch die TeilnehmerInnen in einem Abstimmungsverfahren bewertet. Schließlich wählen die TeilnehmerInnen ihre VertreterInnen, die den Beteiligungsprozess leiten, die erforderlichen Konsultationen mit der Verwaltung führen und schließlich eine Prioritätenliste als Votum der EinwohnerInnen der Kommune an das Kommunalparlament übergeben.

Somit bietet sich der partizipative Haushalt als Ort des Lernens, als Ort der → Politisierung und Ort der → Solidarisierung an. Inwieweit diese Möglichkeiten tatsächlich in politische Wirkungen umschlagen, hängt aber davon ab, wie Mitglieder der verschiedenen Parteien und Organisationen in diesem Rahmen als Personen aktiv werden. Stärke gewinnt dieses Verfahren dadurch, dass es absolut → öffentlich ist, von Selbstorganisation getragen wird, Menschen aktiv persönlich anspricht, als »endloser« Prozess verstanden wird und verschiedene Wege der Beteiligung (Versammlungen, Internet, schriftliche Äußerungen, Befragungen etc.) gleichermaßen eröffnet.

Lutz Brangsch

Zum Weiterlesen

Brangsch, Petra/Brangsch, Lutz (2006): Weshalb? Wieso? Warum? Argumente für den Bürgerhaushalt, Berlin, www.kommunalpolitik-berlin.de/pdf/IH_kpf_Buergerh.pdf.

Franzke, Jochen/Kleger, Heinz (2010): Bürgerhaushalte. Chancen und Grenzen, Berlin.

Sintomer, Yves u.a. (2010): Der Bürgerhaushalt in Europa – eine realistische Utopie? Wiesbaden.

Zimmermann, Clovis (2006): Politische Partizipation in Brasilien. Ein Vergleich der Stadtplanungsmodelle von Porto Alegre und Curitiba, Frankfurt a.M./London.

Pluralismus

Diversität bedeutet, anders als Pluralität, zunächst nichts anderes als Unterschiedenheit, Vielfalt. Eine sehr breite Wirkung und positive Bewertung erfuhr dieser Begriff mit dem Aufkommen und Erstarken der weltweiten Umweltbewegung im letzten Viertel des 20. Jahrhunderts. Bedroht wird die Biodiversität, die Vielfalt der Arten von Pflanzen und Tieren, vor allem durch Raubbau, Brandrodung, Massenproduktion, Umweltverschmutzung jeglicher Art und Flächenversiegelung. Andererseits existiert ein großes wirtschaftliches Interesse daran, die existierende Biodiversität als Reservoir möglicher Wirkstoffe für die Medizin und als Lieferant von Genen für die Züchtung alternativer Sorten für die Landwirtschaft zu betrachten und entsprechend auszubeuten. Das traditionelle Naturwissen der indigenen Bevölkerung von Gebieten mit hoher Artenvielfalt wird in der Regel unterschätzt.

Ein weiteres Konzept von Diversität setzt sich gegenwärtig in der Unternehmensführung durch, nun allerdings in der neudeutschen Form »Diversity«. Unternehmen, die vor nicht langer Zeit noch vor allem den jungen, *weißen*, männlichen, dynamischen Mitarbeiter gesucht haben, setzen nun auf Vielfalt. So schreibt Hewlett Packard: »Wir bei HP sind der Überzeugung, dass Diversity – also Vielfalt in unserer Mitarbeiterstruktur – die Hauptantriebskraft für Kreativität, Innovation und Erfindungsgeist darstellt. … Diversity ist ein wesentlicher Bestandteil unserer Unternehmenskultur. Sie ist für uns nicht nur ein Muss in Bezug auf eine attraktive Arbeitsumgebung, sondern sie hilft uns auch, am Markt erfolgreich zu sein.« Es ist dann auch kein Wunder, dass in einigen neuen Master-Studiengängen für ÖkonomInnen oder zukünftige »Leader« an Hochschulen in Deutschland und Österreich *Diversity Management* eine zentrale Rolle im Lehrplan einnimmt. Organisationsdemografische Studien haben allerdings inzwischen schon ergeben, dass die Vorteile von *Diversity* so eindeutig nicht sind: »Zum einen führt Diversität in Organisationen durch die wechselseitige Ergänzung von Fähigkeiten und Fertigkeiten zur Schaffung neuer wettbewerbsrelevanter Ressourcen in Form von Kreativitäts-, Innovations- und Flexibilitätspotenzialen und zum anderen zur Belastung oder Verminderung vorhandener Human- und Organisationsressourcen.« (Jans)

Auch Pluralismus setzt auf Vielfalt. Während es aber bei Diversität um den Schutz vorhandener natürlicher Vielfalt oder um die Schaffung nützlicher Vielfalt bei Techniken oder Belegschaften geht, zielt der Pluralismus auf die gewollte und bewusste Koexistenz verschiedener Interessen, Ansichten und

Lebensstile. Erst mit der seit der Aufklärung in Europa allmählich erreichten Emanzipation des Bürgertums von der autoritären Herrschaft in Staat und Kirche erfuhr der Pluralismus wachsende Anerkennung als Grundlage gesellschaftlichen Miteinanders. Die totalitären Diktaturen des 20. Jahrhunderts jedoch setzten dem ein Ende und verhöhnten ihn als »unvölkisch« oder »klassenfeindlich«.

In den linken, vorwiegend studentischen Bewegungen der 1960er Jahre fand diese Denkweise zeitweilig noch Anklang, auch weil Pluralismus im Westen damals zu einem ideologisch gewendeten und entsprechend trockenen, antitotalitären Kampfbegriff geworden war, für den der Inhalt der gegen- und nebeneinander stehenden Meinungen unerheblich war. Die neuen → sozialen Bewegungen, die dann in der Folgezeit entstanden (Frauenbewegung, Anti-Atombewegung, Umweltbewegung, Lesben- und Schwulenbewegung, Friedensbewegung, Dritte-Welt-Bewegung), waren hingegen in ihrem eigenen Interesse von Anfang an darauf aus, im Sinne eines echten Pluralismus, der den → solidarischen Meinungsstreit geradezu voraussetzt, für die Legitimität unterschiedlicher Lebensentwürfe und politischer Ziele und ihre Verwirklichung einzutreten.

Das Projekt Attac beispielsweise verdankt einen guten Teil seiner Stärke und Wirksamkeit der Tatsache, dass seine Mitglieder von sehr verschiedenen Denkansätzen und Interessen her dazu gekommen sind, die neoliberale Gestaltung der Globalisierung als antidemokratisch, sozial ungerecht und ökologisch unvertretbar zu begreifen, und ihnen nicht abverlangt wird, sich auf eine verbindliche Lehrmeinung einzulassen oder zu einigen. Eine dogmatische Festlegung dieser Bewegung auf bestimmte theoretische Positionen oder praktische Aktionsformen wäre ihr genau so wenig förderlich wie die Beliebigkeit der Meinungen nach Art des bürgerlichen Pluralismus.

Urs Müller-Plantenberg

Zum Weiterlesen

Jans, Manuel (2003): Diversität als Ressource? Ergebnisse und Erkenntnisse der Organisationsdemografieforschung, in: Albert Martin (Hrsg.): Personal als Ressource, München/Mering, S. 53-78.

Wahl, Peter (2005): Zur Konzeption von Attac, in: Informationsstelle Lateinamerika, Geld. ¿Gerechtigkeit? Geld, Bonn.

Politics of Scale

Der Begriff *scale*, also geografische Maßstäblichkeit oder Skalierung, war disziplinär ursprünglich im Bereich der Geografie und Kartografie verankert und verwies dort unter anderem auf Fragen der Abstimmung von Prozess- und Beobachtungsmaßstäben. Ausgehend von den gesellschaftlichen Restrukturierungen seit den 1970er Jahren und der damit einhergehenden räumlichen Reorganisation von Politik und Ökonomie wurde die Frage der geografischen Maßstäblichkeit *sozialer Prozesse* von der angloamerikanischen *Radical Geography* aufgegriffen. Globalisierung wird in dieser Perspektive als Prozess der ungleichen und herrschaftsförmigen räumlich-maßstäblichen Reorganisation von kapitalistischen Gesellschaften verstanden.

Ausgegangen wird von der zentralen Annahme, dass geografische Maßstabsebenen wie die Stadt, die Region, der Nationalstaat oder der Weltmarkt keine vorgegebenen statischen Einheiten sind, sondern temporäre räumliche Verankerungen sozialer Prozesse, die jedoch permanent gesellschaftlich hergestellt bzw. transformiert werden und deren Bedeutung erst im Verhältnis zu jeweils anderen Maßstabsebenen erwächst. Die Produktion, Reorganisation oder auch Abschaffung von Maßstabsebenen ist ein umkämpfter Prozess, über den sich gesellschaftliche Kräfteverhältnisse verschieben. Als es etwa der konservativen britischen Regierung unter Margaret Thatcher in den 1980er Jahren gelang, das von der Labour Party dominierte *Greater London Council* abzuschaffen, wurde damit eine wichtige Maßstabsebene der Organisation oppositioneller Politik beseitigt. Die Linke wurde erheblich geschwächt, während die Zentralregierung ihren Einfluss auf die Entwicklung der Metropolregion London stärkte. Jüngere Beispiele für solche herrschaftsförmigen *politics of scale* sind die Schaffung der Welthandelsorganisation (WTO) im Jahr 1995 oder die Verschärfung des europäischen Stabilitätspakts im Jahr 2011. Beide stehen für das Bemühen, neoliberale Prinzipien auf internationaler bzw. supranationaler Ebene festzuschreiben und dadurch wichtige Fragen – in diesem Fall der Gestaltung von Handelsbeziehungen bzw. von Haushaltspolitik – der demokratischen Verhandelbarkeit auf anderen räumlichen Ebenen zu entziehen.

Die gesellschaftliche Bedeutung räumlicher Ebenen (wie etwa »des Globalen« oder »des Lokalen«) ergibt sich nicht aus sich selbst heraus, sondern aus politischen Auseinandersetzungen und dem konkreten Agieren von AkteurInnen im Kontext historisch-spezifischer sozialer Kräfteverhältnisse. Insofern können *politics of scale* Herrschaftsverhältnisse nicht nur stabilisieren, sondern auch in Frage stellen und transformieren. Dies zeigt sich spätestens seit dem Aufstand der Zapatistas in Mexiko und dem Aufkommen der globalen → sozialen Bewegungen.

Die Strategien und Konstellationen sind dabei vielfältig. Eine wichtige Rolle spielen institutionelle Kristallisationspunkte sozialen Protests auf globaler Ebene. Hier waren und sind etwa die → Weltsozialforen wichtig, aber auch zahlreiche thematische Vernetzungen wie alternative Weltwasserforen, Zusammenschlüsse für → Klimagerechtigkeit (wie »Climate Justice Action«) oder → Ernährungssouveränität (wie »Vía Campesina«) oder internationale Netzwerke für das Recht auf Wohnen, in denen konkrete alternative Agenden entwickelt werden. Auch viele lokale Kämpfe, z.B. gegen die Privatisierung öffentlicher Daseinsvorsorge, gewinnen ihre Dynamik aus der Verständigung über globale Entwicklungen und Auseinandersetzungen darum. Ferner wäre die (symbolische) Internationalisierung lokaler oder regionaler Konflikte zu nennen. Dazu zählen z.B. internationale Kampagnen zur Unterstützung lokaler Arbeitskämpfe etwa in der mexikanischen Maquiladora-Industrie sowie bestimmte Elemente in der Strategie der mexikanischen Zapatistas aus den 1990er Jahren wie die »Erklärungen aus dem Lakandonischen Urwald« an die Weltöffentlichkeit und die Einladung von sozialen Bewegungen aus allen Teilen der Welt zu Treffen nach Chiapas.

Entscheidendes Merkmal dieser veränderten räumlichen Maßstäblichkeit emanzipatorischer Politik ist, dass politische Artikulation nicht einfach auf die globale Ebene verlagert wird, sondern sich »multiskalar« oder »glokal« gestaltet und aus dieser Gleichzeitigkeit von globalem und lokalem Handeln seine Stärke zieht: Die »Reskalierung« von → Protest kann nicht nur dazu beitragen, Kräfteverhältnisse auf der lokalen und nationalen Ebene zu verschieben und z.B. die Repression von sozialen Bewegungen durch die Schaffung einer globalen Öffentlichkeit zu erschweren. Durch Reskalierungen entstehen auch Möglichkeiten des Erfahrungsaustausches, die wichtige Impulse für die lokale Praxis geben können.

Bettina Köhler/Markus Wissen

Zum Weiterlesen

Keil, Roger/Mahon, Rianne (Hrsg.) (2009): Leviathan Undone? The Political Economy of Scale, Vancouver.

Köhler, Bettina/Wissen, Markus (2003): Glocalizing protest. Urban conflicts and the global social movements, in: International Journal of Urban and Regional Research, Vol. 27, No. 4, S. 942-951.

Wissen, Markus/Röttger, Bernd/Heeg, Susanne (Hrsg.) (2008): Politics of Scale. Räume der Globalisierung und Perspektiven emanzipatorischer Politik, Münster.

Politische Bildung

Geschichtlich gehört die Frage nach politischer Bildung und ihren emanzipatorischen Potenzialen in den Zusammenhang der Herausbildung neuer gesellschaftlicher und individueller Selbstverständnisse in der Moderne. Da Begründungen der Welt- und Gesellschaftsordnung aus dem Jenseits oder der Herkunft ihre Überzeugungskraft verloren hatten, mussten Welt- und Selbstverständnisse gefunden werden, die Gesellschaftlichkeit im Diesseits verankerten. Diese Aufgabe ist auf drei Wegen angegangen worden. Mit ihnen entstanden deutlich unterschiedene Grundeinstellungen zur Politik, die sich als Bürgerrollenkonzepte fassen lassen, die als Selbstverständnisse von Untertanen (im Sicherheit verbürgenden Staat), von WirtschaftsbürgerInnen (die an der Sicherung privater Handlungsfreiheit interessierten liberalen Bourgeois) oder von teilhabeinteressierten Citoyens (im republikanischen Verständnis selbstgestalteter Politik) bezeichnet werden können.

Eine an ihren emanzipatorischen Potenzialen interessierte politische Bildung wird aus gewichtigen Gründen ihre Arbeitsperspektiven aus einem republikanischen Verständnis selbstgestalteter Politik und dessen demokratietheoretischen Weiterentwicklungen gewinnen: Weil darin Politik als Form der Selbststeuerung von Gesellschaften begriffen wird, kann Politik vorwiegend »von unten«, aus der Perspektive an → Partizipation interessierter Individuen, wahrgenommen werden. Daher nimmt eine so begründete politische Bildung schon von ihrem Denkansatz her die Subjekte des Lernens als (künftige) Akteure der Volkssouveränität ernst. Sie zielt nicht auf Institutionenvertrauen, sondern auf kritisches Partizipations- und Gestaltungsinteresse. Als zentrales Feld politischen Lernens sieht sie deshalb die → Öffentlichkeiten gesellschaftlicher Selbstverständigung.

Wesentlich für eine an → Emanzipation interessierte politische Bildung bleibt auch heute eine Denkfigur, die das republikanische Politikverständnis mit der Grundregel einer universalistischen Vernunftmoral zusammenschließt. Nach ihr gesteht der einzelne sich selbst nur zu, was er prinzipiell allen anderen zugesteht. In diesem Denkansatz hat politische Bildung ein starkes Fundament der Kritik an solchen ökonomischen, gesellschaftlichen und politischen Verhältnissen und Denkweisen, die Exklusionen oder Ungleichheiten bewirken. Zugleich bezieht sich dieses Politik- und Bildungsverständnis auf eine Theorie von Autonomie und Mündigkeit, für die Mündigkeit und Mündigwerden der Individuen nur als soziale Praxis (nicht als individuelles Fitmachen) denkbar sind.

Unter den Herausforderungen der Globalisierung und der mit ihr einhergehenden Transformationskrisen tritt die Bedeutung eines solchen Verständnisses von Politik und politischer Bildung hervor. Globalisierung als epochale Transformation lässt sich als ein konflikthaft verlaufender gesellschaftlicher Lernprozess deuten, in welchem sich die Perspektiven der Welt- und Selbstwahrnehmung neu organisieren müssen. Dieser gesellschaftliche Lernprozess kann nur gelingen, wenn sich die Horizonte gesellschaftlicher Selbstverständigung um neue, inklusive Formen verständigungsorientierter Sozialmoral erweitern. Eine an Emanzipation orientierte politische Bildung hat in der bewussten und reflektierten Teilnahme an diesem gesellschaftlichen Lernprozess heute und auf absehbare Zeit ihre wichtigste Aufgabe. Als eine dramatische Konkretisierung der weltgesellschaftlichen Transformationskrise bringt die Weltwirtschaftskrise seit 2007 die Dimensionen dieser Aufgabe zum Vorschein. Sie hat unübersehbar die Frage nach der leitenden Basisregel der Vergesellschaftung aufgeworfen. Wenn dies nicht »Shareholder Value« – das Recht der KapitaleignerInnen auf maximalen Gewinn – sein soll und auch nicht die Wiederkehr völkisch-identitärer Vergemeinschaftung, wie sie für den »Extremismus der Mitte« (Lipset) als Krisenreaktion typisch ist, wird gerade politische Bildung jene zentrale Regel gesellschaftlicher Selbstbestimmung verteidigen müssen, nach welcher Autonomie des Einzelnen nur zusammen mit derjenigen aller anderen Menschen zu denken und zu haben ist.

Krisen und die sie begleitenden öffentlichen Diskurse stellen die politische Bildung nicht nur vor Herausforderungen, sondern bieten auch besondere Lerngelegenheiten: Krisen unterbrechen den gewohnten Gang der Dinge und regen über die Unterscheidung von *vorher und nachher* Zeitbewusstsein und über die Unterscheidung *so oder anders* den Sinn für Alternativen an. Gegebenheiten verlieren die Aura des Selbstverständlichen und Überzeitlichen und zeigen sich als Produkt menschlichen Handelns und menschlicher Interessen. Ob es gut so ist, wie es ist, oder was daran nicht gut eingerichtet ist, wem es nützt und wem es schadet, wird zur unabweisbaren Frage.

Gerd Steffens

Zum Weiterlesen

Jahrbuch für Pädagogik 2011: Menschenrechte und Bildung. Red. Gerd Steffens und Edgar Weiß, Frankfurt a.M.

Lösch, Bettina/Thimmel, Andreas (Hrsg.) (2010): Kritische politische Bildung. Ein Handbuch, Schwalbach/Ts./Bonn.

Politisierung

Im Begriff der Politisierung verbinden sich programmatisch vier Operationen, die speziell Intellektuellen eine radikale Kritik der bestehenden Herrschaftsverhältnisse ermöglichen sollen: *Erstens* die performative Operation, das bis dahin »Normale« oder »Selbstverständliche« zu etwas Hinterfragbarem, Umstrittenem, Umkämpftem und damit auch Veränderbarem zu machen, sowie der Vorgang, durch den etwas in den öffentlichen Raum gebracht wird, was bis dahin dem öffentlichen Raum als Ort der Politik entzogen gewesen war (vgl. schon Marxens »No admittance, except on business!«). Das reichte vom Rückgriff auf Walter Benjamins an Bert Brecht angelehnte Devise einer »Politisierung der Kunst« über die 1960er-Jahre-Slogans »Das Persönliche ist politisch!« bzw. »Das Private ist politisch!« bis zur Praxis des erzwungenen »coming out«. *Zweitens* die damit verbundene Operation, an Stelle der herrschenden Passivität der »Betroffenen« deren »Aktivierung« zu entfalten, wie etwa in Konzepten der autonomen Jugendbildung. *Drittens* der mit den ersten beiden eng zusammenhängende Vorgang, eigene Identitäten, die bis dahin für wertlos oder sogar nicht-existent galten, auf eine Weise zu besetzen, dass ihre Träger eigenständig handlungsfähig werden können. »Black is beautiful!« oder → »Queer nation!« können als Slogans beide Anliegen exemplarisch in Erinnerung rufen. Damit wird ein kritischer Begriff der → politischen Bildung radikalisiert, wie ihn Theodor W. Adorno und Ludwig von Friedeburg auf den Punkt gebracht hatten: »Politische Bildung vermag die Kruste von Gleichgültigkeit und Desinteresse zu durchbrechen, wenn es ihr gelingt, politische Vorgänge auf die Struktur der sie tragenden Interessen zu beziehen und einen einsichtigen Zusammenhang herzustellen zwischen dem Zustand des Gemeinwesens und den persönlichen Belangen des Einzelnen.«

Das studentenbewegte Konzept der Politisierung, wie es in der deutschsprachigen Debatte der 1960er Jahre etwa von Peter Brückner, Alfred Krovoza u.a. artikuliert wurde, arbeitete an einem allgemeineren Problem, wie es in allen Gesellschaften vorliegt, »in welchen die kapitalistische Produktionsweise herrscht« –, dass sich nämlich den handelnden Menschen ihre eigenen gesellschaftlichen Verhältnisse als »Naturbedingungen« menschlicher Vergesellschaftung darstellen, die ihrer Gestaltungsfähigkeit entzogen sind. Gemäß dem Konzept der Politisierung sollte eine an den eigenen Interessen der Betroffenen ansetzende politische Thematisierung als solche genügen, um diese »Verdinglichung« aufzulösen. Dabei wurde historisch zunächst übersehen, dass die real damals in der Tat derart »politisierten« Sachverhalte der Technologieentwicklung (oder auch der Veränderungen der Geschlechterverhältnisse) nur die besondere historische Gestalt des »Fordismus« betrafen – und nicht die grundlegendere Struktur der Herrschaft der kapitalistischen Produktionsweise als solche in Frage stellten.

Eine Aktualisierung der Kategorie der Politisierung für die Gegenwart muss daher beachten, dass zwischen den technokratischen »Sachzwängen« der 1960er Jahre und den heutzutage zur Abwehr von Kritik ins Feld geführten »Marktgesetzen« ein gravierender Unterschied besteht: Während erstere ganz offensichtlich herrschaftlich geronnene politische Positionen waren, die es zu »hinterfragen« genügte, um die Frage nach politischen Alternativen aufzuwerfen, geben sich letztere als rein sachliche Gesetzmäßigkeiten, denen gegenüber das bloße Infragestellen nicht genügt. Erst durch die Begründung von realitätstüchtigen – d.h. sowohl bündnis- als auch politikfähigen – Positionen einer bewussten Politik der Vergesellschaftung »von unten« wird sich der öffentliche Raum wieder für politische Auseinandersetzungen um die Überwindung der bestehenden Herrschaftsverhältnisse öffnen lassen.

Angesichts der Erfahrungen mit den »passiven Revolutionen« (Gramsci) des 19. und 20. Jahrhunderts, noch deutlicher aber angesichts der passivierenden Gegenrevolution des Neoliberalismus seit den 1980er Jahren, stellt sich die Frage, ob diesem in einer Aufbruchphase der → sozialen Bewegungen gebildeten Begriff der Politisierung nicht auch ein Begriff der »passiven Politisierung« an die Seite zu stellen ist, unter dem Prozesse einer politisierenden Unterwerfung untersucht werden können. Dafür scheint es sinnvoll zu sein, mit der neueren französischen Philosophie (Badiou und Rancière) zwischen der aktivierenden »Politik« und einem passivierenden »Politischen« zu unterscheiden. Die »Rückkehr des Staates«, wie sie in der Krise nach 2007 zu konstatieren war, hat der Fähigkeit, eine derartige Unterscheidung konkret zu treffen, geradezu strategische Bedeutung verliehen.

Frieder Otto Wolf

Zum Weiterlesen

Bedorf, Thomas/Röttgers, Kurt (Hrsg) (2010): Das Politische und die Politik, Berlin.

Brückner, Peter/Krovoza, Alfred u.a. (1972): Was heißt Politisierung der Wissenschaft und was kann sie für die Sozialwissenschaften heißen?, Frankfurt a.M..

Schulze, Detlef Georgia/Berghahn, Sabine/Wolf, Frieder Otto (Hrsg.) (2006): Politisierung und Ent-Politisierung als performative Praxis, Münster.

Wolf, Frieder Otto (2012): Rückkehr in die Zukunft, Münster.

Polyamory

Dass die Kleinfamilie gegenüber den Härten des neoliberalen Alltags der Ort ist, wo »partnerschaftliche Solidarität geübt wird, die nichts anderes ist als die Liebe in Normaltemperatur«, meint nicht nur der ehemalige CDU-Minister Norbert Blüm. Die heterosexuelle monogame Beziehung ist die weiterhin vorherrschende Lebensform. Sie spukt auch als Wunsch für die persönliche Zukunft durch die Köpfe der übergroßen Mehrheit Jugendlicher (Haug/Gschwandtner). Dennoch scheitert dieses Modell zunehmend. In Deutschland kommen z.B. auf 100 geschlossene Ehen im Jahr 50 Scheidungen. Zur Kleinfamilie gesellt sich mittlerweile die Patchworkfamilie, zur Treue bis zum Tod die serielle Monogamie. Doch seit den 1990er Jahren, parallel zur Verbreitung des Internet, hat sich von den USA aus die Polyamoriebewegung verbreitet, die nicht die verschiedenen Formen von Monogamie ersetzen will, aber sich als Alternative anbietet, die den hegemonialen Stellenwert der Kleinfamilie in Frage stellt.

Der Begriff wurde bereits in den 1960er Jahren geformt, indem das griechische *poly* (mehrere) und das lateinische *amor* (Liebe) zu einem Hybrid zusammengeführt wurden. Aber erst die Gründung der alt.polyamory newsgroup im Internet durch Jennifer Wesp 1992 sorgte für die Durchsetzung dieser Bezeichnung für → Lebensformen, in denen mehr als zwei Menschen eine Beziehung eingehen, die sich dadurch auszeichnet, dass die Beteiligten offen, ehrlich und rücksichtsvoll miteinander umgehen. Sicher hat es schon vor dieser Zeit Menschen gegeben, die nach den Prinzipien Ehrlichkeit und Offenheit vertrauensvolle Liebesbeziehungen zu mehreren Menschen hatten. Genannt werden in diesem Zusammenhang häufig die Anarchistin Emma Goldman sowie die Soziologin Simone de Beauvoir und der Philosoph Jean-Paul Sartre. Aber erst als Bewegung stellen die Poly-Zusammenhänge die Monogamie als einzig mögliche gesellschaftliche Lebensform in Frage.

Wichtige Unterschiede zur Polyandrie, bei der eine Frau mehrere Ehemänner hat, und zur Polygynie, bei der ein Mann mit mehreren Frauen verheiratet ist, bestehen darin, dass Polyamore ihre Lebensform nicht als notwendig hegemoniale Lebensform verstehen. Sie begreifen sich vielmehr als Teil einer Gesellschaft, in der eine Pluralisierung der Lebensformen stattfindet. Die Wahlfreiheit der Beteiligten – zum Beispiel die Beziehung jederzeit verlassen zu können oder die Entscheidung für die Aufnahme einer zusätzlichen Beziehung – bleibt dabei in der Poly-Beziehung gegenüber Polyandrie, Polygynie und Monogamie unangetastet.

Die Abgrenzung gegenüber dem, was im Alltag mit »freie Liebe« verbunden wird, liegt vor allem in der normativen Prägung dieses Begriffs in den späten 1960er Jahren. Die Infragestellung der Sexualmoral und ihre oft zwanghafte Umkehrung werden heute damit assoziiert. (»Wer zweimal mit der selben pennt, gehört schon zum Establishment.«) Im Unterschied dazu wird von Polyamoren die emotionale Zuneigung zu den Menschen in dem Beziehungszusammenhang in den Vordergrund gerückt. In der Polyamoriebewegung wird im Grunde der Geist der Romantik erweitert, in der die romantische Liebe zur Grundlage für das Zusammenleben wurde. Es können eben jetzt nicht mehr nur zwei Menschen zusammenleben, sondern mehrere in ganz verschiedenen Konstellationen. Die Formenvielfalt der verschiedenen Beziehungen verhindert eine exakte Definition dessen, was eine Poly-Beziehung ist. Letztendlich ist jede dieser Beziehungen einzigartig. Doch die Prinzipien von Selbstbestimmung, Transparenz und Ehrlichkeit, die Suche nach einem Konsens und der verantwortungsvolle Umgang miteinander gelten als Leitlinien. Diese Leitlinien und die damit verbundene Auseinandersetzungsbereitschaft benötigen vor allem eine → Entschleunigung gegenüber dem herrschenden Alltag und sind eine Alternative zur Konkurrenz unserer Gesellschaft. So können diese Beziehungen einen Schutzraum bilden, den die Kleinfamilie häufig nicht mehr gewährleisten kann.

Alternativen zu herrschenden Lebensformen hat es in verschiedenen Epochen gegeben und sie waren oft auch Ausdruck für die Krisenhaftigkeit der vorherrschenden Lebensformen. Sie wurden nicht selten von Menschen propagiert und gelebt, die Alternativen zu den jeweiligen Herrschaftsstrukturen entwickelten. Es gab auch Beziehungen, die heute polyamor genannt würden, in Zusammenhängen, die dadurch ihren Mitgliedern (vorübergehende) Stabilität gewährleisten konnten. So zum Beispiel die Bloomsbury Group, zu der Anfang des 20. Jahrhunderts Virginia Woolf, Bertrand Russell und John Maynard Keynes gehörten. Innerhalb dieser Gruppe gab es verschiedene Beziehungskonstellationen und die Stärke, die die Einzelnen daraus zogen, trug sicher zu ihrer Kreativität bei. So können polyamore Beziehungen nach innen zu einer Bereicherung der Beteiligten führen, die daraus Kraft für ihr gesellschaftspolitisches Engagement schöpfen.

Thomas Schroedter

Zum Weiterlesen

Haug, Frigga/Gschwandtner, Sabine (2006): Sternschnuppen. Zukunftserwartungen von Jugendlichen, Hamburg.

Schroedter, Thomas/Vetter, Christina (2010): Polyamory, eine Erinnerung, Stuttgart.

Postautonomie

Der Begriff der Postautonomie verweist auf Kontinuitäten und Brüche innerhalb der jüngsten Geschichte der radikalen Linken und wird mitunter zur Charakterisierung einiger ihrer Strömungen bzw. Aktionsformen verwendet. Postautonome Politik grenzt sich in gewissen Punkten von klassisch autonomer Praxis ab, wie sie in den 1970er Jahren in Italien entwickelt wurde und in veränderter Form in der Bundesrepublik in den 1980ern ihren Höhepunkt erreichte.

Zur klassischen autonomen Bewegung, dem italienischen → Operaismus und der 1977er-Bewegung, besteht kein direktes Nachfolge-Verhältnis, jedoch wird sich an wesentlichen Hauptcharakteristika orientiert. Der Begriff der Autonomie bezieht sich im Operaismus auf die Selbsttätigkeit der ArbeiterInnen: Als »Autonomie der Klasse« gegenüber dem Kapital und als Autonomie gegenüber den »StellvertreterInnen«, nämlich Partei und Gewerkschaft. Theorie und Praxis des Operaismus orientierte sich am Subjekt des Massenarbeiters, d.h. dem männlichen Fabrikarbeiter am Fließband. Auch wenn folglich die Fabrik zentraler Ort der Kämpfe war, wurden Mietstreiks und Hausbesetzungen in den ArbeiterInnenvierteln organisiert.

Auch in der BRD kam es Anfang der 1970er Jahre zu → wilden Streiks, an denen operaistische Gruppen beteiligt waren. Ähnlich wie in Italien verlagerten sich die Kämpfe in die Stadtteile. Hier entwickelte sich eine andere Vorstellung von Autonomie: Selbstbestimmtes Leben im Hier und Jetzt. Dem Kampf gegen die Fabrikarbeit wurde der Rückzug aus der Lohnarbeit entgegengestellt und die »Politik der ersten Person« kam auf. Damit ist gemeint, dass die AktivistInnen vor allem von sich selbst ausgingen, ihr Umfeld nach den eigenen Utopien zu gestalten versuchten und sich gesellschaftlichen und kapitalistischen Zwängen entziehen wollten, beispielsweise indem sie Kollektive gründeten. Mit den operaistischen Betriebsgruppen hatte diese Bewegung nur noch wenig gemeinsam. Teile der Autonomen stellten den jeweiligen militanten Flügel verschiedener → sozialer Bewegungen, zogen sich mit deren Niedergang aber immer stärker in subkulturelle Räume zurück. Die zunehmende Prekarisierung der Arbeitswelt, der Wegfall vieler gesellschaftlicher Nischen, Kriminalisierung und nicht zuletzt die Einbindung in das neoliberale Projekt verstärkten den Bedeutungsverlust der autonomen Bewegung.

Das Schlagwort »postautonom« wird zur Kennzeichnung von einem Teil der radikalen Linken genutzt, der versucht, aktiv aus der gesellschaftlichen Marginalisierung herauszukommen und gesellschaftliche Kämpfe zuzuspitzen. Dieser zeichnet sich durch die Kritik an der »Politik der ersten Person« und einem wieder stärkeren Bezug auf → (post-)operaistische Theoriebildung aus. Unter anderem in der Interventionistischen Linken (IL) sowie in migrationspolitischen Gruppen findet sich dieser Teil der Linken wieder. Beide beziehen sich auf die vielfältige globalisierungskritische Bewegung und ihre Proteste, in denen die »andere Welt« bereits aufscheint. Inspiriert durch die zapatistische Bewegung sowie das Buch »Empire« von Michael Hardt und Antonio Negri wird nicht auf die Übernahme der Staatsmacht zu einem bestimmten Zeitpunkt, sondern auf das Aufbauen von lokaler und internationaler Gegenmacht gesetzt, die die Überwindung aller Herrschaftsverhältnisse zum Ziel hat – an diesem Punkt wird an klassisch autonome Politik angeknüpft. Postautonomie unterscheidet sich jedoch darin, mehr auf pragmatische Zusammenarbeit mit anderen Akteuren wie Parteien, Gewerkschaften und NGOs zu setzen. Die Proteste gegen den G8-Gipfel im Juli 2007 in Heiligendamm oder die Massenblockaden gegen den Naziaufmarsch in Dresden zeigen, dass eine solche Orientierung an → Bündnispolitik und gemeinsamer Mobilisierung zur vermehrten Wahrnehmbarkeit der radikalen Linken führen kann – auch wenn sie innerhalb der radikalen Linken nach wie vor umstritten ist. Bereits Anfang der 1990er Jahre kam es innerhalb der Autonomen zu einer Debatte über mangelnde Verbindlichkeit und interne, informelle (Macht-)Strukturen. Um beides zu mindern und thematisieren zu können, wird seither auf feste, von außen ansprechbare Gruppen, Netzwerke und Organisierungsprozesse gesetzt.

Darüber hinaus zeichnet sich postautonome Politik dadurch aus, neue subversive Aktionsformen zu entwickeln, ohne die die Autonomen kennzeichnende militante und konfrontative Praxis zu verwerfen. Die Tutte Bianche, Pink Silver, Paraden der Prekarisierten (Mayday), aber auch kollektiver → ziviler Ungehorsam wie bei »Block G8«, »Dresden Nazifrei« oder kollektive Selbstermächtigung wie bei »Castor Schottern« stellen eine kreative Weiterentwicklung autonomer Praxis dar, die nicht dem klassischen Schema von teilweise patriarchal geprägter → Militanz entspricht.

Fabian Rehm/Anne Tittor

Zum Weiterlesen

Birkner, Martin/Foltin, Robert (2010): (Post-)Operaismus. Von der Arbeiterautonomie zur Multitude, Stuttgart.

Geronimo (1994): Feuer und Flamme, Zur Geschichte der Autonomen, 4. Aufl., Berlin/Amsterdam.

Hardt, Michael/Negri, Antonio (2002): Empire. Die neue Weltordnung, Frankfurt a.M.

Post-Development

Nach Ende des Zweiten Weltkrieges und in der Phase der Dekolonisation war der koloniale Rassismus, der die Weltbevölkerung in »zivilisierte Herrenmenschen« und »unzivilisierte Wilde« aufteilte, weitgehend diskreditiert. An dessen Stelle trat die Rede von »entwickelten« und »unterentwickelten« Gesellschaften. Damit wurde zwar eine »Gleichheit der Völker« propagiert, dennoch waren einige gleicher als andere, nämlich ökonomisch weiter fortgeschritten. Das Leitbild der »Entwicklung« implizierte, dass alle menschlichen Gesellschaften auf einer evolutionären Skala voranschreiten und dass die Industriegesellschaften an deren Spitze stünden. Die auf dieser Skala »zurückgebliebenen« Gesellschaften könnten durch Modernisierung, Industrialisierung, Investitionen, Wirtschaftswachstum und Entwicklungshilfe ebenfalls zu »entwickelten« Gesellschaften werden. In den 1990er Jahren postulierten die so genannten Post-Development Ansätze in der Entwicklungstheorie, dass diese Vorstellung nicht nur durch und durch eurozentrisch, sondern auch obsolet sei: Die Ära der »Entwicklung« sei vorüber, es sei an der Zeit, nach Alternativen zu suchen.

Begründet wurde diese These mit vier Argumenten: Erstens habe die ökologische Problematik deutlich gemacht, dass die Industrieländer keinesfalls als einzuholende Vorbilder zu betrachten sind, sondern eher als nicht verallgemeinerbare Irrwege. Zweitens sei die Idee der »Entwicklung« ein ideologisches Versprechen im Ost-West-Konflikt gewesen, das nach Ende des Kalten Krieges überflüssig wurde. Drittens habe sich die Vorstellung des Aufholens als illusorisch erwiesen: Die materielle Kluft zwischen »entwickelten« und »weniger entwickelten« Ländern wurde nicht kleiner, sondern ist kontinuierlich größer geworden. Viertens missachte das Leitbild die kulturelle Vielfalt der Formen menschlichen Zusammenlebens und ziele auf eine Verwestlichung der Welt ab. Das Scheitern von Ideen und Praxen von »Entwicklung« sei deshalb zu begrüßen.

Nach dem Scheitern des Entwicklungsprojekts entstehen in der Praxis von → sozialen Bewegungen und Gemeinschaften vor allem in Lateinamerika und Asien neue gesellschaftliche Strukturen, die traditionelle und moderne Elemente miteinander verbinden. Diese Alternativen zur Entwicklung sind geprägt durch die Wiederaneignung des Wissens gegenüber der modernen Wissenschaft (z.B. traditionelle Heilmethoden), die Wiederaneignung der Politik gegenüber dem Staat (z.B. direktdemokratische Entscheidungsprozesse, → Partizipativer Haushalt) und die Wiederaneignung der Ökonomie gegenüber der formellen freien Marktwirtschaft (im informellen Sektor, der Subsistenzökonomie oder → solidarischen Praktiken). Autonomie und kulturelle Identität spielen eine wichtige Rolle, die Überlegenheit der westlichen Industriegesellschaft (und demnach auch der Versuch, ihr nachzueifern) werden in Frage gestellt. Dabei lassen sich neo-populistische und skeptische Post-Development-Ansätze unterscheiden: Während erstere oftmals traditionelle Gemeinschaften idealisieren und bisweilen eine Rückkehr zur Subsistenzökonomie propagieren, sind letztere kritischer gegenüber kulturellen Traditionen (die oft reaktionäre und patriarchale Elemente beinhalten) und verzichten auf den Entwurf universeller Gesellschaftsmodelle.

Das seit einigen Jahren in Südamerika, vor allem in Bolvien und Ecuador, vieldiskutierte Konzept des → »Buen Vivir« kann als eine Manifestation von Post-Development-Ideen gesehen werden. Es lehnt die »westliche« Sichtweise auf »Entwicklung« und damit verknüpfte Vorstellungen von Wachstum und Wohlstand ab.

Post-Development macht auf die Kontingenz des Leitbilds »Entwicklung« aufmerksam, ebenso wie auf seine historische Verortung. Es ermöglicht, die damit verwobenen Machtverhältnisse zu thematisieren und nach alternativen Leitbildern zu suchen. Post-Development hinterfragt nicht nur die auch heute noch gängige Praxis, die Menge an produzierten und konsumierten Waren als Indikator einer guten Gesellschaft anzusehen (und dabei potenzielle Indikatoren wie Selbstbestimmung und Würde oder die Abwesenheit von Rassismus auszublenden). In der skeptischen Variante wird ganz generell die Vergleichbarkeit von Gesellschaften anhand von universellen Maßstäben problematisiert. Zwar werden die Nord-Süd-Beziehungen zu Beginn des 21. Jahrhunderts zunehmend unter den Leitbildern »Krisenprävention«, »Weltmarktintegration« und »Global Governance« gestaltet, viele der eurozentrischen Annahmen von der Überlegenheit westlicher Gesellschaften sind jedoch immer noch präsent. Deshalb erscheint Post-Development als sinnvolles Werkzeug auf der Suche nach Alternativen zum Industriekapitalismus – im Süden wie im Norden.

Aram Ziai

Zum Weiterlesen

Esteva, Gustavo (1995): Fiesta – jenseits von Entwicklung, Hilfe und Politik. Frankfurt a.M.

Rahnema, Majid (Hrsg.) (1997): The Post-Development Reader, London.

Sachs, Wolfgang (Hrsg.) (1993): Wie im Westen so auf Erden, Reinbek.

Ziai, Aram (2003): Entwicklung als Ideologie? Das klassische Entwicklungsparadigma und die Post-Development Kritik, Hamburg.

Post-Extraktivismus

Mit dem Begriff Post-Extraktivismus fasst man in Lateinamerika Alternativen zur starken Abhängigkeit vom so genannten extraktiven Wirtschaftssektor zusammen. Als extraktiver Sektor wird der Abbau von Mineralien und fossilen Energieträgern mit dem Ziel, diese Rohstoffe in großen Mengen zu exportieren, bezeichnet. Dies hat negative soziale, ökonomische und ökologische Auswirkungen – wie die Zerstörung indigener Gemeinschaften, der Verlust regional angepasster Produktionsformen, Umweltzerstörung und -verschmutzung sowie die Zunahme von Gewalt und Kriminalität.

Der klassische Extraktivismus basiert vor allem auf der Aktivität transnationaler Konzerne, mit einer nur untergeordneten Rolle des Staates. Beim neuen, progressiven Extraktivismus hingegen kommt dem Staat eine aktivere Rolle zu – entweder direkt in der Form staatlicher Unternehmen oder indirekt, indem der Staat diesen Sektor besonders begünstigt. Die neuen fortschrittlichen Regierungen Lateinamerikas verteidigen diesen Extraktivismus als notwendig für »Entwicklung« (→ Post-Development) – und insbesondere für die Finanzierung ihrer Armutsbekämpfungsprogramme.

Jede Form des Extraktivismus entwickelt aber derzeit zerstörerische Dimensionen – und muss dringend gebremst werden. Solche Bemühungen dürfen nicht isoliert bleiben, sondern müssen in umfangreichere Programme für eine echte Entwicklungsalternative, den Post-Extraktivismus, integriert sein.

Der Übergang sollte zunächst in Richtung eines »vernünftigen Extraktivismus« gehen. Dieses Konzept sieht vor, zunächst einmal die schwersten zerstörerischen Tendenzen aufzuhalten und, wenn möglich, auch wieder rückgängig zu machen, um die Lebensqualität der lokalen Bevölkerungen zu verbessern. Wichtig ist in dieser Phase, die → Partizipation der → Zivilgesellschaft und die demokratische Diskussion zu stärken und so die Bedingungen für alternative Entwicklungswege zu schaffen.

Vorgeschlagen wird etwa eine Politik der Preiskorrekturen, um die ökologischen und sozialen Folgen des Rohstoffabbaus in den Marktwert der Rohstoffe zu internalisieren. Parallel dazu sollten die sozial- und umweltpolitischen Normen in jedem Land möglichst effektiv umgesetzt werden. Oftmals ist der Rohstoffabbau nur weiter möglich, weil die nationalen Gesetze nicht eingehalten werden. Oftmals sind die damit verbundenen Menschenrechtsverletzungen und einhergehende Umweltzerstörung völlig inakzeptabel (wie etwa im Fall des Erdölabbaus im Amazonasgebiet). Die absurden Subventionen, mit denen der Staat den Extraktivismus mit billiger Energie,

Infrastruktur und Transportmöglichkeiten versorgt, müssen abgeschafft werden. Legitimer wäre es, diese Ressourcen zu nutzen, um Wirtschaftssektoren zu subventionieren, die den extraktiven Sektor ersetzen können. Wenn die Rohstoffexporte drastisch reduziert werden, gehen zwar auch finanzielle Einkommen und Investitionen zurück. Aber gleichzeitig gibt es auch Nettospareffekte, wenn bei den Budgets gespart werden kann, die bisher dafür eingesetzt wurden, die negativen sozialen und ökonomischen Auswirkungen des Extraktivismus auszugleichen. Auf diese Weise muss für die öffentlichen Finanzen neu Bilanz gezogen werden. Außerdem ist eine angemessene zusätzliche Steuerlast für die weiterlaufenden extraktiven Tätigkeiten nötig. In dem Maße, wie der Extraktivismus beendet wird, muss auch eine Diversifizierung der Produktion vorangetrieben werden. Besonders wichtig ist die Umorientierung in Richtung Agrarökologie; denn hier entsteht Beschäftigung, der Verbrauch von Energie und Chemikalien geht zurück, und die Lebensqualität im Bereich der Ernährung wird gesichert.

Die post-extraktivistischen Strukturänderungen sind nur möglich, wenn mehrere Länder koordiniert zusammenarbeiten. Nur so können Dumping-Prozesse zwischen Nachbarstaaten verhindert, gemeinsame Preise und ähnliche Sozial- und Umweltstandards aufrechterhalten sowie Produktionsketten aufgebaut werden, die eine ökologische Alternative ermöglichen. Der Post-Extraktivismus ist ein Appell an Bioregionen in der Größenordnung von Kontinenten, damit die Produktion auf der Grundlage unterschiedlicher ökologischer Bedingungen koordiniert werden kann. Die Konzentration auf Regionen erlaubt eine selektive Entkoppelung von der Globalisierung und das Wiedererlangen von Autonomie gegenüber den Weltmärkten.

Diese Veränderungen weisen in Richtung einer radikalen Alternative. Ziel ist es, nur noch so viele natürliche Ressourcen wie nötig auszubeuten, um die Lebensqualität der Menschen zu sichern – und dabei die Rechte der Natur zu achten. Das wäre dann keine unangetastete Natur, wohl aber eine, die nur ausgebeutet wird, wenn es unabdingbar ist. Ziel sind enthaltsamere Gesellschaften, mit entmaterialisierten Ökonomien, die möglichst stagnieren und sich an der Lebensqualität der Menschen, einem gemeinschaftlichen Leben und am Schutz der Natur orientieren.

Eduardo Gudynas (Übersetzung: Susanne Schultz)

Zum Weiterlesen

Acosta, Alberto (2011): Alternativen zum Extraktivismus, in: Luxemburg, 1, S. 124-129.

Gudynas, Eduardo (2011): Neo-Extraktivismus und Ausgleichsmechanismen der progressiven südamerikanischen Regierungen, in: Kurswechsel, 3, S. 69-80.

Postkolonialismus

Obschon die ersten bedeutenden postkolonialen Veröffentlichungen aus den 1970er Jahren datieren und die Debatten um »Dekolonisierung« und »Neokolonialismus« (Kwame Nkrumah) bereits in den 1950er und 1960er Jahren einen Höhepunkt in den politischen Arenen erlebten, wird Postkoloniale Theorie im deutschsprachigen Raum erst in den letzten Jahren ernsthaft diskutiert. Und wenn auch die ersten Schriften von Literaturwissenschaftler_innen stammen (Edward Said, Homi Bhabha, Gayatri C. Spivak), avancierte sie dennoch rasch zu einer wichtigen Perspektive innerhalb der kritischen Bewegungen um Globalisierung, → Menschenrechte und Neoliberalismus. Darüber hinaus haben die Kritische Migrationsforschung und der Politische Antirassismus wichtige Impulse aus der Postkolonialen Theorie aufgenommen.

Zentrale Annahme ist, dass ein eminentes Geschehen wie die koloniale Eroberung, Unterwerfung und Beherrschung von etwa 85% des Weltterritoriums weder einfach erklärt werden kann, noch ohne Folgen bleiben konnte – weder für den Globalen Süden noch den Globalen Norden. Unter Einsatz poststrukturalistischer, → marxistischer und → feministischer Schlüsselkonzepte und Methodologien wurde eine weitreichende Kritik an westlichen Wissensproduktionen formuliert, die die Kontinuität eurozentrischer Gewalt nachweisen konnte. Eine Analyse hegemonialer Repräsentationspolitiken und die Untersuchung rassistischer Diskurse erlaubten es zudem, das Projekt der Aufklärung herauszufordern. So konnte die Kontinuität von Kolonialismus verdeutlicht und die fortgesetzte internationale Arbeitsteilung in die politische Debatte um soziale Gerechtigkeit zurückgeholt werden. Schließlich haben feministische postkoloniale Interventionen die Zentralität von Gender- und Sexualitätsfragen während kolonialer Herrschaftsregime als auch in aktuellen postkolonialen Räumen aufgezeigt.

Das Erbe des Kolonialismus zu untersuchen, bedeutet dabei, wie Shalini Randeria betont, das komplexe Geflecht »geteilter Geschichten« *(entangled histories)* zu analysieren, ist es doch undenkbar, eine Geschichte des Westens ohne die Geschichte der kolonialisierten Länder zu schreiben und *vice versa*. Das Aufkommen postkolonialer Studien knüpft dabei zum einen an die Geschichte der Dekolonisierung und der damit einhergehenden Herausforderung rassistischer wie auch hegemonialer Kultur-, Sprach- und Klassendiskurse durch Aktivist_innen antikolonialer Kämpfe (etwa Frantz Fanon) an, zum anderen an die Revolutionierung westlicher intellektueller Traditionen, die mit einer Herausforderung zentraler Konzepte wie etwa »Macht«, »Subjektivität« und »Widerstand« einherging. Beide Momente bildeten eine dynamische Einheit, die eine Re-Perspektivierung globaler Macht- und Herrschaftsstrukturen zuließ. Postkoloniale Theorie hat damit, Robert Young zufolge, eine radikale Rekonzeptualisierung der Beziehung zwischen Nation, Kultur und Ethnizität ermöglicht, die von weitreichender politischer Bedeutung war und ist. Da Postkoloniale Theorie sich der historischen, politischen und sozialen Nord-Süd- und Süd-Süd-Verflechtungen annimmt, zählt die Situation postkolonialer Migrant_innen und die Analyse ihrer Kämpfe im Westen zu ihren wichtigsten Interventionsfeldern.

Kritisch wird (etwa von Aijaz Ahmad) angemerkt, dass Postkolonialismus sich häufig lediglich den Repräsentationspolitiken zuwendet und Bezeichnungssymboliken analysiert, dagegen aber direkte Gewalt wie auch ökonomische Produktionsbedingungen ausgeblendet bleiben. Gayatri Spivak weist dagegen in ihren Schriften nicht nur auf die imperialistischen Kontinuitäten und aktuelle Formen internationaler Arbeitsteilung hin, sondern formuliert auch eine fundamentale Kritik an einem imperialistischen Feminismus und »moralisch empörten Aktivist_innen« des Globalen Nordens. Wie Nikita Dhawan feststellt, bedürfen Dekolonisierungsprozesse mehr als krisengesteuerter Philanthropie und aufgeregter Menschenrechtsinterventionen.

Postkolonialismus als kritische Intervention hat neue Einblicke in europäische Entwicklungspolitik erlaubt und die Strukturen einer kapitalistischen und patriarchalen Ausbeutung, die der Kolonialismus zuvor im Namen von Modernisierung etabliert hat, differenziert analysiert und hinterfragt (etwa Ilan Kapoor). Dass Solidarität nicht ohne eine selbstkritische Auseinandersetzung mit der kolonialen Vergangenheit zu haben ist, ist dabei nur eine der vielen politischen Einsichten, die eröffnet werden. Wichtiger scheint es, das Projekt der Dekolonisierung im Sinne einer »Provinzialisierung Europas« (Dipesh Chakrabarty) zu reformulieren.

María do Mar Castro Varela

Zum Weiterlesen

Castro Varela, María do Mar/Dhawan, Nikita (2005): Postkoloniale Theorie. Eine kritische Einführung, Bielefeld. (2. erweiterte Auflage i.E.).

Kapoor, Ilan (2008): The Postcolonial Politics of Development, New York.

Randeria, Shalini/Eckert, Andreas (Hrsg.) (2009): Vom Imperialismus zum Empire, Frankfurt a.M.

Postneoliberalismus

Der Begriff Postneoliberalismus entstand im lateinamerikanischen Kontext angesichts immer sichtbarer werdender Widerstände gegen das dort umgesetzte neoliberale Modell. Insbesondere im Zuge des Amtsantritts von Lula da Silva in Brasilien im Januar 2001 verkörperte er die Hoffnung auf eine Politik, die deutlich mit dem neoliberalen Kurs der 1990er Jahre brechen und zentrale Probleme wie wirtschaftliche Instabilität, ungleiche Landverteilung oder soziale Polarisierung und Armut *post*neoliberal lösen würde. Dass nicht nur in Brasilien, sondern etwa auch in Argentinien auf eine anti-neoliberale Rhetorik eine Politik folgte, die in wesentlichen Aspekten diese Wende eben nicht vollzog, zog eine Bedeutungserweiterung nach sich. Postneoliberalismus dient heute einerseits als Analyseperspektive zur Beschreibung der – unterschiedlich starken und multiskalar stattfindenden – Brüche mit *dem* Neoliberalismus im Sinne von Projekten, Strategien und Praxen sowie andererseits als normative Ausrichtung und Zielorientierung.

Das kritische Potenzial des Begriffs Postneoliberalismus liegt nicht direkt auf der Hand, denn er findet auch Verwendung für Restrukturierungsprozesse des Neoliberalismus bzw. einen Neoliberalismus mit sozialem Angesicht wie im Falle der Weltbank oder des UN-Entwicklungsprogramms. Neben Brüchen nimmt der Begriff also auch Kontinuitäten in den Blick.

Emanzipatorisch gewendet könnte er allerdings als »perspektivierender« Sammelbegriff den Blick auf vielfältige Suchprozesse öffnen. In diesem Sinne formen postneoliberale Praktiken, Strategien und deren Verdichtung zu (kleinräumigen) Projekten in ihrer Summe einen »Postneoliberalismus«. All diese Ansätze – von einzelnen Regierungsprogrammen bis zu lokalen Initiativen, von einer (verbesserten) Alltagsbewältigung bis hin zu umfassenderen Ansätzen etwa eines → »Sozialismus des 21. Jahrhunderts« – verbindet der Bruch mit Aspekten des Neoliberalismus und der Entwicklung konkreter Alternativen. So facettenreich allerdings »der« Neoliberalismus sowohl konzeptionell als auch in seinen jeweils empfundenen Auswirkungen ist, so unterschiedlich sind die Anknüpfungspunkte, Zielsetzungen und Reichweiten der Postneoliberalis*men*. Post*neoliberalismus* als Perspektive und Kategorie bedeutet dabei nicht, sich per se auf Neoliberalismus als Ursache der Widersprüche zu beschränken, sondern schließt auch weitreichendere, etwa antikapitalistische Positionen mit ein.

Postneoliberale Praxen, Strategien und Projekte können in ihrer Intention radikal und systemtransformierend angelegt sein, sich letztendlich aber, weil sie etwa nur kleine Ausschnitte des Neoliberalismus oder Kapitalismus als Problem aufgreifen, räumlich eingeschränkt umgesetzt werden oder ein zu starkes Gegenüber haben, kurzfristig in das neoliberale Modell einfügen und systemstabilisierend wirken. Häufig ein wichtiges Element der Postneoliberalismen bilden alternative, sich den Zwängen kapitalistischer Verwertung entziehende Formen materieller Reproduktion. Ein bestimmendes Moment ist ferner das Verhältnis zu und der Umgang mit dem Staat, institutioneller Politik und traditionellen Formen der Repräsentation. Hier bewegen sich die Positionen im Spannungsfeld zwischen einer vollständigen Ablehnung traditioneller und dem Aufbau alternativer und autonomer Politik- und Organisationsformen einerseits und einem positiven Bezug auf Parteien sowie den Staat als wesentlichem Konflikt- und Kompromissterrain für gesellschaftliche Umstrukturierung andererseits.

Die Vielfältig- und Vielschichtigkeit des Begriffes Postneoliberalismus verkörpert gleichzeitig seine Stärken und Schwächen. Als perspektivierender Begriff sucht er nicht das große, einheitliche Alternativprojekt zum Neoliberalismus, sondern begreift sozialen Wandel als offenen und widersprüchlichen Dekonstruktionsprozess, der je spezifisch an unterschiedlichen Punkten und Orten ansetzen muss: Bewegungen gegen Privatisierung oder die Zerstörung natürlicher Lebensgrundlagen; Kämpfe für Autonomie oder politische und → soziale Rechte; der Aufbau von Formen → solidarischer Ökonomie weltweit. Gewinnbringend ist, dass im Sinne eines »Postneoliberalismus im Aufbau« sowohl Abwehrkämpfe gegen ein weiteres Voranschreiten *des* Neoliberalismus und eine Vereinnahmung in Restrukturierungsmaßnahmen in den Blick geraten als auch konstruktive Aspekte wie konkrete, häufig molekulare postneoliberale Praktiken. Gerade oft bemühte Beispiele wie das der Zapatistas in Chiapas (Mexiko), der Landlosenbewegung in Brasilien oder der Arbeitslosenbewegung (Piqueteros) in Argentinien zeigen, wie wichtig dieses Zusammenspiel und insbesondere die Schaffung von autonomen, politischen und sozialen Räumen ist.

Nicola Sekler

Zum Weiterlesen

Brand, Ulrich (2011): Post-Neoliberalismus? Aktuelle Konflikte; Gegen-hegemoniale Strategien, Hamburg.

Brand, Ulrich/Sekler, Nicola (2009): Postneoliberalism – A beginning debate, Special Issue der Zeitschrift Development Dialogue, www.dhf.uu.se/pdffiler/DD2009_51_postneoliberalism/Development_Dialogue_51.pdf.

Postoperaismus

Wie die etwas hilflose Vorsilbe »Post« bereits andeutet, steht der Begriff Postoperaismus in einer ambivalenten Beziehung zu seinem Vorgänger → Operaismus. Einerseits beerbt er diesen in seiner Grundintention, nämlich soziale Verhältnisse ausgehend von den Kämpfen und Bewegungen der Vielen zu begreifen, andererseits sind die Begriffe durch historische Einschnitte getrennt, allen voran durch die staatliche Zerschlagung der autonomen sozialen Bewegungen in Italien Ende der 1970er Jahre.

Postoperaismus beerbt den → Marxismus, ist aber keiner (mehr): Von großer Bedeutung für die Eigenständigkeit postoperaistischer Theoriebildung ist die Reflexion über das Ende der Zentralität der großen Fabrik. Die Prozesse der Globalisierung der Ökonomie, einhergehend mit der Dezentralisierung der Produktion und der Auflösung nationalstaatlicher Souveränität verlangen nach einem veränderten Blick und einem anderen Denken von Befreiung: Nicht mehr der operaistische »Massenarbeiter« (nicht zufällig in seiner männlichen Form), sondern die auch jenseits der Lohnarbeit produktive → Multitude ist die Figur des (möglichen) postmodernen Kommunismus. Vielfalt und Kommunikation, nicht Einheit und Disziplin sind ihre Stärke.

Die Aktualität und das Vermögen des Postoperaismus erwächst aus der Notwendigkeit, Veränderungen aus der Perspektive aktueller → sozialer Bewegungen und Kämpfe zu analysieren. Auch und nicht zuletzt das Kapitalverhältnis wird von den Menschen reproduziert und nur diese können es überwinden bzw. »Aufhören, den Kapitalismus zu produzieren« (John Holloway). Postoperaismus ist politisch, aber keine politische Bewegung, vielmehr eine Sichtweise auf die Entwicklung gesellschaftlicher Verhältnisse. In der Selbstorganisation sozialer Kämpfe wird dabei der Schlüssel zur Überwindung kapitalistischer Verhältnisse ausgemacht. Nicht die Transformation der Gesellschaft über die Machtübernahme im Staat, sondern die »Konstituierende Republik« (Negri) der → Multitude gibt dabei den Horizont eines möglichen Kommunismus ab.

Postoperaismus ist kein Klassenkonzept, nimmt aber als seinen Ausgangspunkt »Klassenzusammensetzung« und → Klassenkämpfe. Die Multitude entsteht in und aus den Kämpfen und Widerständen in allen Bereichen gesellschaftlichen Lebens, sie existiert niemals in reiner Form, sondern ist mannigfaltig zusammengesetzt. Die »technische Zusammensetzung« der Klasse (Multitude), ihre Umgruppierung durch die kapitalistische Organisation von Arbeit und Leben und durch die Anwendung neuer Technologien fügt sich der Veränderung der gesellschaftlichen Arbeitsteilung im postfordistischen Kapitalismus.

Postoperaismus ist keine Bewegung, aber in Bewegung: Der Bestseller »Empire« (Hardt/Negri) fiel nicht zufällig mit dem Sichtbarwerden der globalen → Protestbewegung zusammen. Besonderes Augenmerk gilt dabei dem Prozess der Prekarisierung. In den Bewegungen der Prekären, allen voran jener des (Euro-)Mayday, aber auch in Theorie und Praxis der → Autonomie der Migration oder in den Kämpfen von Kulturarbeiter_innen spielen postoperaistische Ansätze eine wichtige Rolle. Die Revolten der letzten Jahre und Monate bestätigen die Entstehung neuer Formen *konstituierender Macht*, der Selbstorganisierung der Multitude. In der österreichischen *unibrennt*-Bewegung mussten sich Journalist_innen erst an Strukturen gewöhnen, die es nicht zuließen, dass sich medial repräsentierbare Sprecher_innen etablierten. Auch im arabischen Frühling wurde angestrengt nach charismatischen Führungsfiguren gesucht und die Organisationsformen der *Empörten* sowie die → *Occupy*-Bewegungen reflektieren über nicht-hierarchische Kommunikations- und Entscheidungsstrukturen. Dass dies meistens unter dem Label → »radikale Demokratie« läuft, sollte nicht darüber hinwegtäuschen, dass dies der Organisation der bürgerlichen Gesellschaft und dem Kapitalismus widerspricht, und somit nicht zuletzt Experimente → kommunistischer Organisation sind; kommunistisch nicht hinsichtlich von politischen Ambitionen in Richtung Staats- und Parteimacht, sondern als kollektive Wiederaneignung des *Communen*, des Aufbaus eines neuen, post-kapitalistischen *Common Wealth* als Antwort von unten auf die existenzielle Krise des Kapitalismus.

Postoperaismus ist optimistisch, aber nicht blauäugig: Obwohl im postfordistischen Kapitalismus die Produktivkräfte ein Niveau erreicht haben, das eine Vergesellschaftung jenseits kapitalistischer Ausbeutung und ökonomischer Knappheit hier und jetzt ermöglicht, kann erst die Entscheidung der Menge, diese Zustände »nicht länger zu tragen«, den Kapitalismus ein für alle Mal der »Vorgeschichte« (Marx) der Menschheit anheimfallen lassen.

Martin Birkner/Robert Foltin

Zum Weiterlesen

Birkner, Martin/Foltin, Robert (2010): (Post-)Operaismus. Von der Arbeiterautonomie zur Multitude. Geschichte & Gegenwart, Theorie & Praxis. Eine Einführung, Stuttgart.

Fumagalli, Andrea/Mezzadra, Sandro (Hrsg.) (2010): Die Krise denken. Finanzmärkte, soziale Kämpfe und neue politische Szenarien, Münster.

Hardt, Michael/Negri, Antonio (2010): Common Wealth. Das Ende des Eigentums, Frankfurt a.M./New York.

Protest

In → sozialen Bewegungen und darüber hinaus kennen wir eine Vielzahl von Handlungen, die als Protest dargestellt werden, es gibt Sabotage-als-Protest, Protestbriefe, Protestblockaden, ProtestwählerInnen, Online-Proteste und Selbstverbrennung-als-Protest. Angesichts der Fülle von Protestaktivitäten kommen wir über eine Minimaldefinition kaum hinaus: »Protest« bezeichnet diejenigen (verbalen und nicht-verbalen) öffentlichen Meinungsäußerungen, die aus einer – zumindest *gefühlt* – minoritären Position eine bestimmte Situation nicht nur kritisieren, sondern durch die Kritik auch beeinflussen wollen. Sie können defensiv oder offensiv sein, individuell oder kollektiv, legal oder illegal, sie können medial aufgeplustert oder ignoriert werden – kurz, eine unzählbare Anzahl von Formen annehmen.

Diese blutleere Definition erklärt aber noch nicht, warum Protest eine so zentrale Rolle im Aktionsrepertoire sozialer Bewegungen spielt. Die wichtige Frage ist nicht, was er *ist*, sondern vielmehr, was er *tut*, welche Wirkung er entfaltet. Denn Protest ist nicht bloße Meinungsäußerung. Er ist eine politische Praxis, weil er etwas verändern will, auf der Makro-Ebene (z.B. Gesetzesänderungen oder politische → Revolutionen) oder auf der molekularen, der Mikro-Ebene (→ Alltagskultur und -leben, z.B. Veränderungen in der Performance von sexuellen und Gender-Identitäten). Und obwohl Protest in bürgerlich-demokratischen Gesellschaften eine relativ akzeptierte Form der Meinungsäußerung ist, erzielt er diese Veränderung üblicherweise von einer Position außerhalb etablierter institutioneller Kanäle.

Genau darin liegt die Faszination des Protests begründet: Unser Verständnis davon ist stark geprägt von den Entwicklungen der 1960er und 70er Jahre. Einerseits erzeugte die stetige Expansion des fordistischen Wohlfahrtsstaates die Angst, »das System« beginne, »die Lebenswelt« zu schlucken. Andererseits waren es gerade die sozialen Bewegungen – → Feminismus, nationale Befreiungskämpfe, Lesben- und Schwulenbewegung, ArbeiterInnenkämpfe –, die dynamische Veränderungs- und Emanzipationsprozesse anstießen. Daraus entstand der Gedanke, dass in der lebensweltlichen Spontaneität von Protesten die Quelle genuinen gesellschaftlichen »Fortschritts« liegt: die Quelle *des Neuen*. In der scheinbar ewigen Reproduktion des Gleichen entnormalisiert und hinterfragt Protest das Normalisierte und Unhinterfragte, schafft Raum, das Indiskutable zu diskutieren, und macht öffentlich, was die Öffentlichkeit mit aller Macht zu verbannen suchte. Dadurch, dass er das gesellschaftliche Neue produziert, indem er etablierte Machtstrukturen zwingt, sich an dieses Neue anzupassen und zu versuchen, es wiederum einzuhegen und produktiv zu machen, erhält Protest eine Stellung, die manchmal als »Primat des Widerstands« beschrieben wird.

Auch in defensiven Protesten wird das Neue in die Welt gebracht: Der zuerst im Wortsinne *konservative* Anti-Atomkraft-Protest im Wendland war die Basis für die → »Energiewende« der Bundesregierung (so unzureichend diese auch sein mag); der »Anti-Globalisierungs«-Protest der zapatistischen Befreiungsarmee in Mexiko war der Startschuss für einen beeindruckenden Zyklus globaler Kämpfe; und die (hauptsächlich) schwulen Krawalle in New York gegen den Polizeiangriff auf die Stonewall-Bar waren 1969 ein Fanal für eine Bewegung für einen offeneren Umgang mit Sexualität.

Protest beinhaltet jedoch nicht nur das Neue, sondern auch eine gute Portion Wiederholung. Ob 1. Mai, Ostermärsche oder die wöchentlichen Mahnwachen der argentinischen *Madres de Plaza de Mayo:* Proteste werden oft selbst ritualisiert und routinisiert. Aber selbst diese scheinbare Verknöcherung – der Protest produziert nicht mehr das Neue, sondern *re*produziert vor allem die politischen Identitäten der Protestierenden und wirkt somit oft nicht mehr öffnend und inklusiv, sondern abschottend und exklusiv – kann positive Wirkungen haben. Der Protest reproduziert so die oft prekären antagonistischen politischen Subjektivitäten der Kämpfenden. Der Eindruck des Neuen wird zwar oft dadurch untergraben, dass neue Protestformen sich der Sprache, Symbole und Praxen älterer Bewegungen bedienen. Marx schreibt dazu aber im 18. Brumaire: »Gerade in ... Epochen revolutionärer Krise beschwören (die Lebenden) ängstlich die Geister der Vergangenheit zu ihrem Dienste herauf, entlehnen ihnen Namen, Schlachtparole, Kostüm, um in dieser altehrwürdigen Verkleidung und mit dieser erborgten Sprache die neuen Weltgeschichtsszenen aufzuführen.« Ein Beispiel dafür sind die Protestpraxen der → Occupy-Bewegung: Diese reproduziert zwar in ihren »Assembleas« viele kulturelle und politische Codes feministischer, anarchistischer und globalisierungskritischer Bewegungen, führt aber trotzdem – so hoffen wir zumindest – eine Szene aus der neuen Weltgeschichte auf.

Tadzio Müller/Ben Trott

Zum Weiterlesen

Amman, Marc (2010): go, stop, act! Die Kunst kreativen Straßenprotests, Frankfurt a.M.

The Free Association (2011): Moments of Excess. Movements, Protests and Everyday Life, Oakland.

Deleuze, Gilles/Guattari, Félix (2002): Abhandlung über Nomadologie: Die Kriegsmaschine, in: Dies.: Tausend Plateaus. Kapitalismus und Schizophrenie, Berlin, S. 481-585.

Queer

Queer bedeutet soviel wie schräg, schwul, sonderbar. Als provokativ gewendete Selbstbezeichnung wurde es in schwul-lesbischen Subkulturen in den USA in den 1980er Jahren ein strategisches Moment subversiver Politiken in und Auseinandersetzungen um Ausschlüsse und Marginalisisierungen in lesbischwulen Szenen, die zu einer antiidentitären → Bündnispolitik der Regenbogenkoalition führten. Queer zielt auf eine politisch und sozial reflektierte Kritik an den Folgen politischer und rechtlicher → Anerkennung für Schwule und Lesben: Im herrschenden Geschlechtermodell und entsprechend zweipolig organisierten Normen von Heterosexualität wird eine hegemoniale Geschlechterordnung über die Einbindung von abweichenden Identitäten stets weiter bestärkt. Dies begründete die Suche nach praktischen und theoretischen Alternativen zur strikt binär organisierten Heteronormativität. Gemeint ist damit die hegemoniale Orientierung an einem heterosexuell gedachten Modell von Zweigeschlechtlichkeit, das in allen gesellschaftlichen Bereichen dominant ist. Queere Kritiken gehen davon aus, dass Geschlechteridentität und Sexualität bzw. sexuelle Orientierung nicht zwangsläufig an das biologische Geschlecht gekoppelt und auch nicht von diesem ableitbar sind. Demgegenüber gibt es viele Möglichkeiten, Geschlechtsidentität, sexuelle Orientierung und Begehren zu leben. Vielfach an dekonstruktivistische Konzepte sowie den Diskursbegriff von Foucault anschließend, hinterfragt queere theoretische und politische Kritik die Herrschaftsförmigkeit jeglicher Form von Identitätskategorien, die homogenisieren, was sie bezeichnen.

Dieser Grundgedanke prägte frühe feministisch-queertheoretische Kritiken (z.B. von Teresa de Lauretis, Judith Butler u.a.; im deutschprachigen Kontext u.a. Sabine Hark, Antke Engel, Corinna Genschel). Erweiternd kommen in aktuellen Debatten politische Kämpfe und Kritiken z.B. aus → postkolonialer und antirassistischer Perspektive, von queer people of colour oder aus der Krüppelbewegung (→ Dis-/ability) hinzu.

Zentral ist in queeren Diskursen die Frage, welche sozialen und kulturellen Ausschlüsse immer wieder – unvermeidlich? – performativ, also durch Benennung und eingeschränkte Wahrnehmungsoptionen, hergestellt werden. Das Feld von L(esbian)G(ay)B(isexual)T(ransgender)-Praxen fordert dazu heraus, queer ins Verhältnis zum neueren Begriff Transgender zu setzen, der geschlechtliche Zuordnungen überschreitet und etwa Kritik am pathologisierenden Begriff Transsexualität eröffnet, der immer noch eine Referenz zu heteronormativ gedachter Zweigeschlechtlichkeit herstellt.

Gegenstände queerer Gesellschafts- und Kulturanalysen sind neben den Subjekt- und Identitätskonstruktionen u.a. Repräsentationen in Medien, Film und Literatur; in Medizin, Politik, Konsumweisen, Zugang zu Ressourcen wie Wohnung etc. Aber auch Recht und Rechtsprechung lassen erkennen, dass rechtliche Neuerungen einerseits LGBT-orientierte Antidiskriminierungsperspektiven in Gesetzeswerke wie die Grundrechtscharta der EU (2009) im Sinne erweiterter → Menschenrechte oder das Allgemeine Gleichbehandlungsgesetz in Deutschland einschreiben. In Spannung dazu steht, dass Maßnahmen oft in Anlehnung an heteronormative Lebensweisen entwickelt wurden, bspw. die eingetragene Lebenspartnerschaft gleichgeschlechtlicher Paare, die trotz zahlreicher Angleichungen der rechtlichen Möglichkeiten das Abstandsgebot zur staatlich geschützten Ehe aufrechterhält. Hierdurch werden herrschaftsförmige heteronormative Strukturen der Geschlechterverhältnisse in Form eines »Privilegs« als Fundament kapitalistisch-bürgerlicher Organisation von Gesellschaft und Staat in ihrer Grundstruktur gestützt. Wichtig sind daher kritische Perspektiven auf »Ökonomien des Begehrens«, die (hetero-)sexuelles Begehren und kapitalistische Vergesellschaftung und darin eingebettete Differenzen als verflochtene Dimensionen analysieren.

Queere Kritikprojekte eint die Motivation, begriffliche, analytische und politische Alternativen für Lebens- und Liebesformen, Arbeitsweisen und Vertretungs-/Repräsentationsformen zu entwickeln, die auf andere Gesellschaftsformen und Politikentwürfe hinwirken wollen. Das Potenzial dieser Kritik erstreckt sich damit letztlich auf alle Menschen, die von Normierungen, Einschränkungen und Widersprüchen betroffen sind. Dabei werden auch die Gefahren einer wiederum zu kurz greifenden Kritikperspektive formuliert (Homonationalismus, Homonormativität). Konkrete Anliegen gesellschaftlicher Veränderung mit Strategien der Entnormalisierung und De-Privilegierung hegemonialer Geschlechter- und sexueller Ordnungen verbindend, zielt queere Kritik radikal auf Systemalternativen, ohne dabei die gegenwärtigen Möglichkeiten politischer Eingriffe aus den Augen zu verlieren.

Katharina Pühl

Zum Weiterlesen

AG Queer Studies (2009): Verqueerte Verhältnisse. Intersektionale, ökonomiekritische und strategische Interventionen, Hamburg.

Engel, Antke (2009): Bilder von Sexualität und Ökonomie. Queere kulturelle Politiken im Neoliberalismus, Bielefeld.

Polymorph (2002): (K)ein Geschlecht oder viele? Transgender in politischer Perspektive, Berlin.

Radikale Demokratie

Grundmerkmale der in den westlichen Verfassungen festgeschriebenen Demokratie sind u.a. die Volkssouveränität, freie, gleiche und allgemeine Wahlen, das Parlament als Legislative und Kontrollorgan der Exekutive, Parteien als Organe der Willensbildung, die Mehrheitsentscheidung. Um diese formellen Prinzipien durchzusetzen, hat es vieler Kämpfe der ArbeiterInnen-, der Frauen- und Bürgerrechtsbewegung bedurft. Die Beteiligung der Bevölkerung am Rechtsstaat war abhängig von → sozialen Bewegungen. Diese waren insofern radikal demokratisch, als sie außerhalb der staatlichen Institutionen Freiheitsrechte in Anspruch genommen haben, um Prinzipien demokratischer Beteiligung durchzusetzen (→ Demokratisierung).

Seit zweihundert Jahren gehört es zu den Grundfragen der Demokratie, ob, wenn die Freiheit einmal erreicht ist, die nachfolgenden Generationen auch ihrerseits ein Recht darauf haben, sich ihre Verfassung selbst zu geben oder ob sie sich in den Bahnen der bestehenden Verfassungsinstitutionen bewegen sollen. Radikale Demokratie bezweifelt das vorherrschende liberale Demokratieverständnis. Der Volkssouverän ist kein einheitliches Volk mit einem idealisierten Gesamtwillen, sondern besteht aus einer Vielzahl von sozialen Gruppen, Interessenlagen und Lebensformen. Die Verfassung erweist sich allein dadurch als legitimiert, dass sie einen Raum für diese Vielgestaltigkeit und Veränderlichkeit des Volkssouveräns gibt. Das, was als allgemein verbindlich gilt, steht nicht von vornherein fest. Keine Instanz und keine Gruppe können für sich beanspruchen, im Namen aller zu sprechen. Für eine Berücksichtigung der ständig sich verändernden Interessen, Lebensformen und des daraus entstehenden Informations-, Entscheidungs- und Revisionsbedarfs sind die eingespielten Verfahren der Willensbildung zu eng, zu langsam und zu ineffizient. Radikale Demokratie beinhaltet deswegen eine Vielzahl von Vorschlägen, um bestehende demokratische Mechanismen zu erweitern und einzubetten. Das betrifft etwa die Definition der Zugehörigkeit zum Volkssouverän. Gefordert wird, den MigrantInnen und »Sans Papiers« staatsbürgerliche Rechte einzuräumen. Die Entscheidungsprozesse werden erweitert: durch soziale Bewegungen, Bürgerinitiativen, NGOs. Die → Zivilgesellschaft erhält Mitspracherechte, es kommt zu Runden Tischen oder Mediationsverfahren. Mittels des → partizipativen Haushalts werden BürgerInnen an Entscheidungen direkt beteiligt.

Das liberale Demokratieverständnis beschränkt sich auf die formalen politischen Verfahren. Doch faktisch muss auch die formale Demokratie bestimmte substanzielle → Lebensformen unterstellen: die des unpolitischen, die »Politik« delegierenden und seine Einkommens- und Konsuminteressen verfolgenden Privatsubjekts. Demgegenüber betont die radikale Demokratie, dass Demokratie auf einer entgegenkommenden demokratischen Kultur beruht und eine Lebensweise darstellt. In diesem Sinn meint Demokratie die Bereitschaft und Fähigkeit zur → Anerkennung der anderen als Gleiches, zur wechselseitigen Übernahme des Standpunkts der anderen, zur Aushandlung von Interessen im Alltag, zur Revision eigener Positionen im Lichte besserer Argumente oder zu einer Haltung, die sich den kooperativen Suchprozessen zur Lösung von Problemen überlässt. Radikale Demokratie schließt also ein, dass Demokratie von der Familie über die Schule bis zum Militär in allen Lebensbereichen gelten soll. Deswegen wird von manchen VertreterInnen der radikalen Demokratie auch die Überwindung kapitalistischer Produktionsverhältnisse als ein Element der Demokratie betrachtet.

Die Grenzen der radikalen Demokratie liegen in ihrer Uneindeutigkeit und demokratiepolitischen Fortschrittsgläubigkeit. Radikale Demokratie zielt auf die Inklusion all derer, deren Beteiligung behindert wird: Schwule, Frauen, rassistisch Diskriminierte, Kinder. Die Unterstellung ist, dass eine solche → Partizipation irgendwann einen Schwellenwert erreicht, an dem sie unumkehrbar wird. Doch es gibt weiterhin die Interessengruppen, die ihrerseits – und mit dem gleichen Partizipationsrecht und dem Argument, dass sie ihrerseits ausgegrenzt oder marginalisiert werden – gegen weitere Inklusion kämpfen. Radikale Demokratie bleibt dabei stehen, die Offenheit von Verfahren und Institutionen für solche Konflikte zu fordern. Doch ein positives Projekt hätte auch darauf zu zielen, dass bestimmte Mechanismen wie Sexismus, private Verfügung über Produktionsmittel, staatliche oder private Lern- und Kompetenzmonopole nicht weiterhin existieren und systematische Ausgrenzung, Marginalisierung, Nicht-Beteiligung, Enteignung produzieren und Menschen dazu zwingen, um ihre Mitspracherechte immer noch kämpfen zu müssen.

Alex Demirović

Zum Weiterlesen

Demirović, Alex (1997): Demokratie und Herrschaft. Aspekte kritischer Theorie, Münster.

Habermas, Jürgen (1992): Faktizität und Geltung. Beiträge zur Diskurstheorie des Rechts und des demokratischen Rechtsstaats, Frankfurt a.M.

Laclau, Ernesto/Mouffe, Chantal (1991): Hegemonie und radikale Demokratie. Zur Dekonstruktion des Marxismus, Wien.

Rödel, Ulrich/Frankenberg, Günter/Dubiel, Helmut (1989): Die demokratische Frage, Frankfurt a.M.

Radikale Transformation

Mit dem Begriff versucht Nicos Poulantzas seine staatstheoretischen Erkenntnisse für emanzipatorisches Handeln nutzbar zu machen. Im Zentrum steht dabei seine Kritik an den staatszentrierten Freiheitsvorstellungen sowohl der Sozialdemokratie als auch des Stalinismus. Bei allen Differenzen »zeigen beide eine grundlegende Verwandtschaft, nämlich den Etatismus und das tiefe Misstrauen gegenüber der Initiative der Volksmassen, also den Argwohn gegenüber demokratischen Forderungen« (Poulantzas). Die Ursache hierfür liegt in einem ähnlichen Staatsverständnis. Der Staat wird entweder als Instrument begriffen und/oder als Subjekt missverstanden und nicht als komplexes, mit inneren Widersprüchen versehenes soziales Verhältnis. Für beide Bewegungen stand der Staat im Zentrum ihrer → Freiheitskonzepte. Die stalinistische Variante führte zum Despotismus, die sozialdemokratische zu einem Etatismus der Experten.

»Das Grundproblem eines demokratischen Wegs zum Sozialismus und eines demokratischen Sozialismus ist die Frage, wie man eine radikale Transformation des Staates in Gang setzen kann, wenn man die Ausweitung und Vertiefung der Freiheiten und der Institutionen der repräsentativen Demokratie (die auch eine Errungenschaft der Volksmassen waren) mit der Entfaltung von Formen der direkten Demokratie und von Selbstverwaltungszentren verbindet?« (Poulantzas) Der Begriff der radikalen Transformation wurde von Poulantzas entwickelt, um zu verdeutlichen, dass es im Übergang zum demokratischen → Sozialismus nicht um reformistische Eingriffe des Staates in die Gesellschaft geht, sondern umgekehrt um eine radikale Transformation der Staatsapparate durch die gesellschaftlichen Kämpfe, die immer, sowohl innerlich als auch äußerlich, mit dem Staat verbunden sind.

In einem demokratischen Weg zum Sozialismus gehe es aber darum, »die innerhalb der staatlichen Netzwerke verstreuten Widerstandszentren der Massen zu entfalten, verstärken, koordinieren und zu leiten, sowie neue Zentren zu schaffen und zu entwickeln. Dadurch können diese auf dem strategischen Terrain des Staates zu effektiven Zentren der realen Macht« werden. Macht ist keine quantifizierbare Substanz, die man dem Staat entreißen könnte. Vielmehr besteht die Macht »aus einer Serie von Verhältnissen zwischen den gesellschaftlichen Klassen, die sich par excellence im Staat konzentrieren, der die Verdichtung eines Kräfteverhältnisses zwischen den Klassen konstituiert«. Poulantzas' Konzept der radikalen Transformation müsste hier, um dem Klassenreduktionismus zu entkommen, um andere gesellschaftliche

Kämpfe, etwa gegen patriarchale und rassistische Unterdrückungsmechanismen, sowie um gesellschaftliche → Naturverhältnisse erweitert werden.

Die Strategien müssen sich immer den bestimmten Situationen der verschiedenen Länder anpassen. Es lassen sich aber gleichwohl aus der Vergangenheit Lehren ziehen, die jeden Übergang zum demokratischen Sozialismus betreffen. Die zentrale Erkenntnis aus den gescheiterten Versuchen, eine sozialistische Gesellschaft zu schaffen, besteht zweifellos darin, dass es den »Sozialismus ... nur als demokratischen Sozialismus« geben wird (Poulantzas). Nur die Verbindung der Kämpfe um Basisdemokratie mit einer radikalen Transformation der repräsentativen Demokratie kann einen autoritären Etatismus vermeiden. Im demokratischen Weg zum Sozialismus muss ein politisch-ideologischer → Pluralismus gewährleistet sein und es muss zu einer Ausweitung der politischen Freiheiten (einschließlich der des Gegners) kommen. Die hieraus resultierende Kontinuität der Institutionen der repräsentativen Demokratie ist kein bedauerliches Überbleibsel, »sondern eine notwendige Bedingung des demokratischen Sozialismus«. Die radikale Transformation der Staatsapparate kann keine etatistische sein, vielmehr muss sie zu tief greifenden Brüchen führen, die nicht bei einer einfachen → Demokratisierung und Dezentralisierung stehen bleiben. Ziel ist eine grundsätzliche Veränderung der gesellschaftlichen Arbeitsteilung, sodass sich die Trennung von Ökonomie und Staat nicht in immer neuen Varianten reproduziert. Die Frage, wie die Internationalisierung und die Transnationalisierung von Staaten und Herrschaftsverhältnissen einen Übergang zum demokratischen Sozialismus verändert, wird von zukünftigen Bewegungen zu beantworten sein. Dabei werden in jedem Fall globale Interdependenzen und staatsapparative Institutionen mit nahezu globaler Reichweite stärker zu berücksichtigen sein.

Jens Wissel

Zum Weiterlesen

Brand, Ulrich/Heigl, Miriam (2007): Innen und Außen. Zu Staat, Bewegung und radikaler Transformation bei Poulantzas, in: Bretthauer, Lars et al. (Hrsg.): Poulantzas lesen, Hamburg.

Demirović, Alex (2007): Nicos Poulantzas. Aktualität und Probleme materialistischer Staatstheorie, Münster.

Genetti, Evi (2008): Geschlechterverhältnisse im bürgerlichen Staat, in: Hirsch, Joachim/Kannankulam, John/Wissel, Jens (Hrsg.): Der Staat der Bürgerlichen Gesellschaft, Baden-Baden.

Novak, Jörg (2010): Radikale Transformation des Staates und Handlungsfähigkeit der Subalternen. Bemerkungen im Anschluss an Poulantzas, Laclau und Spivak, in: Demirović, Alex/Adolphs, Stephan/Karakayali, Serhat (Hrsg.): Das Staatsverständnis von Nicos Poulantzas, Baden-Baden.

Poulantzas, Nicos (2002): Staatstheorie, Hamburg.

Radikaler Reformismus

In der politischen Diskussion wurden »Reform« und → »Revolution« oft als gegensätzliche Wege zu einer emanzipativen Gesellschaftsveränderung betrachtet. Es verbanden sich damit sehr unterschiedliche politische Strategien. Sowohl theoretische Einsichten als auch historische Erfahrungen legen es nahe, das Verhältnis beider neu und anders zu denken.

Spätestens seit 1989 ist offensichtlich, dass die beiden großen, auf Gesellschaftsveränderung zielenden Projekte des 20. Jahrhunderts, nämlich die kommunistische Revolution ebenso wie der sozialdemokratische Versuch einer allmählichen »Zivilisierung« oder gar Überwindung des Kapitalismus, durch staatliche Reformpolitik gescheitert sind. Ein entscheidender Grund dafür ist, dass der moderne Staat kein neutrales Instrument ist, das für beliebige Zwecke und von allen gesellschaftlichen Kräften gleichermaßen benutzt werden kann, sondern in seiner organisatorischen Form wie Funktionsweise die institutionelle Verfestigung grundlegender gesellschaftlicher Machtbeziehungen, d.h. von spezifischen, nicht zuletzt klassen- und geschlechterförmigen Ausbeutungs- und Herrschaftsverhältnissen, verkörpert.

Die historische Erfahrung hat gezeigt, dass etwa die Abschaffung des Privateigentums an Produktionsmitteln nicht ausreicht, um strukturelle Macht- und Unterdrückungsverhältnisse zu überwinden. Vielmehr müssen die komplexen gesellschaftlichen Strukturen umgewälzt werden, aus denen die herrschenden Herrschafts- und Unterdrückungsverhältnisse hervorgehen. Das sind die Formen der Arbeitsteilung, die Produktionsbeziehungen, die Familien-, Natur- und Geschlechterverhältnisse, Bewusstseinsinhalte und Wertvorstellungen bis hin zu den Konsumstilen, d.h. die Lebensweise insgesamt. Ihre Veränderung ist eine Angelegenheit der Menschen selbst, von konkreter Praxis, die am unmittelbaren Lebenszusammenhang ansetzen muss. Eine auf → Emanzipation abzielende Politik kann sich nur aus der bestehenden Gesellschaft und ihren Widersprüchen heraus entwickeln und bleibt deren Strukturen, Handlungsorientierungen und Subjektprägungen verhaftet. Es bedarf dazu politisch-sozialer Bewegungen, die neue gesellschaftliche Orientierungen und Praktiken durchsetzen und kollektive Erfahrungs-, Aufklärungs- und Lernprozesse in Gang setzen. Statt die staatliche Macht zu ergreifen, kommt es zuallererst darauf an, die Gesellschaft, wie Marx es formuliert hat, »praktisch zu revolutionieren«. Den so umrissenen Begriff von emanzipatorischer gesellschaftlicher Veränderung kann man als »radikalen Reformismus« bezeichnen. »Reformismus« deshalb, weil es nicht um revolutionäre Machtergreifung und herrschaftlichen Zwang geht, sondern um schwierige und schrittweise Veränderungen, »radikal«, weil auf die gesellschaftlichen Beziehungen gezielt wird, die die herrschenden Macht- und Herrschaftsverhältnisse hervorbringen.

Die Selbstveränderung der Menschen, ihrer Verhaltens- und Bewusstseinsformen, ist ein komplizierter und schwieriger Prozess mit offenem Ausgang. Möglich ist er nur, wenn es gelingt, Formen der politisch-sozialen Selbstorganisation jenseits und unabhängig von den bestehenden Herrschaftsapparaten, von Staat und Parteien, zu schaffen und einen Politikbegriff zu praktizieren, der das »Politische« am »Privaten« zu seinem Gegenstand macht. Auf den Staat bezogene Politik ist dabei nicht unwichtig, weil auf dieser Ebene nicht nur Bedingungen gesetzt, sondern auch erkämpfte soziale Rechte und Kompromisse verbindlich festgeschrieben werden können. Sie ist aber nicht der Kern und der Hauptansatzpunkt emanzipatorischen Handelns.

Ebenso wie die studentische → Protestbewegung haben sich die Ökologie- und Frauenbewegung der 1970er und 1980er Jahre zunächst unabhängig und gegen die staatliche Herrschaftsapparatur entwickelt und ihr Erfolg hat dazu geführt, dass sich Bewusstseins- und Verhaltensweisen stark gewandelt haben. Als Folge davon hat sich schließlich auch die staatliche Politik bis zu einem gewissen Grade verändert. Die mit diesen Ansätzen verbundenen Schwierigkeiten und Rückschläge haben allerdings dazu geführt, dass die Bewegungen insgesamt wieder schwächer, die Staatsorientierung stärker und ihre Themen herrschaftlich eingebunden und zurechtgeschnitten wurden. Sie haben dadurch einiges von ihrer emanzipatorischen Wirkung eingebüßt. Ob und inwieweit im Kontext der globalisierungskritischen Bewegung der Falle der Staatsfixierung entgangen werden wird und sich stattdessen Praxis- und Erfahrungszusammenhänge für eine unmittelbare Veränderung der gesellschaftlichen Verhältnisse entwickeln, ist vorerst noch offen. Auch die im Zuge der neuesten »Finanz«-Krise entstandene → »Occupy«-Bewegung scheint sich zunächst einmal darin zu erschöpfen, Forderungen an die Staaten zu stellen. Vorstellungen zu konkreten gesellschaftlichen Alternativen sind derzeit noch kaum sichtbar.

Joachim Hirsch

Zum Weiterlesen

Esser, Josef/Görg, Christoph/Hirsch, Joachim (1994): Von den »Krisen der Regulation« zum »radikalen Reformismus«, in: dies. (Hrsg.), Politik, Institutionen und Staat, Hamburg, 213-228.
Hirsch, Joachim (2005): Materialistische Staatstheorie, Hamburg.
Holloway, John (2002): Die Welt verändern ohne die Macht zu übernehmen, Münster.

Räte

»Alle Macht den Räten!« Seit Lenin im Jahre 1917 diese Losung verkündete, um den folgenreichsten politischen Umsturz des 20. Jahrhunderts vorzubereiten und zu rechtfertigen, bezeichnet das Wort »Räte« (russisch Sowjets) zunächst einmal Kampforganisationen der Unterdrückten, die in Zeiten → revolutionärer Erschütterungen spontan entstehen und sich dem existierenden Staat entgegenstellen, um ihn nach einer vorübergehenden »Doppelherrschaft« beiseite zu schieben und selbst zum Kern einer neuen politischen und wirtschaftlichen Ordnung zu werden – einer Rätedemokratie. Die Kommune von Paris 1871 war das Vorbild: Marx hielt sie für die endlich entdeckte politische Form der Überwindung des bürgerlichen Staates. Zu ihren Prinzipien gehörten die Abschaffung des stehenden Heeres und des Beamtenapparats, die jederzeitige Abberufbarkeit aller Abgeordneten und deren Besoldung zum durchschnittlichen Arbeiterlohn.

Später wurden Ansätze zur Überwindung des überkommenen Staates als »Räte« bezeichnet – zuerst tauchte das Wort in der Russischen Revolution von 1905 auf, als überbetriebliche Streikkomitees politische Forderungen aufstellten und als »Räte der Arbeiterdeputierten« firmierten. An diese Tradition knüpften nach der Februarrevolution 1917 abermals die russischen Sowjets an, denen Lenin die ganze Macht übertragen wollte. Obwohl nach dem von Lenin und Trotzki geführten Oktoberumsturz auf dem Papier eine russische Räterepublik geschaffen wurde, entglitt den real existierenden Räten bald die Macht. Bürgerkrieg und Kriegskommunismus begünstigten autoritäre Praktiken einer zentralistischen Partei, die alle Formen von »Rätedemokratie« zunehmend außer Kraft setzte. Der Aufstand der Matrosen der Festung Kronstadt, die sich 1921 mit der Losung »Sowjets ohne Bolschewiki« dieser Entwicklung entgegenstellten, wurde blutig niedergeschlagen.

Auch in Deutschland entstanden Räte in einer Zeit revolutionären Umbruchs. Soldatenräte rebellierten 1918 gegen die Fortsetzung des Weltkriegs, und in vielen Betrieben entstanden ArbeiterInnenräte, die sich zu einem allgemeinen Rätekongress zusammenfanden. Obwohl linke Kräfte die Entwicklung weitertreiben wollten, entschied sich selbst in den Räte-Gremien eine Mehrheit für allgemeine Wahlen zur Nationalversammlung und damit für die repräsentative Demokratie. Es blieben nur wirtschaftliche Räte (→ Wirtschaftsdemokratie) auf der Basis der Räteorganisation in den Betrieben, die aber nicht zum Vehikel einer umfassenden → Vergesellschaftung werden konnten. Erst nach der Niederlage der Räte Anfang 1919 entwickelte sich eine theoretische Diskussion über ihren Charakter und ihr Potenzial: Den AnhängerInnen einer Neugestaltung der gesamten Gesellschaft durch Räte (»reines Rätesystem«) standen diejenigen gegenüber, die Räte im Wirtschaftsbereich mit parlamentarischer Demokratie zu verbinden suchten.

Auch nach der Niederlage der Rätebewegung zu Beginn der 1920er Jahre existierten »Räte« nicht nur im Reich der Ideen: Es waren wie zuvor immer Ausnahmesituationen in Bürgerkriegen oder tiefgreifende Erschütterungen der herrschenden Ordnung, in denen Räte wieder Gestalt gewannen, so im Spanischen Bürgerkrieg in vielfältigen Formen der Selbstorganisation, so bei den Erhebungen von ArbeiterInnen gegen die Parteidiktatur in Ungarn 1956 und Polen 1980/81. Eine bis in die Einzelheiten ausgearbeitete Räteverfassung wurde in Jugoslawien als »Arbeiterselbstverwaltung« teilweise verwirklicht, mit allen Widersprüchen, die durch das fortbestehende Machtmonopol einer Kommunistischen Partei bedingt waren. Im Westen wurden Rätegedanken immer dann wieder lebendig, wenn der undemokratische Charakter des real existierenden parlamentarischen Systems besonders klar zutage trat, beispielsweise während der ersten bundesdeutschen Großen Koalition 1966-69. Die Beschwörung der Formel »Alle Macht den Räten« war damals eher Ausdruck einer kompromisslosen Kritik am diagnostizierten Abbau der Demokratie als ein Anzeichen für eine neu erstarkende Rätebewegung.

Einige Elemente von Rätedemokratie bestimmten für längere Zeit durchaus die Praxis der Außerparlamentarischen Opposition: etwa die Ablehnung des Berufspolitikerunwesens, dem das Rotationsprinzip entgegenwirken sollte, ständige Rechenschaftspflicht, Abberufbarkeit und gebundenes Mandat der Gewählten, Verzicht auf materielle Privilegien der Abgeordneten.

Ernsthafte Diskussionen über antikapitalistische Strategien machen die Frage nach einer von Räten getragenen wirtschaftlichen Neuordnung fast unausweichlich. Gegenwärtig verzichten KapitalismuskritikerInnen aber meist darauf, an die Rätetheorien und Rätedebatten der 1920er Jahre anzuknüpfen, vielleicht aus Furcht, in einen utopischen → Sozialismus zurückzufallen. Eine Ausnahme ist der US-Amerikaner Michael Albert: In seinem Entwurf einer »partizipativen Ökonomie« (→ Parecon) ohne Markt spielen Räte der ProduzentInnen und der VerbraucherInnen eine zentrale Rolle.

Klaus Meschkat

Zum Weiterlesen

Anweiler, Oskar (1958): Rätebewegung in Russland, Leiden.
Oertzen, Peter von (1976): Betriebsräte in der Novemberrevolution, Berlin/Bonn.
Korsch, Karl (1980): Gesamtausgabe, Bd. 2. Rätebewegung und Klassenkampf, Frankfurt a.M.

Rebellion

Rebellion ist heute Normalität: Eine repressive Gesellschaft bringt notwendigerweise eine rebellische Gesellschaft hervor. Wir rebellieren ständig. Manchmal tun wir dies offen: Jemand sagt uns, wir sollten etwas tun und wir sagen nein. Oft findet Rebellion auch nicht offen statt: Wir sollen etwas tun, sagen ja und tun dann etwas anderes. Wenn der Arbeitsstress steigt, streiken wir vielleicht oder bleiben der Arbeit fern, um mit den Kindern zu spielen, oder wir gehen in den Park und lesen ein Buch. Sogar wenn wir alles uns Mögliche tun, um zu gehorchen, rebelliert manchmal unser Körper oder unser Geist: Wir werden krank oder zunehmend neurotisch oder einfach verrückt.

Rebellion ist überall um uns herum. Manchmal ist sie einfach zu erkennen, vor allem, wenn sie ein großes Ausmaß hat, wie der Aufstand der Zapatistas in Chiapas zu Beginn des Jahres 1994, der *argentinazo* (in Argentinien) am 19. und 20. Dezember 2001 oder die Aufstände in Bolivien zwischen 2000 und 2005. In anderen Fällen sehen wir sie nicht oder nehmen sie nicht ernst: Ein Mädchen geht ins Kino anstatt zur Schule, eine Mutter weigert sich, das Abendessen zuzubereiten. Es mag seltsam anmuten, dieses Mädchen neben den großen Zapatista-Aufstand zu stellen. Das eine stellt einen bedeutenden revolutionären Akt dar, das andere einen individuellen, apolitischen, bestenfalls kleinbürgerlichen Wutanfall. Aber wenn wir nicht versuchen, Kontinuitätslinien nachzuvollziehen, dann machen wir Rebellion zu einem besonderen Ereignis und schneiden sie vom Alltag ab. Dann scheitern wir an der Herausforderung, die in der tiefgründigsten und schwierigsten Erklärung der Zapatistas steckt: »Wir sind völlig normale Frauen und Männer, Kinder und alte Menschen, das heißt Rebellen, Nonkonformisten, Plagen und Träumer.« (La Jornada, 4. August 1999) Wenn gewöhnliche Menschen Rebellen sind, dann ist Rebellion Teil des Alltags (→ Alltagskultur).

Wenn Rebellion Teil des Alltags ist, dann deshalb, weil sie von Repression nicht zu trennen ist. Repression führt unweigerlich zu Rebellion. In der Linken gibt es eine lange Tradition der Trennung von beiden. Der Großteil der Aufmerksamkeit wird auf die kapitalistische Vorherrschaft gerichtet. Wenn Rebellion überhaupt erwähnt wird – und das geschieht nicht häufig –, wird sie als etwas betrachtet, das außerhalb von Herrschaft steht. (In der marxistischen Analyse ist es beispielsweise üblich, Kapital und → Klassenkampf als etwas Separates zu betrachten – eine seltsame Auffassung.) Aber das Problem liegt genau darin: Wenn wir Rebellion nicht als schlichten Teil der alltäglichen Erfahrung von Repression sehen, dann wird ein/e RebellIn zu sein zu etwas Außergewöhnlichem. Und wenn es etwas Besonderes ist, RebellIn zu sein, liegt es nahe, dass wir RebellInnen eine Führungsrolle einnehmen, uns als eine Art Avantgarde betrachten sollten. Sogar unter denjenigen, die das Leninsche Organisationsmodell ablehnen, werden häufig die elitistischen Prämissen des Leninismus reproduziert.

Die Betrachtung von Rebellion als von Repression untrennbar ist gleichbedeutend mit der Aussage, dass Repression niemals allumfassend ist. Die Unterdrückten werden nie vollständig gebrochen: Irgendetwas, irgendeine Reaktion auf die Unterdrückung überlebt immer. Unsere Aktionen sind niemals gänzlich in abstrakte Arbeit, Nutzwert nie völlig in Wert subsumiert. Wir gehen niemals vollständig in den Rollen auf, die die kapitalistische Gesellschaft uns zuweist. Es gibt immer einen Überschuss, eine Nicht-Identität, die nicht durch Identität eingedämmt werden kann. Stets existiert ein ekstatischer Raum oder Moment, eine Projektion außerhalb und jenseits der eigenen Unterdrückung. Das ist es, was die Zapatistas Würde nennen. Das ist die Rebellion, die von Unterdrückung nicht zu trennen ist, die in jeden Lebensmoment eingewebte Rebellion.

Rebellion als mit jedem Lebensaspekt verflochten zu sehen, führt uns zu einer anderen Politikform. Antikapitalistischer Politik geht es demnach nicht darum, den Menschen Bewusstsein zu bringen oder Menschen zum Rebellieren zu ermutigen. Sie rebellieren bereits. Unser Problem besteht darin, diese Rebellionen, diese Würde zu erkennen, Wege zu finden, sie ernst zu nehmen und mit unseren eigenen Rebellionen zu verknüpfen. Daraus folgt eine Politik des Zuhörens, des Versuchs, das Unhörbare zu hören – eben keine Politik des Redens. Vielleicht bedeutet das eine Politik der Resonanz, die Wege findet, mit der uns umgebenden Würde und Rebellion mitzuschwingen.

Die bürgerliche Theorie, die Rebellion als ein ungewöhnliches Ereignis begreift, führt zu beträchtlicher Verwirrung. Das stimmt mit ihrer allgemeinen Tendenz überein, die Welt umzukehren und das Normale als abnormal, das Abnormale als normal darzustellen. Man kann hier eine Analogie zu bürgerlichen Wirtschaftstheorien herstellen, die Krisen weniger als der kapitalistischen Gesellschaft endemisch sehen, als sie vielmehr als außergewöhnlichen Bruch mit dem normalen Gleichgewicht zu behandeln.

John Holloway (Übersetzung: Anne Löwisch)

Zum Weiterlesen

Holloway, John (2010): Kapitalismus aufbrechen, Münster.
Holloway, John (2006): Die Welt verändern, ohne die Macht zu übernehmen, Münster.
Holloway, John/Stubbe, Lars (2006): Anti-Macht und Revolution, Münster.

Recht auf Faulheit

Der Slogan geht auf Paul Lafargue zurück, einem mit Karl Marx auch familiär verbundenen Vorkämpfer des → Marxismus in der französischen ArbeiterInnenbewegung. In einer 1883 veröffentlichten Schrift mit dem Titel »Le droit à la paresse«, die dann auf deutsch unter dem Titel »Das Recht auf Faulheit« 1891 von Eduard Bernstein herausgegeben wurde, ging er polemisch-satirisch gegen den Ruf »Recht auf Arbeit« und ein extremes Arbeitsethos vor. Lafargue verweist auf vorkapitalistische Gesellschaftsformationen, in denen Arbeit (außer in der Landwirtschaft und im »Kriegshandwerk«) verpönt und eines freien Bürgers unwürdig war. Übertragen wird dies auf die Lohnarbeit und es wird auf eine Befreiung durch Maschinen, »als Erlöser der Menschheit«, »der Gott, der den Menschen von ... der Lohnarbeit loskaufen, der Gott, der Muße und Freiheit bringen wird«, gesetzt. Zwar wurde die Argumentation selbst kritisiert, denn mit einem Rückgriff auf geschichtliche Gesellschaftsformationen und dem Verweis auf glückliche Menschen, die, statt zu arbeiten, »zigaretterauchend in der Sonne liegen«, wurden hier Klassenvorurteile einer privilegierten Oberschicht reproduziert. Dennoch hat der Slogan auch heute (oder heute wieder verstärkt) seine Aktualität, rufen doch allerorts politische AkteurInnen nach einem »Recht auf Arbeit«, nach mehr Arbeitsplätzen oder mehr Disziplin innerhalb des Systems der Lohnarbeit.

Damit stellt sich die Frage nach der Alternative. Marx hatte ja bereits die Vision von der Abschaffung der Arbeit entworfen, in dem Sinne, dass die menschliche Tätigkeit aus einer Last in eine freiwillige, Vergnügen machende, die Fähigkeiten entfaltende Lust zu verwandeln sei, und zwar auf der Basis einer hochentwickelten Industrie und der Automatisierung der Produktion. Hier setzt nun die Reinterpretation von Iring Fetscher anlässlich einer Neuherausgabe der Lafargue'schen Schrift an. Er fragt nämlich, was mehr Freizeit – die ja bereits auch mit der Verkürzung des Arbeitstages einherging – an Chancen eröffnet: etwa selbstbewusste und kritisch-wache BürgerInnen hervorzubringen. Denn dies, so sein Hinweis, wird nicht automatisch bewirkt. Auch Freizeit kann extrem leistungsorientiert oder total passiv verbracht werden; man denke nur an die Entwicklung diverser TV-Angebote in den letzten Jahren.

Nach Fetscher ist heutzutage weniger ein »Recht auf Faulheit« gefragt, sondern ein »Recht auf Entfaltung der Fähigkeit zu befriedigender Betätigung«. Denn eine Umgestaltung der Arbeitswelt mit entsprechenden »Freisetzungen« (→ Arbeitszeitverkürzung) kann nur dann als sinnvoll angesehen werden, wenn Menschen fähig bleiben, die gewonnene → Freiheit befriedigend zu nutzen. Und das muss auf entsprechenden Fähigkeiten und Kenntnissen beruhen. In Zeiten hoher Arbeitslosigkeit hieße dies auch, dass diese eben nicht nur als Übel, sondern eben gerade als Chance gesehen werden könnte, wobei dann andere perspektivierende Begriffe Beachtung finden müssen, wie → Grundeinkommen etc. Auch das Konzept der »Neuen Arbeit«, mit dem neben der reinen Erwerbsarbeit andere Betätigungsweisen gefördert werden sollen, wäre an dieser Stelle zu nennen, auch wenn dieser Ansatz in Alternativkreisen nicht überall auf Zustimmung stößt.

Auch Alternativprojekte und alternative Lebensweisen (→ Lebensformen) können unter dem Blickwinkel der oben genannten Forderungen betrachtet werden. Angesichts einer großen Vielfalt solcher Projekte folgen allerdings nur allgemeine Hinweise: Selbst wenn in der Regel auch alternative Projekte Geld verdienen müssen und in normale Wirtschaftskreisläufe eingebunden sind, so steht doch die Forderung im Raum, diesen ökonomischen Zwängen wenigstens teilweise auszuweichen und auch kulturelle, künstlerische und soziale Belange ebenbürtig zu behandeln. Oftmals wird in der Binnenorganisation auch auf Entlohnung im herkömmlichen Sinne, meist auf Arbeitszeitkonten und ähnlichen Abrechnungsmodi, verzichtet. Auch Grundsätze, wie alle Beteiligten wirken an Entscheidungen mit und es wird nach Konsens- (nicht Mehrheits-) Prinzip entschieden, sind eine wesentliche Grundlage für die Überwindung lohnarbeitsähnlicher Beschäftigungsverhältnisse. Das läuft sicherlich nicht auf Nichtstun hinaus – im Gegenteil sind die Projekte oftmals nur zu halten, wenn mit hohem Engagement und Zeitaufwand an der gemeinsamen Sache gearbeitet wird. Aber im Sinne der oben genannten Forderung sind Sinnhaftigkeit der Betätigung und Entfaltung von Fähigkeiten unzweifelhaft Qualitätsmerkmale solcher Projekte.

Karl-Heinz Simon

Zum Weiterlesen

Bergmann, Frithjof (2004): Neue Arbeit, Neue Kultur, Freiamt.

Gruppe Krisis (1999): Manifest gegen die Arbeit, Erlangen.

Kurz, Robert/Lohoff, Ernst/Trenkle, Norbert (1999): Feierabend – Elf Attacken gegen die Arbeit, Hamburg.

Lafargue, Paul (1966): Das Recht auf Faulheit, hrsg. und eingeleitet von I. Fetscher, Frankfurt a.M.

Recht auf Stadt

Ursprünglich von Henri Lefebvre geprägt, ist das Konzept des *Rechts auf Stadt (RaS)* höchst abstrakt, seine Bedeutung gleichzeitig vielschichtig und unbestimmt: Weder *Stadt* noch *Recht* sind hier in den gängigen Definitionen, sondern eher metaphorisch gemeint.

Lefebvres Recht auf Stadt beinhaltet gleichzeitig den »schöpferischen Überschuss« der Stadt, der über die Rationalität von Ökonomie und staatlicher Planung hinausweist, die Stadt als Entfaltungs- und Möglichkeitsraum, *und* das Recht auf Teilhabe an städtischer Zentralität, nicht abgeschoben zu werden in diskriminierende Randzonen, und damit auch das Recht auf *Differenz*, das Recht, sich den Vorgaben homogenisierender Mächte nicht zu unterwerfen. Die Stadt bzw. Urbanisierung stellt für Lefebvre sowohl Realität als auch Möglichkeit dar: Einerseits ist Urbanität die inzwischen vorherrschende, das gesellschaftliche Leben vermittelnde, räumliche Form; andererseits ist die Stadt Ort utopischer Visionen einer anderen, besseren Gesellschaft und kollektiven Widerstands gegen die technokratische Kolonisierung des Alltagslebens. Entstanden ist dieses Konzept des RaS im Kontext des Pariser Mai 1968, den Lefebvre als Versuch der Studierenden, ArbeiterInnen und MigrantInnen deutete, das historische Zentrum von Paris von ihren jeweiligen Peripherien aus (zurück) zu erobern: Von den Universitäten in den Außenbezirken, den Fabriken und *Grands Ensembles* der Vorstädte aus strömten sie ins Zentrum der Stadt zurück und eigneten sich *(das Recht auf) die Stadt* an. Während diese Ansprüche auf und Kämpfe um die Stadt im Gefolge der 68er-Bewegungen häufig dazu beitrugen, Stadtentwicklung in nachhaltigere postfordistische Bahnen zu lenken, bewirkten sie gleichzeitig eine Radikalisierung der einschlägigen Disziplinen (besonders der Stadtsoziologie und Geografie) und setzten die Frage »Wem gehört die Stadt?« in breiten Kreisen auf die Tagesordnung.

Seit einigen Jahren taucht das Konzept sowohl im akademischen Diskurs als auch bei (internationalen) NGOs und in → sozialen Bewegungen mit neuen Konnotationen auf. Poststrukturelle Debatten, in denen Lefebvre als Vorreiter der kulturellen Wende firmiert, benutzen *das Recht auf Stadt* meist deskriptiv, um partikulare Kämpfe in komplexen Städten zu bezeichnen. Gern wird es auch für die Analyse von Auseinandersetzungen um den öffentlichen Raum herangezogen, z.B. bei Don Mitchell, der das (verweigerte) Recht der Obdachlosen, den öffentlichen Raum zu nutzen, thematisiert (The Right to the City: Social Justice and the Fight for Public Space,

2003), oder bei Setha Low und Neil Smith, die das Recht auf Stadt als Anspruch auf politische Nutzung stadt-öffentlicher Räume diskutieren (The Politics of Public Space, 2006).

In den »städtischen Agendas« inter- und transnationaler Politiknetzwerke und den vielfältigen Initiativen der → Sozialforen und internationaler NGOs wird das RaS breiter spezifiziert. 2003 legten internationale Menschenrechtsgruppen zusammen mit der UNESCO eine *World Charter for the Human Right to the City* vor; 2004 präsentierten Habitat International Coalition u.a. den Entwurf einer *World Charter on the Right to the City* beim Social Forum of the Americas in Quito und beim 2. World Urban Forum in Barcelona; um die verschiedenen Bemühungen und Erklärungen zu vereinheitlichen, bemühen sich UN-HABITAT und UNESCO seit 2005 mit dem International Social Science Council (ISSC) und internationalen NGOs um die Herstellung von Konsens bei zentralen Akteuren, besonders Kommunalverwaltungen, über eine Politik, die auf lokaler Ebene nachhaltige, gerechte und demokratische Entwicklung für städtische BewohnerInnen sichern soll. In diesen Kampagnen und Erklärungen umfasst das RaS → Menschenrechte auf Wohnung und Arbeit, Nahrung und sauberes Wasser, Gesundheit, Sicherheit, Zugang zu öffentlicher Infrastruktur, Teilhabe an Entscheidungsprozessen u.v.a.m. Bewegungsgruppen und Sozialforen sind dabei vor allem an den entsprechenden *tool kits* zur Entwicklung von partizipatorischen Kommunalhaushalten interessiert. In den USA bspw. schlossen sich 2007 lokale MigrantInnen-, Stadtteil- und ArbeiterInnengruppen in einer *Right to the City Alliance* (RTTCA) zusammen, um ihre lokalen Kämpfe gegen Gentrifizierung, Verdrängung und Ausgrenzung national zu vernetzen. Für sie bedeutet RaS Widerstand gegen die neoliberale städtische Umstrukturierung und die »Vision einer den Bedürfnissen der Arbeiterklassen gerechten Stadt«. Angesichts der schärferen sozialen Polarisierung und der vielfältigen Zumutungen, die die neoliberale Zurichtung der Stadt für immer mehr Bewohner bedeutet, praktizieren Bewegungsgruppen wie RTTCA eher das ursprüngliche Lefebvresche Konzept des RaS – auch ohne sich auf ihn zu beziehen.

Margit Mayer

Zum Weiterlesen

Brenner, Neil/Marcuse, Peter/Mayer, Margit (Hrsg.) (2012): Cities for People, Not for Profit. Critical Urban Theory and the Right to the City, London/New York.

Harvey, David (2008): The Right to the City, New Left Review, Nr. 53, S. 23-40.

Holm, Andrej/Gebhardt, Dirk (Hrsg.) (2011): Initiativen für ein Recht auf Stadt. Theorie und Praxis städtischer Aneignungen, Hamburg.

Lefebvre, Henri (1996 [1968]): The Right to the City, in: Writings on Cities, Oxford, S. 63-181.

Regionalisierung

Regionalisierung ist nicht einfach eine Alternative. Zunächst ist eine Politik der Regionalisierung durchaus als Element einer neuen, an flexiblen Akkumulationsweisen orientierten Staatlichkeit zu verstehen. Eine Politik für und in einem Raum oberhalb von Städten und Gemeinden sowie unterhalb der Länder wird im Zuge einer vertikalen Ausdifferenzierung von Regulierungsebenen (z.B. Kommune-Region-Land-Nationalstaat-Europa-Welt) sowie einer horizontalen Dekonzentration verfolgt. Letzteres meint, dass private Akteure, z.B. Kammern, Verbände, Unternehmen, in Politikformulierung und -realisierung einbezogen werden. Regionalisierung durch Entwicklungsagenturen, Regionalkonferenzen, Regionalmanagement und unterschiedliche Formen von Public Private Partnerships heißt dann, dass unternehmensorientierte Politik verfolgt wird, die in der Region Flächenmanagement, Planungsmaßnahmen, Infrastrukturaufbau, Bildungspolitik und weiteres mehr daran ausrichtet, dass die Stellung der Region gegenüber anderen gestärkt wird. Regionalisierung meint insoweit vor allem die Schaffung einer »Wettbewerbsregion«.

Das Thema Regionalisierung erweist sich noch aus einem anderen Grund als sperrig: Der Begriff der Region imaginiert einen überschaubaren Nahbereich gegenüber einer komplexen globalisierten Welt. Dieser Imagination wohnt eine »small is beautiful«-Vorstellung inne. Die Region erlaubt demzufolge nicht nur die Überschaubarkeit von Zusammenhängen, sondern eine soziale Vergemeinschaftung, die gleichsam einen Gegenpol zur Globalisierung bildet. Nicht allein der Verweis auf rechtspopulistische, sezessionistische Bewegungen, etwa in Norditalien, verdeutlicht die mögliche Problematik ausgrenzender Vergemeinschaftung. Auch aus einer geschlechtersensiblen Perspektive lässt sich argumentieren, dass »Nah-Räume« von Herrschaftsstrukturen und Gewaltverhältnissen durchwirkt sind und in ihnen nicht »automatisch« emanzipative Gehalte zum Tragen kommen.

Auf welche Weise ist Regionalisierung dagegen als ein Prozess der Schaffung eines neuen Bezugs- und Regulierungsraumes, als eine emanzipatorische Alternative zu denken? Hier sind zwei Perspektiven ersichtlich: In einer im weitesten Sinne neo-keynesianischen Sichtweise gilt »regionales Wirtschaften als linke Reformperspektive« (→ Crossover). Ausgehend von der Annahme, dass sich eine exportorientierte Akkumulation von der Binnennachfrage weitgehend entkoppelt habe, wird angeregt, durch einen gesamtwirtschaftlichen Transfermechanismus, konkret durch höhere Steuern, Fonds für eine → nachhaltige Regionalentwicklung aufzulegen. Diese soll eine an regionalen Kreisläufen orientierte, damit ökologisch nachhaltige Binnenwirtschaft unterstützen. Gestützt wird diese Politik durch staatliche Beschaffung, die sich an Regionalförderung und Sozial- wie Umweltstandards orientiert. Lokale Kleinunternehmen, Organisationen des Dritten Sektors und die Kommunalwirtschaft sind zugleich Träger wie Nutznießer einer solchen Form der Regionalisierung. Flankiert wird diese Politik durch Maßnahmen zur Förderung lokaler Unternehmen, zur (Weiter-)Bildungspolitik für im Arbeitsmarkt Marginalisierte und zur Schaffung eines regionalen öffentlichen Beschäftigungssektors sowie eine an sozialen Bedürfnissen und ökologischer Nachhaltigkeit ausgerichtete, → partizipative Regionalplanung.

Regionalisierung erscheint jedoch auch aus einer → genossenschaftlichen Perspektive als Alternative. Die Region und regionale Kreisläufe sind der Bezugsraum für unterschiedliche Formen einer → solidarischen Ökonomie, die zuvorderst bedürfnisorientiert produziert. Kommunen, Tauschringe und Zeitbörsen sind einige Beispiele für solche genossenschaftlichen Formen. Mitunter wird in der Debatte jedoch auch auf das zunehmend verbreitete Regionalgeld verwiesen, d.h. Geldnoten mit regionalen Motiven, die beim lokalen Markt als Zahlungsmittel gelten. Da diese zumeist an die »offizielle« Währung gebunden sind, kommt diesem Regionalgeld bestenfalls symbolischer, meistens jedoch schlichtweg Marketingcharakter zu. Davon abgesehen soll eine regionale → Vergesellschaftung genossenschaftliche Organisierung fördern; das Wirtschaften in regionalen Kreisläufen erscheint als ökologisch nachhaltig und beschäftigungswirksam.

Die Uneindeutigkeit von Regionalisierung als neuer Bezugsraum erfordert für jeden Fall, in dem Regionalisierung als Alternative diskutiert wird, eine strategische Kalkulation: Wie alle anderen politisch-gesellschaftlichen Bezugsräume sind auch Regionen ein umkämpftes Terrain und damit nur dann ein Rahmen für gesellschaftspolitische Alternativen, wenn dort emanzipatorische Kräfte maßgeblich und durchsetzungsstark sind.

Detlef Sack

Zum Weiterlesen

Altrock, Uwe/Aring, Jürgen/Hahne, Ulf/Reuther, Iris (Hrsg.) (2011): Gewinnen, Verlieren, Transformieren. Die europäischen Stadtregionen im Umbruch, Berlin.

Crossover (Hrsg.) (2000): Regionales Wirtschaften als linke Reformperspektive, Münster.

Müller-Plantenberg, Clarita (2007): Solidarische Ökonomie in Europa. Betriebe und regionale Entwicklung, Kassel.

Rekommunalisierung

Rekommunalisierung ist ein der Privatisierung entgegengesetzter Entwicklungstrend. Privatisierung von öffentlichen Aufgaben und der Verkauf von öffentlichem Eigentum werden wieder rückgängig gemacht. Aufgaben der Daseinsvorsorge werden wieder durch die Kommune und öffentlich-rechtliche Einrichtungen/Unternehmen wahrgenommen.

Mitte der 1990er Jahre setzte in Deutschland eine neue Welle der Privatisierung öffentlichen Eigentums auf allen Ebenen ein. Diesmal wurden auch Kernbereiche der Daseinsvorsorge wie Wohnen, Bildung, Verkehr, Gesundheit und soziale Bereiche einbezogen. Diese Entwicklung hat verschiedene Ursachen. Erstens veränderte sich zu Beginn der 1990er Jahre das Verständnis von Staat und Kommune infolge grundlegender Verschiebungen der politischen Kräfteverhältnisse. Unter den neoliberalen Prämissen eines »schlanken Staates« und der Verwaltungsmodernisierung wurden betriebswirtschaftliche Normen in das Handeln von Verwaltung und Politik eingesetzt. Bund und Länder drängten in diesem Zusammenhang Kommunen zunehmend zur Privatisierung öffentlicher Leistungen. Es wurde behauptet, dass Private Leistungen billiger und besser erbringen könnten. Diese These war Bestandteil einer ideologischen Kampagne, die dazu beitrug, dass sich Menschenbild, Gesellschaftsbild und Werte nachhaltig zu Ungunsten des → Öffentlichen veränderten. Zweitens setzte Mitte der 1990er Jahre eine krisenhafte Entwicklung der Kommunalfinanzen ein. Privatisierungen erschienen als Weg der Haushaltskonsolidierung. Für mehr als die Hälfte der Kommunen war und ist dies das entscheidende Motiv für Privatisierungen. Drittens werden diese beiden, durch Bund und Länder durchgesetzten Tendenzen durch die Rahmensetzungen der EU verstärkt.

Befördert wurden Privatisierungen durch das schlechte Image des öffentlichen Dienstes und öffentlicher Unternehmen. Fehlende Transparenz und öffentliche Kontrolle, Korruption und Verschwendung von öffentlichen Geldern wurden als Argumente für Privatisierungen eingesetzt. Dahinter stand und steht ein starkes wirtschaftliches Interesse an der Öffnung der Leistungen der kommunalen Daseinsvorsorge (→ öffentliche Dienstleistungen) als Feld der Kapitalverwertung. Darauf waren letztlich alle Bestrebungen der Bundesregierung, der EU und diverser Lobbyorganisationen gerichtet.

Nach langen Jahren des Privatisierungswahns herrscht heute Ernüchterung. Die Privatisierung öffentlicher Leistungen hat sich als Irrweg erwiesen. Höhere Preise und Gebühren, schlechterer Service, rücksichtslose Ausnutzung von Angebotsmonopolen, weniger demokratische Kontrolle, prekäre Arbeitsverhältnisse und geringere Einnahmen für die kommunalen Haushalte sind in vielen Orten die Realität. Inzwischen erkennen viele Kommunen, dass Privatisierung der falsche Weg ist. Immer mehr BürgerInnen lehnen Privatisierungen ab. In mehr als 100 Städten wurden bereits Müllentsorgung, Reinigung oder Stadtwerke in das Eigentum der Kommune zurückgeführt. Wenn beispielsweise Konzessionsverträge auslaufen, bietet sich die Chance für eine Rekommunalisierung im Bereich der Energieversorgung.

Rekommunalisierungen bieten zudem die Möglichkeit, unterschiedliche kommunale AkteurInnen zu mobilisieren, neue und nachhaltige Bündnisse einzugehen, Kräfteverhältnisse zugunsten linker Kommunalpolitik zu verändern und Alternativen zu erproben. Diese Chancen gibt es zurzeit auf keiner anderen Ebene, weder auf Bundes- noch auf Landesebene.

Das setzt voraus, dass Rekommunalisierungen unter breiter Beteiligung der Bevölkerung begonnen und umgesetzt werden sowie der öffentliche Einfluss und die öffentliche Kontrolle auch danach gesichert wird. BürgerInnen müssen die Erfüllung des öffentlichen Zwecks und die Verwendung der Gewinne selbst beeinflussen und kontrollieren können. Nur so wird das Interesse am Erhalt von öffentlichen Unternehmen gestärkt werden. Die bisher nicht eingelöste Herausforderung besteht darin, Rekommunalisierung mit → partizipativen Formen der Führung in neuen öffentlichen Unternehmen zusammenzubringen. Eine entscheidende Voraussetzung, dass privatisierte Leistungen wieder öffentlich erbracht bzw. weitere Privatisierungen verhindert werden können, ist eine solide Finanzausstattung der Kommunen. Städte, Gemeinden und Landkreise brauchen Stabilität, Planungssicherheit und deutlich höhere Einnahmen. Dazu bedarf es sowohl einer Steuerreform (→ Steuergerechtigkeit), die die finanzielle Handlungsfähigkeit des Staates insgesamt stärkt (z.B. durch die Reformierung bzw. Einführung einer Vermögens- sowie Transaktionssteuer), als auch einer Neuordnung der Finanzen zwischen Bund, Ländern und Kommunen.

Petra Brangsch

Zum Weiterlesen

Brangsch, Petra/Brangsch, Lutz (Hrsg.) (2005): Haushalt, Haushaltspolitik und Demokratie. Bedingungen und Strategien einer partizipativen Haushaltspolitik, Berlin.

Candeias, Mario/Rilling, Rainer/Weise, Katharina (Hrsg.) (2008): Krise der Privatisierung, Rückkehr des Öffentlichen, Berlin.

Sandberg, Berit/Lederer, Klaus (Hrsg.) (2011): Corporate Social Responsibility in kommunalen Unternehmen. Wirtschaftliche Betätigung zwischen öffentlichem Auftrag und gesellschaftlicher Verantwortung, Wiesbaden.

Revolution I

Einer der bemerkenswertesten Aspekte des turbulenten Jahres 2011 war wohl die Rückkehr der Revolutionen. Aufstände in Tunesien und Ägypten fegten Regime, die ihren westlichen Verbündeten ebenso wie der Mehrheit ihrer Untertanen über Jahrzehnte als unerschütterlich galten, innerhalb weniger Wochen hinweg. Wechselseitig vernetzt und informiert durch soziale Medien gewann das Beispiel der Revolutionen in Nordafrika auch in den Protestbewegungen Europas Präsenz. Auf dem Athener Syntagma-Platz, in der Zeltstadt am Plaza Puerta del Sol in Madrid oder in den → Occupy-Bewegungen tauchten Referenzen auf Ägypten und Tunesien auf, die mehr und etwas anderes als Bekundungen der → Solidarität waren. Mit der Praxis der → Rebellion rückte auch das Konzept der Revolution wieder in den Bereich des Sagbaren. Damit fand ein Begriff wieder Eingang in das Vokabular neuer → sozialer Bewegungen, der für zahlreiche ihrer Vorgänger ein orientierendes Konzept war. Dies trifft jedenfalls für die frühe europäische ArbeiterInnenbewegung zu. Ende des 18. und im Laufe des 19. Jahrhunderts erschütterten mehrere Wellen »bürgerlicher« Revolutionen Europa und die Kolonien, in denen Autokratien durch soziale Bewegungen im Namen von → Freiheit und Demokratie herausgefordert wurden. Bald wurde jedoch deutlich, dass der Sturz alter Regime und die Installierung von Elementen »bürgerlicher« Demokratie nicht notwendigerweise mit einer realen Verbesserung der Lebensrealität der Lohnabhängigen einhergehen muss. Aus dieser Erfahrung erwuchs die Erkenntnis, dass Freiheit und Demokratie in einem umfassenden, auch die Mehrheit der Subalternen einschließenden Sinne nicht allein auf dem Terrain der Regierungsformen errungen werden konnten. Wie Karl Marx feststellte, muss vielmehr gefragt werden, »inwieweit diese Revolutionen wirklich die bürgerlichen Lebensverhältnisse in Frage stellen, oder wieweit sie nur ihre politischen Formationen treffen«.

In diesem historischen Kontext wurde der Begriff zu einem bedeutungsvoll aufgeladenen Element des sozialistischen Diskurses. Dies nicht zuletzt, da sich in ihm die Überzeugung, dass der Kapitalismus sich als überwindbare Episode der menschlichen Vorgeschichte erweisen würde, mit der Hoffnung auf ein ganz anderes, befreites Leben verbinden ließ. Dabei wurde die Revolution gelegentlich selbst zum Fetisch und funktionierte als »säkularisiertes Jenseits«, in das projiziert werden konnte, was im gegenwärtigen Elend der Klassengesellschaft unerreichbar schien. Die Rede von der Revolution konnte so auch dazu dienen, Forderungen, Interessen und Bedürfnisse, die etwa Fragen der Geschlechterverhältnisse, der Sexualität oder der → Alltagskultur betreffen, auf die »Zeit danach« zu vertrösten und die damit verbundenen Anliegen und Kämpfe zu delegitimieren.

Dass der Begriff in den letzten Jahren so desavouiert schien, liegt nicht zuletzt an der langen Geschichte des Scheiterns und der Enttäuschungen, die mit ihm verbunden ist. Diese wirkt weiter nach, von den verlorenen Revolutionen Europas im Bewegungszyklus nach 1917 bis zum Niedergang des globalen revolutionären Enthusiasmus nach 1968; und über allem schwebt die historische Erfahrung des Stalinismus, der Diktatur und Ausbeutung im Namen der Revolution organisierte. Doch schon häufiger zeigte sich: Wenn die Ära der Revolutionen für endgültig passé erklärt wurde, kehren diese umso überraschender auf die Bühne der Weltgeschichte zurück.

Was bedeutet nun die jüngste »Rückkehr der Revolution« für die gegenwärtige Konjunktur sozialer Bewegungen? *Erstens* zeigt es ein Verständnis von politischem Handeln an, das sich nicht auf das geduldige »Bohren dicker Bretter« in institutionell vorgegebenen Bahnen einlässt, sondern die Möglichkeit und Notwendigkeit erkennt, kollektiv und militant in den Lauf der Geschichte einzugreifen, Selbstverständlichkeiten des → Alltagsverstands herauszufordern und sich auf die Logik des Ereignisses einzulassen. *Zweitens* wird eine alte Erkenntnis der ArbeiterInnenbewegung wieder virulent: Wenn eine grundlegende Veränderung gesellschaftlicher Lebensverhältnisse angestrebt wird, lassen sich Staat und Ökonomie nicht so einfach voneinander trennen; wenn die politische Revolution nicht auch Teil einer sozialen Revolution ist (und umgekehrt), gelingt es keiner Bewegung, »sich den ganzen alten Dreck vom Halse zu schaffen« (Marx/Engels). Schließlich machen *drittens* gegenwärtig zahlreiche AktivistInnen die Erfahrung, dass eine Revolution nicht nur ein ereignishafter Bruch mit dem Bestehenden ist, sondern auch ein Prozess, in dem »die Außenwelt, die allgemeinen Verhältnisse zu ändern« (Gramsci), heißt, »sich selbst zu potenzieren, sich selbst zu entwickeln«. Diese Dimension der → Selbstermächtigung »von unten« ist vielleicht der bedeutsamste Effekt einer Revolution und ein wichtiger Grund für die Linke, an ihr begrifflich wie praktisch festzuhalten.

Benjamin Opratko

Zum Weiterlesen

Marx, Karl (1973 [1867]): Bürgerkrieg in Frankreich, in: MEW 17, S. 313-365.

Mayer, David (2010): Revolutionen: Welten auf den Kopf gestellt, in: Sieder, Reinhard/Langthaler, Ernst (Hrsg.): Globalgeschichte 1800-2010, Wien/Köln/Weimar. S. 529-554.

Perspektiven. Magazin für linke Theorie und Praxis (2011): Schwerpunkt »Revolution«, Nr. 14.

Revolution II

Es gibt kaum einen zweiten Begriff, der so stark diskreditiert erscheint wie »Revolution«. In den 1930er Jahren vermarkteten die → keynesianischen Ökonomen ihre Reformkonzepte als »Einkommensrevolution«. Zeitgleich verliehen Ideologen des Faschismus ihren volksgemeinschaftlichen Einfriedungsstrategien die Weihen einer »sozialen Revolution«, von einer »konservativen Revolution« war schon seit dem Ende der 1920er Jahre die Rede. Zu dieser Zeit wurden auch die Ausläufer der ersten Arbeiterrevolution von 1916 bis 1921 als Versatzstücke eines »Sozialismus in einem Land« in Anspruch genommen und wenige Jahre später dem stalinistischen Terror überantwortet. Angesichts dieser Bilanz konnte auch die 30 Jahre später proklamierte »Revolution in der Revolution« den Begriff nicht rehabilitieren, erst recht nicht der zur »Kulturrevolution« stilisierte Machtkampf innerhalb der chinesischen Partei-Oligarchie. Den Schlusspunkt setzte der Bankrott der poststalinistischen Übergangsgesellschaften Osteuropas, der ebenfalls die Attribute einer »Revolution« erhielt.

Revolution ist eine begriffliche Schöpfung der Aufklärung und der Französischen Revolution von 1789-1793. Sie fasste verschiedene Facetten der gesellschaftlichen Entwicklung zu einer komplexen Einheit zusammen: den sich bis zum Bürgerkrieg steigernden politischen Aufstand als Phänomen und Zielstellung eines kurzfristigen Verfassungs- oder Dynastiewechsels und den auf längere Zeitdauern fixierten Revolutionsbegriff der Astronomie und Astrologie. Die Synthese war die Antwort auf jene gewaltigen Umbrüche, die das kapitalistische Weltsystem bei seiner Globalisierung hervorbrachte (die unblutige englische *Glorious Revolution* von 1688, den blutigen Amerikanischen Unabhängigkeitskrieg von 1775-1783 und die Französische Revolution mit ihrer Verknüpfung von republikanischen Selbstbestimmungsrechten und dem Gleichheitsanspruch der plebejischen Unterschichten). Im Gefolge der europäischen Revolution von 1848/49 erlangten für die weitere Ausgestaltung des Begriffs Karl Marx und Friedrich Engels besondere Bedeutung. Als »Lokomotive« langfristiger revolutionärer Umgestaltung reklamierten sie die *industrielle Revolution*, die mit ihren Innovationen *(Wissenschaftlich-technische Revolution)* im Verein mit den übrigen *Produktivkräften* die *Produktionsverhältnisse* immer wieder in Frage stellen, mittelfristig *soziale und politische Revolutionen* hervorrufen und den Übergang in die klassenlose Gesellschaft des → *Sozialismus* ermöglichen würden. Dieses Transformationsmodell unterschied sich von den bisherigen Revolutionskonzepten durch seine starke Zukunftsorientierung. Das Revolutionskonzept der Bolschewiki und Lenins war auf die russischen Verhältnisse zugeschnitten und fokussierte die zum Substitut der Arbeiterklasse verselbständigte Avantgarde auf den politischen Machtwechsel *(Diktatur des Proletariats)*, ohne die komplexen Handlungsbedingungen und die selbstbestimmten Strukturen *(Rätebewegung)* der internationalen Arbeiterrevolution in Rechnung zu stellen. Es gab zudem Ansätze einer neuen sozialen Fundierung des Revolutionsbegriffs, so etwa bei einigen Theoretikern der → Rätebewegung und des revolutionären Syndikalismus, den Kritikern des Involutionsprozesses in der Sowjetunion (Trotzki) und dem italienischen Kommunisten Antonio Gramsci, der die Folgen des fordistischen Umbruchs für die Arbeiterklasse problematisierte. Parallel dazu bemühten sich die chinesischen Kommunisten um neue Antworten, Mao Tse-tung erarbeitete die Doktrinen eines auf die Bauern und die Dörfer gestützten Partisanenkriegs. Danach überwinterte der Revolutionsbegriff in Randströmungen der Arbeiterlinken, der revolutionären Intelligenz und in einer vielstimmigen *New Left*, die die Semantik der Sozialrevolten der 1960er und 1970er Jahre herausbildete.

Was können wir vom Revolutionsbegriff noch erwarten? Er stellt keine übergeschichtliche Größe dar, sondern wird immer in seinen historischen Kontexten neu zu fassen sein – als Streben nach sozialer, ökonomischer, politischer, ethnischer, geschlechtsbezogener und kultureller → Gleichheit und Gerechtigkeit für alle Menschen. Es wird sich dabei um ein Modell handeln, das auf die Lösung der globalen Menschheitsprobleme ausgelegt ist, ohne die lokalen Besonderheiten und die Überwindung der vielschichtigen Klassenfragmentierungen aus den Augen zu verlieren. Entscheidend wird bleiben, ob es gelingt, glaubwürdige Alternativen zu entwickeln, die die Risiken eines revolutionären Systembruchs rechtfertigen. Es könnte sich dabei als notwendig erweisen, die »Lokomotive der Geschichte« abzuwracken und durch neue Instrumente zu ersetzen, die die Perspektiven einer sozialen → Emanzipation der Menschheit mit ihren begrenzten Ressourcen und den prekär gewordenen ökologischen Überlebensbedingungen verknüpfen.

Karl Heinz Roth

Zum Weiterlesen

Bloch, Ernst (1972): Marx und die Revolution, Frankfurt a.M.

Hobsbawm, Eric J. (2004 [1962]): Europäische Revolutionen. 1789 bis 1848, Köln.

Markov, Walter (1979): Weltgeschichte im Revolutionsquadrat, hrsg. und eingeleitet von Manfred Kossok, Vaduz.

Roth, Karl Heinz (2007): Revolutionärer Systembruch? (ausführliche Fassung dieses Stichworts), in: Sozialismus, 10.

Revolutionäre Realpolitik

An der Frage, ob Kapitalismus zu reformieren oder grundlegend zu bekämpfen ist, spalten sich linke Bewegungen, Gruppen und Parteien. Dabei ist die Alternative falsch gestellt: Einen Sprung in das »ganz Andere« kann es nicht geben. Strategien der Transformation beginnen immer in der Reform. Ob sie allerdings den Weg in eine andere Gesellschaft ebnen und wie sich kurzfristige und langfristige Perspektiven zueinander verhalten, muss immer wieder neu bestimmt werden. Reform und → Revolution, so Rosa Luxemburg, sind »nicht verschiedene Methoden«, sondern »verschiedene Momente in der Entwicklung«. Kapitalismus ist nicht gleich Kapitalismus. Unter ungünstigen Verhältnissen dienten Reformen stets der Verbesserung der unmittelbaren Lage der Ausgebeuteten, Erniedrigten und Unterdrückten. Im günstigen Fall konnten sie für die Linke Handlungsspielräume erweitern und absichern. Wie jede Reform sind hart erkämpfte Errungenschaften wie Begrenzungen der Arbeitszeit, steigende Löhne, soziale Sicherungssysteme, ökologische Verbesserungen und Demokratisierungsschritte fragile Kompromisse mit widersprüchlicher Form. Sie kamen im Zuge sozialer Kämpfe zustande und konnten in die kapitalistische Dynamik integriert werden. Diese Errungenschaften sind bedroht, wenn die Akkumulation stockt oder Kräfteverhältnisse sich verschieben. Kämpfe um Einschränkung der mit dem Kapitalismus verbundenen sozial und ökologisch zerstörerischen Dynamiken sind alternativlos – stoßen jedoch an die Grenzen des bürgerlichen Staates und kapitalistischen Marktes. Der Staat muss zwei Funktionen erfüllen: den sozialen Zusammenhalt in einer in Klassen gespaltenen Gesellschaft sichern und die allgemeinen Reproduktionsbedingungen der Kapitalakkumulation (die zugleich seine steuerliche Existenzgrundlage darstellt) gewährleisten. Diese Funktionen herrschen den Reformen innerhalb des Kapitalismus Grenzen auf.

Auch der kapitalistische Markt kann nicht nach Belieben reguliert, d.h. in seinen negativen Effekten deutlich eingeschränkt werden, ohne dass er zugleich seine Funktionsfähigkeit einbüßen würde. Die Kapitalfunktion basiert nicht nur auf der innovativen und effizienten (Re-)Kombination von Arbeitskräften, Produktionsmitteln und Ressourcen, sondern auf der Produktion eines wachsenden Mehrwerts, also Ausbeutung, und fortwährender Akkumulation, also Wachstum. Sofern eines von beiden eingeschränkt wird, verliert das Kapital seine Existenzgrundlagen, also auch seine »innovativen« Momente. Es gibt einen Gegensatz zwischen kapitalistischer Produktion und Ökologie, und es gibt Grenzen der Sozialstaatlichkeit im Kapitalismus.

Linke Politik muss ausloten, wie innerhalb dieser Begrenzungen Politik gemacht werden kann, wie die Begrenzungen zu überwinden sind und dabei die »innovativen« Momente aus der Kapitalform herausgelöst und neu organisiert werden können. Insofern greift eine realistische Tagespolitik, »die sich nur erreichbare Ziele steckt und sie mit den wirksamsten Mitteln auf dem kürzesten Wege zu verfolgen weiß«, zu kurz (R. Luxemburg). Es braucht transformatorische Schritte, die sofort umsetzbar sind. Zugleich müssen diese Sofortmaßnahmen die Handlungsfähigkeit im Sinne der gemeinsamen Verfügungsmöglichkeiten über die eigenen Lebensbedingungen erweitern, eine Perspektive weisen und die nächsten Schritte andeuten, hin zu einer weitgehenden Transformation der gesamten Gesellschaft.

»Revolutionäre Realpolitik« im Sinne Luxemburgs hebt den falschen Gegensatz zwischen Reform und Revolution auf. Revolutionär bezieht sich auf den umwälzenden, transformatorischen und an die Wurzel gehenden Charakter einer Politik, weniger auf den gewaltsamen Umschlagspunkt revolutionärer Machtergreifung. Sich auf den Bruch zu konzentrieren hieße, sich politisch handlungsunfähig zu machen und zum »revolutionären Warten« zu verdammen. Luxemburgs Verweis auf Realismus macht das stark: in Kenntnis der gesellschaftlichen Kräfteverhältnisse agieren, aber in der Perspektive ihrer Verschiebung; anknüpfen an den realen Bedingungen und Widersprüchen, in denen sich jede_r bewegen muss, den Sorgen und alltäglichen Interessen der Einzelnen; ansetzen an den Eigeninteressen und Leidenschaften, sie aber so reformulieren – »ethisch-politisch«, wie es bei Gramsci heißt –, dass die unmittelbaren Interessen der verschiedenen (noch voneinander isolierten) Gruppen überschritten und zu den Interessen anderer Gruppen und Klassenfraktionen verallgemeinert werden können.

Es bedarf eines positiven, transformatorischen und integrierenden Projekts, das von Reformen im Kapitalismus ausgeht, aber diesen eine bestimmte Richtung verleiht – und Brüche mit dem Bestehenden zu denken und herbeizuführen vermag. Protagonistin eines solchen Prozesses kann nur eine partizipativ orientierte → Mosaiklinke sein, die die Einzelnen befähigt, ans Steuer der eigenen Geschichte zu kommen.

Mario Candeias

Zum Weiterlesen

Haug, Frigga (2007): Rosa Luxemburg und die Kunst der Politik, Berlin/Hamburg.

Luxemburg, Rosa (1982 [1899]): Sozialreform oder Revolution, in: Gesammelte Werke, Bd. 1/1, Berlin, S. 367-466.

Luxemburg, Rosa (1982 [1903]): Karl Marx, in: Gesammelte Werke, Bd. 1/2, Berlin, S. 369-377.

Rhizom

1970 spricht sich Michel Foucault für eine Abkehr von dualistischen, dichotomischen und dialektischen Denkmodellen aus – also von jenen auch für den → Marxismus charakteristischen Konzepten, denen das Denken in Gegensätzen zugrunde liegt. Foucault war die Ordnung der dualen Einheiten nicht nur deshalb zuwider, weil sie grobe Vereinfachungen nach sich zieht. Die Frage hatte auch praktische Relevanz: Als identisch Erkanntes und Zusammengefasstes kann repräsentiert werden, und in dieser Repräsentation konstituieren sich Machtbeziehungen. Foucault plädierte in diesem Sinne für »ein Denken der gestreuten und nomadischen Vielfältigkeit, die von keinem der Zwänge des Selben begrenzt und zusammengefasst wird«.

Eine ähnliche Strategie verfolgten auch Deleuze und Guattari, als sie über das Rhizom zu schreiben begannen. Der aus der Botanik stammende Begriff bezeichnet dort Wurzelstöcke wie den Ingwer. Sie griffen auf ihn zurück, um sich von einem anderen botanischen Bild, dem der Baummetapher, abzugrenzen. Tatsächlich spielt der *Baum des Wissens* in der Geistesgeschichte eine zentrale Rolle. Mit seinem Bild werden Verwandtschaften und Entwicklungszusammenhänge dargestellt. Dabei legt das Konzept klare Herleitungen, evolutionäre Linien und duale Spaltungen nahe: Theorien lassen sich von einer Ursprungstheorie ableiten, Geschichte wird als Evolution begriffen, Übersprünge oder Querverbindungen zwischen getrennten Bereichen sind nicht vorgesehen. Ganz anders der Wurzelstock, für den sich Deleuze/Guattari begeisterten. Das Rhizom wächst unübersichtlich und unhierarchisch, bildet Knoten und Netze, »kann an jeder beliebigen Stelle gebrochen und zerstört werden, es wuchert entlang seiner eigenen oder anderen Linien weiter«. Anders ausgedrückt: Der Wurzelstock ist permanent assoziativ.

Das strategische Interesse an diesem Konzept erklärt sich auch daraus, dass Deleuze und Guattari als Mitdenker der radikalen Bewegungen der 1960er und 1970er Jahre mit einem evolutionistischen Marxismus konfrontiert waren, in dem die Entwicklungsstadien festgeschrieben waren. Anders als die Mehrheit der Neuen Linken gaben sich Deleuze und Guattari jedoch nicht damit zufrieden, das schematische Befreiungsverständnis des Parteikommunismus zu kritisieren. Sie stellten die Grundlagen dieses Denkens in Frage. Ausgehend vom Rhizom bemühten sie sich um eine Philosophie der Beweglichkeiten. Bei ihnen werden die Einhegungen, Segmentierungen, die für Ordnungsverhältnisse charakteristisch sind, durch Deterritorialisierungen, nomadisierende Absetzbewegungen und Fluchten immer wieder unterbrochen (→ Exodus). Charakteristisch für das assoziative, rhizomatische Denken ist zudem, dass es kein zentrales Subjekt gibt, keine führende Instanz, aus der sich geschichtliche Veränderung oder gar Befreiung ableiten ließe.

Mit scheinbar unzusammenhängenden Begriffen aus Maschinentheorie, Kunst, Botanik und Kriegsgeschichte begannen Deleuze und Guattari, Gesellschaft als Produktion zu beschreiben. Die Verweigerungs- und Protestprozesse, der in den 1970er Jahren zu beobachtende Ausbruch des Begehrens waren für sie nicht das Ergebnis einer politischen Linie oder des Klassenkampfes, sondern eine komplexe Verkettung. Unterschiedliche soziale und künstlerische Praxen, organisatorisches Wissen, herrschaftliche und/oder subversive Diskurse, ökonomische Bedingungen usw. setzten sich zusammen. Deleuze und Guattari griffen immer wieder auf zwei Konzepte zurück: das der Maschine, in der unterschiedliche Elemente ineinandergreifen, um etwas Neues hervorzubringen, und das der Karte. Tatsächlich ermöglicht es die kartografische Perspektive, völlig unterschiedliche Elemente – Akteure und Wissensarten, Taktiken und Werkzeuge, kulturelle Erinnerungen und staatliche Strukturen, Ökonomien und Sprechakte – als nicht voneinander gesondert zu betrachten, sondern gemeinsam auf Ebenen anzuordnen. Es ist häufig kritisiert worden, dass das Deleuzesche Denken einer postmodernen Beliebigkeit den Weg geebnet habe. Auch die Idealisierung der nomadischen Bewegung bei Deleuze und Guattari hat vielfach Widerspruch provoziert. Eine Absetzbewegung ist schließlich nicht an sich positiv, es kann in alle erdenklichen Richtungen geflohen werden – auch in höchst fatale. Trotzdem gibt es etwas Faszinierendes am Denken von Deleuze und Guattari: Ihre Texte senden ständig Impulse aus. Die von ihnen vorgeschlagenen Begriffe sind nicht darauf angelegt, Zustände exakt zu beschreiben, sondern Denkbewegungen über die Zustände auszulösen und damit selbst assoziative Verkettungen in Gang zu setzen. Die Dinge immer wieder anders zu denken, Möglichkeiten neu zu betrachten, überraschende Verknüpfungen zwischen scheinbar abgegrenzten Phänomenen herzustellen, sich auf den Reichtum des Lebendigen einzulassen – das ist vielleicht der wichtigste Beitrag der Deleuzeschen Rhizomatik für eine politische Praxis.

Raul Zelik

Zum Weiterlesen

Balke, Friedrich (1998): Deleuze, Frankfurt a.M.
Deleuze, Gilles/Foucault, Michel (1977): Der Faden ist gerissen, Berlin.
Deleuze, Gilles/Guattari, Félix (1977a): Rhizom, Berlin.
Deleuze, Gilles/Guattari, Félix (1992): Tausend Plateaus, Berlin.

Schlaraffenland

Der Mythos vom Schlaraffenland ist verbunden mit seinem Gegenmythos: dem »Geist des Kapitalismus« und der protestantischen (Arbeits-)Ethik (Max Weber). Seine Geistesblüte hatte das Schlaraffenland in der Übergangszeit des späten Mittelalters zur Frühen Neuzeit. Ein Dominantwerden von Ware-Geld-Beziehungen und das Entstehen des städtischen Handelskapitals wird überschrieben durch Bilder eines gelungenen → Naturverhältnisses: Statt Produktion waltet eine Ökonomie des Schenkens, der Verausgabung. »Wunschräume und Wunschzeiten« beschäftigen die Fantasie der Menschen seit jeher; die Vertreibung aus dem Paradies bringt die Mühsal der Arbeit in die Welt; immer wieder hoffen die Menschen auf ein Ende dieses laut Bibel »selbst verschuldeten« Arbeitselends. Nach fortwährenden Enttäuschungen veränderte sich das Fantasiebild: Nicht in fernen *Zeiten*, sondern in anderen *Räumen* wurde das Schlaraffenland gedanklich verortet. Der Mythos wird immer augenzwinkernd erzählt. Der Ausgangspunkt jedoch ist stets derselbe: »Ich kam neulich in ein Land / Das fremd war und mir unbekannt. / Jetzt sollt ihr hören Wunder groß, / Was Gott den Menschen dort gebot: / In jenem Leben zu leben, zu sein, / Ohne Arbeit und ohne Pein!« (Pleij)

Der/die BesucherIn aus der Normalismus-Welt gelangt ins Unbekannte, sieht wie die in seinem Auge verkehrte Welt durchaus funktioniert. Er/sie kehrt zurück an Erfahrung alternativer Lebensformen reicher und berichtet den ZuhörerInnen aus dem einfachen Volk davon, einige werden neugierig und geraten in die Versuchung der → Rebellion. Zudem: Der Schlaraffenland-Diskurs rekurriert auf im Volk vertraute Bibelstellen (wie Jesaja; vgl. Bloch und Doren), – umfunktionierbare Munition gegen die Obrigkeit. Worin besteht der Skandal des verdrängten Mythos? Bloch schrieb: »Alle Menschen sind dort gleich, nämlich gut dran, es gibt weder Mühe noch Arbeit. Gebratene Tauben fliegen ins Maul, … alle Dinge und Träume sind als Gebrauchsgüter zur Hand. So leben die Schlaraffen angenehm, lassen sich von den Reichen nicht mehr vorsagen, wie wenig beneidenswert Reichtum sei. Wie ungesund der lange Schlaf, wie tödlich die Muße, wie sehr es der Not bedürfe, damit nicht alles Leben stillsteht.« Was geschieht im Schlaraffenland? Die Waren werden von ihrem Warencharakter befreit, sie werden als Gebrauchswerte genossen. Sie stehen jederzeit allen kostenlos bereit. Schweine laufen mit dem Messer im Rücken umher, gebratenes Federvieh findet den Weg in die Münder, Wein und Bier sind Bäche; Tische, Bänke, Schüsseln, Häuser – alles aus Eierkuchen, Fleischpasteten, Kuchen. Vorbild sind die Essorgien des Adels und der Kirchenfürsten mit der subversiven Absicht, nicht die Oberen zu disziplinieren, sondern den Lebensstil für alle zu erreichen. Natur wird daher positiv verfremdet: »Ob Fisch, ob Fleisch, ob fette Kapaune / Sie kochen sich selber, voll Lust und voll Laune.« (Pleij)

Die Schlaraffen haben einen ironischen Zugang zu Gold und Geld: Beides liegt einfach so herum, bedeutet nichts. Um aber den Missbrauch in der anderen, der Welt des Warenfetisches zu demonstrieren, wird Geld zum Maßstab der körperlichen Höchstleistungen: Wer am lautesten rülpst, wer am meisten säuft, wessen Fäkalienproduktion am ähnlichsten der »grotesken Körperkonzeption« (Bachtin) von Rabelais' Pantagruel ist, der bekommt am meisten Geld als Lohn. Wer Schulden macht, bekommt das Doppelte zur Rückzahlung hinzu, kurz: »Wer am längsten dort schläft, verdient das meist.« (Pleij) Jede Darstellung vom Schlaraffenland kennt Strafen für Arbeitssüchtige: Prügel, Pranger, schließlich Gefängnis für die Arbeitswütigen. Die Rache der »Arbeitsmythologie« (Adorno) folgt. Das Schlaraffenland wird denunziert als Konsumerismus, die »dialektische Qualität der verkehrten Welt« (Hegel), die um 1700 Caspar Gottschling als Grundstruktur vom Schlaraffenland herausschält, wird unterschlagen: Übrig bleiben notorische Faulpelze, die bis heute auch Lafargues → Recht auf Faulheit nicht retten kann. Noch geschickter: Der Mythos wird de-potenziert, zum Kindermärchen verniedlicht. Blochs Fahrplan der Utopien führt hingegen vom Schlaraffenland über Fouriers »Zwei Stunden Arbeit am Tag sind genug!« zu einer strategischen Überlegung alternativer Bewegung(en). Wenn man ein Detailziel verwirklichen will – wie viele Kritiker des Bedingungslosen → Grundeinkommens behaupten – muss man einen utopischen Mehrwert ins Feld führen, ein »Pathos des Gesamtziels« (Bloch): Ohne dieses funktioniert keine Mobilisierung – auch nicht für Teilziele. Schlaraffenland, das verlockende Modell für das Bedingungslose Grundeinkommen – und jetzt seinerseits Gegenmythos gegen den Neoliberalismus als »Utopie grenzenloser Ausbeutung« (Bourdieu).

Manfred Lauermann

Zum Weiterlesen

Bloch, Ernst (1985 [1946]): Freiheit und Ordnung, Leipzig.
Doren, Alfred (1927): Wunschräume und Wunschzeiten, in: Vorträge der Bibliothek Warburg 1924-1925, Leipzig/Berlin, S. 158-205.
Gottschling, Caspar (2007): Der Staat Von-Schlaraffenland, hrsg. von Nikola Roßbach. Hannover.
Müller, Martin (1984): Das Schlaraffenland, Wien.
Pleij, Herman (2000): Der Traum vom Schlaraffenland, Frankfurt a.M.
Richter, Dieter (1984): Schlaraffenland, Köln.

Schule für alle

Politisch zielt »Eine Schule für alle« auf die Abschaffung des mehrgliedrigen Schulsystems, pädagogisch auf die Realisierung einer → emanzipatorischen und demokratischen Schule. Die Abhängigkeit des Bildungserfolges von der sozialen Herkunft, die in der hierarchischen Gliederung der Schultypen (Hauptschule, Realschule und Gymnasium) einen verstärkenden Dichtepunkt erfährt, soll in einer Schule des gemeinsamen Lernens einen egalitären Ausgleich finden. Die neue Schulstruktur basiert auf einer zehnjährigen gemeinsamen Lernzeit in einer öffentlichen Schule, welche die selektive Trennung innerhalb der Sekundarstufe I sowie die Bildung von Sonderschulen überwindet. Zudem sind pädagogische Reformkonzepte bestimmend: An die Stelle der Praxis des Nichtversetzens und des Abschulens treten Maßnahmen der individuellen Förderung. Heterogen zusammengesetzte Klassen werden als Lernanreiz angesehen sowie als Chance, wechselseitige Lehr- und Lernverhältnisse zu etablieren. Die autoritäre Schule soll einer demokratischen Schulkultur weichen, daher ist die weitreichende Mitbestimmung von SchülerInnen, Eltern und PädagogInnen integraler Bestandteil. Grundsätzlich wird von einer allgemeinen Bildungsfähigkeit ausgegangen, die allen Kindern eigen ist, statt von natürlich gegebenen Begabungen, welche heute als ideologische Rechtfertigung für die Differenzierung nach Schultypen dient.

Historisch steht das Ringen um »Eine Schule für alle« in der Tradition der Arbeiterbewegung und ihrer schulpolitischen Forderung nach Errichtung einer »Einheitsschule«, aber auch der reformpädagogischen Bewegung und ihrem Einsatz für partizipative Lernumwelten. In der Bundesrepublik scheiterte das Ansinnen, eine Schule für alle zu etablieren, stets an dem erbitterten Widerstand des bürgerlichen Lagers, das mit dem Gymnasium den Garanten ihres humanistischen Bildungsprivilegs verteidigte und bis heute verteidigt. Zwar gelang es, in den 1970er Jahren in einigen Bundesländern mit der Gesamtschule einen alternativen Schultypus zu installieren, dieser hatte jedoch als bloße Erweiterung der mehrgliedrigen Schulstruktur keine Chance sich als Regelschule durchzusetzen. Das Einheitsschulmodell der DDR wurde nach Eingliederung des ostdeutschen Staates abgewickelt.

In jüngster Zeit wird die Forderung nach einer Schule für alle von divergierenden gesellschaftlichen Interessengruppen erneut aufgegriffen. Ausgang sind zum einen die für Deutschland negativen Ergebnisse der OECD-Schulvergleichsstudie PISA von 2001 sowie die im Zuge der Transformation zu einer postfordistischen »Wissensgesellschaft« vorgebrachten Anforderungen an international wettbewerbsfähige Bildungssysteme. Im Bericht der internationalen Bildungsforscher wurde das deutsche System scharf kritisiert. Es scheitert nicht nur daran, die Benachteiligung durch sozial und kulturell unterschiedliche Ausgangslagen auszugleichen, es wirkt in seiner bestehenden Struktur sogar in hohem Maße verstärkend auf gesellschaftliche Ungleichheiten. Angesichts dieser nachhaltigen Diskriminierung von Kindern, insbesondere mit Migrationshintergrund und aus so genannten sozial schwachen Familien, gerät die im OECD-Vergleich auffällige, sehr frühe Aufteilung der SchülerInnen auf vertikale Schultypen (nur Österreich separiert die Schüler ebenfalls im Alter von zehn Jahren) zunehmend unter Druck. Vertreter von Wirtschaftsverbänden machen in der bestehenden Schulstruktur weniger einen Demokratie- als einen Standortnachteil aus. Sie kritisieren, dass die Mehrgliedrigkeit das Modell einer überkommenen Industriegesellschaft ist, die noch auf klarer Trennung von Kopf- und Handarbeit basierte, während die Arbeitsprozesse der Gegenwart zunehmend durch wissensbasierte Tätigkeiten angeleitet sind, die intellektuell qualifizierte ArbeitnehmerInnen voraussetzen. »Eine Schule für alle«, die sozial kompensatorisch wirkt, verspricht dagegen dem steigenden Bedarf an modernen WissensarbeiterInnen zu entsprechen.

Als gesellschaftliche Institution erfüllt Schule die Funktion der pädagogischen Verallgemeinerung von Qualifikations- und Bildungsanforderungen, welche unter kapitalistischen Verhältnissen auf das Verwertungsinteresse warenförmiger Ökonomie ausgerichtet sind. Zugleich ist jedes Schulsystem aber auch als ein umkämpftes Kräfteverhältnis anzusehen, wo der unmittelbare ökonomische Zugriff von dem Ringen um → emanzipatorische Bildungsinhalte und -praxen widersprüchlich durchkreuzt wird. Auch die Politik um »Eine Schule für alle« steht in diesem Spannungsfeld: Demokratisch-humanistische Zielvorgaben sind ebenso wie das neoliberale Wettbewerbspostulat vom »Schulstandort« Antriebsfedern der aktuellen Schulstrukturdebatte. Eine Ausgangssituation, die zweifelsohne ein kritisch-reflexives, mitunter auch subversives, Handeln erfordert, soll der Einsatz für eine egalitäre und pädagogisch progressive Schulstruktur nicht hinterrücks zum Rückschritt im Fortschritt werden.

Andreas Merkens

Zum Weiterlesen

Heydorn, Heinz-J. (1970): Über den Widerspruch von Bildung und Herrschaft, Frankfurt a.M.
Negt, Oskar (2002): Kindheit und Schule in einer Welt der Umbrüche, Göttingen.
www.gew.de/Eine_Schule_fuer_alle_-_Laenger_gemeinsam_Lernen.html

Selbstermächtigung

Im → emanzipatorischen (meist links-politischen) Sinne meint Selbstermächtigung (Wieder-)Aneignung von Entscheidungs- und/oder Handlungsbefugnissen und kollektive Regelverletzungen durch autonomes Handeln, das über bloßen → Protest hinausgeht. So definiert, kann Selbstermächtigung auf allen Ebenen des regulierten gesellschaftlichen Lebens stattfinden, wenn Menschen sich gegen eben diese Regulierungen politischer wie ökonomischer Art, z.B. Gesetze oder Arbeitgeberpläne, wehren. In der Praxis finden wir sie daher nicht zufälligerweise in den am meisten regulierten Bereichen des Lohnarbeitsverhältnisses und der sozialen Kämpfe. Sowohl als Selbstorganisierung der ArbeiterInnen als auch in sozialen Kämpfen kann Selbstermächtigung als Revolte gegen herkömmliche Regularien und als Abkehr vom Stellvertretermodell verstanden werden. Sie hat jedoch unterschiedliche Hintergründe. Unter Selbstermächtigung der ArbeiterInnen wird eine Selbstorganisierung verstanden, die sich meist in → wilden, nicht genehmigten Streiks äußert und sich damit nicht nur gegen den Arbeitgeber, sondern auch gegen die eigene Interessenvertretung richtet. Bis in die 1970er Jahre gab es auch in Deutschland eine lebendige Tradition von Arbeitskämpfen ohne die Gewerkschaften, seitdem hat eine enorme Professionalisierung der betrieblichen und gewerkschaftlichen Interessenvertretung für eine Stärkung des Stellvertretermodells gesorgt, was mitunter kritisch als Ordnungsfunktion der Gewerkschaften beschrieben wird. Trotz reger Debatten innerhalb der Gewerkschaftslinken ist es aber bislang noch keiner Belegschaft gelungen, den Vertretungsanspruch durch die Gewerkschaftsapparate auch praktisch zu kritisieren und z.B. eine unabhängige Streikleitung zu gründen. Daher konnten die GewerkschaftsfunktionärInnen immer wieder Ansätze zu wilden Streiks und Fabrikbesetzungen auf dem Verhandlungswege in »sozialverträgliche Lösungen« umbiegen. Individuelle Selbstermächtigung am Arbeitsplatz findet allerdings tagtäglich statt und äußert sich entweder in Sabotage und Whistleblowing oder unbezahltem Mitdenken und Schließen der Lücken der Arbeitsplanung/Arbeitsorganisation. In Ländern mit geringerer Organisationsdichte, wie z.B. Frankreich, geht die Selbstermächtigung bis zu Betriebsbesetzungen oder dem »Manager festsetzen« – wenn auch am Ende ohne größeren Erfolg.

Im Falle des sozialen Widerstandes richten sich die Aktionen gegen den Staat und dessen Institutionen. Selbstermächtigung bedeutet hier, Verteilungs- und Zuteilungsregelungen in Frage zu stellen. Die daraus folgenden

Aktionsformen sind Aneignung, Verweigerung der Leistung oder der Erniedrigung und Besetzung als Behinderung oder Bemächtigung. Zu den bekanntesten deutschen Beispielen der letzten Jahre zählen die Aktion Agenturschluss gegen die Hartz-Gesetze, »Castor schottern«, die »Wutbürger-Proteste« gegen Stuttgart 21 oder aktuell die → Occupy-Bewegung.

Selbstermächtigung als Akt der Widerspenstigkeit und des Ungehorsams (→ Ziviler Ungehorsam) setzt zumindest in Ansätzen ein rebellisches (→ Rebellion), emanzipatorisches Subjekt voraus und bildet es heraus, ist also als ein kollektiver Lern- und Selbstschulungsprozess zu verstehen, abhängig von der Eigendynamik und Qualität der Selbstorganisierung. Als Selbstorganisation unmittelbar Betroffener stellt der bloße Akt der Selbstermächtigung einen symbolischen Erfolg dar und birgt die Potenziale, aus der Defensive des bloßen Abwehrkampfes hinauszukommen. Ob die Selbstermächtigung den Charakter einer emanzipatorischen, die Gesellschaft verändernden Praxis erreicht, hängt von den im Prozess gewählten Formen der Organisation und der Proteste sowie den Reaktionen der Gegenseite ab.

Bisherige Aktionen der Selbstermächtigung und Aneignung hatten bisher nur symbolischen Charakter, weil es ihnen nicht gelungen ist, das Gros der Betroffenen einzubeziehen und den Protest in den Alltagswiderstand der Betroffenen zu überführen. Positive Ansätze hierzu entwickelt allerdings die weltweite Occupy-Bewegung, die einerseits die ehemals öffentlichen Plätze wiederaneignet und andererseits im Prozess → basisdemokratische Handlungs- und Entscheidungsstrukturen erprobt. Für langfristige und strukturelle Veränderungen müssen diese neuen Verhaltensformen aber auch in den Alltag jenseits der Camps übertragen werden.

Werden Akte der Selbstermächtigung als Unverschämtheit, weil als Grenzüberschreitung betrachtet, spricht es für ihren zumindest kurzfristigen Erfolg. Es hängt jedoch im großen Maße von ihrer Zielsetzung ab, ob sie modernisierend in das System eingebunden werden oder zu einem über die Grenzen des aktuellen, kapitalistischen Systems hinausreichenden Bewusstsein führen oder gar systemüberwindend wirken.

Mag Wompel

Zum Weiterlesen

Gester, Jochen/Hajek, Willi (Hrsg.) (2006): Sechs Tage der Selbstermächtigung. Der Streik bei Opel in Bochum Oktober 2004, Berlin.

Wompel, Mag (2007): Unterwürfigkeit bekämpfen… statt ausleben, in: Graswurzelrevolution, Nr. 317, www.graswurzel.net/317/soziales.shtml.

Wompel, Mag (2011): Wut ist nicht alles – Empörung auch nicht, in: Direkte Aktion, Sept./Okt., www.direkteaktion.org/207/krise-wut-empoerung.

Social Movement Unionism

In der Diskussion über die Erneuerung gewerkschaftlicher Ansätze, die sich auf angloamerikanische Ansätze bezieht, wird Social Movement Unionism (SMU) als ein Schnittstellenbegriff verwendet, der sich auf unterschiedliche Konzepte bezieht (u.a. Community Unionism, Trade Union Organizing, Strategic Unionism, Comprehensive Campaigns, Workplace Unionism). Denn der traditionelle Ansatz fokussiert oft ausschließlich auf die Verbesserung der Arbeitsbedingungen der Kernbelegschaft eines Betriebes. Mit der Neuorientierung des US-amerikanischen Gewerkschaftsdachverbandes AFL/CIO unter John Sweeny seit 1995 wurden verstärkt SMU-Kampagnen initiiert und die allmähliche Abkehr vom traditionellen Business Unionism (BU) eingeläutet. Begrifflich wurde SMU 1997 von Kim Moody, Gründer der unabhängigen Gewerkschaftszeitung LaborNotes in Detroit, eingeführt. Für Moody ist der SMU durch fünf Kriterien charakterisiert: gewerkschaftliche Demokratie und extensives Mitwirken aktiver Ehrenamtlicher; die Selbstverpflichtung, die Unorganisierten zu organisieren; sich für Themen in einem Stadtteil einsetzen, die Beschäftigte angehen und Allianzen aufbauen mit dem Gemeinwesen vor Ort; gewerkschaftlicher → Internationalismus und Selbstverpflichtung auf unabhängige politische Aktionen.

Erfolgreiche Prototypen dieser speziellen Praxis sind Kampagnen wie *Jobs with Justice*, die 1987 ins Leben gerufen wurde und Menschen gegen ausbeuterische Arbeitsplätze und soziale Gerechtigkeit mobilisierte. 2005 gab es in 40 Städten in 29 Staaten der USA *Jobs with Justice*-Aktionsbündnisse. Ein anderes Beispiel ist die populäre *Justice for Janitors*-Kampagne der US-amerikanischen Gewerkschaft des Dienstleistungssektors SEIU. Dass damit auch die Durchsetzungsfähigkeit und die Mitgliederzahlen steigen, zeigen 200.000 Neueintritte bei der SEIU im Reinigungsbereich seit Beginn der 1990er Jahre. Ein jüngeres erfolgreiches *Justice for Janitors*-Beispiel war 2006 die Organisierung von Reinigungskräften in Houston.

In einem breiten Bündnis aus Community Organizers, Personen des öffentlichen Lebens sowie AktivistInnen, ist es – auch mit Mitteln des militanten → zivilen Ungehorsams – gelungen, erstmals einen Tarifvertrag für Reinigungskräfte abzuschließen. Der sieht eine Steigerung von mehr als drei Dollar in zwei Jahren, Kranken- und Rentenversicherungen auch für undokumentiert arbeitende Menschen vor. Im Zentrum dieses erfolgreichen SMU-Ansatzes stehen nicht die Arbeitsbedingungen, sondern die Frage nach sozialer Gerechtigkeit.

SMU wird in vielen Ländern praktiziert. In Australien und Neuseeland heißt die *Justice for Janitors*-Kampagne »Cleanstart«. In Großbritannien wird SMU in der Kampagne *Justice for Cleaners* erfolgreich umgesetzt. In der Bundesrepublik fließen einige SMU-Ideen im Reinigungssektor bei der IG Bau in die Kampagne »Ich putze Deutschland« ein. Die HBV-Kampagne gegen menschenverachtende Arbeitsbedingungen bei Schlecker in den 1980er Jahren war der Durchbruch für SMU-Konzepte im Einzelhandel. Die Lidl-Kampagne für die Gründung von Betriebsräten setzt explizit auf die von Kim Moody eingeforderten fünf Bestandteile von SMU. ver.di testete erstmals im Rahmen der Kampagne »Respekt und bessere Jobs« im Bewachungsgewerbe in Hamburg die Mittel von SMU. Auch die 2000 im Mailand aus der Taufe gehobene Bewegung zur Organisierung und Skandalisierung prekärer Arbeitsverhältnisse von Selbstständigen und Jobbern »Euromayday« steht im engen Zusammenhang mit SMU.

Mit dem Aufkommen global agierender Unternehmen, der Notwendigkeit auch gewerkschaftlich vernetzt zu handeln und der zunehmenden Bedeutung der globalisierungskritischen Bewegungen ist auch eine Diskussion über Global Social Movement Unionism (GSMU) entstanden. Hierbei wird die Erreichung sozialpolitischer, menschenrechtlicher, ökologischer und gewerkschaftlicher Forderungen vor Ort an die Kombination der Durchsetzungsfähigkeit von gewerkschaftlichen und sozialen Bewegungshebeln auf globalem Niveau geknüpft. Anhand der Beispiele wird deutlich, dass der SMU-Ansatz einerseits die Handlungsmöglichkeiten im Rahmen der bestehenden gesellschaftlichen Ordnung enorm erweitert. Andererseits weisen häufig die Forderungen über die bestehende Ordnung hinaus. Somit ist ein System transformierendes Potenzial in diesem Ansatz angelegt. Die Entschlossenheit in der Zielsetzung und Zielerreichung beider AkteurInnen des Konzepts – der Gewerkschaft und der → sozialen Bewegungen – entscheidet in der Dynamik der jeweiligen Auseinandersetzung über die Nachhaltigkeit der Transformation.

Peter Bremme

Zum Weiterlesen

Bremme, Peter/Fürniß, Ulrike/Meinecke, Ulrich (Hrsg.) (2007): Never work alone, Organizing – ein Zukunftsmodell für Gewerkschaften, Hamburg.
Moody, Kim (1997): Workers in a Lean World, London.

Solidarische Mobilität

Der Begriff entstand in Vorbereitung der Konferenz »auto.mobil.krise« im Oktober 2010 in Stuttgart. Hintergrund war die virulente Krise der Automobilindustrie und der Kampf gegen das zerstörerische Bahnhofsprojekt Stuttgart 21, verbunden mit der Frage »Wem gehört die Stadt?!«. Ziel war und ist bis heute, dem Gerede über technische Alternativen (etwa in Form von Elektromobilität oder Agrartreibstoffen) eine soziale Debatte entgegenzustellen. Es braucht eine gesellschaftliche, → sozial-ökologische Transformation: planmäßiger Ausbau von Bahn und (Elektro-)Öffentlichem Personennahverkehr (ÖPNV), Umbau und Begrünung der Städte, Regionalisierung von Wirtschaft, Konversion, Reparatur- und Recyclingoffensiven, schrittweise Verteuerung von Transport. Es geht um Perspektiven für → gute Arbeit: Auto- und Flugzeugindustrie müssen »gesund geschrumpft« werden, aber nicht auf dem Rücken der Beschäftigten. Dazu ist eine Arbeitsmarkt- und Arbeitszeitpolitik mit neuen Arbeitsfeldern und sozialer Absicherung nötig. Planung, Steuerung und Gestaltung gesellschaftlicher Infrastruktur und Produktion muss in demokratischen Prozessen erfolgen, z.B. mit allgemeinwohlorientierten (Bahn-)Unternehmen, die auch grenzübergreifend kooperieren und nicht auf kapitalistischen Wettbewerb getrimmt werden.

Es geht auch um die Verteilungsfrage. Sowohl das »Recht auf Mobilität« als auch die Lasten des Verkehrs sind ungleich verteilt. Während FahrerInnen besonders großer Limousinen steuerliche Vorteile genießen, werden die Armen abgehängt. Wer es sich leisten kann, zieht in verkehrsberuhigte Wohnlagen, während die anderen an verkehrsreichen Straßen hängen bleiben – auch die Menschen ohne Auto, immerhin ein Viertel der deutschen Haushalte (davon wiederum 70% aus finanziellen Gründen). Entscheidend ist die öffentliche, kollektive, sparsame und gute Mobilität, sodass niemand mehr das eigene Auto braucht. Ebenso wichtig ist die Entmotorisierung der Städte, sodass Leute nicht mehr Auto fahren wollen, weil sie auch anders »KöniglInnen der Straße« sein können und man es nah hat, ins Grüne zu kommen. Wer zu Fuß geht oder radelt, soll Vorrang, Schutz und Freiraum genießen.

Dabei geht es auch um internationale → Solidarität. Die Klimakrise wird von wachsenden Verkehrsströmen befeuert; Automobilkonzerne wollen den PKW-Bestand weltweit in den nächsten 15 Jahren verdoppeln, die Flugzeugindustrie will verdreifachen – solche Pläne konterkarieren den Klimaschutz und heizen Konflikte um Öl und andere endliche Ressourcen an. Agrartreibstoff-Plantagen und Land-Grabbing verteuern Grundnahrungsmittel und verbreiten Hungertod. Mobilität muss umgestaltet werden, damit sie nicht Lebensgrundlagen und Entwicklungsmöglichkeiten im globalen Süden zerstört. Motorisierter Verkehr in Industrieländern muss drastisch reduziert, d.h. etwa in Deutschland die durchschnittlich 10.000 Autokilometer pro Person und Jahr halbiert werden.

Es gibt viele gute Beispiele aus Vergangenheit und Gegenwart für alternative Inseln: Fahrradstädte wie Groningen, komfortabler und unentgeltlicher ÖPNV, autofreie Sonntage (aktuell in Bogotá), Urlaubsspaß ohne Billigflieger, autofreies Wohnen und Arbeiten in Teilen von Freiburg und Kassel, die Schweizer Bahn und die dortige LKW-Maut auf allen Straßen. Vor allem aber gibt es das wachsende Ringen um eine andere Verkehrspolitik: gegen Autobahnprojekte, für Sozialtickets und kostenlosen ÖPNV; gegen zerstörerische Großprojekte wie Hochmoselübergang und Fehmarnbelt-Querung, für Lärmschutz im Rheintal und Bahn für alle. Und es gibt an vielen Orten der Welt »reclaim-the-street«-Initiativen und Aktionen für das → Recht auf Stadt.

Wind unter die Flügel bringt die wachsende → Wachstumskritik: Nicht nur der finanzmarktgetriebene, auch der ölgetriebene, »fossilistische« Kapitalismus, der auf der Jagd nach Kostenvorteilen und Marktanteilen die Waren (auch die Ware Arbeitskraft) immer schneller, höher, weiter transportiert, hat seinen »Globalisierungsglanz« längst verloren, weil Wohlstandsmehrung und Lebensqualität dabei zu häufig auf der Strecke bleiben. Diese Grundstimmung spielt auch in den Massenprotesten gegen »Stuttgart 21«, gegen Atomkraftwerke oder Flughafenausbauten eine Rolle.

In Jahr 2012 nun wurde das »Netzwerk Solidarische Mobilität« auf den Weg gebracht. Wie durch die Gründung von Attac vor fast 15 Jahren, als verschiedene theoretische und praktische Globalisierungskritiken gebündelt wurden, wollen hier Aktive aus Verbänden, Bürgerinitiativen, Wissenschaft und Politik zusammenwirken, um Verkehrskritik als soziale Auseinandersetzung zu führen, in die sich viele einbringen können.

Sabine Leidig

Zum Weiterlesen

Candeias, Mario/Rilling, Rainer/Röttger, Bernd/Thimmel, Stefan (Hrsg.) (2011): Globale Ökonomie des Autos. Mobilität | Arbeit | Konversion, Hamburg.

Luxemburg (2010): Schwerpunkt AUTO MOBIL KRISE, Nr. 3.

Wolf, Winfried (2007): Verkehr – Umwelt – Klima. Die Globalisierung des Tempowahns, Wien.

www.solimob.de

Solidarische Ökonomie

Solidarische Ökonomie bezeichnet Formen des Wirtschaftens, die menschliche Bedürfnisse auf der Basis freiwilliger → Kooperation, Selbstorganisation und gegenseitiger Hilfe befriedigen. Das Prinzip der → Solidarität steht dabei im Gegensatz zur Orientierung an Konkurrenz, falsch verstandener, da unsolidarischer Eigenverantwortung und Gewinnmaximierung in kapitalistischen Marktwirtschaften. Solidarität in der Wirtschaft bedeutet, sich an den Bedürfnissen der KooperationspartnerInnen zu orientieren. Damit emanzipieren sich die AkteurInnen von der durch den Markt vorgegebenen Handlungslogik. Solidarität kann dabei sowohl auf dem Prinzip der Gegenseitigkeit (z.B. gemeinschaftliche Selbsthilfe) als auch auf → Umverteilung beruhen. Der Begriff der Solidarität verweist ferner auf die Freiwilligkeit von Kooperation und gegenseitiger Hilfe. Damit beinhaltet die Idee der Solidarischen Ökonomie den Anspruch von Selbstorganisation und Demokratie. Eine solche Ökonomie auf solidarischer Basis ist aus der Sicht des Neoliberalismus eine Fehlallokation von Ressourcen und widerspricht der angestrebten Maximierung von Innovation und Konkurrenz. Es handelt sich also um solidarische ökonomische »Alternativen, die es eigentlich gar nicht geben dürfte« (Elmar Altvater). Trotzdem existiert Solidarische Ökonomie in einer Vielzahl von Projekten und Unternehmen. Manche Ansätze haben eine lange Geschichte, andere sind erst vor kurzem entstanden. Dazu gehören z.B. gemeinschaftliche Eigentumsformen wie Wohnungs- und → Produktionsgenossenschaften, Agrarkooperativen, Gemeinwesenbetriebe, Belegschaftsübernahmen, Nutzungsgemeinschaften; gemeinschaftliche Lebensformen wie Gemeinschaftssiedlungen, Kommunen, Ökodörfer; Direktvermarktung, Erzeuger-Verbraucher-Gemeinschaften, Lebensmittelkooperativen, neue Dorfläden; Teilen und gemeinschaftliche Produktion von Wissen z.B. bei Freier Software oder Wikipedia; Fairer Handel; alternative Geldsysteme wie Tauschringe und Regionalwährungen; lokale Banken und ethisches Investment.

Die Solidarische Ökonomie kann verschiedene Reichweiten haben: Sie kann eine humanere Ergänzung kapitalistischer Marktwirtschaften sein oder das Ziel der Überwindung des Kapitalismus verfolgen. Sie kann sich in unterschiedlicher räumlicher Entfernung der solidarisch Handelnden abspielen. Sie existiert meist auf lokaler Ebene, kann aber auch über große räumliche Entfernungen praktiziert werden, z.B. beim → Fair Trade. Solidarische Ökonomie kann verschieden große ökonomische Einheiten umfassen. Es gibt sowohl solidarische Einzelunternehmen als auch Projekte eines ganz anderen Wirtschaftssystems (z.B. ALBA). Sie kann auf freiwilligen Vereinbarungen zwischen KooperationspartnerInnen beruhen oder in verbindlichen Regeln münden, die für alle Wirtschaftsakteure gelten (z.B. »Solidarische Weltwirtschaftsordnung«). Solidarische Ökonomie funktioniert damit nicht notwendigerweise ohne Beteiligung des Staates.

Ihre Entwicklung kann durch gesellschaftliche und politische Unterstützung entscheidend vorangebracht werden, so fördert z.B. die brasilianische Regierung die Solidarische Ökonomie und in südeuropäischen Ländern hat die Förderung von Genossenschaften Verfassungsrang. Gleichzeitig zeigen sich die Begrenzungen des Konzepts Solidarischer Ökonomie. Viele Projekte bleiben klein und sind davon bedroht, im Strudel der dominanten kapitalistischen Ökonomie unterzugehen. Sie scheitern ökonomisch oder passen sich unter Aufgabe ihrer solidarischen Prinzipien an. Gerade die demokratische Selbstorganisation führt immer wieder zu Problemen in den Projekten etwa durch zwischenmenschliche Konflikte oder Selbstüberforderung. Häufig wird Solidarische Ökonomie kritisiert, weil sie über die Idee gemeinschaftlicher Selbsthilfe den Rückzug des Staates legitimieren könnte. → Soziale Rechte lassen sich jedoch nur dann für alle Menschen garantieren, wenn sie in verbindlichen universellen Regulierungen und Rechten münden. Solidarische Unterstützung in Teilgruppen kann soziale Rechte für Alle nicht ersetzen. → Fair Trade-Projekte sind eben keine Alternative für eine solidarische Weltwirtschaftsordnung. Ebenso ersetzt Solidarische Ökonomie keine verbindliche und umfassende Regulierung der Ökonomie, etwa der Finanzmärkte (→ Finanzmarktregulierung).

Solidarische Ökonomie sollte sich als Teil des Kampfes um → Emanzipation für Alle verstehen. Sobald sie diese Perspektive einnimmt, können die unter diesem Begriff stattfindenden Ansätze die politische Unterstützung für Alternativen verbreitern, indem wir schon heute mit der anderen Welt beginnen.

Sven Giegold

Zum Weiterlesen

Altvater, Elmar/Sekler, Nicola (2006): Solidarische Ökonomie – Reader des Wissenschaftlichen Beirats von Attac, Hamburg.

Coutrot, Thomas (2005): Démocratie contre capitalisme, La Dispute, Paris.

Dokumentation und Nacharbeit des Kongresses »Wie wollen wir wirtschaften? Solidarische Ökonomie im globalisierten Kapitalismus«: www.solidarische-oekonomie.de.

Ripess – Internationales Netzwerk zur Förderung der sozialen und solidarischen Ökonomie (1997): Erklärung von Lima, www.ripess.net.

Solidarität

Solidarität ist Ausdruck einer Weltsicht, die Menschen als Teil einer Gemeinschaft begreift. Der Begriff leitet sich aus dem lateinischen »in solidum« ab, was wörtlich übersetzt »auf das Ganze, für die Gesamtsumme« bedeutet. Dieser Gedanke findet sich in vielen Bereichen: Im Recht gibt es eine *Gesamtschuld*, viele Religionen betonen das Konzept der generellen *Nächstenliebe*, die Sozialphilosophie unterscheidet *Solidarismus* vom Individualismus, da er Menschen als ursprünglich verbunden zum Zweck des Gemeinwohls begreift. Politisch gibt es das *Solidaritätsprinzip*, demzufolge finanziell oder gesundheitlich besser gestellte Mitglieder einer Gemeinschaft mehr bezahlen, um andere zu unterstützen. Das Ideal von Solidarität ist daher auch häufig zentrales Element politischer Mobilisierung.

Die gesetzliche Institutionalisierung des Solidaritätsprinzips begann im 19. Jahrhundert während der kapitalistischen Industrialisierung. Die ArbeiterInnenschaft erkannte hinter unterschiedlichen Einzelschicksalen ein gemeinsames Klassenschicksal und begann sich durch Gewerkschaftsbewegungen kollektiv für bessere Arbeitsbedingungen einzusetzen. Auch in Ländern mit kommunistischer Zwangsherrschaft formierten sich Solidaritätsbewegungen gegen Ungerechtigkeit, Unrechtsstaatlichkeit, Missbrauch des Machtapparates und beschränkte Meinungsäußerung. Herausragendes historisches Beispiel ist die Gewerkschaft Solidarnosc in Polen, die 1980 aus einem Streik entstand und unter Lech Walesa 9,5 Mio. Mitglieder organisierte – ein Drittel der Bevölkerung. Die → globalisierungskritische Bewegung ist eine Solidarbewegung für globale → soziale Gerechtigkeit und allgemeine → Menschenrechte, die sich ebenfalls gegen Ausbeutung, Ungleichheit und politische Ausgrenzung wendet und gegenseitige Unterstützung von Individuen, Gruppen und Bündnissen über staatliche Grenzen hinweg organisiert.

Das Solidaritätsmotiv hat also als existenzielle Tiefendimension ein Verbundenheitsgefühl von Menschen, die sich gegen schicksalhafte individuelle Gefährdungen und selektive Einschränkungen von Lebensmöglichkeiten zur Wehr setzen. Appelle an Solidarität werden allerdings auch manipulativ eingesetzt, wenn es um die Verteilung von Kosten oder Nachteilen in politischen oder unternehmerischen Entscheidungen geht. Im internationalen Wettbewerbsstaat z.B. taucht die Gemeinschaftsbetonung meist in Lohnverhandlungen und Debatten zu Unternehmenssteuern auf, während ArbeitnehmerInnen sonst individuelle Eigenverantwortung übernehmen sollen und Konzerne selbst bei zweistelligen Gewinnsprüngen Standorte schließen.

Für → emanzipatorische Projekte kann Solidarität als konstitutionelles Ideal der Zusammengehörigkeit und → Gleichheit daher ein gutes Fundament bilden. Es gilt, eine gute Balance zwischen Offenheit und Verbindlichkeit zu schaffen: Sind Erwartungen der Beteiligten an die Qualität der Solidarität klar? Für welche Intensität von Vereinbarungen reicht die gemeinsame Gesinnung aus? Welche Regeln und Freiheiten werden gebraucht, um Vertrauen in gegenseitige Unterstützung (wieder) zu entwickeln – und wie werden diese umgesetzt? Hier lohnt sich ein Blick auf unterscheidbare Formen von Solidarität: Hinsichtlich der Qualität gegenseitiger Unterstützung lässt sich *Interessen-Solidarität* (Interessengleichheit in einer bestimmten Situation, die nach Erreichen des gemeinsamen Ziels endet) von *Solidarität des Handelns* (gegenseitige Hilfsbereitschaft) und *Solidarität der Gesinnung* (Einheitsbewusstsein) unterscheiden. Einzelne Solidaritätsappelle können nach diesem Schema grob unterschieden werden und damit ihr instrumenteller Charakter identifiziert und Klarheit über gegenseitige Erwartungen und nötige Absicherungen geschaffen werden.

Es gibt vielfältige Projekte weltweit, die Alternativen leben, ebenso wie theoretische Debatten zur Erarbeitung gemeinsamer Regeln für solidarische Gemeinschaften. In Deutschland hat sich 2010 z.B. das Institut Solidarische Moderne als parteienübergreifende Programmwerkstatt zur Erarbeitung und Verbreitung von konkreten und durchführbaren politischen Alternativen zum Neoliberalismus gebildet. Eine verwandte Bewegung ist die der Gemeinwohlökonomie, deren Ziel eine sozial nachhaltige Wirtschaft mit Gemeinwohl-Bilanzierungen von Unternehmen ist. Diese solidarischen Ansätze gehen über den Individualismus unserer heutigen Gesellschaften hinaus und bringen Mitmenschen und Umwelt ins Zentrum ihrer Weltsicht und Konzepte. Individuell kann Solidarität als orientierendes Prinzip also jeder/m Wettbewerbsgenervten sofort den Alltag verändern.

Maja Göpel

Zum Weiterlesen

Bayertz, Kurt (Hrsg.) (1998): Solidarität. Begriff und Problem, Frankfurt a.M.

Lüpke, Geseko von/Erlenwein, Peter (2007): Projekte der Hoffnung. Ausblicke auf eine andere Globalisierung, München.

www.solidarische-moderne.de

www.gemeinwohl-oekonomie.org

Sozial-ökologische Transformation

Der Begriff wird in der aktuellen multiplen Krise vorgeschlagen, um emanzipatorische Perspektiven zu bündeln, ohne sie zu vereinheitlichen. Der Begriff hat eine analytische, eine politisch-strategische und eine normative Komponente.

Analytisch wird erstens davon ausgegangen, dass die »ökologische Frage« eine wichtige Rolle in aktuellen Krisenpolitiken spielt. Es handelt sich nicht um Varianten von Umweltpolitik, sondern um mehr oder weniger weitreichende Veränderungen der gesellschaftlichen → Naturverhältnisse. Sei es als weitere Inwertsetzung der Natur, wie im prominenten Fall des Emissionshandels in der Klimapolitik. Sei es als öko-autoritäre Varianten, bei denen innergesellschaftlich politische Entscheidungen im Sinne einer Minderheit getroffen werden, international das westliche Wohlstandsmodell notfalls mit Waffen verteidigt und Milliarden Menschen autoritär in Armut gehalten werden. Sei es im Kontext der Vorschläge für eine Grüne Ökonomie, etwa in Form des Grünen New Deal, bei denen eine Kombination von Markt, staatlicher Steuerung und sozialem Ausgleich betont wird. Alle Varianten setzen einige Hoffnungen in den kapitalistischen (Welt-)Markt, die bestehenden politischen Institutionen und in kapitalistisch entwickelte Technologien zur Bearbeitung der multiplen Krise. Gegenüber diesen Entwicklungsmöglichkeiten können unter dem Begriff der sozial-ökologischen Transformation jene Ansätze gebündelt werden, die in der kapitalistischen und imperialen Dynamik – die neben der Produktionsweise auch die Lebensverhältnisse der Menschen umfasst – die Ursachen der gegenwärtigen Probleme sehen, nicht deren Lösung. Entsprechend werden umfassendere politische Strategien formuliert.

Die zweite, nämlich *politisch-strategische* Dimension des Begriffs liegt darin, dass selbst auf herrschender Seite Deutungen der multiplen Krise sehr weitgehend sind, die daran anknüpfenden politischen Vorschläge sich jedoch keinen Bruch mit den existierenden kapitalistischen und imperialen Vergesellschaftungsmustern trauen. Ein prominentes Beispiel in der deutschsprachigen Diskussion ist das Gutachten »Gesellschaftsvertrag für eine Große Transformation« des Wissenschaftlichen Beirates der Bundesregierung Globale Umweltveränderungen (WBGU). Einer sehr weitgehenden Problembeschreibung folgen institutionenkonforme und inkrementelle politische Vorschläge. Gesellschaftliche Herrschafts- und Kräfteverhältnisse werden damit als Krisenursachen weitgehend entnannt.

In diesem Kontext steht die dritte, die *normative* Komponente. Diese soll mit dem Begriff der sozial-ökologischen Transformation explizit gemacht werden, um so weitergehende Perspektiven zu eröffnen. Progressive Ansätze wie die des WBGU werden ernst genommen, denn sie zeigen Brüche im Machtblock und Elitendissense auf. Es geht jedoch nicht nur um dramatische – damit nicht falsche – Problemdeutungen, sondern auch darum, dass und wie die bestehenden herrschaftlichen politischen, ökonomischen und kulturellen Verhältnisse Krisenursache sind. Um diese zu verändern, bedarf es einer → Demokratisierung der gesellschaftlichen Naturverhältnisse. So können emanzipatorische Formen der Krisenbearbeitung gefördert werden. Das könnte als transformatorischer Kern des Begriffs bezeichnet werden. Die nachhaltigere Nutzung der Umwelt kann etwa nur in Verbindung mit sozial-ökologischer Gerechtigkeit angegangen werden; zentral ist daher die demokratisch bestimmte Produktion von, der Zugang zu und nachhaltige Umgang mit Lebensmitteln. Es geht nicht nur um Investitionen in »grüne« Bereiche, sondern um demokratische Entscheidungsmacht über Investitionen und um die grundlegende Frage: Wer bestimmt eigentlich die Entwicklungsrichtung der Gesellschaft?

Sozial-ökologische Transformation ist eine Perspektive, die nicht sozialtechnologisch missverstanden werden sollte. Ob sich daraus ein plurales Projekt entwickeln kann, ist derzeit offen. Dazu muss es inhaltlich bestimmt und von breiten reformorientierten wie radikaleren Kräften getragen werden, die Diskurse deutlich verschieben und institutionelle Praktiken verändern. Es muss offen sein für die Reformulierung von Interessen und Werten, für die Austragung von Konflikten, für die kritische Berücksichtigung von Erfahrungen. Dies ist umso wichtiger angesichts der multiplen Krise, in der sich krisenbedingt mögliche Brüche auftun. Dass diese nicht weiter neoliberal und/oder autoritär bearbeitet werden, ist das Movens von Debatten, Strategien und realen Veränderungen sozial-ökologischer Transformation.

Ulrich Brand

Zum Weiterlesen

Adler, Frank/Schachtschneider, Ulrich (2010): Green New Deal, Suffizienz oder Ökosozialismus? Konzepte für gesellschaftliche Wege aus der Ökokrise, München.

Brand, Ulrich (2011): Post-Neoliberalismus? Aktuelle Konflikte und gegen-hegemoniale Strategien, Hamburg.

Institut Solidarische Moderne (2011): Umrisse eines sozialökologischen Gesellschaftsumbaus auf dem Weg in eine Solidarische Moderne, Berlin, www.solidarische-moderne.de.

WBGU (2011): Welt im Wandel. Gesellschaftsvertrag für eine Große Transformation, Berlin, www.wbgu.de/hauptgutachten.

Soziale Arbeit

Soziale Arbeit bezeichnet den Diskurs in der (wissenschaftlichen) Sozialpädagogik und Sozialarbeitswissenschaft. Sie bezieht sich erstens auf Sozialarbeit als »organisierte Hilfe« im Kontext von Armut, sozialen Problemlagen, marginalisierten Personen, Exklusions- und Inklusionsprozessen, Diskriminierung und Beschränkung von Teilhabemöglichkeiten. Zweitens auf Sozialpädagogik, deren Fokus sich auf Hilfe bei der Lebensbewältigung, Förderung informeller Bildungsgelegenheiten, Bewältigung der Krisen im Generationenverhältnis sowie Unterstützung von AdressatInnen in den »Problemen des Alltags« erweitert. International gibt es unterschiedliche Mischungsverhältnisse dieser beiden Traditionslinien, die mit Sozialer Arbeit bzw. »social work« einen gemeinsamen Begriff in Praxis, Ausbildung und Wissenschaft entwickelt haben. Im internationalen Kontext ist eine starke Verbindung mit »social development« gegeben.

Soziale Arbeit hat eine analytische, eine bewertende und eine intervenierende Dimension. Professionelles Handeln zeigt sich in Unterstützung, Beratung, Begleitung und Vermittlung von Informationen, Ermutigung zur → Partizipation, Zugang zu materiellen Hilfen, Reflexion, Bildung, Planung und Öffentlichkeitsarbeit, aber auch in Skandalisierung und politischem Engagement im Rahmen einer Politik des Sozialen. Soziale Arbeit bezieht sich auf eine Vielzahl von Praxis- bzw. Handlungsfeldern, z.B. pädagogische Arbeit in Kindertagesstätten, Jugendsozialarbeit und Jugendarbeit, Straßensozialarbeit, Gemeinwesenarbeit, Arbeitslosenberatung und Arbeit mit psychisch kranken Menschen. Die potenziellen Zielgruppen sind benachteiligte und marginalisierte Personengruppen, im weiteren Sinne all diejenigen, die zwischen gesellschaftlichen Ansprüchen und individuellen Ressourcen scheitern und professionelle, institutionelle Unterstützung benötigen, um einen »gelingenderen Alltag« leben zu können. »Insoweit Kompetenzen von Individuen und Anforderungen der Gesellschaft nicht zusammenpassen, kann eine Intervention, ein Dazwischentreten erforderlich sein.« (Hamburger)

Das »Gedächtnis« der Sozialen Arbeit weiß um die Janusköpfigkeit ihrer Begrifflichkeit, die im »institutionalisierten Konflikt von Hilfe und Kontrolle« (Kunstreich) zum Ausdruck kommt. Problemgruppen werden immer auch in Machtdiskursen »hervorgebracht« (Anhorn/Bettinger). Zuschreibungsprozesse sind sowohl Ausgangspunkt von Stigmatisierung und Klientifizierung als auch Voraussetzung für eine rechtlich und professionell abgesicherte Intervention bzw. den Ausbau einer → sozialen Infrastruktur. Die nationale und europäische Sozialpolitik, die jeweilige Trägerstruktur, der dominante Normalitätsdiskurs in der Gesellschaft, die Eigenlogik von Institutionen und Ausbildungsstätten sowie die (berechtigte) Sorge der in der Sozialen Arbeit Tätigen um eine angemessen bezahlte Erwerbstätigkeit einerseits und die ethischen Grundsätze der Profession und die disziplinären Wissensbestände andererseits bilden den Rahmen für die professionelle Soziale Arbeit.

Soziale Arbeit kann auf Ehrenamtlichkeit, Freiwilligenaktivität und Selbsthilfe erweitert werden. Dies impliziert eine Gefahr, wenn das politisch-administrative System die Aktivierung der → Zivilgesellschaft propagiert und gleichzeitig die Finanzierung professioneller sozialer Dienstleistungen reduziert. In Gesellschaften, in denen professionelle Soziale Arbeit nur rudimentär etabliert ist, gehören ehrenamtliche Strukturen und die Arbeit von NGOs zur Sozialen Arbeit. Sie hat dabei sowohl systemstabilisierende Elemente als auch kritisch alternative Elemente in sich aufgenommen und hervorgebracht. Das kritisch-politische Potenzial der Sozialen Arbeit kann erst im Horizont der Reflexion über dieses Dilemma zur Geltung kommen. Im Blick auf den deutschsprachigen Theoriediskurs und die Praxis seit den 1980er Jahren ist jedoch festzustellen, dass sowohl sozialpolitische Indienstnahme, Ökonomisierung, spezifische Theoriemoden und Rituale der Praxis, als auch der hochschulpolitische Umbauprozess vom Diplomstudium zum Bachelor/ Masterstudium zu einem Rückgang einer explizit kritischen und sich politisch verstehenden Wissenschaft der Sozialen Arbeit geführt haben. In der aktuellen Theoriediskussion zeigen sich aber auch Hinweise auf eine Repolitisierung und eine Neuinterpretation kritischer Positionen.

Die Breite der Konzepte methodischen Handelns weist weit über die drei klassischen Felder, nämlich Einzelfallhilfe (social casework), soziale Arbeit mit Gruppen (social groupwork) und Gemeinwesenarbeit (community organizing) hinaus. Die unterschiedlichen Methoden von der Mikro- bis zur Makroebene sind dann Bestandteil einer alternativen Strategie, wenn sie sich an den Bedürfnissen/Interessen der AdressatInnen, an → Sozialer Gerechtigkeit und → Menschenrechten orientieren.

Andreas Thimmel

Zum Weiterlesen

Anhorn, Roland/Bettinger, Frank (Hrsg.) (2008): Sozialer Ausschluss und Soziale Arbeit. Positionsbestimmungen einer kritischen Theorie und Praxis Sozialer Arbeit, 2. Aufl., Wiesbaden.

Hamburger, Franz (2008): Einführung in die Sozialpädagogik, 2. Aufl., Stuttgart.

Thiersch, Hans/Treptow, Rainer (Hrsg.) (2011): Zur Identität der Sozialen Arbeit. neue praxis, Sonderheft 10, Lahnstein.

Soziale Bewegungen

Kreativität und Innovation, Zukunftsfähigkeit und Nachhaltigkeit können nicht von den herrschenden Institutionen erwartet werden. Stattdessen haben soziale Bewegungen immer wieder Experimentierbaustellen errichtet und überraschende Entwürfe für eine bessere Zukunft erprobt. Auch und gerade weil sich der globale Kapitalismus anschickt, in die letzte Pore der Weltgesellschaft einzudringen, hat sich die Marxsche Hoffnung auf eine umfassende proletarische Internationale, auf die *eine* große soziale Bewegung, die das Tor zur befreiten Gesellschaft aufstoßen kann, nicht erfüllt. Mehr denn je sind soziale Bewegungen ein vielstimmiger Chor, meist sogar viele Chöre mit sehr unterschiedlichen Melodien. In ihnen mischt sich die Klage über Ungerechtigkeiten und Menschenrechtsverletzungen, über autoritäre Herrschaft und vielfältige Unterdrückungen. Soziale Bewegungen bilden sich zudem häufig um Katastrophen und unerträgliche Missstände, protestieren gegen die Obszönität fortbestehender und runderneuerter Herrschaftsverhältnisse. Der defensive und verteidigende Charakter vieler Mobilisierungen ist dabei nur die halbe Wahrheit. Soziale Bewegungen begreifen Gesellschaften als etwas, das bewusst verändert und gestaltet werden kann. Sie sind damit die lebendige Absage an die konservative Komplexitätsentmutigung oder das neoliberale Credo »There is no alternative!«. Und wäre ihr Veränderungsanspruch noch so bescheiden.

Die sozialen Bewegungen der 1950er Jahre wollten eine andere Bundesrepublik: ohne Militär, ohne Altnazis in gesellschaftlichen Spitzenpositionen und ohne demo-autoritäre Restauration. Die politisch-kulturellen Aufbrüche der 1960er Jahre waren randvoll mit uneingelösten Alternativen. »Rebellische Subjektivität« lautete Herbert Marcuses Charakterisierung dieses Aufbruchs. Der aufgehäufte Reichtum schien nun alles zu ermöglichen: vom garantierten → Grundeinkommen bis zum sanften Umgang mit der inneren und äußeren Natur. Was mit »Phantasie an die Macht« begonnen hatte, setzten die neuen sozialen Bewegungen in den 1970er und 1980er Jahren in kleinerer Münze, aber durchaus praktisch fort: von den zahlreichen Frauenprojekten bis zu den »Alternativen der Alternativbewegung«. Gemeinsamer Nenner bleibt der Anspruch auf die Gestaltbarkeit gesellschaftlicher Verhältnisse. Keine dieser Bewegungen scheint für sich die Kraft zu haben, fundamentale gesellschaftliche Veränderungen voranzubringen, und doch ist die Summe der Veränderungsimpulse der neuen sozialen Bewegungen deutlich größer als die der großen Systemalternativen des 20. Jahrhunderts.

Mit den globalisierungskritischen Mobilisierungen und den transnationalen Kampagnen ist eine »Bewegung der Bewegungen« entstanden, die einen Großteil der historischen Themen neuer und nicht mehr so neuer sozialer Bewegungen im globalen Kontext erneut aufgreift und eigene Akzente setzt (→ Sozialforen). Lokale Experimente, wie z.B. die aus Brasilien kommenden kommunalen Bürgerhaushalte, werden weltweit zirkuliert (→ Partizipativer Haushalt). Die großen Fragen nach → sozialer Gerechtigkeit, nach einer starken Demokratie, nach Produktions- und Tauschverhältnissen, die eine menschenwürdige Existenz für alle ermöglichen, sind durch ihre Verlagerung auf die transnationale Ebene nicht leichter zu beantworten, aber angemessener gestellt. Nun prasselt eine solche Fülle von neuen und alten, nahen und fernen Alternativen auf uns ein, dass wirklich ein Lexikon vonnöten ist. Möglicherweise gelingt es den »Altermondialisten« diese Alternativen zu bewahren, zu aktualisieren und in konkrete »glokale« Veränderungspraxis zu übersetzen. Dies scheint umso dringlicher, weil wir es nicht nur mit den katastrophischen Potenzialen und Auswirkungen der neoliberalen Globalisierung zu tun haben, sondern auch mit einem Erstarken von rechtsextremen Gegenbewegungen, die davon mit ihren rassistischen Volksgemeinschaftsideologien profitieren wollen.

Die seit 2008 anhaltenden Finanzmarkt- und Schuldenkrisen, die demokratischen Aufbrüche im arabischen Raum (»Arabellion«) und die atomare Katastrophe von Fukushima haben eine neue Welle transnationaler Proteste ausgelöst, die bekannte Themen aufgreift, aber vielerorts radikaler und utopischer gestimmt ist als ihre Vorgänger. Zudem können Internet und soziale Medien erheblich zur Mobilisierung und Verbreitung der Protestinitiativen beitragen. Die weltweiten Belagerungen von → »Occupy Wall Street!«, die acampadas in Südeuropa gegen die Abwälzung der Krisenlasten auf die »kleinen Leute« und für eine »echte Demokratie«, aber auch zahlreiche regionale BürgerInneninitiativen haben erneut verdeutlicht, dass soziale Bewegungen zum Zentrum demokratischer gesellschaftlicher Gestaltungsansprüche geworden sind.

Roland Roth

Zum Weiterlesen

Castells, Manuel (2012): Networks of Outrage and Hope: Social Movements in the Internet Age, Cambridge/Malden.

Roth, Roland/Rucht, Dieter (Hrsg.) (2008): Die sozialen Bewegungen in Deutschland seit 1945. Ein Handbuch, Frankfurt a.M.

Smith, Jackie (2008): Social Movements for Global Democracy, Baltimore.

Soziale Gerechtigkeit

Gerechtigkeit ist eine zentrale Orientierungsgröße menschlichen Zusammenlebens und wird vielfach als Schlüsselbegriff gegenwärtiger Zukunftsdebatten charakterisiert. Etwas als gerecht zu bewerten, meint zunächst, dass es angemessen oder richtig ist. Eine solche Bewertung beruht auf gesellschaftlich akzeptierten Kriterien. Sie ist nicht deckungsgleich mit dem in Gesetzesform kodifizierten Recht und kein Gerechtigkeitskriterium ist jemals unumstritten. Gerechtigkeit bezieht sich immer auf Verhalten oder Verhältnisse zwischen verschiedenen Menschen bzw. deren spezifische Interessen. Zudem werden Verfahrensweisen des Zustandekommens bestimmter Ergebnisse einer (formalen) Gerechtigkeitsbewertung unterzogen – z.B. im Hinblick auf Unparteilichkeit von Regeln – sowie vorfindliche Resultate, die das Ergebnis bestimmter Praxen sind (materiale Gerechtigkeit). So wird der Umstand, dass ein Fünftel der Weltbevölkerung in den Industrieländern rund vier Fünftel der globalen Ressourcen beansprucht, häufig als ungerecht bezeichnet.

Bei der Frage nach sozialer Gerechtigkeit geht es um Prinzipien der Verteilung von Gütern, Ressourcen und Teilhabemöglichkeiten. Sie ist insofern eng verbunden mit den ökonomischen Potenzialen zur Wohlstandsmehrung und dem sozialen Rahmen, innerhalb dessen diese organisiert sind. Da es sich bei Prinzipien sozialer Gerechtigkeit sowie darauf begründeten sozialen Verhältnissen um von Menschen gesetzte Regeln handelt, die veränderbar und rationaler Überprüfbarkeit zugänglich sind, stehen sie immer auch im Zusammenhang mit gesellschaftlichen Kämpfen um (→ Gegen-)Hegemonie.

In der Politik geht es darum, wie bestimmte Vorhaben *gerecht*fertigt werden können. Seit den 1970er Jahren haben hier vor allem drei Diskurse besondere Wirkmächtigkeit entfaltet. Am Beginn der Krise des Sozialstaats war es J. Rawls, der mit seiner Theorie der Gerechtigkeit zum Impulsgeber der Debatte wurde. Soziale und wirtschaftliche Ungleichheiten, so die Quintessenz seines »Differenzprinzips«, sind nur zulässig, wenn sie auch den am schlechtesten gestellten Mitgliedern zugute kommen. Die darin angelegte Legitimation sozialstaatlicher → Umverteilung rief Entgegnungen neoliberaler TheoretikerInnen hervor: Da der Markt nicht nach moralischen Aspekten verteile, könnten auch die Ergebnisse nicht an moralischen Maßstäben gemessen werden. Der Begriff »soziale Gerechtigkeit« sei daher eine unsinnige Kategorie. Steuern werden mit Zwangsarbeit verglichen und die Verteilungsfrage für weitgehend obsolet erklärt bzw. zu einem Problem zwischen den Generationen umdefiniert. Im Ergebnis eines auf Tauscheffizienz verengten Gerechtigkeitsbegriffs erscheint dann der Abbau des Sozialstaates gleichsam als Bedingung der Besserstellung der am wenigsten Begünstigten.

Kommunitaristische Konzepte, die vor allem die »neue« Sozialdemokratie zu Beginn des 21. Jahrhunderts beeinflusst haben, sehen als gerecht an, was die Eigenverantwortung stärkt und dazu beiträgt, dass die Regeln der Verteilung sozialer Güter der jeweiligen gesellschaftlichen Wertigkeit dieser Güter entsprechen. Wenn etwa der Markt Erfolg mit viel Geld belohnt, so ist hiernach zu verhindern, dass viel Geld zugleich ermöglicht, andere begehrte Güter zu erlangen, die nach allgemeiner Moralvorstellung aufgrund anderer Kriterien verteilt werden sollten (z.B. politischer Einfluss, Freundschaft). Indem aber dem (globalen) Markt die Verantwortung zugewiesen wird, Arbeit und Wohlstand zu schaffen und dem → Sozialstaat lediglich die nachgelagerte Aufgabe, etwaige Härten abzufangen, wird die individuelle Marktfähigkeit letztlich zur Bedingung von Teilhabe. Diese wird durch stärkere Kontrolle der Bedürftigen und eine Erhöhung des materiellen Existenzdrucks »gefördert und gefordert«. Soziale Gerechtigkeit gerät damit zur abhängigen Variablen nationaler Wettbewerbsfähigkeit.

Eine Alternative zur Deutung von Gerechtigkeit im Klammergriff des Marktes besteht darin, wieder deutlicher die Zusammenhänge zwischen Armut und Reichtum, zwischen Verteilungsverhältnissen und Teilhabemöglichkeiten hervorzuheben. Denn es ist paradox, dass die Menschheit über ein geschichtlich einzigartiges Potenzial zur Wohlstandsmehrung verfügt, dieser Produktionsapparat sich aber gegenüber der menschlichen Gesellschaft zunehmend verselbständigt und mehr soziale Ausgrenzung hervorbringt. Das Streben nach → Gleichheit kann dabei als ein pluraler Ansatz verstanden werden, indem es darum geht, der These von der »produktiven Funktion der Ungleichheit« die Frage nach den sozialökonomischen Voraussetzungen der → Freiheit zur Entfaltung individueller Fähigkeiten und menschlicher Vielfalt entgegenzuhalten.

Jörg Reitzig

Zum Weiterlesen

Möhring-Hesse, Matthias (2010): Theorien sozialer Gerechtigkeit, in: Lösch, Bettina/Thimmel, Andreas (Hrsg.): Kritische politische Bildung. Ein Handbuch, Schwalbach/Ts., S. 277-288.

Reitzig, Jörg (2008): »Eine Kategorie des Unsinns...« – Die soziale Gerechtigkeit im Visier der neoliberalen Theorie, in: Butterwegge, Christoph u.a. (Hrsg.): Neoliberalismus – Analyse und Alternativen, Wiesbaden, S. 132-146.

Reitzig, Jörg (2009): Hegemonie und Gerechtigkeit. Anmerkungen zur Auseinandersetzung um einen gesellschaftlichen Schlüsselbegriff, in: Goldschmidt, Werner u.a. (Hrsg.): Freiheit, Gleichheit, Solidarität. Beiträge zur Dialektik der Demokratie, Frankfurt a.M. u.a. , S. 129-142.

Soziale Infrastruktur

Es erscheint allen selbstverständlich, dass der Staat die Aufgabe hat, Eigentum, Vertrag, Kredit zu garantieren, Transportwege, Energieversorgung und Grundstückserschließung zu bieten und zuletzt »riskante« Investitionen noch finanziell zu unterstützen und so Infrastruktur für »die Wirtschaft« bereitzuhalten. Höchstens, dass gelegentlich an den »Subventionen« herumgemäkelt wird, aber auch da geht es eher um die »Pendlerpauschale« als um die massiven Absicherungen von unternehmerischem Risiko. Im Übrigen sind die rechtlich vorgegebenen Betriebsformen von der GmbH bis zum Konzern, die Regelungen der Verlustabschreibung und das Konkursrecht als Mechanismen konzipiert, um die Verluste möglichst auf die gesamte Gesellschaft von SteuerzahlerInnen umzuverteilen. Was es analog als Absicherungen für die Reproduktion der Arbeitskraft gibt, ist, obwohl hierzulande weitgehend aus eigenen Beiträgen nach dem Versicherungsprinzip finanziert, immer im Ruf, ein Geschenk oder zumindest verweichlichender Luxus und also legitimer Gegenstand von Sparüberlegungen zu sein.

Trotz aller Bemühungen dazu geht aber der Mensch nicht ganz in seiner und ihrer Eigenschaft als Arbeitskraft auf. Auch ist die Lohnarbeit nicht die einzige, nicht einmal die wichtigste Form der Arbeiten, die getan werden und die nötig sind, um ein Leben zu führen. So sehr uns aus der Sicht der Wirtschaft selbstverständlich zu machen versucht wird, dass nur Lohnarbeit »Arbeit« sei, alles andere »Freizeit«, so ist es doch unausweichlich so, dass die wichtigsten Arbeiten, von denen wir leben, die gemeinsamen Tätigkeiten und gegenseitigen Dienste sind, die als »Hausarbeit«, »Eigenarbeit« und »Gemeindearbeit« beschrieben werden können. Die Lohnarbeit, mit der wir Geld verdienen, ist nur ein notwendig gemachter Teil dieses Gesamt-Ensembles von Arbeiten der Haushaltsführung, von und in denen wir leben. Es war und ist eine törichte Illusion auch der Arbeiterbewegung, alle diese Arbeiten durch Waren und Dienste ersetzen zu können. Es war und ist ein törichtes Missverständnis, das Reich der → Freiheit mit dem Reich der Freizeit gleichzusetzen – als ob die Freiheit darin bestünde, fernzusehen, Bier zu trinken und mit den Kumpels oder den Freundinnen kesse Sprüche zu führen.

In der Arbeit des Lebens hat die Lohnarbeit nur einen begrenzten Stellenwert. Die über den Einsatz von Lohnarbeit hergestellten Waren sind darüber hinaus nur begrenzt für das Leben nützlich, im Gegenteil oft überflüssig bis (z.B. als Waffen direkt, sonst durch ökologische Folgen ihrer Produktion und ihres massenhaften Gebrauchs indirekt) schädlich. So betrachtet ist eine soziale Sicherung, die am Ersatz von ausfallenden Lohneinkünften orientiert ist, unzureichend. Soziale Sicherung besteht dann vielmehr darin, alle die Arbeiten zu ermöglichen, die wir für unser Leben brauchen. Man kann das auch so ausdrücken: Der Staat hält (in Analogie zu dem, was für die wirtschaftlichen Aktivitäten getan wird) die soziale Infrastruktur bereit. Wie im Fall der Wirtschaft tut er das aus Steuermitteln. Die Wirtschafts-Infrastruktur ist, so betrachtet, ein Spezialbereich der sozialen Infrastruktur. Sie muss sich daran ausweisen, ob sie wirtschaftlichen Aktivitäten dient, die für das soziale Leben notwendig und nützlich oder ihm schädlich sind.

Infrastruktur ist nötig für die defensiven Tätigkeiten der Sicherung von Nahrung, Kleidung, Unterkunft und Haushaltsausstattung. Infrastruktur ist nötig für die Tätigkeiten der Bildung und Entwicklung, des Zusammenlebens und der gegenseitigen Förderung. Infrastruktur ist nötig für die Pflege in vorhersehbaren Situationen und Zeiten der besonderen Bedürftigkeit, wie z.B. Kindheit und Jugend, Unfall, Krankheit, Alter. Infrastruktur ist nötig für die Ermöglichung von »ausgreifenden« Tätigkeiten der Organisation bestimmter Abläufe und Leistungen. Infrastruktur ist nötig für die Möglichkeit aller, sich an den Entscheidungen über die Zukunft der Gesellschaft zu beteiligen und ihre Ideen dazu beizutragen. Diese Infrastruktur besteht daher in Einrichtungen der Grundversorgung, der Gesundheitspflege, der Bildung, der Ermöglichung von Pflege, der wirtschaftlichen und politischen Entwicklung, der Wissenschaft und Kunst, des Experimentierens mit Lebensweisen. Ein (nachgeordneter) Teil der Infrastruktur ist auch etwas wie ein → Grundeinkommen, das umso niedriger sein kann, je besser die Infrastruktur ausgebaut ist.

Politik der sozialen Sicherung so zu betrachten, ergibt sich einerseits aus einer aufgeklärten Einsicht in die verschiedenen Formen der Arbeit und ihre Bedeutung, andererseits aus der Aushebelung der Sozialversicherung durch Prekarisierung und Arbeitskraftunternehmertum in der Produktionsweise des Neoliberalismus. Ein grundsätzlicher Umbau der sozialen Sicherung sollte sich nicht auf die Idee eines Grundeinkommens beschränken, sondern umfassender den Ausbau der sozialen Infrastruktur als Orientierung haben.

Heinz Steinert (†)

Zum Weiterlesen

AG links-netz (2012): Sozialpolitik als Bereitstellung einer sozialen Infrastruktur, www.links-netz.de/K_texte/K_links-netz_sozpol.html.

Steinert, Heinz/Pilgram, Arno (2003): Welfare Policy from Below: Struggles against Social Exclusion in Europe, Ashgate.

Soziale Rechte

Soziale Rechte sind Teil der → Menschenrechte. Im Unterschied zu den politischen und bürgerlichen Menschenrechten haben sie erst im 20. Jahrhundert Eingang in die Menschenrechtserklärungen gefunden. Exemplarisch ist hier die Allgemeine Erklärung der Menschenrechte der Vereinten Nationen von 1948 zu nennen: Nach ihr hat jeder Mensch ein Recht auf Arbeit mit existenzsichernder Entlohnung, auf Wohnung, Nahrung, Kleidung und ärztliche Versorgung sowie auf Bildung.

Soziale Rechte sind aber keine Erfindung des letzten Jahrhunderts. Seit Entstehung der bürgerlichen Gesellschaft werden sie von den Besitzlosen, also denjenigen, die sich ihren Lebensunterhalt durch den Verkauf ihrer Arbeitskraft verdienen müssen, eingefordert. Bereits in der Französischen Revolution wurde die Sozialpflichtigkeit des Eigentums verlangt: »Die Freiheit ist ein leerer Wahn, solange eine Menschenklasse die andere ungestraft aushungern darf.« (Jacques Roux) Soziale Rechte sind der Unterbau der politischen Rechte und der Demokratie, denn ohne soziale Absicherung sind politische Rechte nicht lebbar: Die politische Existenz setzt die physische unumgänglich voraus. Daher ist der historische Kampf um formale → Gleichheit, d.h. Gleichheit vor dem Gesetz, ohne materielle, soziale Gleichheit unvollendet. Die Eingrenzung der Grundnorm der kapitalistischen Marktgesellschaft – des Eigentumsrechts – durch das Lebensrecht der Nichteigentümer ist somit die Voraussetzung einer menschenwürdigen Existenz aller. Die Überwindung der frühkapitalistischen Arbeits- und Elendshölle in den Industrieländern innerhalb der letzen 150 Jahre ist untrennbar verbunden mit der Durchsetzung sozialer Rechte wie dem Acht-Stunden-Tag, dem Recht, freie Gewerkschaften zu bilden oder dem Anspruch auf Versorgung bei Alter und Krankheit. Diese Rechte sind von den Herrschenden nie freiwillig gewährt worden, sondern mussten – vor allem durch die ArbeiterInnenbewegung – in sozialen und politischen Auseinandersetzungen erkämpft werden.

In Deutschland existierte vor Inkrafttreten der Länderverfassungen nach dem Zweiten Weltkrieg kein rechtlicher Anspruch auf soziale Absicherung, da nach altem preußischen Recht die Fürsorge dem Bedürftigen lediglich aus Gründen der öffentlichen Ordnung, nicht aber um seiner selbst willen zu gewähren war. Die Verfassungen der Bundesländer sind im Hinblick auf soziale Rechte ergiebiger als das Grundgesetz. Sie sind stärker von der kurz nach Ende des Zweiten Weltkrieges vorherrschenden kapitalismuskritischen Stimmung geprägt, die auch in der erlebten Kollaboration von Großindustrie und faschistischer Diktatur gründete. Die Landesverfassungen kennen zum Teil ein Recht auf Arbeit (Art. 28 Hessische LV) bzw. die Verpflichtung des Staates dafür zu sorgen, dass jeder »durch Arbeit seinen Lebensunterhalt erwerben kann« (Art. 48 Abs. 2 LV Bremen). Das ist ein Grundsatz, der in Zeiten von allgemeinem Lohndumping vom Bundesgesetzgeber ignoriert wird. Die hessische Verfassung postuliert die Bürgerversicherung, indem sie vorschreibt, dass eine »das gesamte Volk verbindende Sozialversicherung« (Art. 35) geschaffen werden solle. In Art. 24 der NRW-Landesverfassung heißt es: »Im Mittelpunkt des Wirtschaftslebens steht das Wohl des Menschen. Der Schutz seiner Arbeitskraft hat den Vorrang vor dem Schutz materiellen Besitzes.« Die offensichtliche Prägung der Landesverfassungen durch den damaligen Zeitgeist zeigt: Das Niveau von sozialen Rechten ist stets abhängig vom gesellschaftlichen Kräfteverhältnis zwischen Kapital und Arbeit.

Das deutsche Grundgesetz von 1949 hingegen ist schon deutlich von der einsetzenden Restauration bestimmt und enthält keine expliziten sozialen Grundrechte. Allerdings wird in der höchstrichterlichen Rechtsprechung aus dem Sozialstaatsprinzip, der Sozialgebundenheit des Eigentums und insbesondere dem Gebot der Menschenwürde ein Recht auf das Existenzminimum abgeleitet. Dieses gewährleistet nicht nur ein Leben bei »Wasser und Brot«, sondern das so genannte sozio-kulturelle Existenzminimum, also Teilhabe am kulturellen Leben auf dem jeweiligen Niveau der Zeit. Konkret heißt das: Jede/r EinwohnerIn hat ein Recht auf angemessene Arbeitsbedingungen, auf Bildung, soziale Absicherung im Falle von Krankheit, Arbeitslosigkeit und Alter. Derartige Regelungen finden sich im Arbeits- und Sozialversicherungsrecht. Diese Rechte wurden in den letzten zehn Jahren massiv bekämpft. Mithilfe von medialer Propaganda (z.B. durch die Initiative Neue Soziale Marktwirtschaft), Parteispenden und Lobbyarbeit ist es gelungen, eine drastische Verschlechterung der sozialen Rechtsansprüche – Stichworte Hartz-Gesetze, Rentenkürzungen, Gesundheitsreform – durchzusetzen. Im Zuge der jüngsten Finanzkrise seit 2008 werden weltweit soziale Rechte beschnitten, um die Rettung von Banken zu finanzieren. Gerade vor dem Hintergrund des Menschenrechtscharakters der sozialen Rechte ist gegen diese Enteignung der Mehrheit Widerstand geboten.

Regina Viotto/Lars Niggemeyer

Zum Weiterlesen

Abendroth, Wolfgang (1977): Arbeiterklasse, Staat und Verfassung, Köln/Frankfurt a.M.
Fisahn, Andreas (2010): Die Demokratie entfesseln, nicht die Märkte, Köln.
Rittstieg, Helmut (1975): Eigentum als Verfassungsproblem, Darmstadt.

Soziales Europa

Der Begriff wurde erstmals in den 1980er Jahren geprägt, als die Europäische Gemeinschaft sich mit dem Binnenmarktprojekt für eine marktzentrierte Integrationsweise entschied. Um dies zu legitimieren und dem zu schaffenden Markt auch eine soziale Dimension zu verleihen, entwickelte der damalige Kommissionspräsident Delors die Idee, gemeinsame soziale Werte – ein »Europäisches Sozialmodell« – zu bestimmen, welche(s) es im Angesicht der zunehmenden ökonomischen Verflechtung zu verteidigen bzw. zu bewahren gelte. Die europäische Ebene sollte zunehmend Verantwortung für sozialen Ausgleich und sozialpolitische Regulierung übernehmen, um → soziale Gerechtigkeit und → Solidarität mit Leistungsfähigkeit und Effizienz zu verbinden. Funktioniert hat dies nicht: Der Binnenmarkt, gekrönt von der Wirtschafts- und Währungsunion, hat den Standortwettbewerb zwischen den Mitgliedstaaten deutlich verschärft. Die hierdurch ausgelöste Abwärtsspirale bei sozialen Leistungen, Steuereinnahmen und Regulierungen konnte von den wenigen Mindeststandards im Bereich Sozial- und Beschäftigungspolitik, auf die man sich hatte einigen können, nicht aufgehalten werden.

Das zweite Mal wurde der Begriff im Jahr 2000 aufgegriffen – das Ziel eines »Sozialen Europa« nahm in der Strategie von Lissabon einen prominenten Platz ein. Bei genauerem Hinsehen zeigte sich jedoch, dass darunter in diesem Zusammenhang vor allem eins verstanden wurde: Sozialpolitik sollte dazu dienen, der Wirtschaft gut ausgebildete, flexible und billige Arbeitskräfte zur Verfügung zu stellen. Durch eine zunehmende Privatisierung der Renten- und Gesundheitssysteme sollten die Unternehmen sowie die Staatshaushalte entlastet werden. Das Soziale Europa war zum Deckmantel einer neoliberalen Strategie geworden, mit der im Namen von Wachstum und Wettbewerbsfähigkeit die sozialen Errungenschaften »modernisiert« (sprich: reduziert) werden sollten. Im Zuge der Eurokrise hat sich dies noch einmal verschärft: Die im Rahmen der Strategie von Lissabon noch unverbindlichen Empfehlungen an die Mitgliedstaaten, ihre Sozialsysteme marktkonform zu gestalten, werden durch die neuen Instrumente wirtschaftspolitischer Koordinierung (Euro-Plus-Pakt, verschärfter Stabilitäts- und Wachstumspakt u.a.) zunehmend verbindlicher und für Staaten unter dem Europäischen Rettungsschirm sogar unmittelbar verpflichtend.

Vor diesem Hintergrund ist es die vordringlichste Aufgabe für → soziale Bewegungen, sich gemeinsam und grenzüberschreitend gegen diesen beispiellosen, über die europäische Ebene durchgesetzten Sozialabbau zu wehren. Hierbei ist es sinnvoll, sich den Begriff des Sozialen Europa zu eigen zu machen. Durch seine Verwendung wird zum einen deutlich, dass man sich positiv auf die – wenngleich in ihrer jetzigen Form stark zu kritisierende – EU bezieht und keine Alternative in einer Rückkehr zum Nationalismus sieht. Zum anderen muss ein Streit um die (Neu-)Besetzung des Begriffs und damit eine Neuausrichtung der Integration geführt werden. Hierfür kann auf einige Vorschläge zurückgegriffen werden: In einer *defensiven Variante* stellt sich das Soziale Europa als Schutz für die nationalen Sozialstaaten dar. Über die Aufnahme einer sozialen Fortschrittsklausel in die europäischen Vertragswerke sowie die Setzung anspruchsvoller Mindeststandards im Bereich sozialer Leistungen, Regulierungen und Steuern werden diese zumindest zum Teil aus dem Wettbewerb herausgenommen und damit den Mitgliedstaaten wieder Gestaltungsspielräume eröffnet. Eine Alternative muss jedoch auch *offensiv und wirklich europäisch* sein: Neben einer Änderung der wirtschaftspolitischen Ausrichtung, mit der diese den sozialen Zielen klar untergeordnet wird, bietet sich hier zum einen die Entwicklung eines Katalogs → sozialer Rechte (etwa auf Bildung, Wohnung, soziale Sicherung) an. In einem »Alternativen Stabilitätspakt« können Ziele für die Bekämpfung von Armut und Arbeitslosigkeit, den Schutz der Umwelt etc. festgelegt werden. Auch der koordinierte Ausbau → öffentlicher Dienstleistungen, die in allen Ländern unter Liberalisierungsdruck stehen, stellt ein wichtiges Element eines Sozialen Europa dar. Dadurch entsteht Handlungsspielraum für den ökologischen Umbau der Gesellschaften sowie für die Schaffung menschenwürdiger Arbeitsplätze. Zunehmend sollte bei all diesen Maßnahmen eine Umverteilung zwischen reichen und ärmeren Mitgliedstaaten stattfinden. Auf diese Weise kann eine transnationale europäische Solidarität entstehen, die weder auf dem Rücken des globalen Südens noch auf dem der Natur verwirklicht wird.

Anne Karrass

Zum Weiterlesen

Aust, Andreas/Leitner, Sigrid/Lessenich, Stephan (2002): Konjunktur und Krise des Europäischen Sozialmodells. Ein Beitrag zur politischen Präexplanationsdiagnostik, in: PVS, Vol. 43, Nr. 2, S. 272-301.

Hermann, Christoph/Mahnkopf, Birgit (2010): Still a Future for the European Social Model?, in: Global Labour Journal, Vol. 1, Nr. 3, S. 314-330.

Karrass, Anne/Stierle, Steffen (2011): EuropaKrise. Wege hinein und mögliche Wege hinaus, Hamburg.

Sozialforen

Seit 2001 treffen sich verschiedene soziale Bewegungen, Organisationen und AkteurInnen in Sozialforen. Zunächst als Gegenforum zum Weltwirtschaftsforum als → Weltsozialforum organisiert, entwickelte sich die Idee rasant über reine Gegnerschaft und Kritik an ökonomischer Globalisierung hinaus. Wie auch die im Anschluss an das erste Weltsozialforum entstandenen kontinentalen, regionalen und lokalen Sozialforen wurden sie zu Gegenentwürfen »anderer Welten«, in denen sich globale → soziale Bewegungen treffen und neue Infrastrukturen für produktiven Streit, Erfahrungsaustausch und gemeinsame Reflexion sowie für dezentral und dennoch global organisierte Widerstandsprozesse schaffen. Wenngleich internationale Treffen nichts Neues sind, stellen doch (Welt-)Sozialforen eine neue Form globaler Organisierung dar. Denn Sozialforen sind kein repräsentativer Rat mit Stimmrecht ausgestatteter Delegierter einer (emanzipatorischen) globalen Zivilgesellschaft, wo Abschlusserklärungen verfasst oder Entscheidungen getroffen werden. Sozialforen verstehen sich als offener Raum, als Forum für Debatten, als Bewegung von Ideen und als horizontaler Prozess der Erneuerung für den Aufbau einer solidarischen Welt.

Die Idee des Raumes ist für die Organisierung der Sozialforen zentral und in der *Charta der Prinzipien* des → Weltsozialforums festgehalten. Getragen von der Überzeugung, dass gesellschaftliche Macht- und Herrschaftsverhältnisse nur nachhaltig verändert werden können, wenn Widerstand von unten – basisdemokratisch und dezentral – wächst, ist sie sich gleichzeitig der glokalen Kontextualisierung bewusst. Deswegen wird die Multiplizierung von lokalen, regionalen oder polyzentrischen Sozialforen als entscheidend angesehen. Der Prozess muss den verschiedenen und dennoch voneinander abhängigen Realitäten in der Welt, unterschiedlichen politischen Perspektiven wie (auch linken) Erbschaften der Vergangenheit Rechnung tragen. Und tatsächlich ist die Bedeutung transnationaler – häufig thematischer orientierter – Vernetzungen im Laufe der vergangenen Sozialforen rasant gestiegen. Entstanden sind neue Netzwerke, wie z.B. das African Water Network oder Afrique-europe-interact, aus denen neue widerständige transnationale Aktivitäten hervorgehen. Hier, wie auch in den vielen thematischen und regionalen Sozialforen im Globalen Süden, die nach wie vor regelmäßig stattfinden, offenbaren sich die Gewinne. Gleichzeitig stehen Sozialforen vor immensen Herausforderungen. So ist beispielsweise die »Sozialforumsbewegung« in Europa nahezu eingeschlafen. Ob dies schon im Konstituierungsprozess für das Sozialforum in Deutschland oder aber im Europäischen Sozialforum mit seiner Tendenz zur »Hinterzimmer- und Strippenpolitik« angelegt war oder sich in Europa und Deutschland andere politische Räume historisch als produktiver erwiesen haben, ist eine offene Frage. Sicher ist, dass der Europäische Sozialforumsprozess spätestens mit dem Ausbruch der »Krise« keine Räume für eine produktive Bearbeitung anbieten konnte – und das obwohl gerade hier die Notwendigkeit für eine europäische Antwort von unten, für die Herausbildung von → Solidarität trotz ungleichzeitiger Krisenartikulationen in Europa so groß war. Dennoch, globale soziale Bewegungen kommen nicht umhin, mit der Wut über den Status quo, der Schwierigkeit radikaler Veränderung und den Herausforderungen, die in transnationaler Organisierung liegen, den begonnenen Weg weiter voranzuschreiten. Wie auf »kleinen« und »großen« Ebenen verschiedene Organisierungsformen und Themenfelder, Menschen und Ausgangspunkte von Politik miteinander organisch zu verbinden wären, ist das Schwierige, aber eben auch Spannende im Globalen Bewegungsprozess.

Die im Sozialforumsprozess neu angestoßene Netzwerkarbeit zeigt, dass emanzipatorische Politik über thematische Grenzen hinweg zwischen offenem Raum, Reflexion und handelnden AkteurInnen situiert werden muss und dabei das größte Potenzial entfaltet. So hatte sich schon im Vorfeld des Weltsozialforums 2011 in Dakar ein Netzwerk aus Flüchtlingsgruppen aus Europa mit MigrantInnengruppen aus Afrika und dem Maghreb gemeinsam auf den Weg gemacht: Neue Zusammenhänge, Politiken (wie Aktionen gegen Landgrabbing), Organisierungsformen sind dabei entstanden. Wenn also der Sozialforumsprozess an verschiedenen Orten und für verschiedene Akteure nicht nachhaltig gewirkt hat, hat er es doch gleichzeitig an anderen Orten getan. Vielleicht hat das Sozialforum als (notwendig illusorisches) Gesamtversprechen als solches seinen Zenit überschritten. Was aber nicht heißt, dass die Suche nach transnationalen offenen Räumen nicht genauso weitergeht – mit den Erfahrungen von thematischen, regionalen, lokalen, kontinentalen oder Weltsozialforen im Gepäck.

Corinna Genschel

Zum Weiterlesen

Anand, Anita/Escobar, Arturo/Sen, Jai/Waterman, Peter (Hrsg.) (2004): Eine andere Welt. Das Sozialforum, Berlin.

Sen, Jai/Kumar, Madhuresh/Bond, Patrick/Waterman, Peter (Hrsg.) (2007): A Political Programme for the World Social Forum, www.cacim.net.

Sozialismus

Sozialismus ist als geistige Grundströmung im Resultat von Großer Französischer Revolution und kapitalistischer Umwälzung in Großbritannien und anderen Ländern Westeuropas entstanden. Sein Anspruch war, den → emanzipativen Forderungen von → Freiheit, → Gleichheit und Brüderlichkeit (→ Solidarität) und der Deklaration der → Menschenrechte universelle Geltung zu verschaffen. Schon 1793 hatte der Führer der radikaldemokratischen Bewegung der »Entrüsteten« (Enragés), Jacques Roux, sich an den Revolutionskonvent gewandt: »Die Freiheit ist ein leerer Wahn, solange eine Menschenklasse die andere ungestraft aushungern kann. Die Gleichheit ist ein leerer Wahn, wenn der Reiche mit Hilfe des Monopols das Recht über Leben und Tod seines Mitmenschen ausübt. Die Republik ist nichts als ein leerer Wahn, wenn sich die Konterrevolution Tag für Tag durch den Preis der Lebensmittel vollzieht, den Dreiviertel der Bürger nicht bezahlen können, ohne Tränen zu vergießen …«

Der Sozialismus formulierte das Ziel, die Eigentums- und Machtverhältnisse sowie die Lebensweise und Kultur der Gesellschaft, das Verhältnis zur Natur und zwischen den Völkern und Geschlechtern so umzugestalten, dass auch die am stärksten benachteiligten Klassen und Gruppen der Gesellschaft Zugang zu den materiellen und geistigen Gütern eines freien Lebens in Würde erhalten. Ohne eine fundamentale Veränderung der Grundverhältnisse einer Gesellschaft, so die Grundposition, würde die Befreiung der Ausgebeuteten, Ausgegrenzten und Verachteten unmöglich sein. In diesem Sinne wurde der Terminus Sozialismus zuerst bewusst auf die Lehre von Richard Owen, einem englischen Sozialreformer und Begründer der → Genossenschaftsbewegung, im Jahre 1837 angewandt und von hier aus schnell verallgemeinert.

Historisch entstanden vier grundlegende Varianten des Sozialismus, die sich vor allem bezüglich der Rolle des Staates sowie hinsichtlich der Eigentumsvorstellungen unterschieden. → Kommunismus und Sozialreformismus wollten beide den Staat als zentrales Mittel der Umwälzung einsetzen. Während der Kommunismus aber auf dem Gemeineigentum und der Planwirtschaft als Wesensmerkmalen einer neuen Gesellschaft insistierte, sah der Sozialreformismus die Hauptaufgabe in der Schaffung grundlegend neuer staatlicher Rahmenbedingungen für Märkte, des → Sozialstaats und im Ausbau öffentlicher Sektoren. Der → Anarchismus dagegen sieht in jedem Staat selbst ein Hauptinstrument von Unterdrückung und strebt unmittelbar die freie hierarchiefreie Kooperation der Individuen in selbstverwalteten Kollektiven an, während ein demokratischer Sozialismus dieses Ziel durch eine Verbindung von → solidarischer Ökonomie mit einer → Vergesellschaftung der Verfügung über das Eigentum und durch eine → radikale partizipative Demokratie zu erreichen sucht. Der Sozialismus wurde in seinen verschiedenen Varianten zum Bezugspunkt wichtiger Emanzipationsbewegungen – der ArbeiterInnenbewegung, der Frauenbewegung, der Bewegungen gegen die Sklaverei, den Rassismus, Kolonialismus und Antisemitismus sowie der Friedens- und der Ökologiebewegung. Sie alle hatten bzw. haben einen sozialistischen Flügel und bereicherten die Ideen des Sozialismus mit konkreten Erfahrungen, Utopien und alternativen Ansätzen.

Einerseits fanden diese Bewegungen im Sozialismus eine Begründung dafür, dass ihre Ziele ohne eine grundlegende → Revolution oder Transformation der Gesellschaft unmöglich seien. Andererseits sah der Sozialismus in diesen Bewegungen die Kraft, sozialistische Ziele einer solchen Umwälzung zu realisieren. So schrieb Karl Marx 1843/44: »Wie die Philosophie (der radikalen Befreiung – M.B.) im Proletariat ihre *materiellen*, so findet das Proletariat in der Philosophie seine *geistigen* Waffen...« Mit der Errichtung einer Parteidiktatur durch die Bolschewiki kam es zur Spaltung zwischen dieser spezifischen Ausrichtung des Kommunismus und den demokratischen Strömungen des Sozialismus. Der Versuch von Rosa Luxemburg und anderen, Demokratie und Sozialismus zu verbinden, blieb im 20. Jahrhundert in der Minderheit oder wurde mit Waffengewalt unterdrückt. Die westliche Neue Linke, die sich in den 1960er Jahren formierte, strebte eine antiautoritäre und emanzipatorische Erneuerung des Sozialismus an. Im Zusammenhang mit den Zapatistas in Mexiko, dem → Weltsozialforumsprozess, den neuen → sozialen Bewegungen, der Um- und Neubildung linker Parteien und Regierungsprojekten in Venezuela oder Bolivien werden gegenwärtig Ideen eines → Sozialismus des 21. Jahrhunderts formuliert. Vorstellungen einer → solidarischen Ökonomie und radikalen Demokratie sowie → globale soziale Rechte rücken in den Vordergrund, und es wird das Projekt eines *grünen* Sozialismus formuliert.

Michael Brie

Zum Weiterlesen

Brie, Michael/Spehr, Christoph (2008): Was ist Sozialismus? Kontroversheft 1 der Rosa-Luxemburg-Stiftung.

Crome, Erhard (2006): Sozialismus im 21.Jahrhundert. Zwölf Essays über die Zukunft, Berlin.

Schieder, Wolfgang (2004): »Sozialismus«, in: Brunner, Otto/Conze, Werner/Koselleck, Reinhart (Hrsg.): Geschichtliche Grundbegriffe. Historisches Lexikon zur politischen Sprache in Deutschland, Bd. 5, Stuttgart, S. 923-996.

Sozialismus des 21. Jahrhunderts

Mit dem Begriff werden vor allem zwei Ziele verfolgt: Erstens soll der → Sozialismus als weiterhin gültige Alternative zur kapitalistischen Gesellschaft verteidigt werden. Dies wurde in einer historischen Situation wichtig, als sich der → Marxismus mit dem realsozialistischen Zusammenbruch in einer Krise befand und der Sozialismus praktisch vom Horizont politischer Kämpfe verschwunden war. Zweitens kommt der Begriff zum Einsatz, um die aktuellen Kämpfe für eine postkapitalistische Gesellschaft kritisch von den Erfahrungen des Sozialismus des 20. Jahrhunderts, insbesondere vom sowjetischen Modell, abzugrenzen.

Einer der einflussreichsten Autoren in einer ersten Phase der Debatte war Heinz Dieterich. Er vertritt in seinen Thesen eine radikal wissenschaftsgläubige und technokratische Theorie: Erstens greift er die Ideen des so genannten wissenschaftlichen Sozialismus wieder auf. Die Erkenntnisse über die menschliche Natur ermöglichten es demnach heute, wissenschaftlich die Notwendigkeit des Sozialismus zu beweisen. Zweitens sei die materielle Basis für den Sozialismus erst mit der heutigen Entwicklung der Produktivkräfte gegeben, deren mangelnde Reife das Scheitern des Sozialismus im vergangenen Jahrhundert erkläre. Erst seit Beginn dieses Jahrhunderts hätten sich die Produktivkräfte dank der letzten wissenschaftlichen Revolutionen (insbesondere in der Mikroelektronik) weit genug für die menschliche → Emanzipation entwickelt, und damit für den Übergang von der Notwendigkeit ins Reich der Freiheit. Drittens könne erst auf der heutigen wissenschaftlich-technologischen Grundlage die sozialistische Gesellschaft organisiert und verwaltet werden. Erst mit den Fortschritten in der Kybernetik sei das Wertgesetz auf die gesamte Produktion anwendbar. Jeder Phase der Produktion von Gütern und Dienstleistungen könne so, rigoros wissenschaftlich, ein Arbeitswert zugeschrieben werden. Dies mache es möglich, sich völlig von den Marktgesetzen zu befreien und eine wirklich sozialistische Gesellschaft zu erreichen.

Es sind aber nicht diese Inhalte, welche die politische Debatte rund um den Begriff prägen. Im Sinne eines politischen Programms ist er eng verbunden mit dem aktuellen Aufbruch in Lateinamerika, vor allem in Venezuela, Ecuador und Bolivien – und dies ganz besonders, nachdem der venezolanische Präsident Hugo Chávez Frías auf dem Weltsozialforum in Puerto Alegre 2005 öffentlich zum Aufbau des Sozialismus des 21. Jahrhunderts aufgerufen hatte.

Auch innerhalb einiger Richtungen der europäischen Linken stieß der Begriff auf Interesse.

In den politischen Debatten ist das Konzept eher offen, wenig präzise und mit vielen Bedeutungen versehen. Je nachdem, wie kritisch die historischen Erfahrungen des Sozialismus betrachtet und wie die Gründe für dessen Scheitern interpretiert werden, werden verschiedene Fragen hervorgehoben. Und je nach Kontext gelten verschiedene Aspekte als konstitutiv für ein solches neues sozialistisches Projekt: Sein notwendigerweise demokratischer und partizipativer Charakter, seine Verbindung zum Ökosozialismus, seine multikulturelle Ausrichtung, mit dem sich von dem eurozentrischen und monokulturellen Modell des alten Sozialismus abgegrenzt wird. Genau in diesen Bezügen besteht das kritische Potenzial dieses Begriffs.

Oftmals mangelt es in diesen Debatten jedoch daran, die Erfahrungen des Sozialismus des 20. Jahrhunderts zu reflektieren und daraus zu lernen, dass radikale Alternativen notwendig sind. So gibt es die Tendenz, dass der Begriff »Sozialismus des 21. Jahrhunderts« an kritischer Schärfe verliert und einfach nur noch als ein neuer Name für das alte sozialistische Projekt verstanden wird. Unter diesen Bedingungen besteht die Gefahr, dass der Sozialismus, den man in den aktuellen politischen Prozessen in Südamerika aufzubauen versucht – mit einem Staat, einer Partei und einem extraktivistischen Produktionsmodell (→ Post-Extraktivismus) – sich letztendlich kaum von der sozialistischen Erfahrung des letzten Jahrhunderts unterscheiden könnte.

Es bleibt die Frage, ob sich die sozialistische Idee unter den neuen Vorzeichen nicht nur von der historischen Last eines staatszentrierten, autoritären sowjetischen Modells befreien kann, sondern auch von ihren eurozentrischen Wurzeln. Kommt sie ohne Fortschrittsgläubigkeit und die Identifizierung mit einem universalistischen, monokulturellen Projekt der westlichen Moderne aus – und auch ohne den permanenten Krieg für die Kontrolle, Manipulation und Zerstörung der »Natur«?

Edgardo Lander (Übersetzung: Susanne Schultz)

Zum Weiterlesen

Chávez, Hugo (2007): El Socialismo del Siglo XXI, Colección Cuadernos para el Debate, Ministerio del Poder Popular para la Comunicación y la Información, Caracas.

Dieterich, Heinz (2006): Der Sozialismus des 21. Jahrhunderts. Wirtschaft, Gesellschaft und Demokratie nach dem globalen Kapitalismus, Berlin.

Zelik, Raul (2011): Neue Entwicklungskonzepte oder alter Staatszentrismus? »Endogene Entwicklung« und der »Sozialismus des 21. Jahrhunderts« in Venezuela, in: Boeckh, Andreas/Welsch, Friedrich/Werz, Nikolaus (Hrsg.): Venezuela heute, Frankfurt a.M., S. 451-476.

Sozialstaat

In der öffentlichen Wahrnehmung erscheint der Sozialstaat in der Regel als große Wohltätigkeitsveranstaltung. Während seine liberalen Kritiker das Bild des die BürgerInnen entmündigenden und überbetreuenden »Versorgungsstaats« zeichnen und dessen Rückzug aus der Gesellschaft fordern, empören sich seine wohlmeinenden Verteidiger über eben diesen Abbau von Sozialleistungen und klagen die Einhaltung des grundgesetzlichen »Sozialstaatsgebots« ein. In dieser Fixierung der Debatte – sei es in skandalisierender oder bewahrender Absicht – auf die ebenso zahlreichen wie kostenträchtigen Leistungsprogramme des Sozialstaats, vom Kindergeld und der Familien- und Ausbildungsförderung über die Gesundheitsversorgung und Arbeitslosenversicherung bis hin zur Unterstützung im Alter und bei Pflegebedürftigkeit, geht allzu häufig der Sinn für die »dunkle Seite« der sozialstaatlichen Macht verloren. Denn der Sozialstaat ist keineswegs allein damit beschäftigt, »Gutes« zu tun.

Der Sozialstaat ist nicht bloß eine öffentlich-säkularisierte Variante der christlichen Caritas, nicht nur ein Ort und Hort der Hilfe, → Solidarität und Sorge. Er ist zwar – auch und mehr oder weniger – all dies. Aber er ist eben zudem ein Instrument sozialer Regulierung, Kontrolle und Disziplinierung. Staatliche Sozialpolitik schafft individuelle Handlungsspielräume – und neue Abhängigkeiten. Sie ist ein Instrument der wechselseitigen Unterstützung – und zugleich der sozialen Schließung. Sie mildert die Ungleichheit der Lebenschancen – und produziert dabei neue Ungleichheiten. Sie bezieht im Verlauf ihrer Geschichte immer weitere Personenkreise und immer neue Sachverhalte in den Wirkungsbereich ihrer Einrichtungen und Programme ein – und weist zugleich zahlreiche Formen und Mechanismen des Ausschlusses nicht nur Einzelner, sondern ganzer Personenkategorien auf.

Wer für den Sozialstaat, oder genauer: für die sozialstaatliche Idee und den demokratisch-emanzipatorischen Gehalt derselben eintreten will, wird die Augen vor dieser Doppeldeutigkeit nicht verschließen können. Jede realistische Vision von einem alternativen Sozialstaat, der den liberalen Rückzugsparolen zu widerstehen und zugleich der Versuchung einer bloß konservativen Verteidigung des Bestehenden zu entsagen vermag, wird die prinzipielle und unhintergehbare Ambivalenz sozialpolitischer Intervention in kapitalistische Verhältnisse in Rechnung stellen müssen. Denn jeder zukünftige Sozialstaat wird sich zwei zentralen Fragen gegenübersehen, die – realistisch, und das heißt: ohne linke Sozial(-staats-)illusionen gesehen –

grundsätzlich ein erhebliches Problem-, Konflikt- und Ungleichheitspotenzial aufweisen.

Zum einen wird ein Sozialstaat, der im Grundsatz um das System der Lohnarbeit herum konstruiert ist, sich immer gegenüber der Frage positionieren müssen, wie er mit erwerbsgesellschaftlich »unproduktiven« Sozialkategorien – den Nicht-Erwerbstätigen und Erwerbsunfähigen aller Art – und ihren Ansprüchen auf gleichberechtigte Teilhabe am gesellschaftlichen Leben umzugehen gedenkt. Machen wir uns nichts vor: In einer auf den Lohn-Leistungs-Nexus fixierten Gesellschaft wird die Frage der (Ent-)Kopplung von Arbeit und Einkommen ein – auch innerhalb der Linken – umkämpftes Terrain sein, auf dem Idee und Politik des Sozialstaats auf eine entscheidende und dauerhafte Probe gestellt werden (→ Grundeinkommen). Das andere zentrale Konfliktfeld des Sozialstaats wird – ebenso unvermeidbar – dessen Grenzregime sein. Wir leben in einer weltgesellschaftlichen Konstellation, in der die sozialen Solidargemeinschaften der Privilegierten nach wie vor national definiert werden, die auf Inklusionschancen spekulierende transnationale Mobilitätsbereitschaft der Benachteiligten jedoch tendenziell zunimmt. Damit wird die Frage der Grenzen von gesellschaftlicher Zugehörigkeit und sozialer Berechtigung zu einem politischen Problem erster Ordnung. Auch in diesem Konflikt hilft bloßes Wohlwollen, ein wohlmeinend-rhetorischer → Internationalismus nicht weiter: Wie im Falle der Versorgungsansprüche der nach kapitalistischer Verwertungslogik »Unproduktiven« gilt es auch hier, die breite Masse der gesellschaftlichen »Mittelschicht« davon zu überzeugen, dass ein Sozialstaat, der allen auf seinem Territorium lebenden Menschen gleichwertige Lebensverhältnisse verspricht und gewährt, ein Gebot nicht nur der Humanität und vielleicht auch des Selbstinteresses, sondern auch und vor allen Dingen der gelebten Demokratie ist.

Der Sozialstaat der Zukunft wird daher nicht nur universalistisch in seiner Reichweite und egalitär in seinen Leistungsverbürgungen, sondern eben auch realistisch in seinen Problemdefinitionen und offensiv in seinen Begründungsstrategien sein müssen – oder aber er wird nicht sein.

Stephan Lessenich

Zum Weiterlesen

Castel, Robert (2005): Die Stärkung des Sozialen. Leben im neuen Wohlfahrtsstaat, Hamburg.
Lessenich, Stephan u.a. (2005): Den Sozialstaat neu denken, hrsg. von der Otto Brenner Stiftung, Hamburg.
Lessenich, Stephan (2008): Der Sozialstaat im flexiblen Kapitalismus, Bielefeld.

Sozialstandards

Die effektive Verankerung sozialer Mindeststandards in der globalen Ökonomie ist eine zentrale Forderung der internationalen Gewerkschaftsbewegung. Der Begriff Sozialstandards umfasst Mindeststandards bei der Ausgestaltung von Arbeitsverträgen (Arbeitszeit, Lohn etc.) und ArbeitnehmerInnenrechte wie Vereinigungsfreiheit und Tarifverhandlungsrecht. Unter den BefürworterInnen eines expliziten Schutzes von ArbeitnehmerInnenrechten besteht weitgehend Konsens hinsichtlich der zentralen Sozialstandards bzw. fundamentalen Rechte, die durch die Übereinkommen der Internationalen Arbeitsorganisation (ILO) definiert sind und in der Deklaration über grundlegende Prinzipien und Rechte bei der Arbeit von 1998 zusammengefasst wurden. Vereinigungsfreiheit, Recht auf Kollektivverhandlungen, Verbot von Kinderarbeit bzw. besonders ausbeuterischen Formen der Kinderarbeit, Verbot von Zwangsarbeit, Verbot von Diskriminierung in Beschäftigung und Beruf, Beseitigung von geschlechtsspezifischer Lohndiskriminierung. Sie betonen den → menschenrechtlichen Charakter der »Befähigungsrechte«, welche betroffenen Akteuren ermöglichten, durch Verhandlungen Verbesserungen ihrer Arbeitsbedingungen zu vereinbaren. GegnerInnen betonen den starren Charakter von Mindeststandards, welche an den unterschiedlichen Entwicklungsständen vorbeigingen.

Dennoch konzentriert sich die Diskussion bisher auf Standards, nicht auf Menschenrechte. Zum einen, weil in der Globalisierungsdebatte die Wirtschaftswissenschaften dominieren, die auf quantifizierbare Wirkungen abstellen. Zum anderen wird die Forderung nach sozialen Mindeststandards in Ländern des Globalen Südens oft als Einschränkung der eigenen Wettbewerbs- und Entwicklungsfähigkeit abgelehnt. Die zunehmend scharfe Handelskonkurrenz mit China und Indien aufgrund niedriger Produktionskosten hat nur in manchen Ländern zu einer Neubewertung verbindlicher Standards geführt. In der wirtschaftswissenschaftlichen Debatte um globale soziale Mindeststandards stehen sich vorherrschende neoklassische und institutionalistische Interpretationen gegenüber. Für neoklassische ÖkonomInnen ergeben sich bessere Lebens- und Arbeitsbedingungen durch wirtschaftliche Entwicklung in einem möglichst freizügigen Handelsregime. Aus institutionalistischer Sicht benötigt jeder Markt ein spezifisches soziales, politisch-institutionelles und ökologisches Umfeld, damit es nicht zu Marktversagen und ruinöser Konkurrenz kommt. Die Gefahr eines ruinösen Wettbewerbs besteht vor allem zwischen Ländern des Südens, deren Konkurrenzvorteile gleichermaßen auf großen Potenzialen gering qualifizierter Arbeitskräfte basieren. Der regulative Schutz durch Sozialstandards ermöglicht langfristig größere Entwicklungschancen, weil er, u.a. durch Anreize zur Qualifizierung, einen Ausweg aus der Spezialisierungsfalle »Niedriglohn« bietet.

Wenn Arbeitnehmerrechte die wirtschaftliche Entwicklung förderten, müsste dann nicht ihre Einhaltung freiwillig erfolgen? Die Ablehnung hat in vielen Ländern auch machtpolitische Gründe, weil Gewerkschaften oft Hort politischer Opposition gegen autoritäre Regime werden. Ein wichtiger Grund für die Missachtung von Arbeiterrechten liegt aber auch darin, dass ungewiss ist, ob sich die langfristigen Vorteile auch kurzfristig einstellen.

Die politische Debatte um globale soziale Mindeststandards und ihre effektive Verankerung findet bisher weitgehend in den vorgegebenen Parametern der Dichotomie von Freihandel und Protektionismus statt. Die Gewerkschaften der OECD-Länder verbinden mit ihrer Forderung nach Sozialstandards nicht die Überwindung etablierter Institutionen der dominanten Globalisierungsform, sondern wollen diese explizit in den Dienst einer alternativen Globalisierungs nehmen, die sich an den regulierten nationalen Kapitalismen der Nachkriegsjahrzehnte orientiert (Stichwort »Global New Deal«). Es überlagern sich die Konfliktlinien bzw. -dimensionen Arbeit/Kapital und Nord/Süd. Damit die in der Forderung nach globalen Sozialstandards angelegte Perspektive eines regulierten Kapitalismus wirkmächtig werden kann, braucht es insbesondere zwischengewerkschaftliche Vertrauensbildung, um das Spannungsverhältnis enger Standortinteressen und solidarischen Interessenausgleichs zwischen und innerhalb von Ländern und Weltregionen zu überwinden. Dazu sind grundsätzlich auch Sozialkapitel in bilateralen und interregionalen Handelsabkommen geeignet, allerdings laufen sie in der Praxis bisher regelmäßig Gefahr, zu reinen Feigenblättern von Liberalisierungspolitik zu werden, z.B. in den Verhandlungen der EU über so genannte Wirtschaftspartnerschaftsabkommen mit Ländern bzw. Regionen Afrikas, Lateinamerikas und Asiens.

Thomas Greven

Zum Weiterlesen

Barry, Christian/Reddy, Sanjay G. (2008): International Trade and Labor Standards: A Proposal for Linkage, New York.

Greven, Thomas/Scherrer, Christoph (2005): Globalisierung gestalten. Weltökonomie und soziale Standards, Bonn.

Scherrer, Christoph/Hänlein, Andreas (Hrsg.) (2012): Sozialkapitel in Handelsabkommen. Begründungen und Vorschläge aus juristischer, ökonomischer und politologischer Sicht, Baden-Baden.

Steuergerechtigkeit

Steuern dienen zur Erzeugung von Einnahmen für den Staat. Schon in der Französischen Revolution kam mit dem → Gleichheitspostulat auch die Forderung auf, dass diese Finanzierungslasten gerecht verteilt sein sollen. Im Laufe der Zeit bildete sich die Überzeugung heraus, dass sich die gerechte Verteilung der Lasten nach der finanziellen Leistungsfähigkeit des Einzelnen bemessen sollte. Gerecht wäre demnach nicht, dass jeder den gleichen Steuersatz zahlt (also eine flat tax), sondern dass diejenigen, die nicht zuletzt dank der vom Staat bereitgestellten Infrastruktur, einschließlich Bildung, über besonders hohe Vermögen oder Einkommen verfügen und somit besonders hohe Zahlungen leisten können, auch einen proportional höheren Anteil der Finanzierungslasten tragen (also eine progressive Besteuerung).

Weil die Reicheren dann mehr zur Finanzierung des Staates beitragen, während die Ärmeren oft mehr von dessen (Sozial-)Leistungen profitieren, trägt ein solches System automatisch zur Umverteilung von oben nach unten und damit zum sozialen Ausgleich bei. Diese Idee der Umverteilung rückte mit der Herausbildung eines → Sozialstaats zunehmend in den Mittelpunkt der Steuerpolitik. »Die soziale Steuerreform als die conditio sine qua non, wenn der sozialen Revolution vorgebeugt werden soll«, so lautete schon 1881 der Titel einer Schrift des Publizisten Constantin Frantz.

Beim Postulat einer sozialen und gerechten Steuerpolitik handelt es sich somit zunächst um eine systemimmanente, potenziell sogar systemstabilisierende Strategie. Doch sollte nicht vergessen werden, dass sich nicht nur in kapitalistischen Systemen die Finanzierung des Gemeinwesens der Frage nach der Gerechtigkeit stellen muss. Auch in → sozialistischen Gesellschaften sollten Sozial-, Bildungs- oder Infrastrukturausgaben auf eine Weise finanziert werden, die Geringverdiener nicht überdurchschnittlich belastet, wie es beispielsweise in der DDR die durch die Gewinnabführung verursachten Preissteigerungen tendenziell taten.

Auch jetzt steht die Umverteilungsfrage wieder im Mittelpunkt des Interesses. In der aktuellen Krise wächst zu Recht bei immer mehr Menschen das Gefühl, dass die Lasten der Krise ungleich verteilt sind und dass nicht diejenigen, die die Krise verursacht haben, für deren Kosten aufkommen. Mehr noch, die immer ungleichere Verteilung von Einkommen und Vermögen ist selbst zwar nicht die einzige, aber doch eine wesentliche Ursache der Finanzkrise. Denn wenn wenige über so viel Geld verfügen, dass sie es längst nicht mehr ausgeben können, wird es auf den Finanzmärkten angelegt, wo mit dem Ziel hoher Renditen immer höhere Risiken eingegangen werden. Dass es aber überhaupt zu dieser in den vergangenen zwei Jahrzehnten dramatisch gestiegenen Einkommens- und Reichtumskonzentration kommen konnte, daran hat die Steuerpolitik einen beträchtlichen Anteil. In Deutschland und in den meisten anderen Ländern ist eine gigantische steuerpolitische Umverteilung von unten nach oben in Gang gekommen: durch großzügige Steuergestaltungsmöglichkeiten für Konzerne etwa und durch immer neue Steuersenkungsrunden für SpitzenverdienerInnen, für Kapitalgesellschaften und für KapitalanlegerInnen. Die Mindereinnahmen glichen die Regierungen dann durch Leistungskürzungen, die vor allem die Ärmeren betreffen, sowie durch höhere Steuern auf den täglichen Konsum aus. Letztere bedeuten höhere Mehrwertsteuern, die regressiv wirken, weil GeringverdienerInnen einen überdurchschnittlichen Anteil ihres Einkommens für den Verbrauch ausgeben und jedes Mal dafür Steuern zahlen müssen.

Als die Finanzkrise 2007 ausbrach, sprangen bekanntlich die Staaten ein, um die Banken und das ganze Finanzsystem zu retten. Die Finanzkrise wurde auf diese Weise zur staatlichen Schuldenkrise, und die Schulden, also die Kosten der Krise, müssen letztlich von SteuerzahlerInnen übernommen werden. Nichts liegt da näher als die Forderung, dass nun wenigstens wieder die zur Kasse gebeten werden, die zuvor von der steuerpolitischen Umverteilung profitiert und durch ihre gigantischen Vermögen die Krise mit ausgelöst haben – und zwar nicht nur aus Gerechtigkeitsgründen, sondern auch zur Vermeidung neuer Finanzkrisen.

Steuergerechtigkeit heißt aktuell also zunächst konkret die Wiedereinführung der Vermögensteuer, die deutliche Erhöhung der Spitzensätze bei der Einkommensteuer und die Rücknahme der wiederholten Senkungen der Körperschaftsteuer, die konsequente Bekämpfung der Steuerflucht und Steuervermeidung durch reiche Privatpersonen und Konzerne sowie die Einführung einer Finanztransaktionssteuer. Voraussetzungen dafür sind die Bekämpfung des zwischenstaatlichen Steuersenkungswettbewerbs und das Austrocknen der Steueroasen. Sinnvolle Modelle dafür liegen längst vor, sodass das Nichthandeln der Politik mit Verweis auf die Zwänge der Globalisierung und der globalen Finanzmärkte nicht länger hinzunehmen ist.

Nicola Liebert

Zum Weiterlesen

Liebert, Nicola (2011): Steuergerechtigkeit in der Globalisierung, Münster.
ver.di (2009): Konzept Steuergerechtigkeit – Gerechte Steuern für mehr Zukunftsvorsorge, Berlin.

Streik

Streik ist im Umfeld der politischen Linken ein geflügeltes Wort und dient oft als Projektionsfläche. Nüchtern betrachtet bildet der Streik im Alltag von Menschen die Ausnahme, da er zumeist mit Entbehrungen und Unsicherheiten behaftet ist. Marx hielt fest, dass der Streik zur Verbesserung der Lebensumstände für die ProletarierInnen unumgänglich sei. In der kollektiven Aktion heben sie ihre gegenseitige Konkurrenz vorübergehend auf.

Für Marx waren Streiks zwar wichtig, doch er sah darin keinen → revolutionären Umsturzmoment. Anders schätzten dies (anarcho-)syndikalistische und später autonome bzw. → operaistische Zugänge ein. Insbesondere aus syndikalistischer Perspektive stellt der Streik die wichtigste Kampfform dar. Der Streikbegriff ist hier tendenziell ökonomisch eingegrenzt, was Vorteile und Nachteile birgt. Vorteilig ist die analytische Konzentration auf die strukturelle Macht (Beverly J. Silver), die ArbeiterInnen aufgrund ihrer Stellung im Produktionsprozess haben. Nachteilig ist die Vernachlässigung außerökonomischer Faktoren, zum Beispiel die politische Sphäre. Ihre Kernthese lautete: Nur mit einem Generalstreik kann der Kapitalismus empfindlich getroffen werden, da hier die Mehrwertproduktion direkt angegriffen wird und damit das kapitalistische Arbeitsdispositiv sowie die Kontrolle der KapitalistInnen über die Produktionsmittel in Frage gestellt wird. Die Partei oder gar den Staat, welche bei leninistischen oder sozialdemokratischen Modellen eine wichtige Rolle spielen, lehnten sie als Vermittler ab und vertrauten stärker auf die Spontaneität und Selbstorganisation der Klasse.

Die Debatten der ArbeiterInnenbewegung waren meist von der industriellen Prägung des Streiks gekennzeichnet. Dazu gehört eine spezifische Vorstellung der Subjekte, die zum Mittel des Streiks greifen, nämlich zumeist männliche, weiße Industriearbeiter. Das Phänomen des Streiks ist allerdings älter als die »große Industrie« und auch älter als der Kapitalismus. Der erste schriftlich erwähnte Streik fand 1155 v. Chr. in Theben statt. Aufgrund ausbleibender Zahlungen streikten die Nekropolenarbeiter, und als hochspezialisierte Handwerker waren sie eine wichtige Stütze in der Aufrechterhaltung des ägyptischen Totenkults, der wiederum wichtig war für die pharaonische Herrschaftslegitimation.

Die heute gängige, stark gewerkschaftlich geprägte Definition eines Streiks, wonach abhängig Beschäftigte ökonomischen Druck ausüben, muss angesichts der historischen Bandbreite von Streiksituationen überdacht werden. Die Infragestellung von ideologischen Herrschaftsstrukturen, wie im

Fall des Totenkults in Ägypten, verweist auf die Macht von ArbeiterInnen abseits eines engen ökonomischen Verständnisses. Zudem ist der Begriff der »Abhängigkeit« relational zu denken. Der Begriff Herrschaft enthält immer die Dualität zwischen Herrschenden und Unterworfenen. Letztere sind für Herrschaft aber ebenfalls konstituierend. Sie müssen die mannigfachen Formen von Herrschaftsstrukturen durch die Verausgabung ihres manuellen und kognitiven menschlichen Arbeitsvermögens reproduzieren, und zwar in Formen der Ökonomie, der Bürokratie oder in der symbolischen Ordnung der Herrschaft. Aufgrund dieser Dualität sollte der Begriff der strukturellen Macht über die Sphäre der direkten Mehrwertproduktion hinaus ausgeweitet werden. Beverly Silver betont, dass die Ausübung struktureller Macht nicht nur als reaktives Element der ArbeiterInnenklasse zu betrachten ist, sondern als Bestandteil der kapitalistischen Entwicklungsdynamik. Der Arbeitskampf, und hier nicht nur in Form des Streiks, zwingt das Kapital, sich beständig zu reorganisieren. Diese Sichtweise ist Kernbestandteil einer Theorie der Autonomie der ArbeiterInnenklasse.

Aufgrund der daraus entstehenden Variabilität des Kapitalismus ist seit den 1970er Jahren in Europa eine Transformation der Streikdynamik zu beobachten. Die großen industriell geprägten Streiks, ob gewerkschaftlich gestützt oder nicht, gehen zurück. Stattdessen ist eine Tertiarisierung und Feminisierung zu beobachten. Die Dienstleistungsbereiche werden zu neuen Zentren der Auseinandersetzung. In einem Just-in-time-Kapitalismus können z.B. Beschäftigte im Transportgewerbe große Machtpotenziale aufbauen. Aktuell kann auch eine Zunahme von Streiks im Nahbereich des öffentlichen Sektors beobachtet werden, was nicht nur auf die Sparanstrengungen der Staaten im Zuge der Krise zurückzuführen ist. In diesen Kämpfen wird auch um die Definition von gesellschaftlich »nützlicher« und dem Gemeinwohl zuträglicher Arbeit sowie um Anerkennung und Würde gerungen. Diese Arbeitskämpfe bergen große Potenziale der → »Vergesellschaftung« von Streikbewegungen, da sie sehr direkte Anschlüsse an die Frage von → Commons bzw. Re- und → Dekommodifizierung bieten.

Mario Becksteiner

Zum Weiterlesen

Bewernitz, Torsten (Hrsg.) (2008): Die neuen Streiks, Münster.
Kittner, Michael (2005): Arbeitskampf. Geschichte, Recht, Gegenwart, München.
Precarias a la deriva (2011): Was ist dein Streik? Militante Streifzüge durch die Kreisläufe der Prekarität. Mit einem Anhang von Marta Malo de Molina, Wien.
Silver, Beverly J. (2005): Forces of Labor. Arbeiterbewegung und Globalisierung seit 1870, Berlin.

Suffizienzwirtschaft

Der Begriff Suffizienzwirtschaft (SW) wird auf eine Folge von Ansprachen des thailändischen Königs Bhumipol Adulyadej in Reaktion auf die Asienkrise in den Jahren 1997-1999 zurückgeführt. Nach dem Wirtschaftsboom der 1980er und 1990er Jahre kollabierte 1997 die Finanzbranche und von Thailand ausgehend stürzte die gesamte Region in eine tiefe Finanz- und Wirtschaftskrise. In seinen Reden mahnte der König ein anderes Entwicklungsmodell an und forderte, zu weniger krisenanfälligen lokalen Wirtschaftsformen zurückkehren. SW soll sich an drei Prinzipien ausrichten: Mäßigung, Verhältnismäßigkeit und der Notwendigkeit, gegen äußere Erschütterungen belastbare, widerstandsfähige wirtschaftliche und gesellschaftliche Strukturen zu schaffen. Obwohl die seit 1999 mit SW befassten offiziellen Kommissionen betonen, das Konzept sei nicht auf den ländlichen Raum beschränkt, sondern auch auf alle städtischen Wirtschaftssektoren anwendbar, blieb die genaue Bedeutung eher abstrakt; nur für den ländlichen Bereich liegt ein konkretes Modell vor. Danach geht der König von 15 rai (2,4 ha) Land als Lebensgrundlage für einen Haushalt aus und empfiehlt, jeweils 30% des Landes für Reis, einen Wasserspeicher und Aquakultur, für gemischten Gemüseanbau und für zu verkaufende Produkte zu verwenden. Die verbleibenden 10% sollen für Wohnung, Stallungen und Straßen genutzt werden. Ausgehend von diesen Einheiten sollen Kooperativen gebildet werden, die finanzielle Investitionen in weitere wirtschaftliche Aktivitäten organisieren können.

Obwohl das Konzept als originäre Erfindung des Königs vorgebracht wird, ist die Nähe zur Debatte um → Nachhaltigkeit, zu buddhistischen Konzepten des Mittelwegs und der Mäßigung unübersehbar. Die in Thailand mit der Ausarbeitung beauftragten Kommissionen stehen außerdem in engem Austausch mit Institutionen des Königshauses in Bhutan und des dort verfolgten Konzepts des Bruttonationalglücks. Seine größte Verbreitung und Popularisierung genoss die Idee der SW zwischen 2006 und 2008, als es zur offiziellen Leitlinie der Wirtschaftspolitik erhoben wurde. Gleichzeitig offenbart sich in den politischen Umständen dieser Zeit die Instrumentalisierung, die letztlich zur weitgehenden Diskreditierung des Konzepts geführt hat.

2001 war der Premier Thaksin Shinawatra ebenfalls mit dem Versprechen angetreten, Thailand aus der Krise zu führen und verfolgte ein zweigleisiges Wirtschaftsprogramm aus neoliberaler Globalisierung, flankiert mit Sozialprogrammen, Investitionen in die ländliche Infrastruktur und Konsumkrediten. Nach seiner fulminanten Wiederwahl im Jahr 2005 regte sich zunehmend Widerstand gegen Thaksin im royalistisch-konservativen Lager, wo seine Machtfülle als Bedrohung empfunden wurde. Diese Kräfte ließen Thaksin 2006 durch einen Militärputsch absetzen. Es war diese vom Militär eingesetzte Regierung, die SW zum Leitparadigma erhob und gegen die populären Entwicklungsprogramme Thaksins in Anschlag brachte, die ihm im ländlichen Nordosten breite Unterstützung sicherten. Die Forderung nach Bescheidenheit, Abkehr von Konsum und Mäßigung richtet sich direkt gegen das Entwicklungskonzept und die ländlichen Projekte Thaksins, die wegen ihrer Aussicht auf materielle Besserung populär waren. Es handelt sich bei der SW in dieser Hinsicht um einen Elitendiskurs, der sich in die Vorurteile der städtischen Mittel- und Oberschicht einpasst. Dort wurde die Popularität Thaksins unter der Landbevölkerung als Zeichen für deren politische Unmündigkeit und Anfälligkeit für populistische Programme interpretiert.

KritikerInnen weisen darauf hin, dass zentrale Entwicklungsprobleme Thailands, wie die massive soziale Ungleichheit, nicht thematisiert werden: So werden Forderungen nach einer Landreform oder einer Begrenzung von Landbesitz nicht aufgegriffen. Weiterhin verkenne das Konzept die wirtschaftliche Realität der ländlichen Regionen, die über Arbeitsmigration und kulturelle Globalisierung mit dem Zentrum Bangkok verflochten sind. Außerdem stellt SW keine Abkehr von Fortschrittsgedanken und Wachstum dar: Besonders seit der Generalisierung 2006 zum Wirtschaftsleitbild wird SW von den verschiedenen Konzernen im Sinne einer Unternehmensphilosophie in unverbindlichen Mission-Statements vor sich hergetragen. SW völlig zu verwerfen, wird dem Konzept jedoch nicht gerecht: Der Grundgedanke deckt sich mit Strategien wie → Deglobalisierung, Ideen, die gegenwärtig in der Debatte um → Wachstumskritik oder z.B. in Lateinamerika um den Begriff des → Post-Extraktivismus diskutiert werden. Weiter wurden in Thailand auch widerständige und emanzipative Projekte und Initiativen unter den SW subsummiert, z.T. allerdings ohne Zustimmung der AktivistInnen. Und schließlich nutzen mitunter lokale widerständige Projekte und Initiativen die für SW zur Verfügung gestellten Finanzierungsangebote strategisch.

Wolfram Schaffar

Zum Weiterlesen

Außenministerium des Königreichs Thailand (undatiert): His Majesty's Development Philosophy, Bangkok: Ministry of Foreign Affairs.

Unger, Danny (2009): Sufficiency Economy and the Bourgeois Virtues, in: Asian Affairs, Vol. 36, Nr. 3, S. 139-156.

Walker, Andrew (2008): Interview: Sufficiency Economy, Sufficiency Democracy, and rural constitution, Fah Diew Kan magazine, www.prachatai.com/english/node/746.

Third Wave Feminism

Insbesondere im angloamerikanischen Raum findet sich seit rund 20 Jahren eine Vielzahl von Personen, Projekten und Aktionen unter dem Label »Third Wave Feminism«. Zu den Bewegungsinitiatorinnen zählen die Musikerin und Riot Girl Ikone Kathleen Hanna (Bikini Kill, Le Tigre) oder die Schriftstellerinnen Naomi Wolf (The Beauty Myth) und Rebecca Walker (Ms. Magazine, To be Real: Telling the Truth and Changing the Face of Feminism). Third Wave Feminism bezeichnet eine neue Frauenbewegungsgeneration und grenzt sich in Inhalten und Organisationsformen von vorherigen Wellen ab. Mit Selbstbezeichnung wie »Grrl«, »Chick« oder »Bitch« sollen verniedlichende und abwertende Begriffe positiv umgedeutet werden.

Stark gemacht werden Diversität, → queere und sexpositive Konzepte von Geschlechtlichkeit. Ein Teil der Third Wavers kritisiert an der zweiten Welle ein homogenes Frauenbild, Lustfeindlichkeit oder die Annahme universaler patriarchaler Unterdrückung. Andere wiederum verweisen auf eine verzerrte Wahrnehmung der zweiten Frauenbewegung und heben ihre Errungenschaften hervor.

Hatten die erste und die zweite Frauenbewegung mit dem Wahlrecht für Frauen bzw. politischer und rechtlicher Gleichberechtigung relativ klar definierte Ziele, bleibt die politische Agenda der Third Wave absichtlich diffus. Dies macht zugleich die Stärken und Schwächen der Bewegung aus: Sie verleiht den verschiedenen Widerstands- und Emanzipationsformen junger Frauen ein gemeinsames feministisches Dach, erweitert den AktivistInnenkreis und kann die komplexe Verwobenheit verschiedener Ungleichheitsmechanismen thematisieren. Third Wave bietet also vielfältige Möglichkeiten, wer und wie man → FeministIn sein kann. Kulturelle und identitätspolitische Themen stehen im Vordergrund, Fragen globaler → sozialer Gerechtigkeit, Gewalt und politischer Teilhabe werden ebenso thematisiert. Der Aktivismus folgt keinem festgelegten Programm, ist häufig eher spezifisch, lokal und privat ausgerichtet, findet aber zum Teil auch innerhalb anderer → sozialer Bewegungen seinen Ort. Viele der Third Waver haben Geschlechterforschung studiert und Aktionen richten sich häufig an die Öffentlichkeit auf dem Uni-Campus.

Neben unzähligen kleineren Projekten, Aktionen und Veröffentlichungen, sind im Laufe der Jahre beständigere Projekte entstanden: Seit 1996 erscheint zum Beispiel vierteljährlich das Magazin »Bitch. A Feminist Response to Pop Culture«, ebenso lange unterstützt die »Third Wave Foundation« feministische Projekte junger Frauen und die reproduktiven Rechte junger, armer Frauen (bspw. durch einen Abtreibungsnothilfefonds).

In Deutschland wurden Anfang der 1990er Jahre symptomatisch an Judith Butlers Buch »Gender Trouble« und um queere Politiken ähnliche Debatten geführt. Auch wenn diese abgeebbt sind, scheinen Generationsfragen immer dann akut zu werden, wenn der gesellschaftliche Orientierungsrahmen feministischer Politik zur Disposition steht. Diese Auseinandersetzungen haben nicht zu neuen größeren feministischen Bewegungen oder Bündnissen geführt, auch wenn Praxen – etwa Aktionen gegen Abtreibungsgegner (»1000 Kreuze«), queere, künstlerische und popkulturelle Initiativen (z.B. Ladyfeste) – zunehmen, die in eine ähnliche Richtung wie Third Wave Feminism gehen. Seit 2008 erscheint das Missy Magazin mit popkulturellem Fokus, in dem auch gesellschaftspolitische Themen aus dezidiert feministischer Sicht bearbeitet werden, ein Austausch findet über Blogs wie »Mädchenmannschaft« oder »Mädchenblog« statt. Publikationen wie »Wir Alphamädchen« (Haaf u.a., 2008) oder die »Neue F-Klasse« (Dorn, 2006) werden teils als zum Third Wave Feminism gehörig gezählt, teils als neue elitäre oder »individualistische« Form von Feminismus kritisiert, dem der Fokus auf soziale Gerechtigkeit fehle.

Im April 2011 fand in Toronto der erste Slutwalk statt, eine Demonstration die sich gegen die Mitverantwortung von Opfern sexualisierter Gewalt und die Empfehlung, auf »freizügige« Kleidung zu verzichten, richtet. Diese Form des → Protests hat sich schnell weltweit verbreitet, im August 2011 fand deutschlandweit ein städteübergreifender Slutwalk statt. Teile feministischer Bewegungen und People of Color kritisieren an Slutwalks die freizügige Selbstdarstellung während der Demonstrationen und abwertende Begrifflichkeiten, mit denen nicht-weiße Frauen alltäglich assoziiert werden. Dennoch verschaffen sie feministischen Positionen zu sexueller Selbstbestimmung und körperlicher Unversehrtheit neues Gehör.

Helen Schwenken / Charlotte Ullrich

Zum Weiterlesen

Baumgardner, Jennifer/Richards, Amy (2000): ManifestA: Young Women, Feminism, and the Future, New York.

Heywood, Leslie L. (Hrsg.) (2005): The Women's Movement Today. An Encyclopedia of Third-wave Feminism, 2 Bd., Westport.

Magazine & Blogs: bitchmagazine.org, feministing.com, maedchenmannschaft.net, missy-magazine.de, makeshiftmag.com, msmagazine.com, yfa.awid.org, theangryblackwoman.com

Transnationale Migration

Transnationalität bezeichnet ökonomische, kulturelle, politische und soziale länderübergreifende Verflechtungen und Organisationsformen, die quer zu nationalstaatlichen Grenzen verlaufen. Im engeren, hier verwendeten Sinn ist damit die Verbindung zwischen Privatpersonen über Staatsgrenzen hinweg gemeint. In transnationaler Migration überschreiten MigrantInnen die Grenzen von Nationalstaaten. Sie können durch ihre Lebensführung neue Räume bilden, die als transnationale Räume bezeichnet werden können. Deren Merkmal ist nicht der geografische Ort, sondern die soziale Verflechtung, soziale Praktiken des Austauschs sowie symbolische Repräsentationen. Transnationale Räume werden gebildet durch Zugehörigkeitsgefühle, kulturelle Gemeinsamkeiten, Arbeitszusammenhänge, alltägliche Lebenspraxis und darauf bezogene gesellschaftliche Regulierungen.

Glick-Schiller et al. haben zu Beginn der 1990er Jahre den Begriff in der sozialwissenschaftlichen Forschung stark gemacht, bis heute wird er vorrangig in wissenschaftlichen Zusammenhängen verwendet. Die Forscherinnen weisen darauf hin, dass eine Lebensführung, die in und über mehrere Länder hinweg agiert, eigene soziale Formen ausbildet. Sie betonen das Subjekt als handelndes Subjekt, das aktive, gestaltende Potenzial der MigrantInnen in der Herausbildung von sozialem Leben jenseits altbekannter geografischer, politischer und kultureller Grenzen. Die Überwindung der Grenzen durch die Individuen, die Verbindung über Kulturen und nationalstaatliche Regelungen hinweg ist damit Teil einer supranationalen Praxis der Vernetzung, die neue Denkweisen, Kommunikationsbeziehungen und Strukturen ermöglicht. Diese antworten auf durch Migration entstehende Lebensbedingungen und beinhalten Veränderungspotenziale für die Menschen in Herkunftsländern und in Zielländern der Migration (→ Autonomie der Migration). Dem Begriff ist damit die Kritik an einigen Annahmen inhärent: den Annahmen einer kulturell engen, heimatbezogenen Lebensführung von migrantischen Communities und der Abweichung migrantischer Lebensführung (was sich in Begriffen wie ethnisches Ghetto, Parallelgesellschaft etc. widerspiegelt) sowie der Annahme, dass das soziale Leben in den Grenzen von Nationalstaaten verlaufen und damit der Nationalstaat als Ausgangspunkt des Sozialen vorausgesetzt werden müsse.

In der Diskussion um transnationale Migration wird auf Widersprüche aufmerksam gemacht und damit vor allzu großer Euphorie ob des kritischen Potenzials gewarnt: Historisch ist weder die Migration selbst noch die Herausbildung transnationaler Räume neu, dennoch haben Form und Vielfalt des Austauschs – vor allem durch moderne Medien und Transportmöglichkeiten – an Intensität enorm zugenommen. Dies ist wiederum eng mit einer kapitalistischen Globalisierungslogik verbunden: Migration ist auch als Antwort auf Globalisierung zu sehen. Viele MigrantInnen verlassen ihre Herkunftsländer auf der Suche nach Arbeit und bedienen damit die Nachfrage nach Arbeitskraft. Wie das Kapital, das nicht der nationalstaatlichen Logik folgt, bilden auch sie Gemeinschaften, die weder an die geografische Lage noch an die Grenzen des Nationalstaats gebunden sind. Das bedeutet jedoch nicht, dass staatliche und suprastaatliche Migrationspolitiken für sie weniger wichtig wären. Der Nationalstaat muss wohl oder übel durch seine restriktiven Praktiken bezüglich der Migration Bezugspunkt bleiben. Zugleich eröffnet der Begriff der transnationalen Migration eine Perspektive, die aufzeigt, dass eben jener Nationalismus überhaupt erst ein »Problem Migration« schafft, das er dann versucht in Form von Regulierungen der Migration, Kriminalisierungen und Grenzen zu bearbeiten.

Dass der Begriff der transnationalen Migration eine relative Offenheit aufweist, ist problematisch, birgt aber auch Potenziale: Transnationale Räume überwinden einen geografischen Raumbegriff. Einige sehen die migrantische Biografie als Hauptbezugspunkt des transnationalen Raumes – in seiner Biografie vereint das Individuum verschiedene Orte in sich und wird damit selbst zur Verkörperung des transnationalen Raumes. In dem Netzwerkcharakter, der für das Transnationale der Migration charakteristisch ist, werden zudem Potenziale vermutet, die → gegenhegemoniale Entwürfe umsetzbar werden lassen.

Susanne Spindler

Zum Weiterlesen

Glick Schiller, Nina/Basch, Linda/Szanton-Blanc, Cristina (Hrsg.) (1992): Towards a Transnational Perspective on migration, Annals of the New York Academy of Science 645, New York.

Glick-Schiller, Nina/Çaglar, Ayse (Hrsg.) (2010) Locating Migration: Rescaling Cities and Migrants, Ithaca.

Pries, Ludger (2008): Die Transnationalisierung der sozialen Welt. Sozialräume jenseits von Nationalgesellschaften, Frankfurt a.M.

Transit Migration Forschungsgruppe (Hrsg.) (2007): Turbulente Ränder. Neue Perspektiven auf Migration an den Grenzen Europas, Bielefeld.

Trotzkismus

Es begann am Anfang des 20. Jahrhunderts, als der junge russische Revolutionär Leo Trotzki die → marxistische Theorie des → Sozialismus um die Erkenntnis bereicherte, dass es in der gerade angebrochenen Epoche eines neuen, imperialistisch vernetzten Weltmarktkapitalismus möglich und – unter bestimmten Bedingungen – sogar wahrscheinlich sei, dass die von Marx und Engels einst für die industriell fortgeschrittenen Länder anvisierte Diktatur des Proletariats zuerst in jenen rückständigen Ländern der weltwirtschaftlichen Peripherie errichtet werden könne, die nach der orthodoxen Theorie noch gar nicht reif dazu waren. Bürgerliche und sozialistische → Revolution fallen zusammen, wo sich die bürgerliche Klasse der in Rückständigkeit gehaltenen Länder nicht vom einheimischen Feudaladel und vom Weltmarkt, sprich: vom ausländischen Kapital, freimachen könne und die an sich bürgerlich-demokratischen Aufgaben (Agrarrevolution und nationale Unabhängigkeit) nicht löse. Trotzki nannte dies die permanente Revolution: »Unter gewissen Bedingungen können zurückgebliebene Länder früher als die fortgeschrittenen zur Diktatur des Proletariats kommen, aber später zum Sozialismus.« Dieser kühne Gedanke hatte Folgen. Trotzki wurde nicht nur der Organisator der Oktoberrevolution von 1917, er wurde auch zum erbitterten Feind der nachrevolutionären Sowjetbürokratie, der er mit reichlich Autorität den vermeintlich sozialistischen Charakter absprach.

Der Begriff des »Trotzkismus« wurde deswegen erstmals als denunzierender Kampfbegriff der sich stalinisierenden kommunistischen Bewegung verwendet. Positiv gefasst war er der Versuch, seit 1923 eine Linke Opposition zum aufkommenden Stalinismus zu bilden, die zum aktiven Kampf gegen die Bürokratisierung des nachrevolutionären Staates aufrief und eine Rückkehr zur innerparteilichen Demokratie und schließlich zum radikaldemokratischen → Rätesozialismus forderte. Ökonomisch setzte die Linke Opposition auf eine zunehmende Industrialisierung mittels Planwirtschaft (allerdings ohne Zwang), lehnte jedoch die Stalinsche Theorie, dass man so den »Sozialismus in einem Lande« aufbauen könne, als Illusion und Herrschaftsideologie einer nachrevolutionären Bürokratie ab. In den 1930er Jahren, im Angesicht des Versagens der kommunistischen Weltbewegung, den Aufstieg der faschistischen Barbarei zu stoppen und die sozialistische Weltrevolution fortzusetzen, wurde der Trotzkismus so zum Versuch, eine neue sozialistische Weltbewegung jenseits von sozialdemokratischem Reformismus und stalinistischer Erziehungsdiktatur aufzubauen. »Die weltpolitische

Lage in ihrer Gesamtheit ist vor allem gekennzeichnet durch die historische Krise der Führung des Proletariats«, schrieb Trotzki im Gründungsprogramm der IV. Internationale von 1938. Die Gratwanderung der 1950er bis 1970er Jahre, gleichzeitig das politische Erbe des klassischen Marxismus zu verteidigen und eine den gewandelten historischen Umständen entsprechende neue politisch-soziale Weltbewegung aufzubauen, charakterisierte seitdem die trotzkistische Bewegung und hat ihre Homogenität nicht gerade gefördert. Vor allem an der Frage der Einschätzung des Charakters und der Dynamik der »sozialistischen« Übergangsgesellschaften, zu der trotzkistische Autoren Pionierhaftes und Bleibendes beigetragen haben, hat sich die Bewegung mehrfach zerstritten und gespalten.

In den 1980er Jahren schließlich, und vor allem nach dem Epochenbruch 1989-1991, wurde den meisten der inzwischen vielfältigen Trotzkismen klar, dass es nicht mehr nur darum gehen kann, einer an sich revolutionären Arbeiterbewegung eine neue Führung anzubieten. Seitdem orientiert sich die IV. Internationale auf eine sowohl gewerkschaftliche wie politische Erneuerung der weltweiten ArbeiterInnenbewegung in der Tradition eines → radikaldemokratischen Rätesozialismus und auf eine Vereinigung der heterogenen revolutionär-sozialistischen Kräfte. Sie engagiert sich nicht zuletzt in den verschiedenen globalen → sozialen Bewegungen für einen neuen → Internationalismus in der Tradition der revolutionären Arbeiterbewegung: »Nimmt man England und Indien als die Gegenpole kapitalistischer Typen, so muss man feststellen, dass der Internationalismus des britischen und des indischen Proletariats sich keineswegs auf die *Gleichartigkeit* der Bedingungen, Aufgaben und Methoden stützt, sondern auf ihre untrennbare *gegenseitige Abhängigkeit*. Erfolge der Freiheitsbewegung in Indien setzen die revolutionäre Bewegung in England voraus und umgekehrt. Weder in Indien noch in England ist die Errichtung einer *selbständigen* sozialistischen Gesellschaft möglich. Beide werden als Teile in eine höhere Gesamtheit eingehen müssen. Darin und nur darin besteht das unerschütterliche Fundament des marxistischen Internationalismus.« (Leo Trotzki 1930)

Christoph Jünke

Zum Weiterlesen

Alles, Wolfgang (Hrsg.) (1989): Die Kommunistische Alternative. Texte der Linken Opposition und IV. Internationale 1932-1985, Frankfurt a.M.

Bensaid, Daniel (2004): Was ist Trotzkismus?, Köln.

Kellner, Manuel (2004): Trotzkismus. Einführung in seine Grundlagen – Fragen nach seiner Zukunft, Stuttgart.

Mandel, Ernest (1982): Revolutionärer Marxismus heute, Frankfurt a.M.

Umsonstökonomie

Umsonstökonomie basiert auf der Grundidee, Nehmen und Geben zu entkoppeln. Damit entspricht sie dem Marxschen Ideal, »Jeder nach seinen Fähigkeiten, jedem nach seinen Bedürfnissen!« Hierin spiegelt sich eine wertkritische Grundeinstellung. Während selbst in Tauschringen menschliche Eigenschaften und menschliches Tun als abstrakte Werte getauscht und damit letztlich auf ihren Wert reduziert werden, wird in der Umsonstökonomie diese Tauschlogik überwunden. Von Umsonstökonomie kann nur gesprochen werden, wenn das Prinzip der Offenheit bewahrt wird; somit ist dieser Ansatz von Kollektiven zu unterscheiden. Ebenso wenig darf Umsonstökonomie mit Einrichtungen verwechselt werden, welche sich speziell an Bedürftige richten. Der Grundsatz lautet: Alles für alle. Umsonstinitiativen existieren meist als Projekte, die einen Teil der Bedürfnisse abdecken, und in seltenen Fällen als (offene) Gemeinschaften, die versuchen, die Befriedigung der Grundbedürfnisse auf dieser Basis zu organisieren. In der Umsonstökonomie spiegelt sich die Unterscheidung von Besitz und Eigentum, wie sie auch bei → Commons wesentlich ist: Nicht das Eigentumsverhältnis zählt, sondern der Besitz, also wer etwas gerade aktiv in Gebrauch hat. Fällt jemandem etwas aus dem Besitz, weil es nur noch nutzlos herumsteht, wird die Ressource freigegeben für eine andere Person.

Umsonstläden sind wohl der bekannteste Ausdruck von Umsonstökonomie: Alles, was brauchbar ist, kann gebracht werden; alles, was gebraucht wird, genommen werden (www.umsonstladen.de). Im Jahr 2011 existieren allein in Deutschland ca. 60 Umsonstläden, wobei allerdings nicht alle aus den o.g. Grundsätzen der Umsonstökonomie entstanden, sondern teilweise eher karitativ oder ökologisch ausgerichtet sind. Umsonstinitiativen bestehen auch im Internet (u.a. www.alles-und-umsonst.de).

Auch in anderen Ländern existieren *free shops*, u.a. in den Niederlanden und in den USA, doch nur in reichen Ländern, in denen Überfluss herrscht. Im Gegensatz zu dementsprechenden Kritiken, dass die Produktionssphäre nicht mit einbezogen werde, wird dieser Reichtum von Aktivist_innen der Umsonstökonomie bewusst genutzt: Es gehe darum, die Reste der Gesellschaft zu verwerten und somit der Wegwerfgesellschaft etwas entgegenzusetzen. Der Prozess des Recycelns schließt wiederum produktive Tätigkeiten mit ein. Damit verbunden besteht auch eine Kampagne gegen Nahrungsmittelvernichtung. In diesem Sinne kann auch *Containern* zur Umsonstökonomie gezählt werden, d.h. aus Containern bei Supermärkten, Großbäckereien,

Gemüsehändlern nach weggeworfenem Essen zu suchen. Teilweise bestehen jedoch auch Vereinbarungen mit Bäckereien, Großhändlern oder auch Bauernhöfen, nicht zu verkaufendes Essen (bspw. da es der EU-Norm nicht entspricht) abholen zu dürfen. Solches Essen bietet häufig auch die Grundlage für *Volxküchen*, die umsonst oder gegen Spende öffentlich kochen.

Des Weiteren zur Umsonstökonomie zu zählen sind *NutzerInnengemeinschaften* (NutziGems), also Personen, die etwas gemeinschaftlich nutzen. NutziGems basieren auf dem Prinzip, dass nicht alle alles als Eigentum haben müssen, nur um es ab und zu gebrauchen zu können. Dies können Gegenstände sein, Infrastrukturen oder auch Fertigkeiten und Wissen. Auch NutziGems bestehen sowohl lokal (bspw. an einen Umsonstladen angeschlossen) als auch webgestützt.

Obwohl keine Umsonstökonomie, so ist in diesem Zusammenhang dennoch der Verweis auf *Nichtkommerzielle (Re-)Produktion* sinnvoll, da auch dabei ohne Tauschlogik gewirtschaftet wird: ein landwirtschaftlicher Betrieb, eine Naturheilpraxis, ein Backkollektiv, eine Baugruppe – die Menschen hierin sind tätig, um ihre Leistungen grundsätzlich an alle, die diese benötigen, abzugeben. Gegenseitigkeit ist dabei nicht Bedingung für die Abgabe, jedoch selbstverständlich notwendig für das mittel- und langfristige Bestehen dieser Ansätze. Ebenfalls etwas anders geartet waren die inzwischen ehemaligen Initiativen »Berlin umsonst«, »Hamburg umsonst« etc., welche durch spektakuläre direkte Aktionen freien Zugang zu Bädern, Museen, Konzerten, Kinos etc. praktizierten. Massive Repression führte zu deren Ende – zeigt aber auch, welche Ängste bestehen, der → Alltagsverstand könne durch solche Aktionen verschoben werden.

All diesen Ansätzen ist die Überzeugung gemein, dass sich eine bessere Gesellschaft nicht erobern, sondern nur schaffen lässt. Auf der Website der Wiener Initiative W.E.G. (www.geldlos.at) heißt es: »Wir wollen eine freie Assoziation und Kooperation von Menschen, die nicht tauschen, sondern teilen, nicht konkurrieren, sondern zusammenhelfen ... Unser Projekt soll ein Beitrag sein für eine globale soziale Bewegung, die sich dieses Ziel setzt. DIE TRANSFORMATION SIND WIR!«

Friederike Habermann

Zum Weiterlesen

Habermann, Friederike (2011): Solidarität wär' eine prima Alternative. Oder: Brot, Schoki und Freiheit für alle, rls-paper, www.rosalux.de/publication/37369/solidaritaet-waer-eine-prima-alternative.html

http://demonetize.it

Umverteilung

In kapitalistischen Gesellschaften sind Verteilungsstruktur und -mechanismen zunächst durch die Funktionsprinzipien von Märkten, der besitzindividualistischen Eigentumsordnung sowie asymmetrischen Machtstrukturen geprägt. Dabei bringt die kapitalistische Eigentumsordnung eine spezifische Aneignungsordnung hervor. In dieser wird den BesitzerInnen der Produktionsmittel das Recht auf die private Aneignung der Wertschöpfung zugestanden, die aus der Anwendung der menschlichen Arbeitskraft hervorgeht. Die so generierte Verteilungsordnung führt zu einer systematischen Ungleichverteilung von Einkommen, Vermögen und sozialen Lebenschancen zwischen den Klassen bzw. innerhalb der Klasse der Lohnabhängigen sowie zu einer Übernutzung der Naturressourcen und Senken. Gleichwohl sind innerhalb der kapitalistischen Grundstruktur unterschiedliche sozialökonomische Entwicklungsmodelle möglich, die sich mit Blick auf ökonomische Effizienz und soziale Gerechtigkeitskriterien unterscheiden und über die in sozialen Kämpfen und politischen Aushandlungskonflikten entschieden wird.

In den kapitalistischen Metropolen des Nordens, vor allem in Westeuropa, bildete sich nach dem Zweiten Weltkrieg der sozialdemokratisch-keynesianische Wohlfahrtsstaat heraus. Er zielte auf die Korrektur der strukturell ungleichen, markt- und machtvermittelten Verteilung durch Umverteilungspolitik (»Sekundärverteilung«). Gleiches galt für die (Tarif-)Politik der Gewerkschaften, denen im Rahmen des wohlfahrtsstaatlichen Klassenkompromisses eine wichtige, oftmals institutionell abgesicherte Rolle zukam (»Primärverteilung«). Auch wenn der Wohlfahrtsstaat die Basisstruktur der kapitalistischen Eigentums- und Aneignungsordnung nicht aufhob, Frauen und MigrantInnen in der Arbeits- und Lebenswelt Gleichstellung vorenthielt und auf einem naturzerstörenden Wachstumsmodell beruhte, konnte er doch ansehnliche Umverteilungserfolge und für große Teile der Bevölkerung einen historisch einmaligen Lebensstandard realisieren. Seit Beginn der 1980er Jahre ist dieser Wohlfahrtsstaat aufgrund der Entwicklungskrise des fordistischen Akkumulationsregimes, der konzeptionellen Defizite seiner Anhänger und der Offensive neoliberaler und neusozialdemokratischer Politiken in die Krise geraten. An die Stelle des Wohlfahrtsstaates trat der kapital- und marktfördernde Wettbewerbsstaat und das wohlfahrtsstaatliche Verteilungsregime wurde schrittweise durch ein neues Modell der »Akkumulation durch Enteignung« (D. Harvey) verdrängt. In der großen Krise des Finanzmarktkapitalismus eskalierten die Widersprüche des neuen Regimes und die hegemoniale Krisenpolitik setzte die Umverteilung des gesellschaftlichen Reichtums zugunsten des (Finanz-)Kapitals fort.

Emanzipatorische Politik kann sich nicht in der Verteidigung der Restbestände des traditionellen Wohlfahrtsstaates erschöpfen. Ihre Perspektive liegt vielmehr in einem neo-solidarischen (Um-)Verteilungsregime, das die kapitalistischen Verteilungsmechanismen demokratisch korrigiert: Erstens Zurückdrängung prekärer Arbeit (→ Entprekarisierung) und die (Um-)Verteilung von sozial geschützter, gesellschaftlich sinnvoller und ökologisch verträglicher Erwerbsarbeit, die sich nicht zuletzt an → geschlechterdemokratischen Kriterien zu orientieren hat (»Umverteilung von Arbeit«). Zweitens Umverteilung von Einkommensströmen und Vermögensbeständen über eine solidarische Einkommenspolitik der Gewerkschaften und eine progressive Steuer- und Abgabenpolitik des Staates (→ Steuergerechtigkeit). Die so zu gewinnenden Ressourcen sollten drittens in die Stabilisierung bedarfsorientierter Sozialsysteme und in das Angebot an öffentlichen Gütern (in den Bereichen Bildung, Gesundheit, Mobilität, Kommunikation sowie familiäre Reproduktion) investiert werden, die ohne soziale Zugangsschranken zugänglich sein müssen (»Umverteilung von Lebenschancen«). Schließlich wäre viertens eine Einschränkung und Neuverteilung des Naturverbrauches unverzichtbar, der innerhalb der kapitalistischen Metropolen sowie zwischen diesen und anderen Weltregionen stattfinden und mit einer grundlegenden Erneuerung der energetischen Grundlage des Wirtschaftens verbunden werden muss (»Umverteilung von Naturverbrauch«).

National organisierte Gewerkschaften und Nationalstaaten werden in diesem Verteilungsregime Schlüsselakteure bleiben müssen. Gleichwohl müssen die neuen Verteilungsstrukturen und -mechanismen auch über transnationale Governance-Strukturen institutionell fixiert werden. Das setzt die Überwindung der großen Krise des Finanzmarkt-Kapitalismus, vor allem aber die Ablösung des Akkumulationsregimes der Enteignung durch ein sozial und ökologisch verträgliches Entwicklungsmodell voraus – damit weist ein Projekt der progressiven (Um-)Verteilung über die finanzkapitalistische Eigentums- und Aneignungsordnung hinaus.

Hans-Jürgen Urban

Zum Weiterlesen

Altvater, Elmar (2010): Der große Krach, Münster.

Harvey, David (2005): Der neue Imperialismus, Hamburg.

Urban, Hans-Jürgen (2004): Aktivierung und Eigenverantwortung. Stützpfeiler einer neuen Wohlfahrtsarchitektur?, in: WSI Mitteilungen, Nr. 9, S. 467-473.

Uni für alle

Der Slogan »Uni für alle!« kann als wichtiger Kampfbegriff der transnationalen Bildungsbewegung beschrieben werden. Unter ihm subsumieren sich nicht nur die Kritiken an der sozialen Selektivität des Bildungswesens und der damit einhergehenden Reproduktion sozialer Ungleichheiten, sondern auch an der Ökonomisierung und Privatisierung von Bildung, der Entdemokratisierung der Hochschulen, der Prekarisierung von (Jung-)Wissenschaftler_innen, der Verschulung und Disziplinierung von Studiengängen sowie der nicht ausreichenden Finanzierung von Bildungseinrichtungen.

Ihren vorläufigen Höhepunkt erlebte die transnationale Bildungsbewegung 2009 und 2010. In Chile, den USA, England, Deutschland, aber auch in vielen anderen Ländern vernetzten sich Studierende und Lehrende in den Hochschulen. Sie gingen oft mehrere Monate lang auf die Straßen, besetzten Hörsäle, diskutierten über die Ursachen und Probleme der Bildungsmisere und entwarfen dabei alternative Bildungskonzepte. »Uni brennt« – die österreichische Ausformung der Bildungsbewegung – setzte sich beispielsweise intensiv mit Formen der → Demokratisierung der Unis und der Möglichkeit selbstbestimmten Lernens auseinander.

Dass höhere Bildung in sozialen Kämpfen aktuell eine so große Rolle spielt, lässt sich insbesondere aus ihrer veränderten Rolle in der gegenwärtigen Gesellschaftsformation erklären. Gab es im 19. und Anfang des 20. Jahrhunderts, aber auch im Zeitalter des Fordismus keinen Bedarf an massenhaft gut ausgebildeten Lohnabhängigen, so baut der Kapitalismus im globalen Norden seit den 1970er Jahren auf gut ausgebildete, sich zur permanenten Weiterbildung verpflichtende »unternehmerisch denkende« Subjekte.

Während die Kritikpunkte am Bildungssystem von einem Großteil der Aktivist_innen geteilt werden, gibt es sehr verschiedene Einschätzungen hinsichtlich der Ursachen der Bildungsmisere, aber auch unterschiedliche politische Strategien bezüglich der Durchsetzung eines alternativen Bildungssystems. Die Diskussionen entzünden sich vor allem an Fragen um den Charakter von Bildung sowie an Möglichkeiten alternativer Formen von Bildung im Kapitalismus. Eine Vorstellung betont insbesondere die Rolle von Hochschulen als Orte der Produktion und Weitergabe von Wissen. Da hier gesellschaftlicher Fortschritt zentral vorangetrieben wird, muss es allen Menschen ermöglicht werden, an den universitären Prozessen zu partizipieren. Studiengebühren, mangelnde Beihilfensysteme, Drop-Out-Prüfungen, aber auch verschulte Lehrpläne wirken sozial selektiv und verhindern somit einen allgemeinen Hochschulzugang. Des Weiteren steht die im Zuge der Anpassung der Hochschulen an die Anforderungen des Arbeitsmarktes forcierte Einengung der Form (B.A.-M.A.-Struktur, Bologna-Prozess) und der Inhalte des Studiums im Gegensatz zum Ideal einer Hochschullandschaft, die → emanzipatorische Bildung befördert und entsprechendes Wissen produziert. Kritisches Wissen wird unter den gegebenen Bedingungen vielfach als »unnütz« erachtet und – im besten Fall – in den Bereich der freien Wahlfächer verschoben, während große Unternehmen, die in die Hochschulen investieren, vermehrt die Möglichkeit erhalten, Werbung zu machen und die Inhalte des Studiums ihren jeweiligen Interessen anzupassen. Der damit von den Hochschulen vorangetriebene gesellschaftliche »Fortschritt« dient heutzutage dementsprechend vorrangig der Perpetuierung gesellschaftlicher Herrschaftsverhältnisse. Eine andere Sichtweise betont die enge Beziehung von Bildungssystemen und der kapitalistischen Produktionsweise. Die Produktion und Weitergabe von Wissen wird hier immer schon als eng verbunden mit Profit- und Wettbewerbslogiken und der Durchsetzung und Reproduktion sozialer Macht- und Herrschaftsverhältnisse gedacht. Dass Kinder aus Arbeiter_innenhaushalten es kaum auf die Universitäten schaffen, Universitäten streng hierarchisch aufgebaut sind und selbstbestimmtes, kritisches Studieren kaum Unterstützung findet, lässt sich also auf die enge Verzahnung von Bildung und Kapitalismus zurückführen.

Ziel aller Ansätze ist es, Bildung abseits von Sachzwängen denken zu können und progressive Formen von Wissensproduktion, -aneignung und -distribution durchzusetzen. Die Strategien zur Durchsetzung eines alternativen Bildungssystems variieren jedoch zwischen konkreten Versuchen zur Aufhebung der Missstände an den Universitäten und Versuchen, bildungspolitische Forderungen mit systemüberwindenden Perspektiven und breiteren → sozialen Bewegungen zu verbinden. In diesem und vielen anderen Spannungsfeldern bewegt sich eine der aktuellsten, transnational ausgerichteten sozialen Bewegungen. Gemeinsam sind ihr jedoch der Bruch mit dem neoliberalen → Alltagsverstand und das – implizite oder explizite – Infragestellen der gegenwärtigen gesellschaftlichen Ordnung.

Julia Hofmann

Zum Weiterlesen

Perspektiven. Magazin für linke Theorie und Praxis (2010): Schwerpunkt: Kämpfe um Bildung, Nr. 10.

Osten, Marion von (2009): Reformpause! Zur Genealogie aktueller Bildungsreformen, Wien.

www.gew.de

Vergesellschaftung

Für die sozialistische Arbeiterbewegung bedeutete Vergesellschaftung die Überführung von individuellem Privateigentum an Produktionsmitteln in das Eigentum von Gesellschaftern bzw. in das Eigentum der Gesellschaft (→ öffentliches Eigentum), in der sich Menschen genossenschaftlich assoziieren bzw. in deren Namen der demokratische Staat handelt. Kapitalismus beruht auf dem Privateigentum an den Produktionsmitteln. Der individuelle Kapitalist oder die AktionärInnen eignen sich kraft ihrer Eigentumsverfügung, zu der auch die Verfügung über die Arbeitskraft gehört, das Mehrprodukt an. Durch die Vergesellschaftung der Produktionsmittel soll der Widerspruch zwischen dem gesellschaftlichen Charakter der Produktion und der privaten Aneignung – damit auch die subalterne gesellschaftliche Klassenlage des Proletariats – aufgehoben werden. Vergesellschaftung bedeutete daher nicht nur eine Änderung der Eigentumsform, sondern gesellschaftliche → Aneignung verlangt ein System der rationalen Planung der Wirtschaft, der Produktivkraftentwicklung und der Gesellschaft – »unter Beteiligung aller Mitglieder der Gesellschaft« (Engels). Die Gründung von → Genossenschaften (Produktions-, Konsum-, aber auch Kreditgenossenschaften) war früh Bestandteil der Programme der Arbeiterbewegung.

Seit dem späten 19. Jahrhundert setzt sich mit der Bildung der modernen Aktiengesellschaften ein Prozess der Vergesellschaftung des Privateigentums – innerhalb der »Grenzen der kapitalistischen Produktionsweise« (MEW 25: 452) – durch. Je komplexer die Funktionsbedingungen der kapitalistischen Ökonomie werden, umso mehr müssen die allgemeinen Bedingungen der Produktion (Bildung, Infrastruktur etc.) durch den Staat gewährleistet werden. Post, Fernmeldewesen und Eisenbahnen wurden in vielen Staaten – auch im Interesse des Militärs – als Staatsunternehmen betrieben; mit dem Wachstum der Großstädte entstand kommunales Eigentum (Energieversorgung, Transport, Bildungs- und Gesundheitswesen etc.).

Nach der Oktoberrevolution setzte sich in der Sowjetunion ein staatssozialistisches System (Staatseigentum und zentrale staatliche Planung) durch, das durch eine Diktatur gesichert wurde und damit verhinderte, »dass die Gesellschaft offen und ohne Umschweife Besitz ergreift von den jeder anderen Leitung außer der ihrigen entwachsenen Produktivkräfte« (Engels). Am Ende des Ersten Weltkrieges vertraten die sozialdemokratischen Parteien in Westeuropa umfassende Sozialisierungsmaßnahmen, vor allem der so genannten »Schlüsselindustrien« (Grundstoffindustrien). Gleichzeitig unterstützten sie – als Programm der → »Wirtschaftsdemokratie« – die Ausweitung eines genossenschaftlich verfassten gemeinwirtschaftlichen Sektors. Nach dem Ende des Zweiten Weltkrieges bildete sich in Westeuropa – in unterschiedlichen Varianten und als Fundament des »fordistischen Klassenkompromisses« – ein System der »gemischten Wirtschaft« heraus. Der privatwirtschaftliche Sektor existiert neben einem entwickelten Staatssektor, der weite Teile der öffentlichen Daseinsvorsorge, der Infrastruktur, der sozialstaatlichen Regulation und – in einzelnen Ländern – auch Schlüsselsektoren der Wirtschaft (Bergbau, Stahlindustrie, Automobilproduktion usw.) umfasste. Nach den Erfahrungen des »Zeitalters der Katastrophen« (Kriege, Weltwirtschaftskrise, Faschismus) sollte dieser entwickelte Staatssektor, dessen Kriterium »non profit« ist, einerseits soziale Sicherungen (→ Sozialstaat) gewährleisten, aber auch ein krisenfreies Wirtschaftswachstum sichern.

Die neoliberale Politik der Privatisierung und Deregulierung hat in den vergangenen Jahrzehnten diese Tendenz zur Vergesellschaftung zurückgefahren: Nach der Privatisierung großer Staatsunternehmen im Bereich Telekommunikation, Transport, Energie werden weite Bereiche der öffentlichen Daseinsvorsorge privatisiert und der Kapitalverwertung geöffnet. Damit verschlechtern sich in der Regel die Arbeitsbedingungen der in diesen Sektoren tätigen Lohnabhängigen sowie die Qualität der angebotenen Dienstleistungen. Außerdem wird die demokratische Kontrolle über diese Unternehmungen beseitigt. Für die Linke in den Kapitalmetropolen stellt sich zunächst die Aufgabe, den Widerstand gegen die Politik der Privatisierung zu organisieren und zu unterstützen. Zudem wird dabei die Frage nach der demokratischen Kontrolle dieser öffentlichen Eigentumsformen sowie der Selbstverwaltung der Institutionen zentral. Eine solidarische Gesellschaft zeichnet sich nicht durch Staatszentralismus aus, sondern durch einen breiten »Non-Profit-Sektor« im Bereich der öffentlichen Daseinsvorsorge sowie durch verschiedene Formen des Eigentums.

Frank Deppe

Zum Weiterlesen

Altvater, Elmar/Sekler, Nicola (2006): Solidarische Ökonomie, Hamburg.

Behrens, Fritz (1992): Über eine sich selbst verwaltende Gesellschaft, in: ders., Abschied von der sozialen Utopie, Berlin, S. 97-113.

Engels, Friedrich (1962): Sozialismus, in: Anti-Dühring (1878), in: MEW 20, S. 239-303.

Lichtblau, Karl (2001): Vergesellschaftung, in: Historisches Wörterbuch der Philosophie, Bd. 11, S. 666-671.

Robelin, Jean (1989): Vergesellschaftung, in: Haug, W. F. (Hrsg.): Kritisches Wörterbuch des Marxismus, Bd. 8, Berlin, S. 1370-1378.

Verstaatlichung

Verstaatlichung bedeutet die Enteignung und Überführung von (Privat-)Eigentum ganz oder teilweise in Staatseigentum bzw. in die Dispositionsgewalt des Staates oder einer anderen öffentlichen Körperschaft. Ziel von Verstaatlichung ist, bestimmte Sektoren der Verfügungsgewalt von privatem Kapital zu entziehen. Meist handelt es sich um Produktionsmittel in Schlüsselindustrien, strategisch wichtige Rohstoffquellen oder bedeutende Infrastruktur, vor allem Verkehrs- und Versorgungsbetriebe.

Marx und Engels erklärten 1848 im Manifest der Kommunistischen Partei: »Das Proletariat wird seine politische Herrschaft dazu benutzen, der Bourgeoisie nach und nach alles Kapital zu entreißen, alle Produktionsinstrumente in den Händen des Staats, d.h. des als herrschende Klasse organisierten Proletariats, zu zentralisieren« und postulierten: »1. Expropriation des Grundeigentums …. 5. Zentralisation des Kredits in den Händen des Staats durch eine Nationalbank mit Staatskapital und ausschließlichem Monopol. 6. Zentralisation des Transportwesens in den Händen des Staats.« Marx, Engels, Lenin und Trotzki betrachteten die Verstaatlichung der Produktionsmittel als notwendigen Zwischenschritt hin zur → Vergesellschaftung und Übernahme der Produktion durch die ArbeiterInnen. Einige kommunistische Strömungen zogen daraus den Schluss, die Verstaatlichung des Kapitals sei → Sozialismus. Verstaatlichung bedeutet aber weder eine Überwindung kapitalistischer Arbeitsteilung, Ausbeutung oder Konkurrenz, noch eine → Demokratisierung der Produktion. In den staatssozialistischen Systemen verlor die Bourgeoisie zwar die politische und ökonomische Macht, doch die kapitalistischen Gesetzmäßigkeiten blieben bestehen. In → trotzkistischen, → rätekommunistischen und undogmatischen linken Strömungen wird das sowjetische Modell daher oft als Staatskapitalismus bezeichnet. Heute ist die Gleichsetzung von Verstaatlichung und Sozialismus eher in wirtschaftsliberalen Diskursen zu finden. Dabei wurden selbst in England und Frankreich nach dem Zweiten Weltkrieg die Eisenbahn, Montanindustrie und Stromversorgung verstaatlicht; in Frankreich auch Banken, Versicherungen und Renault.

Die meisten Verfassungen der Welt behalten dem Staat Enteignungen im Interesse des Gemeinwohls vor. Im Zuge von Infrastrukturmaßnahmen sind diese bis heute – gegen Entschädigung – allgemein üblich. Im deutschen Grundgesetz steht: »Grund und Boden, Naturschätze und Produktionsmittel können zum Zwecke der Vergesellschaftung durch ein Gesetz, das Art und Ausmaß der Entschädigung regelt, in Gemeineigentum oder in andere

Formen der Gemeinwirtschaft überführt werden.« (Art. 15) Dennoch kamen Enteignungen in Deutschland nur selten vor, so etwa im Braunkohle-Tagebau der Lausitz oder in der Ex-BRD für den Rhein-Main-Donau-Kanal. In der DDR waren Betriebe und Bodenschätze als »sozialistisches Eigentum an Produktionsmitteln« (Art. 9 und 12 der Verfassung) verstaatlicht, Agrarbetriebe waren → Genossenschaften (Art. 46) und die »kleinen Handwerks- und anderen Gewerbebetriebe« → gemeinwirtschaftlich orientiert (Art. 14).

In Ländern Afrikas, Asiens und Lateinamerikas stellten Verstaatlichungen oft einen Schritt im Entkolonialisierungsprozess dar. Von den 1980er Jahren bis zur Krise ab 2007 spielten Verstaatlichungen im dominanten Diskurs keine Rolle. Propagiert wurde vielmehr die Privatisierung von staatlichem und kommunalem Eigentum und Dienstleistungen. So stießen die in Venezuela und Bolivien erfolgten Verstaatlichungen auf Kritik des IWF sowie der US- und vieler EU-Regierungen. Venezuela verstaatlichte unter Präsident Hugo Chávez den Ölsektor, die Gasvorkommen, den Großgrundbesitz an Agrarland und Unternehmen »von nationalem Interesse«. Die Verstaatlichung der Stromversorger und der in den 1990er Jahren privatisierten Telefongesellschaft CANTV erfolgte mittels Aufkauf der Aktienmehrheit, Großgrundbesitz und Unternehmen wurden – soweit in legalem Besitz – gegen Entschädigung enteignet und teilweise in gesellschaftliches und genossenschaftliches Eigentum überführt. In Bolivien verstaatlichte Präsident Evo Morales die Öl- und Gasressourcen. Dadurch konnten die Staatseinnahmen und Sozialausgaben erhöht und die Wirtschaft auf eine Binnenentwicklung ausgerichtet werden.

In Krisenzeiten erfolgen hingegen (Teil-)Verstaatlichungen zur Stabilisierung kapitalistischer Ökonomien. Dies geschah auch ab 2007, als in diversen Industriestaaten staatliche Übernahmen von Banken und Großunternehmen bzw. die staatliche Übernahme ihrer finanziellen Verbindlichkeiten erfolgte, wie etwa von General Motors und American International Group in den USA, von Dexia in Belgien oder der Hypo Real Estate in Deutschland. Kritisch werden diese Vorgänge auch als Sozialisierung von privatunternehmerischen Verlusten bezeichnet.

Dario Azzellini

Zum Weiterlesen

Hirsch, Joachim (2005): Materialistische Staatstheorie. Transformationsprozesse des kapitalistischen Staatensystems, Hamburg.

Mandel, Ernest (Hrsg.) (1971): Arbeiterkontrolle, Arbeiterräte, Arbeiterselbstverwaltung, Frankfurt a.M.

Vier-in-Einem-Perspektive

Die Vier-in-Einem-Perspektive kommt aus der Frauenbewegung und beabsichtigt, die fürsorgliche Arbeit des menschlichen Miteinanders vom Rand der Gesellschaft ins Zentrum zu holen und als tragende Kraft menschlichen Zusammenlebens und des Umgangs mit Natur zu behaupten (→ Care Revolution). Sie kommt auch aus der Arbeiterbewegung und greift deren immer vorhandene, wenn auch oft randständige Perspektive auf, dass die Produktion der Lebensmittel und die entsprechende Umgestaltung der Lebensbedingungen zentral für die Entwicklung von Gesellschaft sind und es daher gegen die Verkehrung der Verhältnisse in der Lohnform zu streiten gilt. In der gesellschaftlichen Arbeitsteilung sind die beiden Arbeitsarten, die mit der Produktion und die mit der Reproduktion befassten, hierarchisch zueinander geordnet. Geschlechterverhältnisse müssen als Produktionsverhältnisse begriffen werden. Damit wird die im Kapitalismus zugespitzte Verkehrung kritisiert, dass die Produktion der Mittel zum Leben profitlich organisiert und zur Hauptsache gemacht ist, während das Leben selbst als ein Beiprodukt marginal wird. Im Laufe der Geschichte sind diese Arbeitsteilungen mit den Persönlichkeiten verwachsen. So scheint die Herrschaft reproduzierende Anordnung natürlich. Legt man die beiden Produktionen, die des Lebens und die der Lebensmittel horizontal nebeneinander, so erkennt man, dass sie in einem strategischen Herrschaftsknoten verknüpft sind, dessen Entwirrung durch vielfache Befestigungen blockiert ist. In dieser Hierarchie sind zwei weitere Arbeitsarten ins Überflüssige verschoben, die der Arbeit an sich selbst, als die Entwicklung vielfältiger, auch schöpferischer Fähigkeiten, und die der notwenigen politischen Einmischung.

Die Vier-in-Einem-Perspektive lernt daraus, die Frauenfrage nicht als eigene Politik zu betreiben, sondern sie in ihrer Verschränkung mit den anderen drei Tätigkeitssphären Erwerbsarbeit, Reproduktionsarbeit und Arbeit an sich selbst zu begreifen. Sie lernt damit zugleich, wie tief die Geschlechterverhältnisse die Gesellschaft durchdringen, wie groß also die zu lösende Problematik ist. Das Projekt ist eine Bereicherung für die Arbeiterbewegungspolitik, soweit sie lernt, sich gesamtgesellschaftlicher Arbeit anzunehmen, statt nur des Vollzeit in Erwerbsarbeit steckenden Teils. Es ist eine Bereicherung für die ermattende Frauenbewegung, da ihre Fragen als zentrale des Herrschaftsknotens entzifferbar sind.

Konkret streitet die Vier-in-Einem-Perspektive um ein Recht auf Erwerbsarbeit und zugleich um eine radikale Verkürzung der in ihr verbrachten Zeit

(→ Arbeitszeitverkürzung), um die übrige Lebenszeit den drei anderen Bereichen zu widmen: Alle sollten sich an der Zuwendung zu Menschen und Natur engagieren – Männer wie Frauen –, alle Zeit für eigene Entwicklung nutzen und schließlich für ein gutes Leben sich politisch einmischen können. Die Verschränkung der Bereiche zur Fortdauer von unterdrückerischen Verhältnissen macht, dass alle vier Bereiche gleichzeitig angegangen werden müssen. Als Zusammenhangsfrage greift die Vier-in-Einem-Perspektive in eine Reihe von derzeitigen Kämpfen ein. Prominent sind die Kämpfe um die Erwerbsarbeit, weil hier zugleich die radikale Verkürzung an der Zeit ist, um der wachsenden strukturellen Arbeitslosigkeit entgegenzutreten. Zugleich aber wird mit der notwendigen Verkürzung auf etwa vier Stunden die Bedeutung und Stellung des Erwerbssektors im Leben der einzelnen umgewichtet. Dies braucht Identitätsveränderung der Arbeitenden und eine Politik, die gleichzeitig strukturell eingreift und subjektiv. Schließlich geht es an den Kern kapitalistisch betriebener Gesellschaften, die Verfügung über Lebenszeit nicht der Profitlogik zu überlassen, sondern Zeit selbstbewusst für ein besseres Leben zu nutzen. Gewerkschaften und linke Parteien sind UnterstützerInnen und AdressatInnen der Politik um die Arbeit, auch wenn sie sich mit der nötigen Erweiterung des Arbeitsbegriffs auf die drei anderen Bereiche oft schwer tun.

In Anlehnung an Rosa Luxemburgs Konzept → revolutionärer Realpolitik sind die einzelnen Schritte zugleich Reformen innerhalb der gegebenen Verhältnisse als auch in ihrer Verschränkung diese transzendierend. In dieser Spannung verstehen sich auch paradoxe Losungen wie *Teilzeitarbeit für alle* oder *Eliteschulen für alle*. Entsprechend erhält das Projekt Unterstützung bei vielen Gruppen, die für Gesellschaftsveränderung streiten, vor allem bei Frauengruppen, bei Attac, bei den Kirchen, in der Studierendenbewegung. Es hat Schnittstellen zur Bewegung für ein → Grundeinkommen, weil die sozialen Garantien des Lebens für alle inbegriffen sind, und zu → basisdemokratischen Gruppen, da die Einbeziehung aller in die Regulierung von Gesellschaft die zentrale Achse ist.

Frigga Haug

Zum Weiterlesen

Haug, Frigga, (Hrsg.) (2010): Briefe aus der Ferne. Anforderungen an ein linkes feministisches Projekt heute, Hamburg.

Haug, Frigga (2011): Die Vier-in-Einem-Perspektive. Eine Politik von Frauen für eine neue Linke, Hamburg.

Gruber, Sabine/Haug, Frigga/Krüll, Stephan (2010): Arbeiten wie noch nie!? Unterwegs zur kollektiven Handlungsfähigkeit, Hamburg.

Völkerrecht

Als am 26. Juni 1945 in San Francisco die Charta der Vereinten Nationen verabschiedet wurde, hatten sich die Staaten Prinzipien geschaffen, nach denen sie in Zukunft leben wollten. Es war die Summe der Regeln, die sich in den jahrhundertelangen Auseinandersetzungen der Staaten im Krieg und Frieden herausgebildet hatten, und die nun unter dem Eindruck des gerade beendeten Zweiten Weltkrieges neu definiert und kodifiziert wurden: gleichsam ein Grundgesetz für eine Welt in → Frieden. Die Zielsetzung der Charta ist eindeutig: »Wir, die Völker der Vereinten Nationen – fest entschlossen, künftige Geschlechter vor der Geißel des Krieges zu bewahren, die zweimal zu unseren Lebzeiten unsagbares Leid über die Menschheit gebracht hat, ... Bedingungen zu schaffen, unter denen Gerechtigkeit und die Achtung vor den Verpflichtungen aus Verträgen und anderen Quellen des Völkerrechts gewahrt werden können ... haben beschlossen, in unserem Bemühen um die Erreichung dieser Ziele zusammenzuwirken.« Die Charta als Basis einer Friedensordnung: rechtliche Regeln – Völkerrecht – für die friedliche Gestaltung der Beziehungen zwischen den Staaten.

Das Völkerrecht ist im strengen Sinn kein Recht der Völker, sondern der Staaten. Das Volk hat als vorstaatliche Gemeinschaft nie internationale eigenständige Rechte und Pflichten entwickeln können. Nur in Gestalt staatlicher Organisation wurde es zum Subjekt des Völkerrechts – mit einer bedeutsamen Ausnahme. In den Befreiungskämpfen der Dekolonisierung nach 1945 bekamen die unterdrückten Völker und die sie repräsentierenden Befreiungsbewegungen auf der Basis des Selbstbestimmungsrechts der UN-Charta eine Völkerrechtsqualität, die mit der Befreiung und der Bildung eines eigenen souveränen Staates auf diesen übergegangen ist. Das Selbstbestimmungsrecht war die juristische Legitimation der Befreiungskämpfe mit all ihren Konsequenzen, einschließlich der Gewalt gegen die Unterdrückung der Kolonialmächte. Diesen → emanzipatorischen Gehalt hat das Recht auch heute noch, wenn sich PalästinenserInnen, KurdInnen oder Sahrauis darauf in ihrem Streben nach Unabhängigkeit oder Autonomie berufen.

Weitere zentrale Elemente des in der Charta verankerten Völkerrechts sind die Souveränität der Staaten, die mit einem weitgehenden Verbot der Intervention verbunden ist, und das absolute Gewaltverbot. In Art 2 Z. 4 UN-Charta hat der Wille Ausdruck gefunden, keinem Staat außer im Falle der Selbstverteidigung das Recht zu geben, militärische Gewalt anzuwenden. Sie ist ausschließlich dem UN-Sicherheitsrat vorbehalten, der im Rahmen des berühmten Kapitel VII (Art. 39ff.) auch Staaten und Staatenbündnisse zur Anwendung von Gewalt ermächtigen kann.

Die → Menschenrechte – auch sie sind Völkerrecht – finden in der UN-Charta nur allgemeine Erwähnung, da sich ihre SchöpferInnen nicht über Umfang und Verbindlichkeit einigen konnten. Umso erstaunlicher ist ihre Entwicklung außerhalb der Charta in zahlreichen Pakten und Konventionen sowie der Errichtung internationaler Menschenrechtskommissionen und kontinentaler Gerichtshöfe. Sie alle haben den Schutz der Menschen und seine Stellung in der Völkerrechtsordnung verstärkt. Die Tatsache, dass trotz absoluten Verbots von Krieg und Gewalt beide dennoch nicht aus den zwischenstaatlichen Beziehungen verbannt werden konnten, hat seit Mitte des 19. Jahrhunderts die Staaten veranlasst, Regeln zum Schutz der Zivilbevölkerung und zur Eindämmung der Brutalität und Auswüchse der Kriegsführung zu entwickeln. Dieses »Humanitäre Völkerrecht« ist in den Haager und Genfer Konventionen von 1899-1907 und 1945 sowie in den Zusatzprotokollen von 1977 kodifiziert, ohne dass es jedoch die Barbarei auch der modernen Kriegsführung wirksam begrenzen konnte. Die täglichen Berichte über Völkerrechtsverstöße täuschen aber darüber hinweg, dass die allermeisten zwischenstaatlichen Beziehungen relativ reibungslos und geregelt verlaufen – dank des Völkerrechts. Denn die zahllosen Verträge zur Regulierung der Handels-, Wirtschafts- und Kulturbeziehungen sind alle Völkerrecht, welches mit seinen zusätzlichen schiedsgerichtlichen Verfahren und Institutionen diese Bereiche weitgehend unauffällig regelt.

Dem Völkerrecht drohen Gefahren an zentraler Stelle seiner Friedensregulierung: die Auflösung des absoluten Gewaltverbots durch die Instrumentalisierung der Menschenrechte in Gestalt der »humanitären Intervention« oder der Konstruktion einer »Schutzverpflichtung« für Menschen, denen ihr Staat nicht den notwendigen Schutz bieten kann. Das Ergebnis derartiger »Neuerungen« wäre allerdings kaum der verstärkte Schutz der Menschen und ihrer Rechte, sondern die willkürliche Intervention in schwächere Staaten zur Durchsetzung ökonomischer und strategischer Interessen.

Norman Paech

Zum Weiterlesen

Byers, Michael/Nolte, Georg (2003): United States Hegemony and the Foundation of International Law, Cambridge.

Paech, Norman/Stuby, Gerhard (2001): Machtpolitik und Völkerrecht in den Internationalen Beziehungen, Hamburg.

Graf Vitzthum, Wolfgang (Hrsg.) (2010): Völkerrecht, Berlin/New York.

Vorsorgendes Wirtschaften

Das Konzept des Vorsorgenden Wirtschaftens betont die grundlegende Bedeutung der versorgungswirtschaftlichen Bereiche. Wirtschaften, verstanden als Einheit von Markt- und Versorgungsökonomie, ist in das soziale Leben der Menschen eingebunden und mit der Natur verwoben. Es ist Wirtschaften im sozial-ökologischen Kontext, vielfältig und mehrdimensional: Noch vor der monetären hat es eine soziale und eine physisch-stoffliche Dimension. Der Blick auf das »Ganze des Wirtschaftens« erfolgt aus der Perspektive der sozialen Lebenswelt. Kritisch-analytisch macht dieser Perspektivwechsel die Eindimensionalität des herrschenden Ökonomie-Verständnisses deutlich: Dieses begrenzt Ökonomie auf Marktprozesse, Ökonomie ist rein monetär definiert. Unbezahlte sorgende Tätigkeiten sowie die Leistungen der außermenschlichen Natur gelten als Nicht-Ökonomie, als wertlos, als »reproduktiv«. Vorsorgendes Wirtschaften kritisiert diese Trennungen von Versorgungs- und Marktökonomie, menschlichem Haushalt und Naturhaushalt sowie produktiven und »reproduktiven« ökonomischen Prozessen samt der in sie eingeschriebenen geschlechtshierarchischen Strukturierungen. Es betont die Produktivität des »Reproduktiven« und die Einheit von Produktion und Reproduktion und fordert deren bewusste Gestaltung ein. Drei Prinzipien leiten die theoretische Ausformulierung und praktische Gestaltung einer Vorsorgenden Wirtschaftsweise: Vorsorge (statt Nachsorge), Kooperation (statt Konkurrenz), Orientierung am für ein Gutes Leben Notwendigen (statt Orientierung an Wachstumsraten).

Im Zentrum des Handlungsprinzips Vorsorge steht der Begriff des Sorgens (engl. → Care) für sich und andere einschließlich zukünftiger Generationen und außermenschlicher Natur. Vorsorge drückt ein Um-Sich-, Vor-Sich-, Hinter-Sich-Schauen in sozial-ökologischer, räumlicher und zeitlicher Hinsicht aus. Schonung und Nicht-Handeln sind Möglichkeiten effektiven Tätigseins. Sorgen beachtet die Bedürfnisse aller Beteiligten, es integriert asymmetrische Beziehungen in die Ökonomie. Es ist zudem eine moralische Haltung, auf deren Grundlage auch das Maximierungsprinzip des Marktes verändert wird. Die Erfahrungen in der Versorgungsökonomie zeigen, dass Menschen miteinander und mit der außermenschlichen Natur zwecks Gestaltung ihres »guten Lebens« kooperieren, wenn sie dazu die Fähigkeiten und die Ressourcen haben. Diese Kooperation ist prozess- und zukunftsorientiert und entwickelt sich durch gegenseitige Verständigung. Das Wohlfahrtskonzept des Vorsorgenden Wirtschaftens ist vielfältig und mehrdimensional. Im

Handlungsprinzip der Orientierung am für ein gutes Leben Notwendigen ist gutes Leben nicht allein monetär definiert, sondern wird in gesellschaftlichen Diskursen bestimmt. Dabei geht es auch um eine Überprüfung der Bedürfnisse und der Art ihrer Befriedigung.

Diese Handlungsprinzipien richten sich an Menschen, die nicht ausschließlich eigene Interessen verfolgen, sondern fähig sind zur Weitsicht und zur Einfühlung in Andere. Genau wie die → Solidarische Ökonomie lässt das Vorsorgende Wirtschaften das Menschenbild des isolierten und an Konkurrenz orientierten »homo oeconomicus« herrschender Ökonomiekonzepte hinter sich – und damit auch das mit ihm verbundene Verständnis von Rationalität als Profit- und Nutzenmaximierung. Vernünftig ist im Vorsorgenden Wirtschaften vielmehr haushälterisches Handeln, das Denken und Fühlen vereint. Vernunft ist »Bedachtsamkeit«. Mehr noch: Rationalität wird zur »Fürsorgerationalität«.

Das Konzept wird seit 1992 im deutschsprachigen europäischen Raum durch das gleichnamige Netzwerk entwickelt. Die Forderung nach bewusster Gestaltung der Einheit von Reproduktivität und Produktivität teilt es mit entwicklungspolitischen Konzepten wie der *Frauenökonomie*. Das Ansetzen an lokalen (Über-)Lebensbedingungen und Alltagserfahrungen zeigt die Gemeinsamkeiten mit *sustainable livelihood*-Konzepten aus Ländern des Globalen Südens. Vorsorgendes Wirtschaften ist keine abstrakte Idee, sondern heute schon Wirklichkeit. Das Netzwerk hat eine Vielzahl von Praxisbeispielen untersucht, die vor allem auf lokaler bzw. regionaler Ebene zu finden sind – sei es als nachhaltige Land- und Forstwirtschaft, als Haus der Eigenarbeit, als Bank mit auf den Lebenserhalt gerichteten Kriterien der Kreditvergabe oder als kooperative Nutzgartenwirtschaft. Vorsorgendes Wirtschaften ist ein Weg zu einer nachhaltigen Ökonomie, der im Hier und Heute ansetzt, sich im Gehen festigt und weiter herausbildet und in diesem Prozess die kapitalistische Ökonomie hinter sich lässt.

Adelheid Biesecker / Daniela Gottschlich

Zum Weiterlesen

Biesecker, Adelheid et al. (Hrsg.) (2000): Vorsorgendes Wirtschaften. Auf dem Weg zu einer Ökonomie des Guten Lebens, Bielefeld.

Netzwerk Vorsorgendes Wirtschaften (2012): Wege des Vorsorgenden Wirtschaftens (in Vorbereitung).

Padmanabhan, Martina Aruna (2003): Frauenökonomie und Vorsorgendes Wirtschaften, in: Zeitschrift für Wirtschafts- und Unternehmensethik, Vol. 4, Nr. 1, S. 56-66.

www.vorsorgendeswirtschaften.de

Wachstumskritik

Wachstumskritik ist keineswegs ein neues Phänomen. Sie ist so alt wie die Ökonomik. Für die Klassiker der Ökonomik stand fest, dass wirtschaftliches Wachstum früher oder später an seine natürlichen Grenzen stoßen werde.

Was die klassischen Ökonomen nicht berücksichtigt hatten bzw. (noch) nicht berücksichtigen konnten, war der technische Fortschritt. Er ermöglichte nicht nur ungeahnte Produktivitäts- und damit Produktionssteigerungen, sondern wurde mit der Entstehung der Industriegesellschaft selbst zu einem Motor eines scheinbar grenzenlosen Wachstums.

Marx wies in seiner Kritik des kapitalistischen Wachstums bereits darauf hin, dass der Drang zum Wachstum durch den Zwang verursacht wird, immer mehr Kapital anzuhäufen und dabei möglichst hohe Renditen zu erzielen. Der Produktionsprozess funktioniere jedoch nur, indem er »die Springquellen alles Reichtums untergräbt: die Erde und den Arbeiter«.

Wachstumskritische Debatten kreisten fortan allenfalls um ethische Fragen, etwa nach der Sinnhaftigkeit von Wachstum für ein gutes Leben. Bereits John Stuart Mill hatte 1848 kritisiert, dass einzelne »reicher sind, als irgendeiner nötig hat« und wies bereits auf die Bedeutung einer »hinreichenden leiblichen und geistigen Muße« hin. Diese Wachstumskritik wurde knapp 100 Jahre später von John Maynard Keynes aufgegriffen. Keynes sah mit einer in entwickelten Volkswirtschaften sich einstellenden Sättigung absoluter Bedürfnisse den Sinn und die Notwendigkeit weiteren Wachstums schwinden. Insofern ging er davon aus, »dass das *wirtschaftliche Problem* innerhalb von hundert Jahren gelöst sein dürfte«. Wachstum würde dann aufhören, zum Wohlstand beizutragen. Diese Art der Wachstumskritik lebt bis heute fort und wird seit Mitte der 1970er Jahre etwa im Rahmen der »Glücksökonomie« weitergeführt.

Den größten Schub bekam die Wachstumskritik in den 1970er Jahren von der einsetzenden Debatte über ökologische Grenzen des Wachstums. Donella und Dennis Meadows hatten 1972 im Rahmen eines rechnergestützten »Weltmodells« errechnet, dass die Weltwirtschaft bei einem ungebremsten Wirtschafts- und Bevölkerungswachstum noch vor dem Jahr 2100 vor allem wegen schwindender Ressourcen zusammenbrechen werde. Bereits Ende der 1970er Jahre traten »neue« ökologische Grenzen in den Vordergrund. Steigende Schadstoffeinträge in die Umwelt würden zunehmend die Regenerationsfähigkeit lokaler wie globaler ökologischer Kreisläufe überfordern, sodass eine ökologische Katastrophe bereits vor der Erschöpfung nicht regenerierbarer Rohstoffe drohe. Mit der industriellen Entwicklung der Schwellenländer bei weiterem Wachstum in den Industrieländern steigt der Bedarf an Ressourcen massiv – mit zunehmend dramatischen sozialen, ökologischen und verteilungspolitischen Folgen.

Von Seiten der → feministischen Bewegung wird vor allem die soziale und ökologische Blindheit der kapitalistischen Wachstumsorientierung und ihre systemischen Ursachen kritisiert: Ökonomie funktioniert nur an und über Märkte. Nur was dort geschieht, gilt als produktiv, wertvoll, ist sichtbar. Als Arbeit gilt nur Erwerbsarbeit. Unbezahlte Care-Arbeit wird den Frauen zugewiesen und ist abgetrennt (→ Care-Revolution).

Die aktuelle Wachstumskritik verbindet Elemente der Debatten um »alte« (Ressourcenverfügbarkeit), »neue« (Senkenproblematik) und ethische (Sinnfrage) Grenzen des Wachstums mit der feministischen Kritik (Problematik unbezahlter Care-Arbeit). Unverändertes Wachstum in den Industrieländern beschleunigt die globale Ausplünderung von nicht-erneuerbaren Rohstoffen bei gleichzeitiger Zerstörung der natürlichen Lebensgrundlagen der Menschheit. Da mit dem resultierenden Mehr an Gütern nicht einmal das Wohlbefinden der Menschen in den reichen Ländern befördert wird, gleichzeitig ein Großteil der Menschheit vor allem in den südlichen Ländern ihre Grundbedürfnisse nicht decken können, stellt die Kritik weiteren Wachstums vor allem in den fortgeschrittenen Industrieländern ein konstitutives Element linker Gesellschaftskritik dar: Statt pauschaler Fokussierung auf Wachstum müssen in einem demokratischen Prozess wirtschaftliche und gesellschaftliche *Ziele* definiert werden. Ob eine sich hieraus ergebende qualitative *Entwicklung* mit einem weiteren Wachstum des herkömmlichen Bruttoinlandsprodukts kompatibel ist, bleibt offen.

Ulla Lötzer / Norbert Reuter

Zum Weiterlesen

Frauenrat (2011): Schwerpunkt: Green Economy – Gerechtigkeit oder Begrünung des Kapitalismus?, Nr. 5.

Keynes, John Maynard (1998): Wirtschaftliche Möglichkeiten für unsere Enkelkinder (1930), in: Reuter, Norbert: Wachstumseuphorie und Verteilungsrealität, Marburg, S. 115-127.

Meadows, Dennis/Meadows, Donella/Zahn, Erich/Milling, Peter (1972): Die Grenzen des Wachstums, Stuttgart.

Mill, John Stuart (1913/1921): Grundsätze der politischen Ökonomie (1848), Jena.

Reuter, Norbert (2000): Ökonomik der »Langen Frist«. Zur Evolution der Wachstumsgrundlagen in Industriegesellschaften, Marburg.

Weltsozialforum

Seit dem ersten Weltsozialforum 2001 im brasilianischen Porto Alegre, das als Kontrapunkt zum parallel im schweizerischen Davos tagenden Weltwirtschaftsforum entstand, hat sich das WSF unter der prägnanten, aber auch als beliebig kritisierten Marke »Eine andere Welt ist möglich« zu einem der wichtigsten Treffen linker Aktivist_innen und Intellektueller der weltweiten → Zivilgesellschaft entwickelt. Die radikale Kritik am Neoliberalismus, die Idee einer neuen Form globaler Organisierung, die Vorstellung eines offenen Raums, in dem »Lernen neu gelernt wird« ließen schnell zahlreiche lokale, regionale und polyzentrale Sozialforen entstehen. In den beiden Folgejahren nahmen zigtausende an den WSF in Porto Alegre teil, die »Andere Welt« blieb jedoch gefühlt eindeutig brasilianisch. Daher entschied der Internationale Rat, dem ca. 130 Organisationen angehören, das Weltsozialforum 2004 in Mumbai/Indien und ab 2005 nur noch alle zwei Jahre durchzuführen.

Mit dem ersten Forum außerhalb Brasiliens wurde dann auch ein wichtiges Ziel erreicht: Zusätzlich zu den bestimmenden Themen Privatisierung von → öffentlichen Gütern, → Menschenrechte, Kampf gegen den ungerechten Welthandel und den globalisierten Kapitalismus wurden unter Beteiligung Marginalisierter wie der *Dalits* (Unberührbare) und der *Adivasi* (Ureinwohner_innen) Themen wie Rassismus, → soziale Rechte und Arbeitsverhältnisse in den Vordergrund gerückt. Von Januar bis März 2006 fanden dezentrale Foren in Bamako/Mali, Caracas/Venezuela und Karatschi/Pakistan statt. Im Januar 2007 zog die WSF-Karawane ins kenianische Nairobi. Nicht nur wegen den 50.000 Teilnehmer_innen war das erste Weltsozialforum in Afrika ein großer Erfolg, sondern auch weil es durch lokale Kämpfe geprägt war, teils gegen den Widerstand des Organisationskomitees. »Eine andere Welt ist auch für SlumbewohnerInnen möglich« – das Motto der Abschlusskundgebung in Nairobi machte die Herausforderung deutlich.

Die Wahl für das WSF 2009 fiel auf das brasilianische Belém. Umwelt- und Klimafragen und die *testimonies* (Erfahrungen von Betroffenen bzw. kämpfenden Aktivist_innen) gegen Staudammprojekte z.B. in Brasilien beherrschten das Forum im Amazonasgebiet. Zeitgleich mit den Diskussionen um das → »Buen Vivir«, das Gute Leben, war hier auch die starke Sichtbarkeit indigener Aktivist_innen ein Markenzeichen.

2011 fand das zehnte WSF in Dakar/Senegal statt. Die Zahl der Teilnehmenden war mit rund 80.000 überraschend hoch. Die Teilnehmer_innen aus der Region zogen teilweise in Sternmärschen nach Dakar. Diese kraftvollen Demos waren ein Markenzeichen des Forums. Dakar 2011 ergänzte die WSF-Agenda um die Themen Ressourcenpolitik, Migration und das Verhältnis Afrika und EU. Geprägt war das Forum durch die parallel stattfindenden politischen Umbrüche in Nordafrika. Um diese zu unterstützen, soll das nächste WSF 2013 in Nordafrika, in Tunesien stattfinden.

Das Weltsozialforum ist Ausdruck einer »anderen« Globalisierung und es hat sich zu einem wichtigen Knotenpunkt für internationale Netzwerke entwickelt. Mehr und mehr wird jedoch offensichtlich, dass die Seminarformen internationaler Großveranstaltungen nicht mehr funktionieren. Die Zeiten sind vorbei, in denen alte weiße Männer vom Podium aus die Welt erklären. Die Frage ist aber, welchen politischen Einfluss das Weltsozialforum tatsächlich nehmen kann. Einerseits will man konkrete Gegenentwürfe und Aktionspläne zur Globalisierung anbieten und die Anbindung an progressive Regierungen vorantreiben. Andererseits gilt immer noch die »Charta der Prinzipien« von 2001, die die pluralistische, strikt anti-hierarchische Struktur des Forums, das Prozesshafte und den »Offenen Raum« betont. Niemand ist autorisiert, Erklärungen abzugeben. Auch nach zehn Weltsozialforen bleibt dieser Widerspruch virulent und blockiert eine Weiterentwicklung. Das WSF ist derzeit weniger als Anfang des 21. Jahrhunderts imstande, Diskussionen so zu entwickeln und zu organisieren, dass globale Bezugspunkte entstehen. Möglicherweise ist auch der Gegensatz von Raum und Akteur, der die Auseinandersetzungen bestimmt, überholt und müsste zugunsten einer koordinierten Strategie, in der der Raum WSF zum Akteur WSF wird, aufgelöst werden. Denn auch wenn die Breite der Bewegung und die Vielfalt der Debatten den Charme des Neuen verloren haben, bleibt die Idee der Sozialforen als »gemeinsames Gut der Menschheit« (Chico Whitaker) ohne Alternative für die Entwicklung linker Bewegungen – weltweit und vor unserer eigenen Haustür.

Stefan Thimmel/Silke Veth

Zum Weiterlesen

Anand, Anita/Escobar, Arturo/Sen, Jai/Waterman, Meter (Hrsg.) (2004): Eine andere Welt. Das Weltsozialforum, Berlin (Rosa-Luxemburg-Stiftung).

Brand, Ulrich (2011): Dakar 2011: The World Social Forum and Its Future, in: Studies in Political Economy, Vol. 88, S. 189-202.

Whitaker, Chico (2007): Das Weltsozialforum. Offener Raum für eine andere Welt, Hamburg.

www.forumsociomundial.org.br

www.weltsozialforum.org

Wilder Streik

Die *black cat* oder auch *wild cat* diente Anfang des 19. Jahrhunderts innerhalb der US-amerikanischen *Industrial Workers of the World* als Symbol für eine unabhängige, multinationale Politik des Arbeitskampfes. Mit dieser Figur wurden einige Mythen verbunden, in der Geschichte der → Streiks wurde sie zum Schreckgespenst und zum Glücksbringer, eingebettet in eine vor allem im internationalen → Anarchismus, aber auch in Teilen der → marxistischen Linken verbreiteten Mythologie des Arbeitskampfes: »Der Generalstreik macht uns frei«.

In einer formalen Definition gelten als wilde Streiks Arbeitskämpfe, zu denen keine Gewerkschaft aufgerufen hat. Dies ist jedoch eine sehr vage Definition. So ist es beispielsweise verkürzt, den auf die Jugendrebellion folgenden französischen Massenstreik des Mai 1968 – der als der größte wilde Streik in der europäischen Geschichte gilt – als »wild« zu bezeichnen, denn in Frankreich existiert ein individualisiertes Streikrecht. Zudem wurden die Maistreiks in ihrer ersten Phase weitgehend unabhängig von den französischen Gewerkschaften geführt, während in der zweiten Monatshälfte eine massive quantitative Ausweitung gerade deshalb stattfand, weil der Richtungsverband CGT zu Arbeitsniederlegungen aufrief, um sich »an die Spitze der Bewegung« zu stellen.

In der Bundesrepublik gilt dagegen ein sehr restriktives Streikrecht, was dazu führt, dass als wilde Streiks alle Kämpfe gefasst werden, die außerhalb der durch die Laufzeit von Tarifverträgen geltenden Friedenspflicht stattfinden, die das »gewerkschaftliche Streikmonopol«, das »Ultima-Ratio-Prinzip« (Streik als »letztes Mittel«) verletzten und ähnliches mehr. Darüber hinaus ist in der Bundesrepublik der »politische Streik« zumindest nicht vollständig legalisiert, weil etwa Aussperrungen anders als in den meisten parlamentarisch verfassten Staaten Westeuropas nicht verboten sind.

Dass ein breites Spektrum von Arbeitskämpfen als wild gelten kann, führt in der Analyse solcher Kämpfe zu einer Gegenüberstellung zwischen »tariflichen« und »nicht-tarifierten« Streiks: In einer quantitativen Darstellung kann man auf dieser Grundlage etwa nachweisen, dass die Mehrheit der Arbeitskämpfe (gemessen an »Fällen«) wild waren: Das gilt sowohl für die 1960er Jahre als auch aktuell. Dabei haben streikende Belegschaften die Zuschreibung wild oft sehr vehement abgelehnt, weil sie sie als Versuch der Denunziation ihrer »berechtigten Anliegen« sahen. Wilde Arbeitskämpfe können zudem mitunter »tarifiert« werden, und andersherum können »tarifliche« Arbeitskämpfe außer Kontrolle geraten, wenn die Streikenden nicht mit den von der Gewerkschaft ausgehandelten Resultaten zufrieden sind.

In der Geschichte und in der Gegenwart können drei Formen von wilden Streiks unterschieden werden. Erstens *lokale Arbeitskonflikte*: Hier geht es um Alltagsfragen, Konflikte mit autoritären Vorgesetzten, konkrete Arbeitsbedingungen und Gesundheitsbelastungen usw. Diese Form ist sehr häufig, aber öffentlich fast unsichtbar. Ein Teil der Dynamik von Arbeitskämpfen entsteht aber gerade durch diese Unsichtbarkeit, in der auch »subversive« Formen immer eine Rolle spielen (»Dienst nach Vorschrift«, »slow motion«, rotierende Streiks, Sabotage etc.) Zweitens, *wilde Streiks als Massenbewegungen*: In der Geschichte der Bundesrepublik waren hier vor allem die Septemberstreiks von 1969 und die teils migrantisch geprägte Streikbewegung im Frühjahr/Sommer 1973 auffällig (→ MigrantInnenstreik). Vor allem danach waren wilde Streiks drittens mitunter mit *Betriebsbesetzungen* verbunden, in denen die Frage nach der Aneignung der Produktion gestellt wurde. Beispiele hierfür sind in der Bundesrepublik die Besetzung der Stahlfabrik von Krupp in Rheinhausen (1987) oder der HDW-Werft in Hamburg (1983).

In den 2000er Jahren ist der wilde Streik im Rahmen der Zunahme betrieblicher Konflikte wieder zum Thema geworden, so nach dem wilden Streik gegen die Schließung von Opel in Bochum (2004) und der Besetzung einer Fahrradfabrik in Nordhausen (Thüringen 2007). Gleichzeitig ist eine erhebliche Zunahme der Arbeitskonflikte im Dienstleistungssektor zu beobachten, das heißt eine Neuzusammensetzung der Streikenden auch im Sinne einer »Feminisierung«. Ob wilde Streiks als »Methode« zusammengefasst werden können, durch die hindurch gesellschaftliche Alternativen konstituiert werden können, ist dennoch eher fraglich. Wilde Streiks sind vielmehr Phänomene, die auf eine grundlegende Umkämpftheit der Welt der Arbeit verweisen. Wilde Streiks zeigen – zumindest in der historischen Gesamtschau – gesellschaftliche Veränderungen an. Die Beschäftigung mit ihnen ist wichtig, weil sie auf Überraschendes und Unsichtbares verweisen, nicht weil in ihnen ein politisches Programm geschrieben würde.

Peter Birke

Zum Weiterlesen

Birke, Peter (2007): Wilde Streiks im Wirtschaftswunder. Arbeitskämpfe, Gewerkschaften und soziale Bewegungen in der Bundesrepublik und Dänemark, Frankfurt a.M./New York.

Bock, Gisela (1976): Die andere Arbeiterbewegung in den USA von 1909 bis 1922. Die Industrial Workers of the World, München.

Dribbusch, Heiner (2009): 60 Jahre Arbeitskampf in der Bundesrepublik – ein Überblick, in: Bispinck, Reinhard/Schulten, Thorsten (Hrsg.): Zukunft der Tarifautonomie, Hamburg, S. 145-168.

Wirtschaftsdemokratie

Wirtschaftsdemokratie bedeutet, demokratische Mitsprache aller von herrschaftlichen Entscheidungen Betroffenen auch auf wirtschaftliche Prozesse auszudehnen. Die mit der Gewalt von Naturgesetzen sich zur Geltung bringenden Marktprozesse, an die sich das Verhalten der Menschen dem liberalen und neoliberalen Verständnis nach anpassen soll, sollen gebrochen werden. Dies bedeutet, nicht zu akzeptieren, dass der Markt zum Wohle der Menschen am besten sich selbst überlassen bleibt. Vielmehr gilt die Einsicht, dass wirtschaftliche Gesetzmäßigkeiten nicht natürlicher, unveränderbarer Notwendigkeit entsprechen, sondern → Freiheit darstellen, allerdings die Freiheit einer kleineren Zahl von Menschen, die diese Gesetzmäßigkeiten maßgeblich gestalten und davon profitieren. Wenn die wirtschaftlichen Prozesse Ergebnis von Entscheidungen sind, dann liegt es nahe, diese Entscheidungen zu → demokratisieren. Dies gilt umso mehr, wenn – wie es die Erfahrung mit dem Nationalsozialismus lehrt – konzentrierte Kapitalmacht es ermöglicht, die Spielregeln der parlamentarischen Demokratie einzuschränken oder außer Kraft zu setzen. Negativ kann Wirtschaftsdemokratie also als ein Mittel der Kontrolle verstanden werden, das verhindert, dass sich in der Wirtschaft Machtinteressen durchsetzen, die die demokratische Gesellschaft insgesamt gefährden. Positiv lässt sich erwarten, dass eine allgemeine Beteiligung an wirtschaftlichen Entscheidungen dazu führt, dass nicht allein die partikularen Interessen besonderer Personengruppen, sondern die aller von diesen Entscheidungen Betroffenen Berücksichtigung finden.

Auch wenn von Wirtschaftsdemokratie durchaus erwartet wurde, dass sie zu → Sozialismus führen könnte – wenn dieser zunächst einmal verstanden wird als Abschaffung des Privateigentums an den Produktionsmitteln –, so ist sie mit jenem nicht gleichzusetzen. Zunächst ist damit gemeint, dass alle als BürgerInnen des wirtschaftlichen Gemeinwesens anerkannt werden, in dem sie eine gleiche Stimme haben. Solche Beteiligungsrechte können gewährt werden, ohne dass das Eigentumsrecht an den Produktionsmitteln sogleich insgesamt in Frage gestellt wird. Doch muss der Zugang zu den Produktionsmitteln allen ermöglicht werden, da in kapitalistischen Marktgesellschaften alle als einzelne sich durch ihre Leistung ihren Lebensunterhalt sichern sollen. Deswegen wird der Grad des Ausschließungsrechts durch Eigentum im Grundgesetz zur Disposition demokratischer Regelung gestellt: Grund, Boden, Produktionsmittel können → vergesellschaftet werden, wenn die mit den vom Volkssouverän verliehenen Ausschließungsrechte dem Volkssouverän selbst schaden. Das besagt, dass aus der demokratietheoretischen Sicht eine Art Beweislastumkehr gilt: Es ist nicht die Wirtschaft, die ihre Sphäre als unbefragte, von naturhaft wirkenden Marktgesetzen setzt, dem sich die Demokratie zu unterwerfen hat. Vielmehr verhält es sich umgekehrt. Da Eigentum demokratisch geregelt ist, wird das Demokratieprinzip auf die Wirtschaft anwendbar. Wenn alle BürgerInnen des Gemeinwesens Wirtschaft sind, dann müssen sie die Möglichkeit erhalten, sich zu beteiligen. Dies schließt am Ende auch die Möglichkeit ein, dass sich Mehrheiten bilden, die für eine sozialistische Organisation der Wirtschaft deswegen entscheiden, weil die bestehende Form der demokratischen Beteiligung abträglich ist.

In der gewerkschaftlichen Diskussion seit den 1920er Jahren gab es zahlreiche Vorschläge: Auf der Mikro-, Meso- und Makroebene der Wirtschaft wären Gremien der Mitbestimmung einzurichten. Über die Gewerkschaften als Repräsentanten der Lohnabhängigen hinaus wurde auch die Beteiligung der KonsumentInnen eingefordert, zunehmend auch eine direkte Partizipation am Arbeitsplatz. Die wirtschaftsdemokratische Beteiligung erstreckt sich auf alle Aspekte des Wirtschaftsprozesses: Auf der Mikroebene bezieht sie sich auf Arbeitsverhältnisse, Sozialversicherung, Qualifikation, Unternehmensziele und -planung, Investitionen, Stilllegungen, Veräußerungen oder Auslagerungen, Produkte; auf der Mesoebene umfasst sie Tarifpolitik, Löhne, Arbeitszeiten und → Sozialstandards, Entwicklung von Branchen, Aufbau von öffentlichen und → genossenschaftlichen Unternehmen (und die Rücknahme der Privatisierung von Unternehmen für die öffentliche Daseinsvorsorge); auf der Makroebene betrifft sie Besteuerung, Wirtschaftspolitik, öffentliche Kontrolle der Zentralbanken, → Nachhaltigkeit. Wurde unter dem Eindruck der spekulativen Finanzmarktdynamik längere Zeit nur eine Regulierung gefordert, so finden sich mittlerweile auch Vorschläge, die Finanzmarktakteure wirtschaftsdemokratischer Kontrolle zu unterwerfen und öffentliche Fonds oder Ratingagenturen einzurichten. Das sind erste Ansätze einer neu beginnenden wirtschaftsdemokratischen Diskussion unter Bedingungen des globalen Kapitalismus.

Alex Demirović

Zum Weiterlesen

Bontrup, Heinz J./Müller, Julia u.a. (2006): Wirtschaftsdemokratie. Alternative zum Shareholder-Kapitalismus, Hamburg.

Demirović, Alex (2007): Demokratie in der Wirtschaft. Positionen – Probleme – Perspektiven, Münster.

Naphtali, Fritz (1966): Wirtschaftsdemokratie. Ihr Wesen, Weg und Ziel, Frankfurt/M.

Wissensallmende

Eine Art Goldrausch ist ausgebrochen in der Wissensgesellschaft, bei dem die Claims mit geistigen Eigentumsrechten, wie Patenten, Marken- oder Urheberrechten, abgesteckt werden. In einem bestimmten Zeitraum dürfen die InhaberInnen festlegen, wer ihr Wissen nutzen darf und zu welchem Preis. Auf diese Weise werden unterschiedlichste Wissensgüter privatisiert: Software und Kultur, Gene und Saatgut, technische Erfindungen und Designs. Dieser durch Zäune und Barrieren eingeschränkten Wissenswelt steht die Vision einer Wissensallmende gegenüber – in Anlehnung an gemeinsam genutzte Weideflächen des Mittelalters, die Allmenden genannt wurden (→ Commons). Eine geistige Welt ohne Schranken, in der das *Gemeinschaftsgut* Wissen allen gehört. Alle beteiligen sich an Erhalt und Pflege und steigern so das Gemeinwohl. Über Regeln und nötige Rahmenbedingungen dafür muss aber dringend diskutiert werden, da die Wissensallmende mehr und mehr durch Privatisierung und andere Barrieren beschnitten wird.

Die Idee Wissensallmende existiert schon seit jeher. Gemeinsam genutztes Wissen ist essenziell für die Entwicklung der Menschheit. Bestehendes Wissen ist die Basis von »neuem«: »Wenn ich weiter als andere gesehen habe, dann nur deshalb, weil ich auf den Schultern von Riesen stand.« (Isaac Newton) Während ein gegenständliches Gut wie ein Apfel an Wert verliert, weil es genutzt wird (abbeißen oder aufessen), verliert Wissen an gesellschaftlichem Wert, wenn es nicht genutzt wird. Eben deshalb muss jede Einschränkung der Wissensallmende gut überlegt sein und eine Ausnahme bleiben. Immer weiter verstärkte geistige Eigentumsrechte, wie Patente oder Urheberrechte, führen z.B. zu einer solchen Unternutzung. Eigentlich sollte die Wissensallmende durch diese Rechte gestärkt werden. Indem sie monetäre Anreize zur Erstellung von neuen Wissensgütern bieten, würden sie langfristig helfen, den Schatz an gemeinsamem Wissen zu vergrößern. Daher sei eine vorübergehende Unternutzung hinzunehmen.

Insbesondere im Bereich der Gesundheit ist der Schaden durch die so durchgeführte Privatisierung von Wissen erheblich. Da Patentinhaber die Preise bestimmen können, sind einige wenige Konzerne in der Lage, hohe Preise zu diktieren und machen Medikamente für große Teile der Weltbevölkerung unerschwinglich – z.B. für HIV/AIDS-Kranke in Afrika. Dabei gibt es Alternativen zu geistigen Eigentumsrechten. Beispielhaft seien staatlich finanzierte Fonds genannt, aus denen ForscherInnen bezahlt werden, die ihr Wissen der Allgemeinheit zur Verfügung stellen. Im Rahmen der Weltgesundheitsorganisation wird bereits über ein solches alternatives System für Medikamente beraten. Millionen Menschen, die heute an behandelbaren Krankheiten sterben, könnten gerettet werden.

In anderen Bereichen ist die Wissensallmende schon heute Realität. EntwicklerInnen von Freier- und → Open Source-Software schreiben Programme, die sie in unterschiedlichen Freiheitsgraden allen zur Verfügung stellen. So wird z.B. die Fehlersuche erleichtert und doppelte Entwicklungen vermieden. Die Wissenschaft ist eine der traditionellen Wissensallmenden, in der die monetären Bedürfnisse der WissenschaftlerInnen meist über öffentliche Finanzierung befriedigt werden – nicht über die Privatisierung von Wissen. Doch auch hier halten Patente mehr und mehr Einzug, werden immer mehr Forschungsergebnisse privatisiert – trotz öffentlicher Förderung.

Eine gemeinsame Vorstellung von einer Wissensallmende und ihrer Ökonomie könnte helfen, die momentane »Wissens«-Politik zu ändern, so eine These von James Boyle. Der Begriff »Umwelt« brachte schon in den 1960er Jahren durch die gemeinsame Idee eines schützenswerten Ganzen zum Beispiel VogelschützerInnen und KlimaforscherInnen zusammen. Ebenso könnten sich Arzt und Software-EntwicklerInnen unter dem Begriff der »Wissensallmende« vereinen und so an Stärke gewinnen. Das Netzwerk *Freies Wissen* vertritt diesen Ansatz in Deutschland.

Die Frage, ob eine Abschaffung geistiger Eigentumsrechte die beste Lösung wäre, ist seit ihrer Einführung umstritten und bisher nicht zufriedenstellend beantwortet worden. Fest steht aber, dass die Nachteile immer schwerwiegender werden, je mehr die Rechte ausgedehnt werden. Die Folgen sind auf der ganzen Welt spürbar, am deutlichsten in Entwicklungsländern. Über 80% der weltweit gültigen geistigen Eigentumsrechte gehören Unternehmen aus den Industriestaaten, die ihren Vorsprung gerne verteidigen wollen. Geistige Eigentumsrechte sind für diese Entwicklung zentral. Auch im Sinne einer gerechteren Weltwirtschaftsordnung sollte die Wissensallmende daher besser geschützt und ein Umdenken im Bereich geistiger Eigentumsrechte ausgelöst werden.

Petra Buhr

Zum Weiterlesen

Boyle, James (2003): The Second Enclosure Movement and the Construction of the Public Domain, 66 Law & Contemp. Probs. 33, www.law.duke.edu/boylesite.

Moldenhauer, Oliver u.a. (2005): Wissensallmende. Gegen die Privatisierung des Wissens der Welt durch »geistige Eigentumsrechte«, Attac Basistexte 15, Hamburg.

www.wissensallmende.de

Ziviler Ungehorsam

Spräche man nicht besser von Zivilem Gehorsam? BürgerInnen sind überzeugt, dass Gesetze oder regierungsamtliches Handeln in fundamentalem Widerspruch zu den Verfassungsprinzipien und den Menschenrechten stehen. Ihr Gewissen verlangt Widerspruch aus Gehorsam gegenüber höherrangigen, aber der Verfassung zugrunde liegenden Rechten, den der jeweiligen Zeit gemäß verstandenen → Menschenrechten. Als »übergeordnete« Rechte sind sie Bestandteil des positiven Rechts, müssen allerdings immer wieder neu ausgelegt und überprüft werden. Aus diesen fundamentalen Einsichten kann Ziviler Ungehorsam gegenüber den nachrangigen Gesetzen erfolgen. Als »Väter« des Konzepts gelten Henry David Thoreau, Mahatma Gandhi und Martin Luther King, die gegen die Sklaverei in Amerika, gegen Rassentrennung, Kriegspolitik und die imperialistische Politik Englands in Indien gekämpft und den Ungehorsam theoretisch begründet haben. Frauen, die sich Gesetzen verweigert haben, gelten paradoxerweise nicht als Mütter des Zivilen Ungehorsams. Rosa Parks, eine Schwarze, blieb in den USA entgegen den geltenden rassistischen Regeln im Bus sitzen und löste den offenen Kampf gegen diese Apartheidpolitik aus. In der alten Bundesrepublik bewirkten Frauen mit der Selbstbezichtigungskampagne »Wir haben abgetrieben« die Veränderung des § 218. Ein Höhepunkt in den Auseinandersetzungen um Zivilen Ungehorsam entstand in den 1980er Jahren um die Sitzblockaden gegen die Stationierung der Atomwaffen. Praktisch spielt Ziviler Ungehorsam vor allem eine Rolle in Fragen der Atomenergiepolitik, der Friedenspolitik und des Asylrechts (z.B. Kirchenasyl), zunehmend im Streit um die Gentechnik (z.B. »Feldbefreiung«).

Wie Ziviler Ungehorsam zu rechtfertigen ist, darüber wurde vehement gestritten. Ralf Dreier schlägt zur juristischen Rechtfertigung von Zivilem Ungehorsam vor: »Wer allein oder gemeinsam mit anderen öffentlich, gewaltlos und aus politisch-moralischen Gründen den Tatbestand einer Verbotsnorm erfüllt, handelt grundrechtlich gerechtfertigt, wenn er dadurch gegen schwerwiegendes Unrecht protestiert und sein Protest verhältnismäßig ist.« Problematisch bleibt jeder juristische Rechtfertigungsversuch nicht nur in den Fragen der Überprüfbarkeit. Ziviler Ungehorsam lebt geradezu von der Rechtsverletzung, mit der die Öffentlichkeit erreicht werden soll. Der bewusste Regelverstoß soll auf die Not des eigenen Gewissens, aber letztlich auf die Verletzung der Ordnung durch staatliches Handeln aufmerksam machen. Zum Zivilen Ungehorsam gehört insofern eine gewisse Bereitschaft, sich den strafrechtlichen Konsequenzen zu stellen. Dies muss jedoch nicht das Einverständnis mit der Strafe implizieren. Eine öffentliche Auseinandersetzung über die Legitimität des Protests kann auch vor Gericht betrieben werden. Gerichte könnten eine Normverletzung als legitim werten, wenn sie nur *prima facie* illegal, auf den zweiten Blick aber legal war. In den Auseinandersetzungen der 1980er Jahre ging es juristisch vor allem um die Frage, ob Sitzblockaden als »nötigende Gewalt« zu verstehen sind. 1995 hat das Bundesverfassungsgericht diese Frage eindeutig verneint mit der Folge, dass die meisten Sitzblockierer Jahre später freigesprochen wurden.

Zur juristischen Rechtfertigung von Zivilem Ungehorsam wird sich auf den rechtfertigenden Notstand (§ 34 StGB) bezogen. Manchmal wird er mit dem Widerstandsrecht aus Art. 20 Abs. 4 GG begründet. In der Folge der Sitzblockaden gegen den völkerrechtswidrigen Irakkrieg spielten diese Argumentationen eine verstärkte Rolle. Das Grundgesetz verbiete die Vorbereitung eines Angriffskrieges, folglich auch seine Unterstützung. Gemeinhin wird mit dem Widerstandsrecht – einem Artikel, der schon in sich einen Widerspruch offenbart, weil er illegale Handlungen rechtlich legitimieren will – der Widerstand gegen die Abschaffung der Rechtsordnung insgesamt verstanden. Die Aushöhlung der rechtsstaatlichen Ordnung geschieht jedoch Schritt für Schritt. Freiheitsrechte werden im Namen der Sicherheit geopfert und völkerrechtswidrige Kriege menschenrechtlich begründet. Aus diesem Zusammenhang wird das »kleine Widerstandsrecht« abgeleitet.

Jedenfalls geht die Rechtfertigung von Zivilem Ungehorsam eher von einem positiven Bezug auf die vorhandene Ordnung aus. Es geht nicht um Umsturz, sondern um den Kampf um Rechtspositionen, um die Durchsetzung der wohlverstandenen BürgerInnen- und Menschenrechte innerhalb der bestehenden Ordnung. Die Proteste gegen den G8-Gipfel in Heiligendamm haben deutlich gemacht, in welchem Maße Ungehorsam gegenüber einem ausufernden Demonstrationsverbot eine breite Zustimmung gerade bei jungen BürgerInnen gefunden hat. Das offensive Umgehen von Polizeiketten sowie die Sitzblockaden scheinen seit den Protesten gegen die Nutzung der Atomenergie bei den Castor-Transporten ein von vielen als legitim erachtetes und öffentlichkeitswirksames Mittel geworden zu sein.

Elke Steven

Zum Weiterlesen

Glotz, Peter (Hrsg.) (1983): Ziviler Ungehorsam im Rechtsstaat, Frankfurt a.M.
Komitee für Grundrechte und Demokratie (Hrsg.) (1992): Ziviler Ungehorsam, Sensbachtal.

Zivilgesellschaft

Mit dem Begriff lässt sich Politik über den Staat im engeren Sinne hinaus denken. In was für einer Gesellschaft wir leben, wird auch außerhalb von Parlamenten bestimmt; von Vereinen und Verbänden über Kirchen bis hin zu → sozialen Bewegungen spielen verschiedene Formen organisierter sozialer Beziehungen eine zentrale Rolle für gesellschaftlichen Wandel oder auch die Zementierung von Herrschaftsverhältnissen. Der Begriff öffnet also den Blick auf Bereiche kollektiven Handelns jenseits staatlicher Institutionen.

Ein affirmativer Bezug auf die Zivilgesellschaft findet sich hierzulande zumeist im neoliberalen Ruf nach mehr »bürgerschaftlichem Engagement« – oft gerade auch von staatlicher Seite. Ob sich Tante Erna dem rechtsradikalen Mob in den Weg stellen soll oder eine Suppenküche für Hartz-IV-Verarmte als Exempel für die »Selbstheilungskräfte der Gesellschaft« gelobt wird: Wo der Staat versagt, soll es die Zivilgesellschaft richten. Diese neoliberale Wendung fußt auf einer bis in die Antike zurückreichenden Begriffstradition, in der die Zivilgesellschaft als eine vom Staat unabhängige Sphäre konzipiert wird, in der BürgerInnen ihren Anspruch auf Selbstbestimmung und → Partizipation entfalten können. Dieser normative Bezug auf die Zivilgesellschaft ist keineswegs nur den ApologetInnen des Neoliberalismus vorbehalten. Auch die gegen die neoliberale Globalisierung kämpfenden Zapatistas rufen die mexikanische und die globale Zivilgesellschaft an, sie in ihrem Kampf zu unterstützen. Damit berufen sie sich auf eine Tradition, die mit der Herausbildung neuer sozialer Bewegungen seit den 1960er Jahren und insbesondere mit den Kämpfen in Lateinamerika und Osteuropa in den 1980er Jahren verknüpft ist: Die Bildung breiter Oppositionskoalitionen aus politischen Parteien, Gewerkschaften und sozialen Bewegungen unter dem Label der »geeinten Zivilgesellschaft«. Wenn eine als Inbegriff von Demokratie verstandene Zivilgesellschaft so mitunter als schlagkräftiger Kampfbegriff dienen kann – gerade um Mindeststandards bürgerlicher → Vergesellschaftung einzufordern –, wird diese Vorstellung der Realität entfalteter Zivilgesellschaften nicht gerecht. Mehr noch: Allzu idealisierte Bezüge auf die Zivilgesellschaft drohen den Blick auf ihre Funktion zur Stabilisierung von Herrschaftsverhältnissen zu verstellen.

Für eine kritisch-analytische Herangehensweise an den Begriff Zivilgesellschaft hat sich der italienische Kommunist Antonio Gramsci als produktiver Vordenker erwiesen. Ausgangspunkt Gramscis war die Frage danach, warum – entgegen → marxistischer Erwartungen – die → Revolution in Russland gelungen, in den reiferen kapitalistischen Gesellschaften des Westens aber gescheitert war. Die Antwort: »Im Osten war der Staat alles, die Zivilgesellschaft war in ihren Anfängen und gallertenhaft; im Westen bestand zwischen Staat und Zivilgesellschaft ein richtiges Verhältnis, und beim Wanken des Staates gewahrte man sogleich eine robuste Struktur der Zivilgesellschaft. Der Staat war nur ein vorgeschobener Schützengraben, hinter welchem sich eine robuste Kette von Festungen und Kasematten befand.« In der von Gramsci betrachteten historischen Situation erwies sich die Zivilgesellschaft als Bastion der herrschenden Verhältnisse, eine Beobachtung, aus der sich eine zentrale theoretische Erkenntnis gewinnen lässt: Die Entfaltung von Zivilgesellschaft bzw. zivilgesellschaftlichen Aktivitäten ist nicht gleichbedeutend mit → Demokratisierung und → Emanzipation, sie ändert aber die Bedingungen, unter denen um diese Ziele gerungen wird. Im »integralen Staat« genügt es nicht, die Staatsmacht zu erringen, es gilt auch, die eigenen politischen Strategien und Projekte »hegemonial« werden zu lassen, das heißt in den Tiefen des vorgeblich privaten Alltags – vom Sportverein bis zu Straßennamen – kulturell zu verankern. Die Betonung liegt hier auf »auch« und dies in zweierlei Hinsicht: Erstens muss Hegemonie auch materiell gestiftet werden. Die gesellschaftlichen Projekte, um die in der Zivilgesellschaft gerungen wird, müssen sich auch in der ökonomischen Sphäre realisieren. Zweitens betont Gramsci zu Recht die Verschränkung von Staat und Zivilgesellschaft und bringt dies auf die viel zitierte Kurzformel: »Staat = politische Gesellschaft + Zivilgesellschaft, das heißt Hegemonie, gepanzert mit Zwang«. Zivilgesellschaftliches Handeln ist also keineswegs frei von staatlichen Zugriffen. Im bundesdeutschen Kontext setzt z.B. der »Terrorismusparagraf« §129a dem Ringen um Hegemonie mitunter ein jähes Ende. Seine Streichung muss Ziel emanzipativer Kämpfe sein, die sich somit auf den Staat im engeren Sinne richten, der Konsens für diese Streichung muss aber auch auf einem anderen Terrain organisiert werden: der Zivilgesellschaft.

Martina Blank

Zum Weiterlesen

Demirović, Alex (2007): Politische Gesellschaft – zivile Gesellschaft. Zur Theorie des integralen Staates bei Antonio Gramsci, in: Buckel, Sonja/Fischer-Lescano, Andreas (Hrsg.): Hegemonie gepanzert mit Zwang. Zivilgesellschaft und Politik im Staatsverständnis von Antonio Gramsci, Baden-Baden, S. 21-40.

Gramsci, Antonio (1991ff.): Gefängnishefte. Kritische Gesamtausgabe in 10 Bänden, hrsg. von Klaus Bochmann und Wolfgang Fritz Haug, Hamburg/Berlin.

Js. (2000): Zivilgesellschaft und Revolution. Antonio Gramscis Definition eines Begriffs, der zum Modewort wurde, in: analyse & kritik, Nr. 441.

Autorinnen und Autoren

1. März/Transnationaler Migrant_innenstreik Wien ist eine Initiative, um den 1. März als antirassistischen Aktionstag zu etablieren, an dem Migrant_innen als politische Subjekte auftreten und sich gemeinsam gegen die herrschenden Politiken der Ausbeutung und Diskriminierung zur Wehr setzen.

Alberto Acosta, Dr., Ökonom, forscht und lehrt an der FLACSO Ecuador; ehemaliger Minister für Energie und Bergbau sowie 2007/08 Präsident der Verfassunggebenden Versammlung von Ecuador.

Elmar Altvater, Dr., Professor em. für Politikwissenschaft am Otto-Suhr-Institut der FU Berlin. Mitglied im Wissenschaftlichen Beirat von Attac (im Folgenden WBAttac).

autonome a.f.r.i.k.a.-Gruppe, ein weltweit tätiger Zusammenhang von Teilzeit-Desperados – Ist nicht die beste Subversion, die Codes zu entstellen, statt sie zu zerstören?

Dario Azzellini, Dr., wissenschaftlicher Assistent an der Abteilung für Politik- und Entwicklungsforschung am Institut für Soziologie der Johannes Kepler Universität Linz, Autor und Dokumentarfilmer.

Joachim Becker, Dr., a.o. Prof. am Institut für Außenwirtschaft und Entwicklung der Wirtschaftsuniversität Wien, Redakteur der Zeitschrift Kurswechsel.

Mario Becksteiner, Lektor am Institut für Politikwissenschaft der Universität Wien, Vorstandsmitglied der IG LektorInnen und WissensarbeiterInnen.

Adelheid Biesecker, Dr., em. Professorin am FB Wirtschaftswissenschaft der Universität Bremen, Mitglied im Netzwerk »Vorsorgendes Wirtschaften« und im WBAttac.

Peter Birke, Dr., Lehrkraft für besondere Aufgaben am FB Sozialökonomie der Universität Hamburg, koordinierender Redakteur der Zeitschrift Sozial.Geschichte.

Martin (pyrx) Birkner, politischer Theoretiker und Aktivist, Redakteur der grundrisse. zeitschrift für linke theorie und debatte, Wien.

Joachim Bischoff, Dr., Ökonom und Publizist, Mitherausgeber der Zeitschrift Sozialismus,

Martina Blank, Dr., Koordinatorin des Entwicklungspolitischen Netzwerks (EPN) Hessen, Mitglied der AkG.

Manuela Bojadžijev, Dr., Wissenschaftliche Mitarbeiterin am Institut für Europäische Ethnologie an der HU Berlin.

Patrick Bond, Professor für Development Studies an der KwaZulu-Natal Universität in Durban, Direktor des Centre for Civil Society.

Ulrich Brand, Dr., Professor für Internationale Politik an der Universität Wien, Mitglied der BUKO, im WBAttac, der Assoziation für kritische Gesellschaftsforschung (im Folgenden AkG), im Kuratorium des Instituts Solidarische Moderne (im Folgenden ISM), der Enquete-Kommission »Wachstum, Wohlstand, Lebensqualität« des Deutschen Bundestages und des Herausgeberkreises der »Blätter«.

Lutz Brangsch, Dr., Ökonom, wiss. Referent des Instituts für Gesellschaftsanalyse der Rosa-Luxemburg-Stiftung.

Petra Brangsch, wissenschaftliche Mitarbeiterin von Katrin Kunert (DIE LINKE) im Deutschen Bundestag.

Peter Bremme, Leiter des Fachbereichs Bildungspolitik und Besondere Dienstleistungen bei ver.di Hamburg.

Ariane Brenssell, Dr., Dipl.-Psychologin, Politikwissenschaftlerin, Professorin am FB Sozial- und Gesundheitswesen der Hochschule Ludwigshafen am Rhein, Mitglied der AkG.

Lars Bretthauer, Mitglied bei reflect! – Assoziation für politische Bildung und Gesellschaftsforschung und in der AkG, promoviert an der FU Berlin.

Michael Brie, Prof. Dr., Direktor des Instituts für Gesellschaftsanalyse der Rosa-Luxemburg-Stiftung, Mitglied im WBAttac und der AkG sowie im Kuratorium des ISM.

Achim Brunnengräber, Dr., Privatdozent am FB Politik- und Sozialwissenschaften der FU Berlin, Mitglied im WBAttac und der AkG.

Simone Buckel; aktiv in der Bundeskoordination Internationalismus (BUKO) im Arbeitsschwerpunkt Stadt-Raum, promoviert im Graduiertenkolleg der Heinrich-Böll-Stiftung.

Sonja Buckel, Dr., wissenschaftliche Mitarbeiterin am Institut für Sozialforschung Frankfurt am Main, Kuratoriumssprecherin des ISM, Mitglied der AkG.

Petra Buhr, Mitbegründerin und Koordinatorin des Netzwerks Freies Wissen (www.wissensallmende.de).

Nicola Bullard arbeitet als Senior Associate für Focus on the Global South in Bangkok und Paris.

Eva Bulling-Schröter, MdB, umweltpolitische Sprecherin der Fraktion Die Linke und Vorsitzende des Umweltausschusses im Bundestag.

Annelie Buntenbach, Mitglied im Geschäftsführenden Bundesvorstand des DGB, im WBAttac und im Kuratorium des ISM.

Julika Bürgin, Politikwissenschaftlerin, promoviert zu Arbeitssteuerung und gewerkschaftlicher Bildung. Langjährige Tätigkeit in der politischen Bildung.

Mario Candeias, Dr., Referent für Kapitalismuskritik und stellvertretender Direktor des Instituts für Gesellschaftsanalyse der Rosa Luxemburg Stiftung, Mitglied der Redaktion der Prokla und der AkG.

María do Mar Castro Varela, Dr., Diplompsychologin, Diplompädagogin und Politikwissenschaftlerin, Professorin für Allgemeine Pädagogik und Soziale Arbeit mit Schwerpunkt Gender und QueerStudies an der Alice Salomon Hochschule Berlin.

Ana Esther Ceceña, Dr., Professorin für Wirtschaftswissenschaften an der Universidad Nacional Autónoma de México und Leiterin des Observatorio Latinoamericano de Geopolítica (zu Ressourcenkonflikten, militärischen Konflikten und sozialen Bewegungen).

Erhard Crome, Dr., Politikwissenschaftler, Referent für Friedens- und Sicherheitspolitik sowie Europapolitik im Institut für Gesellschaftsanalyse der Rosa-Luxemburg-Stiftung, Mitglied im WBAttac.

Christina Deckwirth, Dr., Politikwissenschaftlerin, Mitarbeiterin im Berliner Büro der lobbykritischen NGO LobbyControl.

Alex Demirović, Dr., lehrt an der TU Berlin. Redaktionsmitglied der PROKLA, Mitglied im WBAttac und der AkG.

Frank Deppe, Dr., Prof. em. am FB Politikwissenschaft der Universität Marburg, Mitglied im WBAttac.

Kristina Dietz, Dr., Politikwissenschaftlerin am Lateinamerika Institut der FU Berlin, aktiv in der Bundeskoordination Internationalismus (BUKO), Mitglied der AkG.

Ulrich Duchrow, Dr., Professor für Systematische Theologie an der Universität Heidelberg. Mitbegründer des europäischen Basisnetzwerks Kairos und von Attac Deutschland, Mitglied im WBAttac.

Thomas Dürmeier, Dr., Ökonom, Mitglied des Arbeitskreises Postautistische Ökonomie, im WBAttac und im Vorstand von LobbyControl.

Angelika Ebbinghaus, Dr., Dipl.-Psychologin, Historikerin, Vorsitzende der Stiftung für Sozialgeschichte des 20. Jahrhunderts, Mitglied im WBAttac.

Tim Engartner, Dr., Professor für Ökonomie und ihre Didaktik an der Pädagogischen Hochschule Schwäbisch Gmünd.

Andreas Fisahn, Dr., Professor für Öffentliches Recht, Umwelt- und Technikrecht, Rechtstheorie an der Universität Bielefeld. Mitglied im WBAttac.

Elmar Flatschart promoviert in Wien zu kritischer Staatstheorie. Zur Zeit betätigt er sich v.a. im Zusammenhang W.E.G. und betreibt dort gemeinsam mit anderen das »Theoriebüro«.

Robert (Fuzi) Foltin, Redakteur der grundrisse. zeitschrift für linke theorie und debatte.

Christian Frings, Autor, Aktivist und Übersetzer aus Köln.

Daniel von Fromberg, Dipl. Pol., promoviert zum »War on Terror« als neuer Weltauffassung am Beispiel der deutschen Sicherheitspolitik. Mitglied bei reflect!, freier Journalist und derzeit Fellow-in-residence des Kollegs Friedrich Nietzsche der Klassik Stiftung Weimar.

Kathrin Ganz, Promotionsstipendiatin der Hans-Böckler-Stiftung, Mitglied der Arbeitsgruppe »Arbeit-Gender-Technik« an der TU Hamburg-Harburg sowie der AG QueerStudies; betreibt das Blog http://iheartdigitallife.de.

Thomas Gebauer, Dipl.-Psychologe, Geschäftsführer von medico international in Frankfurt/M.

Corinna Genschel arbeitet bei der »Kontaktstelle soziale Bewegungen« der Fraktion DIE LINKE im Deutschen Bundestag.

Sven Giegold, Mitglied des Europäischen Parlaments, Koordinator der Grünen im Ausschuss für Wirtschaft und Währung, Wirtschaftswissenschaftler, Mitgründer von Attac Deutschland, Vorstandssprecher des ISM.

Maja Göpel, Dr., Direktorin der Abteilung »Zukunftsgerechtigkeit« des World Future Council, Mitglied im WBAttac.

Christoph Görg, Dr., Professor für politikwissenschaftliche Umweltforschung an der Universität Kassel, Leiter des Departments Umweltpolitik am Helmholtz Zentrum für Umweltforschung UFZ in Leipzig. Mitglied der AkG.

Daniela Gottschlich, Leiterin der Nachwuchsgruppe »PoNa – Politiken der Naturgestaltung« an der Leuphana Universität Lüneburg, Mitglied im WBAttac.

Thomas Greven, Dr., Privatdozent am John F. Kennedy-Institut für Nordamerikastudien der FU Berlin, Lehrbeauftragter an der Global Labour University, selbständiger Politikberater.

Eduardo Gudynas, Senior Researcher am Lateinamerikanischen Zentrum für Soziale Ökologie (CLAES) in Montevideo, Uruguay.

Friederike Habermann, Dr., Ökonomin, Historikerin, Politikwissenschaftlerin, aktiv in der Bundeskoordination Internationalismus (BUKO), Mitglied der AkG.

Frigga Haug, Dr., Professorin em. für Soziologie an der Hamburger Universität für Wirtschaft und Politik, Vorsitzende des InkriT, Mitherausgeberin der Zeitschrift »Das Argument«, Mitglied u.a. im WBAttac und im Kuratorium des ISM.

Michael Heinrich, Dr., Mathematiker und Politikwissenschaftler in Berlin, Mitglied der Redaktion der PROKLA und der AkG.

Silke Helfrich, freischaffende Publizistin und Mitbegründerin der Commons Strategies Group. Sie bloggt auf www.commonsblog.de.

Josef Moe Hierlmeier (1959-2011), war viele Jahre in der Bundeskoordination Internationalismus (BUKO) und im Lateinamerika-Komitee Nürnberg aktiv.

Cornelia Hildebrand, Dipl.-Philosophin, wissenschaftliche Referentin für Parteien und soziale Bewegungen in der Rosa Luxemburg Stiftung.

Joachim Hirsch, Dr., Prof. em. für Politikwissenschaft an der Universität Frankfurt/M. Vorstandsmitglied von medico international, Mitglied von links-netz.de und der AkG.

Uwe Hirschfeld, Dr., Professor für Politische Theorie und Bildung an der Evangelischen Hochschule Dresden.

Julia Hofmann, Universitätsassistentin am Institut für Soziologie der Universität Wien, Vorstandsmitglied im Beirat für gesellschafts-, wirtschafts- und umweltpolitische Alternativen (BEIGEWUM).

John Holloway, Dr., Professor für Soziologie an der Benemérita Universidad Autónoma de Puebla (BUAP).

Jörg Huffschmid (1940-2009), Dr., war Professor für Politische Ökonomie und Wirtschaftspolitik an der Universität Bremen, Mitglied im WBAttac und Gründungsmitglied der Memorandum-Gruppe.

Bernd Hüttner, Politikwissenschaftler, Regionalmitarbeiter Bremen der Rosa-Luxemburg-Stiftung. Gründer des Archivs der sozialen Bewegungen Bremen.

Christoph Jünke, Dr., wissenschaftlicher Mitarbeiter am Lehrgebiet Neuere Deutsche und Europäische Geschichte an der Fern-Universität Hagen, Vorsitzender der Leo Kofler-Gesellschaft e.V.

Christina Kaindl, Dipl.-Psychologin, leitende Redakteurin der Zeitschrift »Luxemburg. Gesellschaftsanalyse und linke Praxis«.

Gregor Kaiser, Dr., Sozialwissenschaftler und Biologe. Lebt mit seiner Partnerin und vier Kindern auf einem Forstbetrieb im Sauerland, arbeitet zu Biopiraterie, Gentechnik und zukunftsfähiger Landwirtschaft.

Anne Karrass, Dr., wissenschaftliche Mitarbeiterin von Alexander Ulrich (DIE LINKE) im Deutschen Bundestag. Mitglied im WBAttac und der Memorandumgruppe.

Gerhard Klas, Mitarbeiter des Rheinischen JournalistInnenbüros in Köln, freier Journalist und Buchautor.

Dieter Klein, Dr., Ökonom, Vorstandsmitglied der Rosa-Luxemburg- Stiftung.

Kateřina Kolářová, Dr., Assistenzprofessorin für Cultural Studies am Institut für Gender Studies der Karls-Universität Prag.

Bettina Köhler, Lektorin an der Universität Wien, Redakteurin des Journal für Entwicklungspolitik, aktiv in der BUKO, Mitglied der AkG.

Michael R. Krätke, Dr., Professor für Politische Ökonomie und Direktor des Institute for Advanced Studies an der Lancaster University.

Caren Kunze, Projektmitarbeiterin im Frauen- und Gleichstellungsbüro der Universität Kassel für das Programm Karriere-Mentoring DIVERS, promoviert zu Intersektionen von gender, class, race im Berufsfeld Wissenschaft.

Edgardo Lander, Dr., Professor für Soziologie an der Universidad Central de Venezuela (Caracas), Leiter des Doktoratsprogramms für Lateinamerikanische Kulturstudien an der Universidad Andina Simón Bolívar (Quito), Fellow des Transnational Institute (Amsterdam).

Manfred Lauermann, Dr., Soziologe, lebt in Hannover.

Sabine Leidig, MdB, verkehrspolitische Sprecherin der Fraktion DIE LINKE, Mitglied der Enquete-Kommission »Wachstum, Wohlstand, Lebensqualität« des Deutschen Bundestages.

Stephan Lessenich, Dr., Professor für Soziologie mit dem Schwerpunkt Vergleichende Gesellschafts- und Kulturanalyse an der Friedrich-Schiller-Universität Jena, Kuratoriumssprecher des ISM, Mitglied im WBAttac.

Christoph Lieber, Dipl.-Soziologe, Verlagsmitarbeiter und Redakteur der Zeitschrift »Sozialismus«.

Nicola Liebert, Dr., freie Wirtschaftsjournalistin und Sprecherin des Deutschland-Büros der Internationalen Arbeitsorganisation (ILO); Jörg-Huffschmid-Preisträgerin 2011, Mitglied im WBAttac.

Isabell Lorey, Dr. habil., Politikwissenschaftlerin, lebt in Berlin, unterrichtet Politische Theorie sowie Sozial- und Kulturwissenschaften an verschiedenen Universitäten im deutschsprachigen Raum.

AutorInnenkollektiv Loukanikos (Henning Fischer, Uwe Fuhrmann, Jana König, Elisabeth Steffen, Till Sträter) stromert seit einigen Jahren durch Berlin. Es versucht, die Hürden des Alltagslebens, kritische Wissenschaft, Cuba Libres und Käseplatten mit der Vorbereitung des nächsten Generalstreiks zu verbinden.

Bettina Lösch, Dr. habil., Wissenschaftliche Assistentin am Institut für vergleichende Bildungsforschung und Sozialwissenschaften an der Universität zu Köln. Mitglied in der AkG und im WBAttac.

Ulla Lötzer, MdB, Sprecherin der Fraktion DIE LINKE für Gewerkschafts- und internationale Wirtschaftspolitk, Obfrau der Fraktion in der Enquete Kommission »Wachstum, Wohlstand, Lebensqualität« des Deutschen Bundestags.

Michael Löwy, Dr., Soziologe, emeritierter Forschungsdirektor des Centre National du Recherche Scientifique (CNRS), lehrt an der École des Hautes Études en Sciences Sociales (EHESS) in Paris.

Gundula Ludwig, Dr., wissenschaftliche Geschäftsführerin am Zentrum für Gender Studies und feministische Zukunftsforschung der Universität Marburg. Mitglied der AkG.

Alexandra Manzei, Dr., Professorin für Qualitative Methoden in der Pflege- und Gesundheitsforschung an der Philosophisch-Theologischen Hochschule Vallendar, Mitglied der AkG.

Claus Matecki, Mitglied des geschäftsführenden DGB-Bundesvorstands, zuständig u.a. für Wirtschaftspolitik.

David Mayer, Dr., Historiker in Wien, Arbeitsschwerpunkte: Geschichte des Marxismus und Geschichte sozialer Bewegungen in Lateinamerika.

Margit Mayer, Dr., Professorin für vergleichende und nordamerikanische Politik an der FU Berlin.

Andreas Merkens, Dipl.-Sozialökonom, Lehrbeauftragter und Koordinator des Masterstudiengangs Ökonomische und Soziologische Studien an der Universität Hamburg, Vorstandsmitglied der Rosa-Luxemburg-Stiftung Hamburg.

Klaus Meschkat, Dr., Prof. em. für Soziologie an der Universität Hannover, Mitglied im WBAttac.

Malte Meyer lebt in Köln und interessiert sich für Theorie, Geschichte und Perspektiven der ArbeiterInnenbewegung auch und gerade in den USA.

Maryam Mohseni promoviert an der Universität zu Köln, arbeitet als Bildungsreferentin in den Bereichen Rassismuskritik und Demokratie. Mitbegründerin des Vereins moment! Initiative für emanzipatorische Bildung e.V.

Tadzio Müller, Dr., forscht für die Rosa-Luxemburg-Stiftung zum Thema Klima- und Energiebewegung, ist aktiv bei gegenstromberlin und Mitglied im Turbulence Kollektiv.

Urs Müller-Plantenberg, Dr., Professor em. für Soziologie am Zentrum für Lateinamerika-Studien (CESLA) der Universität Warschau, Mitglied im WBAttac.

Antonella Muzzupappa, Dr., Referentin für Politische Ökonomie bei der Rosa-Luxemburg-Stiftung in Berlin.

Wolf-Dieter Narr, Dr., Professor em. am Otto-Suhr-Institut für Politikwissenschaft an der FU Berlin, Gründungsmitglied des Komitees für Grundrechte und Demokratie, Mitglied der AkG.

Lars Niggemeyer, DGB-Sekretär im Landesbezirk Niedersachsen-Bremen-Sachsen-Anhalt.

Iris Nowak, Dipl.-Sozialökonomin, Wissenschaftliche Mitarbeiterin im Forschungsprojekt »Handlungsfähigkeit in entgrenzten Arbeitsverhältnissen« an der Technischen Universität Hamburg-Harburg.

Sabine Nuss, Dr., Journalistin und Politologin, Leiterin des Bereiches Politische Kommunikation bei der Rosa-Luxemburg-Stiftung.

Benjamin Opratko, DOC-Stipendiat der Österreichischen Akademie der Wissenschaften am Institut für Politikwissenschaft der Universität Wien, Redakteur der Zeitschrift Perspektiven, Mitglied der AkG.

Norman Paech, Dr., Professor em. für Öffentliches Recht an der ehemaligen Hamburger Universität für Wirtschaft und Politik (HWP), Mitglied im WBAttac.

Alessandro Pelizzari, Dr., Soziologe, Regionalsekretär der Gewerkschaft Unia (Bau, Industrie, private Dienstleistungen) in Genf.

Klaus Pickshaus, Bereichsleiter Arbeitsgestaltung und Qualifizierungspolitik beim Vorstand der IG Metall.

Leonhard Plank, Dr., Univ.-Lekt. am Fachbereich Finanzwissenschaft und Infrastrukturpolitik im Department für Raumentwicklung, Infrastruktur- und Umweltplanung der Technischen Universität Wien.

Ralf Ptak, Dr., Volkswirt, Privatdozent an der Universität Köln und wirtschaftswissenschaftlicher Referent beim KDA der Nordkirche. Mitglied im WB-Attac und der Memorandum-Gruppe.

Katharina Pühl, Dr., wiss. Referentin für feministische Gesellschaftskritik/sozialistische Transformationsforschung des Instituts für Gesellschaftsanalyse der Rosa-Luxemburg-Stiftung, Mitglied der AkG.

Oliver Pye, Dr., arbeitete für Oxfam's Fair Trade Kampagne in Kambodscha; heute an der Abteilung für Südostasienwissenschaften an der Universität Bonn, Mitglied im WBAttac und der AkG.

Werner Rätz, freiberuflicher Referent und Autor; Mitarbeiter bei der Informationsstelle Lateinamerika (ila) in Bonn, für diese im Rat von Attac Deutschland; AG genug für alle.

Gerald Raunig, Philosoph, weitere Infos unter: http://eipcp.net/bio/raunig.

Fabian Rehm arbeitet als Gewerkschaftssekretär bei ver.di Hessen und ist aktiv in der Interventionistischen Linken.

Karl Reitter, Dr. habil., Lektor am Institut für Philosophie in Wien und Klagenfurt, Redakteur der grundrisse. zeitschrift für linke theorie und debatte.

Jörg Reitzig, Dr., Professor für Sozialwissenschaften und Sozialpolitik an der FH Ludwigshafen, Mitglied im WBAttac und der AkG.

Christine Resch, Dr., Privatdozentin am FB Gesellschaftswissenschaften der Universität Frankfurt/M., aktiv bei www.links-netz.de.

Norbert Reuter, Dr., Privatdozent für Volkswirtschaftslehre an der RWTH Aachen, Ökonom im Bereich Wirtschaftspolitik des ver.di-Bundesvorstands, Mitglied der Enquete-Kommission »Wachstum, Wohlstand, Lebensqualität« des deutschen Bundestags.

Rainer Rilling, Dr., apl. Professor für Soziologie an der Philipps-Universität Marburg, Mitglied im Herausgeberkreis der »Blätter für deutsche und internationale Politik«.

Karl Heinz Roth, Dr., Mediziner und Historiker, Vorstandsmitglied der Stiftung für Sozialgeschichte des 20. Jahrhunderts, Mitherausgeber der Zeitschrift Sozial.Geschichte.

Roland Roth, Dr., Professor für Politikwissenschaft an der Hochschule Magdeburg-Stendal, Mitglied im Komitee für Grundrechte und Demokratie und im WBAttac.

Bernd Röttger, Dr., lehrt an den Universitäten Jena und Wien, freiberuflich in der gewerkschaftlichen Bildungsarbeit tätig. Mitglied im WBAttac und der AkG.

Detlef Sack, Dr., Professor für Politikwissenschaft an der Universität Bielefeld, Mitglied im WBAttac.

Birgit Sauer, Dr., Professorin für Politikwissenschaft an der Universität Wien, arbeitet zu Governance und Geschlecht, vergleichender Geschlechterpolitikforschung, Staats- und Demokratietheorie aus feministischer Perspektive, Mitglied der AkG.

Wolfram Schaffar, Dr., Professor am Institut für Internationale Entwicklung der Universität Wien, Mitglied der AkG und WBAttac.

Peter Scheiffele, Soziologe, wissenschaftlicher Mitarbeiter an der Universität Konstanz, Mitglied der AkG.

Christoph Scherrer, Dr., Professor für Globalisierung und Politik an der Universität Kassel, Mitglied im WBAttac, Gründungsmitglied der »Global Labor University«.

Thomas Schroedter, Dipl.-Pädagoge, wissenschaftlicher Mitarbeiter an der

Universität Paderborn, aktiv in der außerschulischen Bildungsarbeit und in der BUKO.

Thorsten Schulten, Dr., Referatsleiter für Arbeits- und Tarifpolitik in Europa am Wirtschafts- und Sozialwissenschaftlichen Institut (WSI) in der Hans-Böckler-Stiftung.

Helen Schwenken, Dr., Professorin für Politik der Arbeitsmigration an der Universität Kassel, Mitglied der AkG und der Redaktion der Zeitschrift »Peripherie«.

Thomas Seibert, Dr., Philosoph, Mitarbeiter von medico international. Mitglied im Wissenschaftlichen Beirat der Rosa Luxemburg-Stiftung, Vorstandsprecher des ISM.

Nicola Sekler, Dr., Universitätsassistentin am Institut für Politikwissenschaft der Universität Wien, Mitglied im WBAttac.

Pedram Shahyar, Lehrbeauftragter an der FU Berlin, promoviert über Führung und Repräsentation in sozialen Bewegungen und betreibt eine Social-Media Agentur. Aktiv u.a. in Attac, bloggt auf pedram-shayar.org.

Christian Siefkes, Dr., freiberuflicher Softwareentwickler und Autor in Berlin.

Karl-Heinz Simon, Dr., Geschäftsführer des Center for Environmental Systems Research der Universität Kassel.

Christoph Spehr, Dr., Historiker, Sprecher des Landesverbandes DIE LINKE Bremen.

Susanne Spindler, Dr., Professorin für Interkulturalität, Sozialraum und Jugend an der Hochschule Darmstadt, Mitglied im WBAttac.

Cornelia Staritz, Dr., Ökonomin, wissenschaftliche Mitarbeiterin der Österreichischen Forschungsstiftung für Internationale Entwicklung (ÖFSE).

Gerd Steffens, Dr., Professor em. am FB Gesellschaftswissenschaften der Universität Kassel, Mitglied im WBAttac und der AkG.

Heinz Steinert (1942-2011), Dr., Professor für Soziologie an der Universität Frankfurt/M., Mitbegründer und wissenschaftlicher Leiter des Instituts für Recht und Kriminalsoziologie in Wien, war Mitglied von www.links-netz.de und der AkG.

Elke Steven, Dr., Sekretärin des Komitee für Grundrechte und Demokratie, Mitherausgeberin des jährlich erscheinenden Grundrechte-Reports.

Natascha Strobl, Absolventin der Skandinavistik und Politikwissenschaft, arbeitet zu »Neue Rechte«, aktiv im VSStÖ sowie bei Offensive gegen Rechts.

Peter Strotmann, Redakteur des elektronischen Attac-Magazins »Sand im Getriebe«.

Andreas Thimmel, Dr., Professor für Wissenschaft der Sozialen Arbeit an der FH Köln, Fakultät für Angewandte Sozialwissenschaften.

Stefan Thimmel, Journalist, Publizist, stellvertretender Leiter des Bereiches Politische Kommunikation bei der Rosa-Luxemburg-Stiftung. Mitglied im WBAttac und der AkG.

Siegfried Timpf, Dr., Projektmitarbeiter am FB Sozialökonomie der Universität Hamburg.

Anne Tittor, wissenschaftliche Mitarbeiterin im Fachgebiet Internationale und Intergesellschaftliche Beziehungen an der Universität Kassel, aktiv in der Interventionistischen Linken.

Ben Trott ist Mitglied im Turbulence Kollektiv und promoviert an der FU Berlin im Fachbereich Philosophie.

Charlotte Ullrich, Dr., Wissenschaftliche Mitarbeiterin an der Fakultät für Sozialwissenschaften der Ruhr-Universität Bochum. Gründungsmitglied der ag feministische theorie und praxis.

Hans-Jürgen Urban, Dr., Geschäftsführendes Vorstandsmitglied der IG Metall, zuständig für Sozialpolitik, Gesundheitsschutz und Arbeitsgestaltung. Mitglied im Herausgeberkreis der »Blätter für deutsche und internationale Politik«.

Mona Urban, Dipl.-Sozialarbeitswissenschaftlerin, Wissenschaftliche Mitarbeiterin im FB 11 an der Universität Bremen, promoviert an der Carl v. Ossietzky Universität Oldenburg.

Silke Veth, Soziologin, stellvertretende Direktorin der Akademie für Politische Bildung und Referentin für Internationale Politik und Soziale Bewegungen bei der Rosa-Luxemburg-Stiftung, Redakteurin der Zeitschrift Arranca!

Klaus Viehmann, Feldstudien zum bewaffneten Kampf, speziellen Formen des Strafvollzugs und militanter Altersteilzeit.

Dagmar Vinz, Dr., Professorin für Politikwissenschaft mit dem Schwerpunkt Gender und Diversity am Otto-Suhr-Institut der FU Berlin.

Regina Viotto, Dr., Rechtsanwältin in Hannover, Mitglied im WBAttac.

Eva Völpel, Historikerin, Redakteurin im Inlandsressort der taz.. Sie schreibt dort über Arbeitswelt, Sozialpolitik und Gewerkschaften.

Peter Wahl, Leiter der Abteilung Finanzmarktregulierung der NGO WEED, Mitbegründer von Attac Deutschland und Mitglied im WBAttac.

Heike Walk, Dr., Politikwissenschaftlerin am Zentrum Technik und Gesellschaft der TU Berlin (ZTG). Mitglied im WBAttac und der AkG.

Christa Wichterich, Dr., Soziologin, Publizistin und Beraterin in der Entwicklungszusammenarbeit. Mitglied im WBAttac.

Gabriele Winker, Dr., Professorin für Arbeitswissenschaft und Gender Studies an der TU Hamburg-Harburg. Mitbegründerin des Feministischen Instituts Hamburg.

Uta von Winterfeld, Dr. habil., Projektleiterin der Forschungsgruppe »Zukünftige Energie- und Mobilitätsstrukturen« am Wuppertal Institut für Klima, Umwelt, Energie.

Jens Wissel, Dr., Sozialwissenschaftler am Institut für Sozialforschung in Frankfurt/M., Mitglied der AkG.

Markus Wissen, PD Dr., arbeitet am Institut für Politikwissenschaft der Universität Wien und ist Mitglied in der BUKO und der AkG.

Uwe Witt, wissenschaftlicher Mitarbeiter von Eva Bulling-Schröter (DIE LINKE) im Deutschen Bundestag.

Stefanie Wöhl, Dr., Visiting Fellow am John-F.-Kennedy-Institut für Nordamerikastudien der FU Berlin, Mitglied der AkG.

Frieder Otto Wolf, Dr., Honorarprofessor für Philosophie an der FU Berlin, Mitglied im WBAttac.

Mag Wompel, Industriesoziologin und freie Journalistin, verantwortliche Redakteurin des LabourNet Germany.

Joscha Wullweber, Dr., Akademischer Rat am FB Globalisierung und Politik der Universität Kassel. Aktiv in der BUKO und Mitglied der AkG.

Andrea Ypsilanti, Landtagsabgeordnete der SPD in Hessen, Vorstandssprecherin des ISM.

Raul Zelik, Dr., Schriftsteller und Professor für Politik an der Universidad Nacional de Colombia.

Aram Ziai, PD Dr., Senior Researcher am Zentrum für Entwicklungsforschung (ZEF) der Universität Bonn. Mitglied der Bundeskoordination Internationalismus (BUKO) und der AkG.